U0107455

以知为力　识见乃远

黄庭硕

著

南国多秀士

唐宋之际的东南士人与中国文化重心南移

中国出版集团 东方出版中心

图书在版编目（CIP）数据

南国多秀士：唐宋之际的东南士人与中国文化重心
南移 / 黄庭硕著. 一上海：东方出版中心，2023.11（2024.5 重印）
ISBN 978-7-5473-2287-1

Ⅰ. ①南… Ⅱ. ①黄… Ⅲ. ①文化史-研究-中国-
唐宋时期 Ⅳ. ①K240.3

中国国家版本馆CIP数据核字（2023）第206115号

上海市版权局著作权合同登记：图字09-2023-0678号

i. 中文简体字版2024年，由东方出版中心有限公司出版。
ii. 本书由稻乡出版社正式授权，同意经由CA-LINK International LLC代理，
由东方出版中心有限公司出版中文简体字版本。非经书面同意，不得以任何形式任
意重制、转载。

南国多秀士：唐宋之际的东南士人与中国文化重心南移

著　　者　黄庭硕
丛书策划　朱宝元
责任编辑　李梦溪
装帧设计　吉&果

出 版 人　陈义望
出版发行　东方出版中心
地　　址　上海市仙霞路345号
邮政编码　200336
电　　话　021-62417400
印 刷 者　上海盛通时代印刷有限公司

开　　本　890mm×1240mm　1/32
印　　张　16.375
插　　页　2
字　　数　350千字
版　　次　2024年1月第1版
印　　次　2024年5月第2次印刷
定　　价　98.00元

自　序

　　本书修改自笔者提交于2013年夏天的硕士论文《唐宋之际的东南士人与政治——以杨吴、南唐为中心》。论文的初衷很单纯，就是想对北宋中期东南士人大举通过科举入仕的现象进行"前史式"探勘。过去讨论此课题的学者，多将其置于唐中叶以降中国文化重心南移这条轴线中理解，这自是富有洞见的观察；不过，笔者在梳理相关研究时却发现，既有讨论或聚焦于唐、或着眼于宋，却少有人将介于其间的五代十国一并纳入观察，是以笔者不禁纳闷：假使文化重心南移现象，早在八世纪中叶以降就已启动，何以却要耗费近三百年的发展，才在北宋中期开花结果？基于前述疑问，笔者开始对此课题展开探索，其成果就是我的硕士论文。

　　撰写硕士论文时，自己还不是很确定未来会不会继续攻读博士学位，所以总想着：既然要写，不如就当成最后一篇论文来写吧！于是就把当时读到的所有相关材料，都尽可能地纳入论文中，写着写着，论文篇幅便逐渐超出预期，最后默默跨越十万字门槛。现在回想起来，真是对几位口试老师深感抱歉。当然，这个业报还是回到我自己身上——经过这次全面性的校订，我由衷体会阅读一份十万余字的论文之辛劳，在此对几位老师致上最深谢意。本次修改，虽未对整体结构进行更动，但仍借此机会对诸多内文、格式、注脚，乃至统计数字上的阙漏进行订正，也慎重地参酌两位匿名审查人的建议，对原文不足处作了补充，题名的调整便是其中一项。

本书易名作"南国多秀士——唐宋之际的东南士人与中国文化重心南移"，旨在更直观地凸显本书关怀。主标题的"南国"有两层意涵：一为方位义、地域义，用法如"南国有佳人""红豆生南国"之"南国"，意为南方；一为政权义，用以指涉建基于中国"南"方之"国"，具体而言，即本书处理的杨吴与南唐此二前后相续的政权。这两层意涵，涵摄了一统与分裂时代，相较于原题名，或许更为合适。与此同时，也希望前述易名可以勾起更多读者——不论学院内外——的好奇心，若能因此拿起本书翻阅，实为笔者之幸。

时光匆匆，硕士论文写完迄今已近六年，其间我服完役，重新考回母校博士班念书，转眼间又来到研究生的后期阶段，尽管如此，硕士论文从酝酿、构思、架构，及至写作的整个过程，仍深深烙印在我的脑海中。感谢指导老师陈弱水先生，他总是让学生自由地进行学术上的探索，又总能在学生感到迷惘无助时，用其渊博知识与睿智解说，提供最具启发的提点，没有老师的指引，这本书绝没有付梓的一天；感谢梁庚尧老师，他细心批阅了我的研究回顾与硕士论文稿，提供给我诸多思考和修改上的建议，更重要的是，我在梁老师身上看到杰出学人面对学问时所具备的踏实与谦虚，这是我要花上一辈子学习的；感谢方震华老师，他在口试之后，持续教导我思考问题的方式与写作上的技巧，并时时提供我课业上乃至课业外的协助，我永远铭记在心。

许多师长说，写论文是件孤独的事，但我很庆幸在我硕士班阶段，并没有体验到类似感受，这大概是因为，在我身旁总是有一大批随时可以分享悲喜的对象。系篮绝对是最重要的精神支柱，每周的例行练球，不仅是疏解写作压力的最佳渠道，还可与同为硕论奋斗的育信、承轩、富奎、冠辰、达叔、陈伯、首哥、乔同、威哥、石头交换写作甘苦，从而得到疗愈之效。而每每在研究室遇到写作瓶颈时，只要请教元亨，他总会在一番深思熟虑后，报以恳切的建议。当时甫考进硕士班的廷杰与晏颢，两肋插刀地帮我阅读全部及部分的第一章初稿，且直白地说出阅读意见，此刻他们皆已准备赴美深造，祝福他们留学生活一切顺遂。旨彦学姊经常与我分享她的研究心得与发现，也从不厌烦地倾听我的问题，为我找寻解决方法，愿我能沾染她对所有人事物的一半热情。志鸿学长与佩君学姊从硕士班阶段就不停给予我鼓励，并邀我参加各种读书会，让我能在短时间内吸收大量新知、拓展研究视野，事实上，我对佛教史的认识与兴趣，就是由他们两位启蒙。感谢名单还可以罗列得很长很长，于此且容我仅列出与论文写作最直接相关的诸位，至于其他曾在论文之外予我帮助的师长朋友们，我会再找机会直接表达我的谢意。

台湾的文科研究生向来没有稳定的经济来源，但我很幸运地处在拥有许多工作机会的台湾大学，让我能够在硕士生阶段，多少赚得一些分担家用的奖学金。感谢曾在硕士班时期为我提供工作机会的陈弱水老师、周婉窈老师、林维红老师、秦曼仪老师、欧素瑛老师、陈慧宏老师，以及历史系办。因为这些工作，我不仅得以熟悉各种业务，还可就近观察、揣摩诸位老师的教学风格与特色，更有幸结识一群优秀的学长、学姊——诸如旨彦学姊、建守学长、育信学长、承桦学长、智新学长等人，在他们的指点下，我终能通过讨论课，克服自己对上台说话的恐惧，进而从中累积些许教学经验。相信前述经历，定能对我的未来有所滋养。

最后，当然也要感谢我的父母与家人，尽管他们偶尔也会为我毕业后的出路感到忧心，但却始终支持我继续在求学的道路上前行。再多言语也无法准确传达我的感念，谨以这本小书献给他们。

2019年6月5日于新北投

目 录

1

图表目录

附录目录

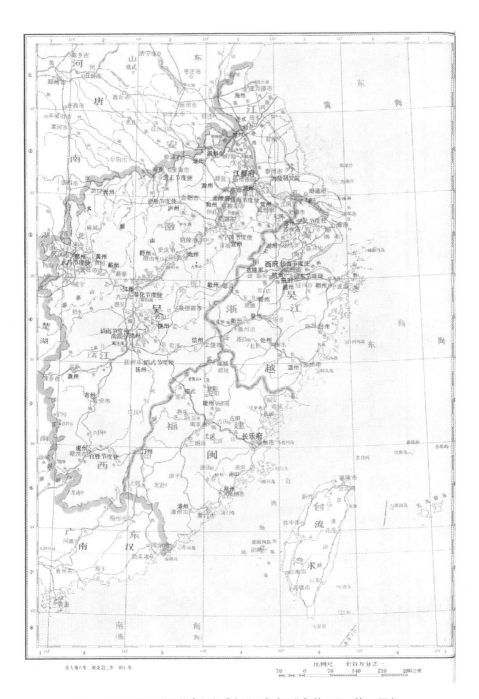

图一　杨吴疆界图（谭其骧主编：《中国历史地图集》第五册，第89页）

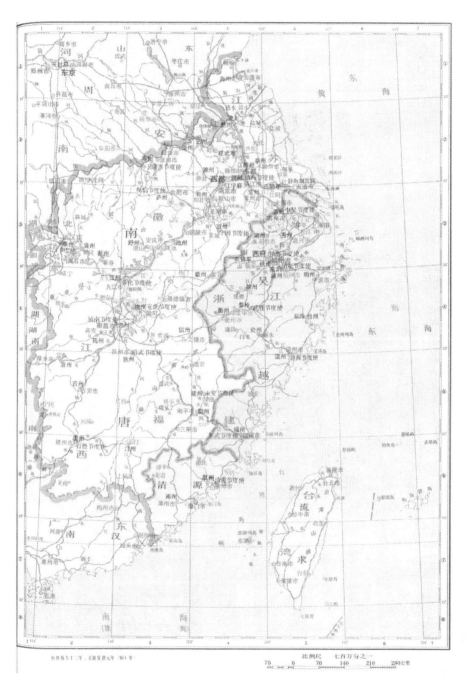

图二　南唐疆界图（谭其骧主编：《中国历史地图集》第五册，第90页）

绪　论

宋初文物江南来：
唐宋之际东南士人的文化遗产

晁以道尝为余言：本朝文物之盛，自国初至昭陵时，并从江南来。二徐兄弟以儒学显，二杨叔侄以词章进，刁衍、杜镐以明习典故用，而晏丞相、欧阳少师巍乎为一世龙门。纪纲法度，号令文章，灿然具备，有三代风度。庆历间，人材彬彬，号称众多，不减武、宣者，盖诸公实有力焉。然皆出于大江之南，信知山川之气，蜿蜒磅礴，真能为国产英俊也。[1]

——（宋）朱弁《曲洧旧闻》卷一，"晁以道言本朝文物之盛从江南来"条

1　（宋）朱弁：《曲洧旧闻》（北京：中华书局，2002），卷1，第96页。

1

一、缘起：南方士人的崛起

上面这段文字，出自南宋的一部丛谈笔记——《曲洧旧闻》，作者朱弁（？—1144）为两宋之交的士大夫。他本为徽州婺源（今属江西）人，年轻时因求学移居河南新郑，其后遭逢靖康之难（1127），"家碎于贼"，只好避难扬州。建炎初年（1127），朝廷议遣使金朝探问徽、钦二宗，朱弁"愤身自献"，遂被命为河东大金军前通问副使，奉使赴金。没想到这一去，便在北方羁留了十七年，其间还屡遭金人胁迫转仕他们所立的傀儡政权刘齐（1130—1137），直到绍兴十三年（1143）宋金议和协定订立，朱弁才回到久违的南方。[2]

当代学者普遍认为，《曲洧旧闻》一书乃朱弁羁滞金朝期间所作，不过文中却无一语提到金朝，反倒大量追述北宋时期的朝廷政事，以及士大夫间的轶事遗文，相当程度上体现了朱弁对宋廷坚贞不二的情感。若从这样的脉络阅读前述文字，当会隐约觉得朱弁之所以选择在江山仅存淮河以南半壁的南宋初年，留下一段"本朝文物之盛并从江南来"的记述，多少带有欲借此鼓舞君臣士气，进而重振国威的意图。不过这绝不是说，前述观点仅是对于

2　朱弁生平参见《宋史》（台北：鼎文书局，1980），卷373，《朱弁传》；（宋）朱熹，《朱子文集·正集》（台北：德富文教基金会，2000），卷98，《奉使直秘阁朱公行状》，第4789—4795页。二手研究可参见中华点校本《曲洧旧闻》的点校说明，第55—67页。

局促现状的曲折想望，而无丝毫客观理据。事实上，这样的看法早在宋室南迁前即已出现。

在引文首句出现的晁以道（1059—1129），本名说之，为活跃于北宋中晚期的大学者，同时也是朱弁在太学就读时的老师。由于他对善诗的朱弁极为赞赏，所以致仕后便带着朱弁同返故里新郑，并"妻以兄女"。成为晁以道侄婿的朱弁，随后也在新郑境内的洧水邻近定居下来，并大约在此度过整个宣和年间（1119—1125）。其间他密切地向晁以道问学，又和当地的官宦世家、文人学士相往来，积累了大量的写作素材。《曲洧旧闻》之命名，自然便是源自朱弁此时的生命经验了。据此当可合理推断，朱弁应是在北宋晚期，便已从晁以道处听闻"本朝文物之盛从江南来"的见解。所以即便朱弁确实怀抱着现实目的留下这段文字，这基本上也是一种"以古励今"而非"曲古适今"的写作。

与晁以道持相近看法的，还有王安石（1021—1086）的同乡吴孝宗（生卒不详）。在洪迈（1123—1202）《容斋随笔》中，曾引及孝宗撰于仁宗嘉祐年间（1059—1063）的《余干县学记》中的片段，文曰：

> 古者江南不能与中土等，宋受天命，然后七闽二浙与江之西东，冠带《诗》《书》，翕然大肆，人才之盛，遂甲于天下。[3]

3　（宋）洪迈：《容斋随笔》下（北京：中华书局，2007），《容斋四笔下·饶州风俗》，第682页。

后文则系孝宗盛称饶人家富喜学、冠于江南之事。饶州是否真如孝宗所言这般突出，姑且不论。[4] 但从此文便可知晓，至少在北宋中期，已有士大夫认为宋代江南的人才"甲于天下"。当然，在上文中看不出孝宗所指的明确时间点，不过他既然是自仁宗朝往前回溯，那么至迟在真宗朝（997—1022），"七闽""二浙"与"江之西东"应当便已"翕然大肆"。

拿晁说与吴记相较，可以发现无论是在地域，还是时间范限上，二者皆有颇高的近似性。在地域上，二人皆强调"江南"，亦即长江以南人才的活跃；在时间上，一谓"自国初至昭陵"，也就是太祖至仁宗这段时间，[5] 一指仁宗朝之前的情势，即便指涉范围容或有别，但必有叠合之处。换言之，尽管两人相去约五十年，但在见解上，却是遥相呼应、若合符节。再把两人的出身考虑进去，还会发现一个颇有兴味的现象。吴孝宗为抚州临川（今属江西）人士，与饶州只有一州之遥，他对饶州乃至江南的盛赞，或许带有某种南方乡里、士人本位的自夸自矜；然而，晁以道却是济州巨野（今属山东）人士，乃一道地北人。如果连一位北方士大夫，都大方承认南方士人对有宋一代文物之巨大贡献，那么想来此说在当时应颇为盛行，而不会仅是流行于南方士人之间的

4　同样出身饶州的后辈洪迈，便以自己的经验与此文相验证，认为不仅"家富户羡，了非昔时"，甚至"好善为学，亦不尽如吴记所言"，但他也没有就此否认过去的饶州可能曾有过如此风光的岁月，于是决定"录其语以寄一叹"。见《容斋随笔》下，第682页。

5　文中的"昭陵"，即是指北宋仁宗皇陵"永昭陵"。由于北宋皇陵皆冠有"永"字，是以在称呼时可作此省称。如《宋史》谓："仁宗崩，英宗立。丧服制度及修奉永昭陵，并用定陵故事。"其中，"定陵"即为真宗"永定陵"之省称。见《宋史》，卷122，《凶礼一·山陵》，第2853页。

言说。

　　所以若把前述说法，视为部分北宋时人的当代认识，当属有据。不过，我们终究不是活在那个时代的人们，仅仅知道他们怎么想是不够的，还应设法从这些宋人论述中，挖掘出其间的历史意涵。接下来一节，笔者拟由前辈学者的研究立基，检视近代历史学者究竟如何看待及思考前述历史变局。

二、历史背景：中国经济、文化重心的南移

　　诸如前引两段论及南方士人在北宋文化界乃至政界之活跃的言论，历来已引起不少学者的关注与讨论。钱穆在抗战时期撰成的不朽名著《国史大纲》中，便曾提及北宋时期的新旧党争，与南北人才间的矛盾有关。他认为，南方人在宋初具有相当厚实的文化潜力，是以常能开风气之先，举凡"在野学校之提倡、在朝风节之振励、文章之盛、朋党之起，皆由南士"，而随着他们在政治上的日益拓展，其思想态度、言论风格与特有的南方经验，便开始与较保守、稳健的北方士大夫产生抵触，党争遂由是而生。[6] 日本学界也在此课题上积累了相当的成就，比如青山定雄从地域研究角度切入，追溯江西与长江下游流域的"新兴官僚"，如何借其文化优势逐步打进北宋政坛；吉冈义信则从更为整体的视角，考察

6　钱穆：《国史大纲》下册（台北：台湾商务印书馆，1995），第三十三章，《新旧党争与南北人才》。

"南人官僚"在北宋初期的发展概况。[7]他们多注意到宋代科举制度之施行对南方士人带来的正面效应。近来，宋史研究学者柳立言更使用从"以北统南"至"南北人共治"的这样表述，揭示北宋年间统治集团结构的转变。[8]就此而言，南方士人在北宋崛起的命题，基本上已有了相当坚实的论据支撑。

与此同时，讨论此课题的学者也大多意识到，此一特出历史现象并非骤然而兴，而是与宋代以前的历史发展态势密切相关。比如在日本学者青山定雄的文章里，便特别针对五代十国时期南方士人的发展状况进行连带考察；钱穆先生更在论及北宋党争与南北人才的内在关联时，如此总结道：

> 除却人事偶然方面，似乎新旧党争，实在是中唐安史之乱以后，在中国南北经济文化之转动上，为一种应有之现象。[9]

就实证角度而言，钱先生的论断固有过于大胆与概括之嫌，但在南方士人兴起课题上，此说仍有一定的效力，因为他敏锐地拈出了其间的一个重大关节：中国经济、文化重心之南移。这是个颇

7　青山定雄：《五代宋に於ける江西の新興官僚》，收入《东洋史论丛：和田博士還曆記念》（东京：大日本雄弁会講談社，1951），青山定雄：《宋代における華南官僚の系譜について——特に揚子江下流域を中心として》，《中央大学文学部纪要》72（东京，1974），第51—76页；吉冈义信：《北宋初期における南人官僚の進出》，《鈴峰女子短大研究集報》2（广岛，1955），第24—37页。

8　柳立言：《导读：不要再误解宋朝了》，收入小岛毅著、游韵馨译《中国思想与宗教的奔流：宋朝》（台北：台湾商务印书馆，2017），第11—36页。

9　钱穆：《国史大纲》下册，第三十三章《新旧党争与南北人才》，第586页。

有历史的学术论题，相关研究不可胜数，然为方便讨论，笔者仍有必要在此作一个简要回顾。

就笔者所见，最早观察到中国经济、文化重心之南移现象者，是日本学者桑原骘藏（1871—1931）。他在写于大正三年（1914）的《晋室の南渡と南方の開發》一文中，便极为强调南方开发对于中国历史的重大意义。在大正八年（1919）刊行的《歴史上より観たる南支那の開發》，则把考察时限往后推展至明清，从一更长时段视角，观察中国南方在文化、物力诸领域中的发展。在前二文基础上，桑原氏又撰成《歴史上より観たる南北支那》一文，细考中国历史之文运、户口及物力变迁，发现随着历史的推进，南方的个别领域发展都渐次超越北方，他进而主张，在将来的中国，南方依旧会占有比北方更重要的位置。[10]桑原氏的一系列研究，可谓奠定了此课题的研究基础。

不知是否受到日本学人的影响，中国学界在1930年代也开始对此课题燃起兴趣，诸如当时的社会经济史权威陶希圣、史地学者张其昀，都曾触及此议题。而在《食货》半月刊发行后，也刊出不少中国学者的相关研究，例如李旭《魏晋南北朝时政治经济中心的转移》（创刊号，1934）、张家驹《中国社会中心的转移》（2：11，1935）、《宋室南渡前夕的中国南方社会》（4：1，1936）、易曼晖《唐代人口》（3：6，1936）等文章。尽管每位学

---

10 桑原骘藏：《歴史上より観たる南北支那》，《東洋史論叢：白鳥博士還暦記念》（东京：岩波书店，1925），第387—480页。该文有中译版，译者为黄约瑟，篇名为《历史上所见的南北中国》，收入刘俊文编《日本学者研究中国史论著选第一卷：通论》（北京：中华书局，1992），第16—68页。

者所论时段、处理议题各自有别，但整体说来，仍相当程度地推进了中国学界对此课题的把握。

约略同时，旅美经济史学者冀朝鼎（1903—1963），也在撰于1934年的英文专著 *Key Economic Areas in Chinese History*（《中国历史上的基本经济区》），提及他对该现象的观察。该文主要从水利事业的角度入手，认为中国的基本经济区历经了一个从黄河流域转向长江流域的转变过程。[11] 另外，该书首章也提到德国学者魏复古（K. A. Wittfogel）在《中国的经济与社会》（*Wirtschaft und Gesellschaft Chinas*，1931）一书中，借由"经济核心区"的概念，发掘出中国核心区由北向南的移转现象。可见此课题在当时颇受中外学人的重视。[12]

有了前述认识，便可稍稍明了钱穆何以会在《国史大纲》中，花上整整三章篇幅综论此一重大历史现象了。[13] 也由于当时已有较多成果可资凭借，是以钱文无论是材料上的搜罗，抑或课题上的

---

11 Chi, Ch'ao-ting, *Key Economic Areas in Chinese History: as Revealed in the Development of Public Works for Water-control*（New York：Augustus M. Kelley, Publishers, 1970［1934］）。陶希圣曾于《食货》第4卷第6期将此书介绍给国内读者，在评论此书时，也简单提及他与作者的不同观点："我近年来常常指出中国经济重心由西北向东南移动，但我注重的是都市的南移，不是水利繁荣区域的南移。从历史的材料上，我看出中国的经济不全是自足农村经济，工商都市的地位和影响是不可忽视的。"

12 Karl A. Wittfoge, *Wirtschaft und Gesellschaft Chinas: Versuch Der Wissenschaftlichen Analyse Einer Grossen Asiatischen Agrargesellschaft*（Leipzig：C. L. Hirschfeld, 1931）。值得一提的是，在《食货》第5卷第3期中载有魏复古的一篇文章，题为《中国经济史的基础和阶段》，译者即为冀朝鼎（筱泉），显然，冀氏对于魏复古的研究极为关注。此点感谢梁庚尧老师的提示。

13 钱穆：《国史大纲》，第三十八、三十九、四十章《南北经济文化之转移》上、中、下。

开展，都远较既有研究宽广。要言之，钱氏认为，中国北方自安史乱后即陷入长期兵争，致使水利不修，黄河屡屡为患，过往的河朔粮仓因而遭受严重摧残；反之，相对安定的南方不但有充分余裕发展农田水利，更吸纳大量移居人口，令经济、文化皆得有长足进步，其具体例证，便是漕运、手工业、户口、进士解额、宰辅籍贯、行政区划等项目，在比例上的北消南长。受限于篇幅，文中讨论犹有未尽之意，然其精当简要的观察，仍给予后辈学者诸多启发。

钱穆之后，此课题的相关研究仍续有产出，其中尤以全汉昇《唐宋帝国与运河》（1944）以及张家驹《两宋经济重心的南移》（1957）两部的经济史论著最具代表性。[14] 不过，相关研究虽然极为庞大，但在诸如经济重心南移的起讫、经济重心形成的标志与原因等问题上，学者们仍有歧见，是以此课题直到晚近都还保有相当的活力。近几十年来的讨论，可以斯波义信《宋代江南经济史の研究》（1988）、杨远《西汉至北宋中国经济文化之向南发展》（1991）、郑学檬《中国古代经济重心南移和唐宋江南经济研究》（2003）与杜瑜《中国经济重心南移：唐宋间经济发展的地区差异》（2005）为代表；[15] 此外，程民生的《宋代地域经济》（1995）

---

14 全汉昇：《唐宋帝国与运河》（重庆：商务印书馆，1944）；张家驹：《两宋经济重心的南移》（武汉：湖北人民出版社，1957）。

15 斯波义信：《宋代江南经济史の研究》（东京：汲古书院，1988）；杨远：《西汉至北宋中国经济文化之向南发展》（台北：台湾商务印书馆，1991）；郑学檬：《中国古代经济重心南移和唐宋江南经济研究》（长沙：岳麓书社，2003）；杜瑜：《中国经济重心南移：唐宋间经济发展的地区差异》（台北：五南出版社，2005）。

着意强调宋代北方经济水平没有过往评估得低，与主流论述有别，可视为一种修正呼声。[16]

总的说来，前述成果尽管就部分议题犹未达成共识，但对由唐入宋的整体经济发展走势，可说已提供了一幅颇为清晰的图景；[17] 相较之下，针对唐宋文化重心转移的讨论就显得颇为零星，且多半是依附于经济史研究之后。[18] 较早期的研究，可举何佑森的《两宋学风的地理分布》为例，该文以正史列传资料为基础，针对两宋文士、儒者、道学的地理分布进行了统计，进而指出两浙路及江南东、西路乃北宋时期的文化核心地带。[19] 唯此文发表后，似乎没有引起太大回响。大概要至1979年地理学者陈正祥发表《中国文化中心的迁移》后，拥有类似关怀的研究才又开始问世。陈氏在此文中，除了汲引史料铺陈讨论外，也运用计量法统计唐代前后期诗人与进士的分布状况，并绘成《唐代的诗人》《唐代前期的进士》《唐代后期的进士》三图，通过图文搭配，证成其唐宋文化重心南移之说。[20]

1980年代以后，关于此课题的相关研究开始较频繁地产出，

16　程民生：《宋代地域经济》（开封：河南大学出版社，1992）。关于此书论点之商榷，见梁庚尧：《宋代南北的经济地位——评程民生著〈宋代地域经济〉》，《新史学》4：1（台北，1993），第107—132页。

17　关于中国经济重心南移课题的整体回顾，可见程民生：《关于我国古代经济重心南移的研究与思考》，《殷都学刊》1（河南，2004），第47—58页。

18　例如张家驹的《两宋经济重心的南移》、杨远的《西汉至北宋中国经济文化之向南发展》，皆是至全书末段才涉及文化南移课题。

19　何佑森：《两宋学风的地理分布》，《新亚学报》1：1（香港，1955），第331—379页。

20　陈正祥：《中国文化中心的迁移》，《中国文化地理》（北京：三联书店，1983），第1—22页。

且多半集中在唐代后期。例如著名的中国历史地理学者史念海及其学生费省，分别撰有《两唐书列传人物本贯的地理分布》《唐代艺术家籍贯的地理分布》二文，他们皆以安史之乱作为唐代前后期的分界，再对有唐一代的正史人物、艺术家进行籍贯调查，结果皆显示南方的文化成就有逐步追上北方的态势。[21] 至1990年代，则有冻国栋《唐代诗人前后期各道分布统计》《唐代散文作家前后各道分布统计》《唐代进士前后期各道分布统计》，以及景遐东《唐五代江南籍诗人分阶段数量统计表》诸表的制成。[22] 杨远则是这段时期少数同时针对唐宋文化状况进行考察的学者，唯其方法不脱前人理路，得出的结论也大抵相近。[23]

　　无论如何，这些成果在在提示我们，南方士人在宋代的崛起，并不是个孤立或突发的现象，它还有一个更大的背景，亦即：唐宋

<hr>

21　史念海：《两唐书列传人物本贯的地理分布》，收入氏著《河山集》第五辑（太原：山西人民出版社，1991），不过据史氏自己所言，此文应在1980年时即已完稿，见《唐代前期关东地区尚武风气的溯源》，收入《唐代历史地理研究》（北京：中国社会科学出版社，1998），第468页；费省：《唐代艺术家籍贯的地理分布》，收入《唐史论丛》4（西安，1988），第109—146页。

22　冻国栋：《唐代人口问题研究》（武汉：武汉大学出版社，1993）；景遐东：《江南文化与唐代文学研究》（北京：人民文学出版社，2005）。

23　杨远：《西汉至北宋中国经济文化之向南发展》（台北：商务出版社，1991）。不过若仔细检讨这些既有的计量研究，可以发现其中存在一些根本性问题。首先是样本的准确性。大体说来，年代越早的文章，误植籍贯的机会就越高，甚至还有自相矛盾的情况，而这自然会影响到全文论断。再者是样本的代表性。前述某些研究的抽样仅限于列名正史者，其余一并排除，这样取样自然极不全面。最后，数据所能揭露的历史讯息有限，若没有进一步分析、解释材料，则结论多半会流于粗疏、表面。职是之故，如何充分利用既有成果，佐以不同研究进路，更深入把握唐宋之际文化重心的转移，值得再加考虑。

之际经济、文化重心之南移。伴随着南方经济、文化水平在唐代后期的迅速提升，南方士人也渐趋活跃。唐代后期出身南方的宰相、儒生、文士、艺术家、进士，在数量与比例上较之前期的提升，可说就是这项变化的具体呈现，也无疑反映了南方文化实力的积聚。换言之，南方士人的兴起现象，早自唐代后期便已显露端倪。不过，唐末距宋初尚有百余年，两个阶段的状况自不可能全然相同，更何况横亘其间的还是极其动荡的五代十国。所以接下来很容易衍生出以下疑问：唐代后期与北宋前期的南方士人崛起现象，在内容与程度上有着什么样的不同？在由唐入宋的进程中，究竟存在着什么样的机制，让南方士人得以赓续中唐以降的文化优势，进而在宋初崭露头角，埋下日后扭转"以北统南"统治格局的契机？

可惜的是，对于前述疑问，学界目前尚未给予足够关注，也没有较令人满意的回答。[24] 这个研究上的相对缺乏，激起笔者高度的兴趣。不过，由于唐宋之际南方士人的兴起现象历时极长、涵盖地域与牵涉层面又极其广泛，要想综而论之，势必得面临诸多操作上的困难。所以首先要做的，理当是对研究范畴作适度的限缩。以下一节，笔者拟就本文的主要研究对象，进行若干概念上的界定与说明。

---

24 此与中文学界长期忽视五代十国史——特别是十国史——的研究倾向有关，王宏杰认为，造就此现象的一个重要原因为十国史材料的相对匮乏。参见王宏杰：《十国史研究的史料——兼评杜文玉〈五代十国制度研究〉》，《中国唐史学会会刊》29（陕西，2010），第112—117页。

三、考察对象：唐宋之际的"东南士人"

本书的研究对象，基本上以唐宋之际的"东南士人"作为考察主体。这里有两个概念需要说明：一是"东南"，二是"士人"。先从前者谈起。笔者所谓的"东南"，约莫等同出现在首节两段引文中的"江南"。之所以没有直接援引这个宋人词语，主要的考量是该词指涉的范围，与今日史地学者习用的"江南"存在着颇大落差。尽管"江南"在当今学界的定义与使用常因人而异，然学者大体同意长江下游南岸的平原地带，乃"江南"的基本区域，亦即：以浙西三吴之地为核心，向南拓展至钱塘江南岸，向西延伸至镇江、南京地带的整片土地。[25]

那么，晁以道与吴孝宗所言的"江南"，指的又是什么呢？从朱弁的记载看来，晁以道口中的"江南"，当为"大江之南"。但这样的解释又很模糊，究竟是指长江以南全境，抑或是部分地域？单从字面难以确知。然若据文中所举诸人的籍贯分布推测，晁氏所称的"江南"，绝对要比今日学者们所认定的"江南"大得多，这在下文还会有细论；至于吴孝宗的定义——"七闽、二浙与江之东西"，则要相对清晰得多，因为他是直接援用宋代行政区划

25　关于"江南"的诸家界定，以及学者的共识范围，详见范金民：《江南社会经济史研究入门·前言》（上海：复旦大学出版社，2012），第1—10页。需要注意的是，该文主要是以明代的行政区划作为界定术语；在本书中，笔者则将其转化为现代的地理概念，以便说明。

作为概念上的界定，换言之，吴记所述及的"江南"，便是其时的江南东、西路，两浙路与福建路。

据此我们可以清楚地看到，古今的"江南"之别实不可以道里计，若直接袭用，极易造成理解上的混淆。虑及此点，笔者决意采用"东南"这个较具弹性的概念来限定本书研究对象。至于其具体指涉，不妨以宋人见解为基础，进而转化为唐人与今人观念。以唐代后期来说，此范围约略等于江西、宣歙、浙西、浙东、福建这五个观察使区；从今人的行政区划来看，则可大体对应至福建、浙江、江西各省，再加上安徽与江苏的南部地带。还须加以说明的是，尽管笔者是以宋人的"江南"意涵，作为本书"东南"的概念基础，但在使用时，并不打算严格地把地域范围限定在长江以南，而会稍稍扩及江北之地，这也是使用"东南"一词的另一便利处。[26] 至于在后文出现的"江南"，则基本采用今日的狭义定义。

接下来要对"士人"进行界定。本书所谓的"士人"，主要是文化意义上的"士人"，而非由法律定义的"士籍"。易言之，士人身份之认定，不在于是否出仕，进而享有法律赋予士人的种种社会、经济特权，而在于是否具备为士人群体认可的文化素质。那么，这种文化素质是什么呢？毛汉光在研究中国中古的贤能观念时，列举出四个经常被中古士人提及的类目：德行、经术、文章、吏干。毛氏认为，前二者构成"贤"的要素特质，中二者是

---

26 事实上，位于江北的扬州，其知识界与文化界在唐代后期皆与江南、两浙有很深的联系，不应以地理区划将它们强行割裂。

"才"的展现，后二者则为"能"之必须。[27] 据此作为界定士人文
化素质的主要参照，大抵可以说，经术、文章二者乃跻身士流的
最低标准，德行、吏干则为锦上添花之用。[28] 以上即是笔者定义与
辨识士人的主要项目。

四、探索途径: 政治与士人的双向互动

如前所言，本书试图追索"东南士人"于唐宋之际的发展，以
求能带入一种发生学的视角，为他们之所以能在宋初发挥如斯重
大的文化影响，找出历史的根源，乃至解答。不过，所谓的"士
人发展"涉及层面很多，本书势必无法面面俱到。较理想的做法
或许是，抽绎出一个对该现象影响至深的关键因素，以此作为核
心关怀搜罗相关材料，再进一步归纳、梳理可能存在于其间的脉
络与理路。那么，这个关键因素究竟是什么呢? 事实上，本章开
头的引文业已提供一条极具启发的线索。

在朱弁的追述里，晁以道提供了几个例子，作为"本朝文物之
盛，自国初至昭陵时，并从江南来"的例证，分别是"以儒学显"
的徐铉（917—992）、徐锴（921—975）兄弟，"以词章进"的杨

---

27 毛汉光:《中国中古贤能观念之研究》,《"中央研究院"历史语言研究所集刊》
　　48：3（台北，1977），第333—373页。
28 进而言之，在社会普遍弥漫着"文学崇拜"之风的唐五代，文章的重要性无
　　疑要更高于经术，堪称四项之最。关于唐五代"文学崇拜"现象，见龚鹏
　　程:《文学崇拜的社会》，收入氏著《唐代思潮》（北京: 商务印书馆，2007），
　　第213—398页。

徵之（921—1000）、杨亿（974—1020）叔侄，"以明习典故用"的刁衍（945—1013）、杜镐（938—1013），最后则是"巍乎为一世龙门"的晏殊与欧阳修。他们是否真如晁以道所言，"皆出于大江之南"呢？我们不妨用这些人物的籍贯进行检验。在这几人中，二杨叔侄为建州（今属福建）人，刁衍是升州（今江苏南京）或润州（今江苏镇江）人，杜镐为常州（今江苏常州）人，晏殊与欧阳修则分别为抚州（今属江西）与吉州（今属江西）人，确实都属于"大江之南"。不过，二徐兄弟的出生地广陵（今江苏扬州），却位在长江北岸，这多少让"并从江南来"之语稍微失去了着落。

当然，在唐诗里偶尔也可见到把扬州视作"江南"之例，[29] 但大体说来，唐代的"江南"或指涉地域范围极广的"长江以南"，或指涉与"江左"概念相通的三吴之地，把江北的扬州纳入的说法并不多见。[30] 宋人也基本沿袭此主流观点，是以其江南东、西二路的行政区划，亦皆以长江为北界。以时人观念来看，吴孝宗所言的"七闽、二浙与江之西东"，无疑是最佳训解。这么一来，由二徐籍贯所衍生出来的疑惑，依旧没办法得到解决。当然，这里很难确知晁以道对于宋初士人占籍的熟悉程度，也许他根本就不知道二徐乃出身江北的扬州人。不过，晁氏既然对二徐怀有这样的认知，我们或许可以尝试找寻这一印象的可能来源。

---

29 比如杜牧《寄扬州韩绰判官》诗便云："青山隐隐水迢迢，秋尽江南草木凋。"见（唐）杜牧著，冯集梧注：《樊川诗集注》（上海：上海古籍出版社，1998），卷4，第282页。

30 关于唐人的地理概念，参见张伟然：《唐人心目中的文化区域与地理意象》，收入李孝聪主编：《唐代地域结构与运作空间》（上海：上海辞书出版社，2003），第366—367页。

　　当有了这样的意识，再去翻看宋代史料，便很容易留意到一个现象：宋人口中的"江南"，实有很高比例指涉与其对峙了约十五年之久的南唐政权（937—975）。这不仅因为南唐的主要辖地都位在大江之南，更源于南唐统治者曾在国祚末期，为求讨好对其带来莫大军事压力的赵宋，自去"唐"号，改以"江南国"自居，遂使"江南"一语，成为宋代常见的南唐代称。[31] 例如崇宁四年（1105）撰成《南唐书》的马令，在描写南唐遗臣萧俨入宋后的处境时写道：

> 〔萧俨〕归皇朝，以老病居乡里。因讼至郡，言辞舛错，郡卒不知其疾，以为愚谬，乃诘之曰："江南用汝辈为正卿，不亡何待！"[32]

面对老病不堪、欲打官司却词不达意的萧俨，这名北宋地方官员隐然流露出一种征服者意态。不过于此更值得注意的是"江南"的用法。"江南"既能"用"萧俨"为正卿"，自然不会是地理层次上的"江南"；再看萧俨的仕宦历程，他虽在杨吴时期（919—937）——亦即南唐政权前身——便已步入宦途，不过他当时仅

---

[31] 南唐自降国格之举，发生在开宝四年（971），见李焘：《续资治通鉴长编》（北京：中华书局，2004年点校本），卷12，开宝四年十一月癸巳，第272页。需要补充的是，宋人以"江南"指称南唐，也并非全然没有地理上的意涵。因为早在北宋代周的前一年多，南唐便已将长江以北诸州割让给北朝。所以在宋人眼中，南唐自始至终都是个地地道道的"江南"政权。

[32] 马令：《南唐书》，收入傅璇琮主编：《五代史书汇编》册玖（杭州：杭州出版社，2004），卷22，《萧俨传》，第5400页。

出任基层文官（秘书省正字），要至南唐禅代后，才逐步累仕为刑部郎中、大理卿兼给事中等中、高层官僚，是以用萧俨为"正卿"者，自为南唐无疑。此乃宋人以"江南"作为"南唐"同义词的一则实例。

那么晁以道所谓的"江南"，是否也暗指南唐呢？这种可能性非常高，因为在前述诸人中，南唐是个极为显著的交集。首先，徐铉、刁衎、杜镐三人皆为成功转仕的南唐遗臣。三人之中，徐铉辈分最高，他在南唐时便已历任中书舍人、翰林学士、兵部侍郎、御史大夫、吏部尚书与右仆射等高官。相较之下，刁衎与杜镐二人在南唐亡国之时，甫步入宦途不久，仅分别出任秘书郎与集贤校理等基层文官，但或也因为较无包袱，入宋后的政治活动空间反倒要比其政坛前辈徐铉来得大，发展也更为理想。[33] 至于徐铉之弟徐锴，亦为南唐的知名文臣，曾任至虞部员外郎、屯田郎中、知制诰、兵吏部选事等官。严格说来，晁以道将其归为入宋名士稍有不妥，因为徐锴早在宋并南唐的前一个月便已过世。不过考量到徐锴的著作在宋代颇有流传，若说宋初文物有受其影响之处，亦有道理。[34]

其次是二杨叔侄。二杨中的杨亿，基本上已属宋人，姑且不

---

33 杜镐在南唐时的仕宦经历，见《全宋文》作者小传。四川大学古籍整理研究所编：《全宋文》册二（成都：巴蜀书社，1988），卷58，第260页。

34 宋人书目录有不少徐锴之作，可见其传承颇广。见（宋）赵希弁著：《读书附志》，收入晁公武著，孙猛校证：《郡斋读书志校证》（上海：上海古籍出版社，1990），卷上，《小学类》，"篆韵"条，第1104页；（宋）陈振孙著，徐小蛮、顾美华点校：《直斋书录解题》（上海：上海古籍出版社，1987），卷3，《小学类》，"说文解字系传""说文韵谱"条，第90页。

论。不过其叔杨徽之却曾在南唐的庐山国学中习业，尽管他在保大十三年（955）北上应举中第后，便成为北朝之臣，然其学术基底，大抵可说是在南唐的文教环境中奠定。晏殊与欧阳修虽去南唐已远，然仍与南唐存在着间接关系：欧阳修家族本就是在南唐时期崛起的新兴士人家族，[35] 晏殊则生长于南唐故地抚州，是以两人在养成过程中，当有不少机会蒙受南唐文化遗泽，这可从二人的词学风格得到一定程度的证明。清代词人江昱（1706—1775）论及晏殊词风时，曾如此概括：

> 临淄格度本南唐，风雅传家小晏强。更有门墙欧范在，春兰秋菊却同芳。[36]

"临淄"是被封为临淄公的晏殊之别称。在本诗句首，江昱直截点出大晏格度的源头——南唐，并进一步认为这样的体式，对其子晏几道、后辈欧阳修与范仲淹等人起了重要影响。笔者对于词了解有限，此处无法细论，仅想指出，即便晏、欧上距南唐已三四十年，然其学养表现仍多少留下了南唐的痕迹。

　　从前文讨论看来，我们不得不承认，南唐政权对于东南士人之

---

35 欧阳修曾祖欧阳郴、祖父欧阳偃（925—1000）皆为南唐臣子，伯祖欧阳仪亦为南唐进士。关于欧阳修先祖与南唐的关系，见吴充：《欧阳公行状》，收于（宋）欧阳修：《欧阳修全集》（台北：世界书局，1963），附录，卷1，第1335页。

36 （清）江昱，《论词十八首》之二，《松泉诗集》（台南：庄严文化，1997），卷1，第176页。转引自赵福勇：《清代"论词绝句"论晏殊词探析》，《成大中文学报》25（台南，2009），第152—178页。

崛起发挥着至为关键的作用。换言之，这个历史现象不单只是东南士人的自身发展所致，政治带来的外缘影响亦是不容忽视的驱力。南唐既然如此，此前的状况又是如何呢？要回答此问题，势必得将考察视野延伸至南唐的前身杨吴政权、唐末江淮的几股自立势力，乃至唐末朝廷与东南士人的关系。循此思路，本书最重要的探索进路便自然地浮现出来，亦即：唐宋之际江淮政权与士人的双向互动。换句话说，本书将采取后设视角，以南唐为基点，向唐末回溯，并以其故地作为范限，考察唐宋之际于此间活动的士人群体发展。之所以强调"双向"，是因为笔者期望能在探讨政权的制度面及政策面影响之时，亦对东南士人的主观意向与行动多所留意。是以在架构上，本书拟从"外缘政治影响"与"内在文化趋力"两条途径切入，对唐宋之际东南士人的发展情状进行较为全面的探索。

五、研究回顾：东南士人崛起的两条脉络

前节论及本书处理唐宋之际东南士人发展的两条途径：政治的外缘影响，以及士阶层的固有文化驱力。以下笔者拟针对涉及此二线索的既有研究，进行梳理与回顾。需先说明的是，部分论文的归类，仅是出于分类上的方便，不表示该文全然没有触及另一面向。

（一）政治层面的外缘影响

综观中国士人的发展历程，可以发现其走势往往与政治力形塑出的环境密不可分，其中尤以选举与文教的影响为最，东南士人

在唐宋之际的崛起也不例外。在唐代，士人的主要入仕途径为门荫与科举，[37] 唯因前者主要作为统治阶级延续特权的保障机制，对于兴起较晚且与关陇集团关系较疏的东南士人来说，无法发挥太大功效，从而使得科举成为东南士人最主要的入仕凭借。唐初科举制度在整个选举系统中的地位不高，所能提供的缺额也少，大大限制了东南士人的宦途发展。武周朝以降，随着科举地位与重要性的迅速提升，东南士子也因而获得远较唐初为多的入仕机会。江南士人表现最优，不但出现连代中第的科举家族，还开始在全国士人圈中崭露头角。[38] 福建、江西士人表现虽远不如江南突出，然也开始出现零星的中第案例。[39]

安史乱后，朝廷因为政经需求开始积极开发南方。在东南区域，政府主要派遣文官出任地方观察使，致力发展经济与稳定社会秩序，在此施政目标下，文教建设也被视为重要的环节，而为地方官员勉力推动，因而大幅提升了东南区域的文化发展条件。[40]

---

37 至于杂色入流虽也是选官系统的大项，且名额还要高于科举。不过自此通道入仕者，一般被认为不预士流，所以本书暂不讨论。

38 吴书萍：《七、八世纪唐代江南地域的士人研究：特论其政治和社会背景》（台湾大学历史学硕士论文，2009），第三章《高宗武后到玄宗前期的新兴士人》。

39 黄玫茵：《唐代江西地区开发研究》（台北：台湾大学出版委员会，1996），第四章《人文发展》；吴修安：《福建早期发展之研究：沿海与内陆的地域差异》（台北：稻乡出版社，2009），第六章《中古时期福建地区的文化发展》。

40 关于唐代后半期政府对于江淮的开发政策，参见筑山治三郎：《唐代政治制度の研究》（大阪：创元社，1967），第四章第三节《江淮の政治と开発》；中砂明德：《後期唐代の江淮支配——元和时代の一侧面》，《东洋史研究》47：1（京都，1988）。江西与福建的文教建设，参见黄玫茵：《唐代江西地区开发研究》，第四章《人文发展》；吴修安：《福建早期发展之研究》，第六章《中古时期福建地区的文化发展》。

与此相应的是东南士人在科举考试中的突破性发展。陈正祥、冻国栋的唐代进士研究显示，东南进士在后期所占的全国比例远较前期为高；吴宗国也观察到东南登第人数的增长，更值得注意的是，他还指出应举阶层在此时出现了扩大的趋势，诸如盐商、胥吏都开始利用此途径入仕，相当程度体现了东南地区社会力量的勃兴。[41] 除了总体性的关照外，陈弱水还曾采取区域研究视角，对唐后期福建士人如何借由科举与仕宦，从边缘打进中央，进而与全国知识圈建立起联系的过程进行了细密梳理。[42]

　　与此同时，在唐代后期由于藩镇大开而日益盛行的辟署制度，则提供给东南士人另一条重要的入仕与就业渠道，此为论及唐代后期东南士人政治发展不容忽视的课题。[43] 尽管辟署制对唐后半期

---

41 吴宗国：《唐代科举制度研究》（北京：北京大学出版社，2010），第十三章《唐后期应举及第范围的扩大》，值得一提的是，此现象当与东南经济的蓬勃发展，以及"新兴阶层"的兴起有着密切关系。关于唐后期的社会经济变化，中日学者都有极为丰富的成果。中文学界的讨论见阎守诚、赵和平：《唐代士族、庶族问题讨论会综述》，《历史研究》4，（北京，1984），第134—136页；胡戟主编：《二十世纪唐研究》，社会卷第一章，《社会阶层》，第801—808页。日文学界概况，见大泽正昭：《唐末·五代"土豪"论》，《上智史学》37（东京，1992）、《唐末·五代の在地有力者について》，收入柳田节子先生古稀记念论集编辑委员会编：《中国の伝統社會と家族：柳田節子先生古稀記念》（东京：汲古书院，1993）；佐竹靖彦：《唐宋変革の地域研究》（京都：同朋舍，1990）。唯无论是日本学者所谓的"土豪"，抑或中文习称的"新兴阶级"，都不能直接等同士人阶层，而需通过某些机制达成身份转换，是以暂不列入正文讨论。

42 陈弱水：《中晚唐五代福建士人阶层兴起的几点观察》，收入氏著《唐代文士与中国思想的转型（增订本）》（台北：台大出版中心，2016），第457—495页。

43 早期学者倾向认为，辟署制度使得新兴官僚得以进入官场，促成唐后期统治阶层变动，进而令中古时期的贵族制社会趋向崩解，持此观点者有砺波护、爱宕元等日本学人，参见砺波护：《中世貴族制の崩壊と辟召制》，（转下页）

东南士人的整体影响，目前仍无系统研究，但其可能情况倒是可从日本学者渡边孝对唐后期淮南、浙西两藩镇幕僚的研究，稍见端倪。渡边孝的分析发现，曾经担任此二藩镇幕僚的士人，有高达半数以上出自门阀、郡姓阶层，相较之下，东南士人所占比例仅14%。[44] 假使这两个藩镇具有一定的代表性，那我们当可推测，在地藩镇的广设虽为东南士人提供额外的就业机会，但其程度仍相当有限。

　　至于这些在唐后期成功入仕的东南士人，其宦途发展如何呢？据严耕望所言，他们多半出任中下层官员，至于最高层官员，北人仍占据绝对多数，这可说是东南士人政治发展的潜在限制。[45] 笔者亦曾针对唐代后期东南士人的举业与仕宦状况作过较全面的整理，并发现一个有趣现象：虽然东南士人的科场表现确实日趋突出，然入仕后能成功晋升中高层官僚者却相当有限。此与严耕望的观察颇有相合之处，不过笔者以为，在这看似地域差异的表象之下，还有更深层的结构性因素存在，亦即东南进士多为无家世背景可依的寒素子弟。这个潜在限制，阻碍了东南士人在唐代后

（接上页）《东洋史研究》21：3（京都，1962），第245—270页。爱宕元：《唐代後半における社會變質の一考察》，《东方学报》42，（京都，1971），第91—125页。不过据王德权研究，辟署制度仅在安史乱后的短暂时期促成较具规模的社会流动，其后即为充分掌握政治资源的士族阶层所把握，成为循辟署通道出身的主体，是以并未带来太大的社会结构变化。参见王德权：《中晚唐使府僚佐升迁之研究》，《中正大学学报》5：1（嘉义，1994），第267—302页。

44　渡边孝：《唐後半期の藩鎮辟召制についての再檢討——淮南・浙西藩鎮における幕職官の人的構成などを手がかりに》，《东洋史研究》，60：1（京都，2001），第30—68页。

45　严耕望：《唐代人文地理》，收入氏著《严耕望史学论文集》下册（上海：上海古籍出版社，2009），第1403—1463页。

期的政治发展。一直要到唐末大乱打破既有的政治结构之后，东南士人的政治发展才真正迎来突破的契机。[46]

黄巢起义使得北方再次陷入动荡与不安。尽管朱梁代唐后，仍依循旧制每年开科取士，然吸引力已大不如唐时，愿大费周章北上应举的东南士人数量有限。另一方面，位于江淮的几股新兴势力仍属草创，犹未建立起健全的文官任选制度，是以在登用人才时，还是得高度仰赖各地使府的辟署。杨吴政权便是如此，关于杨吴时期诸藩帅、州长所辟召的文人幕僚之整体考察，可参见日中学人鸟谷弘昭以及吴德明的研究。[47]

随着东南时局的日益安定，控扼江淮的杨吴政权开始着手进行一系列弱化藩镇之举，诸如缩短任期、频繁更换治所、派遣中央军队驻防等，在此过程中，藩镇辟署权也被逐步限缩。[48]与此相应的，则是中央选官制度的创设与推行。南唐代吴后，也承继了前述的改革方向。据伍伯常考察，南唐建国之初似无取士之科，士人多通过应诏撰文入仕，至南唐升元年间（937—943），科考取士制度方臻完备，其中仍以进士科影响最大，它增进了东南寒士向上流动的机会，且在相当程度上发挥了武臣家族文质化（civil transformation）与地方行政文职化（civil bureaucratization）的

---

46 黄庭硕：《唐代后期东南士人的举业与仕宦关系初探》，《史原》复刊6期（台北，2015），第1—87页。

47 鸟谷弘昭：《吴王朝の文人官僚について—幕僚を中心に—》，《史正》13（东京，1984）；吴德明：《吴、南唐文职幕府研究》（安徽大学硕士论文，2011）。

48 西川正夫：《吴・南唐兩王朝の國家權力の性格——宋代國制史研究序説のために、其の一》，《法制史研究》9（东京，1959），第95—171页；亦见任爽主编：《十国典制考》（北京：中华书局，2004），第六章，《十国地方行政考》。

作用。[49]

　　入宋之后，曾出仕南方诸国的东南士人，处境变得异常艰困，其中尤以南唐降臣为最。日本学者西川正夫与青山定雄皆曾指出，能顺利改仕宋廷的南唐旧臣比例甚低；[50] 伍伯常则曾详细爬梳宋廷对南唐遗臣的处置，大体看来，宋廷对南唐旧臣相当猜忌，一方面将他们迁徙至京城左近安置，以切断其在地连结，另一方面则在铨选过程施以种种刁难与限制，使得他们没有太多政治前景可言。想要改变前述处境，唯有上书、献文或者参与科举方有可能，这便迫使许多南唐旧臣家族走上应举之路。[51]

　　而对于祖上未曾出仕南方政权的东南士人而言，科举愈加重要，因为这是他们入仕的唯一通道。根据徐红研究，北宋初期科举人才分布，大抵延续唐末以来区域发展的态势：关中地区已然失去人才优势，关东则因有深厚的文化积淀，仍为人才集中地，但与此同时，南方士人迅速崛起，为北方士人的政治地位带来极大威胁。真宗朝出现的一些压抑南士举措，便是因应此情势而生。[52]

49　伍伯常：《南唐进士科考述》，《汉学研究》15：1（台北，1997），第133—149页。

50　西川正夫：《吴・南唐兩王朝の國家權力の性格》，第95—171页；青山定雄：《五代宋に於ける江西の新興官僚》，收入《（和田博士还历记念）东洋史论丛》（东京：大日本雄弁会讲谈社，1951），第19—38页、《宋代における華南官僚の系譜について——特に揚子江下流域を中心として》，《中央大学文学部纪要》72（东京，1974），第51—76页。

51　伍伯常：《北宋选任陪臣的原则——论猜防政策下的南唐陪臣》，《中国文化研究所学报》10（香港，2001），第1—31页；林煌达：《宋初政权与南方诸国降臣的互动关系》，《东吴历史学报》12（台北，2004），第129—157页。

52　徐红：《北宋初期进士研究》（北京：人民出版社，2009），第三章，《政治中心的变迁与进士的地理分布》。

只是，南方士人的庞大文化优势已沛然莫之能御，从贾志扬于《宋代科举》一书中的详尽整理便可看到，至仁宗时期，南方士人已成为进士最主要的来源，其中，单是东南士人就占据进士总数的半数以上。[53] 东南士人的政治发展，终于攀升到前所未有的高峰。入宋后的东南士人之所以能有效凭借科举渠道大举入仕，是否与他们在南唐时代的科举经验有关？这是个可加以留心的课题。

以上所言，聚焦在政治制度与环境加诸唐宋之际东南士人发展的影响，唯就作用层次言，这些因素多半偏于外部，更为根本的动力，还得从东南士人自身的文化发展理路中进行追索。

（二）文化发展的内在驱力

唐代后期东南士人文化发展的勃兴，与安史乱后的几项新发展有关。首先，是外来士人的移入。如前所言，唐代中叶以降，经济富裕、局势稳定的东南区域成为帝国内的重要移居地，在这些外来移民中，有不少是旧族衣冠、文士官员，他们的迁入自然壮大了东南士人的规模，且也有助素质上的提升。吴松弟是较早对此议题进行探研的研究者，尽管他的考察范围仅限于江南，不过仍可以初步归纳出北方移民的迁徙原因、分布情形，与带来的政经文化影响。[54] 顾立诚的《走向南方——唐宋之际自北向南的移民与其影响》，则更为深广地考察了唐末五代大移民潮带来的历史影

---

53 贾志扬：《宋代科举》（台北：东大出版社，1995），第六章，《登科者的地域分布》。
54 吴松弟：《唐后期五代江南地区的北方移民》，《中国历史地理论丛》，1996年第3期（西安），第99—114页。

响，举凡移民的发展动力、移民类别与组织、其与当地社会的互动等，书中皆有涉及，乃理解此课题的重要基础。[55]

其次，是私学的昌盛。严耕望指出，随着科举地位的日增，社会崇文之风大炽，大大打击了以经术为主的学官教育，取而代之的是习业山林风气的兴盛，而东南地区名山、寺观遍布，又没有遭到安史之乱侵扰，自然成为唐代后期士子读书的首选。[56] 高明士《唐代私学的发展》在严氏基础上，对唐代私学类型与发展作了更进一步的析论，高氏特别留意中唐之后，佛教传法讲学之地已大体转移至江南，且特别集中于两浙一带。[57] 这项观察再次揭示出唐代后期东南地区文教环境之优越。

在此背景下，唐代后期东南士人的文化表现也日趋活跃，其中以江南士人最为特出。宇文所安（Stephen Owen）早在1981年出版的《盛唐诗》中，便指出八世纪后期的东南地区乃是一个堪与京城匹敌的重要诗歌活动中心，对盛唐诗风的形成具有关键影响。[58] 赵昌平则直接对中唐时期活动于吴中一带的诗人群体进行综述，并认为此区域的诗人一方面接受了吴楚民间谣曲的滋养，另一方面又在南朝诗体基础上，进行新的探索与变革，开创出一种

---

55 顾立诚：《走向南方——唐宋之际自北向南的移民与其影响》（台北：台湾大学出版委员会，2004）。

56 严耕望：《唐人习业山林寺院之风尚》，收入氏著《严耕望史学论文选集》上（北京：中华书局，2006），第232—271页。

57 高明士：《唐代私学的发展》，《台湾大学文史哲学报》20（台北，1971），第269页。

58 参见 Stephen Owen, *The Great Age of Chinese Poetry: the High T'ang*（New Haven: Yale University Press, 1981），ch.15。中译本为贾晋华译：《盛唐诗》（台北：联经出版公司，2007），第十五章，《东南地区的文学活动》。

有别于京城诗人的诗风，作者将之称为"吴中诗派"。与活动于玄宗前后期并于京城社交圈中发迹的"吴中四士"相较，"吴中诗派"的活动范围仅限于太湖流域，仅借由诗名即可享誉天下，这多少反映了东南文坛地位的跃升。[59]

蒋寅《大历诗人研究》一书，也极为重视江南这块新兴文学场域，花费极大篇幅讨论江南地方官诗人、隐逸诗人、诗僧等群体的创作风格与特色，以重建大历诗坛的整体面貌及时代意义。[60] 郑学檬《唐代江南文士群体初探》将考察时段拉长，概述了盛唐以后几个江南文士群体的形成与影响，并简析了他们在唐政权崩溃过程中的思想动态。[61] 尹占华、阮堂明则以州作为观察单位，细致地考察了活动于湖州、睦州等地的诗人群体情况。[62] 晚近在前述基础上更进一步作出整合性探研的，要属景遐东的《江南文化与唐代文学研究》。此书从江南的经济、社会发展背景着手，概括出几个有助江南文化发展的事由，再转而述及江南文士群体的创作风格、诗歌母题、文化活动，及对唐代文学发展的意义，提供了许

59 赵昌平：《"吴中诗派"与中唐诗歌》，北京：《中国社会科学》，1984年第4期（北京），第191—212页。

60 蒋寅：《大历诗人研究》（北京：中华书局，1995），第一章，《江南地方官诗人创作论》。

61 郑学檬：《唐代江南文士群体初探（上）》，《唐代的历史与社会：中国唐史学会第六届年会暨国际唐史学会研讨会论文选集》（武汉：武汉大学，1997），第378—389页；《唐代江南文士群体初探（下）——兼评文士对专制主义中央集权的依附与叛逆》，收入《中国前近代史理论国际学术研讨会论文集》（武汉：湖北人民出版社，1997），第351—368页。

62 尹占华：《大历浙东和湖州文人集团的形成和诗歌创作》，《文学遗产》4，2000年第4期（南京），第65—73页；阮堂明：《睦州诗人群体的形成与创作》，《天津师范大学学报（社会科学版）》，2001年第1期（天津），第58—64页。

多关于唐代后期江南士人的文化讯息。[63]

　　江西与福建士人的文化发展状况，仍以黄玫茵与吴修安的研究最为全面。据黄玫茵考察，尽管唐代后期江西士人似乎在全国知识圈中的地位仍不大耀眼，但从地域观点来看，此地士人的文化活动无疑是极为活络的，不但业儒有成者日增，且也开始有汇聚成区域士人群体的趋向。[64] 吴修安则指出，至唐代后期，福建沿海地方大族不但在身份与文化认同上已逐渐向中原士族看齐，甚至在学术、文化发展方面也有迎头赶上之势，最明显的象征便是士人家族的出现。此外，陈弱水也观察到，唐代中后期的福建士人除了致力于与中央建立联系外，他们和江南——特别是浙东——知识圈似乎也有颇为频繁的往来。换言之，唐代后期的东南在某种程度上可能已具有一种区域文化圈的意涵。[65]

　　至于东南士人在五代十国的文化发展状况，既有研究主要集中在南唐与吴越两个政权上。林瑞翰《南唐之经济文化》是较早期对南唐文化成就做出综论的文章，文中勾勒了南唐各种文化事业的发展情形，为后人奠下重要的研究基础。[66] 林氏之后，有相当数量涉及南唐诗词、绘画、伎乐、出土文物的单篇论文问世，从各方面丰富了人们对于南唐文化的认识，相关成果可见邹劲风系统

63　景遐东：《江南文化与唐代文学研究》（北京：人民文学出版社，2005）。

64　黄玫茵：《唐代江西地区开发研究》，第四章，《人文发展》，第193—206页。

65　吴修安：《福建早期发展之研究：沿海与内陆的地域差异》，第五章第二节，《唐五代福建沿海地方豪族的“士族化”》；陈弱水：《中晚唐五代福建士人阶层兴起的几点观察》，第474—475页。

66　林瑞翰：《南唐之经济文化》，《大陆杂志》29：6（台北，1964），第7—14页。

性的回顾与介绍。[67] 陈葆真《李后主和他的时代：南唐艺术与历史》则是晚近研究南唐文化的最重要论著。该书前半依时序而下，分别讨论前人较少触及的南唐烈祖、中主二朝的文化建设与文艺活动；后主部分则特别从美术史视角切入，详探其美术品味如何对南唐朝野，乃至北宋帝王及士大夫产生影响。后半部则专章处理南唐三主的佛教信仰，以及南唐绘画的特色及在画史上的地位。[68] 此外，美国学者狄·约翰（John Didier）对传为南唐重臣宋齐丘撰作的《化书》进行了细致的文本分析，并从唐宋思想转型的脉络中，找寻此书的历史意涵，是少数处理此时期思想史的专著。[69]

至于东南士人在吴越的发展，李最欣《钱氏吴越国文献和文学考论》有极全面的考察。该书首先对吴越国的文化政策做了细致的沿革，接着再分别就王室文人、幕僚文人的文学成就进行内容分析与评价。[70] 池泽滋子《吴越钱氏文人群体研究》则概述了十国至宋初间，吴越钱氏一族所有著名文士的生平境遇及其文学成就，并特别对活跃于宋初的钱易与钱惟演做出了详尽的讨论，让读者得以一窥东南士人在宋初文坛中的地位与作用。[71]

---

67 邹劲风：《南唐文化》（南京：南京出版社，2005）。

68 陈葆真：《李后主和他的时代——南唐艺术与历史》（北京：北京大学出版社，2009）。

69 John Didier, *Way Transformation: Universal Unity in Warring States through Sung China. The "Book of Transformation" ("Hua Shu") and the Renewal of Metaphysics in the Tenth Century* (PhD dissertation, Princeton University, 1998).

70 李最欣：《钱氏吴越国文献和文学考论》（北京：中国社会科学出版社，2007）。

71 池泽滋子：《吴越钱氏文人群体研究》（上海：上海人民出版社，2006）。

　　宋初东南士人的文化表现迄今尚无系统性的研究。除了前文提及的通过计量地理方法，呈现东南士人在北宋中期文化界之活跃的何佑森一文外，值得一提的还有日本学者副岛一郎。副岛氏在《宋初的古文和士风》一文中，便对东南文士——特别是南唐遗臣徐铉——在宋初文化界的崇高地位与深厚影响给予高度的关注。副岛氏认为，徐铉所倡导的经世济用、去除矫饰等文学主张，在宋初文坛颇有引导作用，或可视为宋代古文出现的一个前提。[72] 张维玲则注意到，北方文士不仅格外敬重徐铉，更不遗余力提携其后学，从而加速南士融入宋廷，同时为他们在真宗朝的崛起埋下伏笔。[73] 总的来说，学界对宋初东南士人的历史作用虽有关注，然似乎还停留在点的层面，尚有持续深化的空间。

六、论旨与架构

　　经由上文回顾，可知学界实已积累不少涉及唐宋之际东南士人崛起课题的成果，只是目前还缺乏将这些研究有效串联，并加以组织、统整为系统历史知识的论著，这正是本书的出发点。需要说明的是，笔者希望能从东南士人群体视角出发，以其自身发展理路为经，并以他们与不同时期江淮政权的互动关系为纬，两路

---

72 副岛一郎：《宋初的古文和士风》，收入氏著《气与士风：唐宋古文的进程与背景》（上海：上海古籍出版社，2005）。

73 张维玲：《宋初南北文士的互动与南方文士的崛起——聚焦于徐铉及其后学的考察》，《台大文史哲学报》85（台北，2016），第175—217页。

并进、相互参照，以期更为细致、全面地展示东南士人在由唐入宋过程中历经的演进。也就是说，尽管唐宋之际的江淮政权在本书中将有颇为吃重的戏份，但真正的主人翁仍是处于其境之内的东南士人。若要以研究类别归类的话，或许可以说笔者试图呈现一种近于"群体传记学"（prosopography）样貌的研究。[74]

本书的讨论将从黄巢起义（875）爆发后的唐末时期开始谈起。之所以选择由此揭幕，是因为这个波及全国的大规模民变，打破了唐廷过去以两京为首的政治、文化格局，战乱平定之后军阀的蜂起，乃至地方割据格局的成形，提供给士人们更多的政治、文化实践场域，也令士人发展进入一个崭新阶段。讨论下限则定于开宝八年（975），亦即南唐为北宋所灭的这一年。此年之后，南唐旧宇内的东南士人们又得重新朝向遥远的北方，想方设法地将他们深厚的文化积淀，转化为实质的政治回馈。对于此重大课题，地域史的取径已难竟其功，是以笔者选择于此落幕。换言之，本书的处理时限，大抵便落在875至975年这百年之间。在章节安排上，笔者将由唐末循序而下，依次探讨东南士人在唐末、杨吴与南唐的处境与发展。

---

74 "群体传记学"试图通过对一群历史人物的生平做集体性研究，进而探讨其共同特征。其方法乃建立一研究范围，再就此提出一组问题，并将研究对象的各类信息加以罗列、组合，找出有意义的变项，并检测这些信息的内在相关性，以及其与他类行为模式的相关性。可参考"中国历代人物传记资料库"（CBDB）中的简介与链接。更详尽的说明，参见 Lawrence Stone, "Prosopography," *Historical Studies Today* 100：1（1971），pp.46-79；K. S. B Keats-Rohan ed., *Prosopography Approaches and Applications: A Handbook*（Oxford：University of Oxford Linacre College Unit for Prosopographical Research, 2007）。

首章《唐末东南士人的举业与仕宦》，欲讨论唐末东南士人在唐朝政权中的位置与处境，评估依据主要是他们的科举表现与宦场成就两项。此外，也会连带论及唐末东南士人对于唐廷的普遍观感及认同强度。本章主要想提供一个大背景，让读者看看在那动荡不已的年代，东南士人是如何对待与看待那即将陨落的帝国。

次章《唐末江淮的独立潮与东南士人的新处境》，同样也将处理唐末时期东南士人的动向，然考察视野已从中央移转到本书的主要舞台——江淮。本章想呈现的，是因应这个混乱时代而产生的一些新时代现象，具体来说，便是东南士人摆脱了过往"重内轻外"心态，不再将中央视为政治实践的首要场域，而与江淮的新兴自立政权产生了密切的联系。

第三章《吴唐之际的文治转向与东南士人的崛起》，则聚焦于杨吴后期（909—937）至南唐先主时期（938—943）的一系列崇文偃武政策，及其对东南士人发展产生的关键影响。后半则会对此期间的朝野士人组成、政治功能、文化活动等面向进行剖析，以期能从不同角度勾勒士人与地域政权的复杂关系。

第四章《南唐二主时期的士人与政治》，拟对彻底贯彻文治主义的南唐中主（943—961）、后主（961—975）时期的政治、文化现象作些归纳与分析。在政治方面，将会论及因士人掌政而衍生的种种正、负面作用。文化方面，则特别关注其时的复行科举、奖励文教等政策所带起的效应。最后，还会尝试对南唐二主时期的政坛文化、政治认同进行讨论。

以上便是本书的基本结构与说明。接下来，就让我们追随唐末大诗人郑谷的脚步，重返那个大厦将倾的唐末，开启这趟探索之旅。

第一章

唐末东南士人的举业与仕宦

唐末大诗人郑谷（849—911）大约在天复二年（902）或三年（903）的秋天离开宦场，返回遥远的故里宜春（今江西宜春），展开他晚年的归隐生活。其《舟行》一诗，便是书于此时的抒怀之作：

> 九派迢迢九月残，舟人相语且相宽。村逢好处嫌风便，酒到醒来觉夜寒。蓼渚白波喧夏口，柿园红叶忆长安。季鹰可是思鲈鲙，引退知时自古难。[1]

全诗描写诗人南返时的境遇与心情。乘坐在舟筏之上，一面遥望着照映在漫长的长江支流上的明月，一面与舟中之人宽心漫语，

1　（唐）郑谷著，严寿澂、黄明、赵昌平笺注，《郑谷诗集笺注》（上海：上海古籍出版社，2009），第374—375页。

沿途尽览岸上风光，品尝舟中美酒，好不惬意！然而，这份闲适之情，却在诗人瞥见满布红叶的柿园，进而召唤起对长安的无穷眷恋后，被瞬间冲散了。原来，诗人的退隐，并非源自对方外世界的殷切向往，而是预见了即将到来的世乱，所做出的无奈抉择，一如在西晋末年托言因"思吴中菰菜、莼羹、鲈鱼脍"而辞官归隐的张季鹰。顺此诗脉读下，即可知"引退知时自古难"句所表露的，不单只是审时度势的睿智，更暗含着无可回天的沉哀。

如果说乾符年间爆发的黄巢起义（875—884）为唐帝国敲响了最后一记丧钟，那么僖、昭二朝的宦官乱政、藩镇混战，便仿佛是在为唐帝国送行了。黄巢乱平后，至蜀避难的僖宗好不容易在光启元年（885）三月重返长安，却因战后处置的失当，招致河中节度使王重荣、太原节度使李克用于同年十月联军进逼长安，僖宗只得再度仓皇离京，逃往凤翔。次年，又发生邠宁节度使朱玫拥立襄王煴为帝的插曲，此乱虽因藩镇间的利益纠葛很快便遭弭平，然唐廷的声望也为之骤衰。历经这一连串磨难，早已心力交瘁的僖宗，在文德元年（887）二月东还不久旋得暴疾，隔月便在一片慌乱中撒手人寰。

继僖宗而立的昭宗，即位初期颇有力挽狂澜的决心。他首先听从宰相张濬"以强兵服天下"之倡议，[2] 在大顺元年（890）联络诸藩镇，兴兵征讨跋扈的河东节度使李克用，不意联军在河东大败，使得唐廷的军事力量蒙受重大打击。攘外失利的昭宗犹不死心，

2　（宋）司马光，《资治通鉴》（北京：中华书局，2004年点校本），卷258，"唐昭宗大顺元年四月"，第8396页。

隔年（891）又将整肃目标转向把持内政的宦官杨复恭，结果却又引发复恭众假子守贞、守忠、守信起兵反抗，无力抵御的唐廷只得求助于位处长安左近的凤翔节度使李茂贞、邠宁节度使王行瑜。李、王二人眼见机不可失，立即打着兴兵讨逆的旗号，趁机扩张地盘，并利用地利优势胁持唐廷，唐廷自此遂沦为畿辅强藩的禁脔。

乾宁年间（894—896），李茂贞数度发兵入朝，逼迫昭宗批准其种种诉求，所幸李克用不计前嫌，屡为唐廷解围。乾宁三年（896），李茂贞再次犯阙，昭宗欲出奔太原依附李克用，未料行至渭北，反为华州节度使韩建劫持，直至光化元年（898）二月才得重返京师。昭宗自华州返京后，性情大变，常酗酒伤人，侍从人人自危。宦官刘季述、王仲先为求自保，遂于光化三年（900）囚禁昭宗，并矫诏立太子为帝，赖宰相崔胤在天复元年（901）秘密联合数名神策军将诛杀刘、王，昭宗方得反正。立下大功的崔胤欲乘势尽除宦官，却不为昭宗所许，乃致书朱全忠，命其领兵至京师迎驾。宦官集团大为恐惧，遂伙同神策军将于同年十一月挟持昭宗至凤翔，依附李茂贞。朱全忠于是发兵进讨凤翔。天复三年（903），凤翔军无力再战，李茂贞遂尽斩宦官，向朱求和，朱全忠乃解凤翔之围，护送昭宗返回长安。

或许正是天复前期（901—903）的动荡局势，让郑谷深深感到事无可为，方下定退隐决心。不过在此之前，郑谷始终都是唐廷的热切支持者。他自咸通十二年（871）秋天由袁州乡贡入京后，便在长安旅居了十年之久，其间曾被举为其时最推利市的同州解首，还因善诗而与薛能、许棠、张乔等人并称"咸通十哲"，然终因门第孤寒无缘登第。广明元年（880），黄巢进破长安，郑谷逃难至蜀，好不容易在光启五年（885）回到长安，同年底却又因李克用的进逼，再次奔亡巴蜀。郑谷本欲取长江水路返回荆门故居，却被进围荆州的秦宗权军阻遏，只得羁留峡中。光启三年（887）初春，郑谷出峡沿汉江返长安应举，终于一举中第。他旋即折返蜀中搬取家小，没想到又遇上东、西川二镇构兵，回京无望。莫可奈何的郑谷只好顺江下荆，大顺初（890）更东游吴越。此时期朱全忠、时溥于徐、汴一带连年大战，北上道路受阻，直至景福元年（892），郑谷才重返京师，并在次年顺利释褐为京兆鄠县尉。

历经"十年五年道路中，千里万里复西东"[3]的劳苦奔波，郑谷总算完遂出仕之愿。然而，郑谷却没有因此安定下来，他仅在长安待了三年，就因昭宗被劫留华州而出奔，至光化元年（898）方护驾返京；四年后，再遭逢昭宗被迫西行之事，郑谷只得又随乘舆播迁，隔年（902）春天，他于行在遥想着长安，写下《壬戌西幸后》一诗。由于接下来可明确系年的郑谷诗作，是写于天复四年（904）归隐之时的《黯然》，所以我们无法确知郑谷究竟是在天复二年还是三年南归，也不知他南归前是否还曾重返长安，不过从该诗中的"屈指故人能几许，月明花好更悲凉"[4]句，可以确知归隐中的郑谷，依旧深深担忧着被朱全忠驱赶至东都的同僚，以及唐帝国未知的命运。

---

3 《郑谷诗集笺注·倦客》，第364页。
4 《郑谷诗集笺注·壬戌西幸后》，第445页。

　　作为唐末东南士人一分子的郑谷，其乖舛的经历提供给我们许多考察此时期东南士人处境的线索。比如说：唐末的东南士人是否都如郑谷那般，身为场屋举子时，既不惧时局之飘摇，也无畏科场之险峻，力排万难都要远赴京师应举，只为求得一第？少数成功晋升为新进官僚的东南士人，是否也同郑谷一样怀抱着感念之情，[5] 坚决地追随播迁乘舆流转各地，即便因时势所逼先行退隐，也时时惦记着王朝的未来？想回答前述问题，势必得先对唐末东南士人在举场与宦场中的位置和处境作较全面的梳理，这是本章接下来要做的。

一、唐末举场中的东南士人

　　以后见之明来看，自僖宗即位的乾符元年（874），至天祐元年（904）昭帝被弑的这三十年间，大抵可说是唐帝国最为昏暗的一段时日，在民乱、军变、藩镇、宦官的内外交逼下，唐帝国只能拖着它的漫长身影，缓缓朝着其命运的终点迈进。不过，身处当下的唐臣们自然不会有这样的体认，即便时局恶劣如斯，他们还是抱持着一丝企盼，勉力运转国家机器，以求绵延国祚。职是之故，作为首要选才制度的科举考试，方能在此期间持续不断地召开。在唐代中后期，科举日渐成为中央选官制度里最重要的渠道，尽管选额仍无法和荫举、流外入流相比，然其不问身家、唯

5　郑谷诗中有不少感念君恩的字句，后文将会提及。

才是举的选人理想，一方面提供给出身寒素的士子相对均等的竞争机会，另一方面则让中举者得享崇高声誉，是以迅速吸引了各阶层的士子涌入。[6] 在各科之中，尤以首重文才的进士科最为士人所重。唐末士人王定保（870—941?）曾如此追述唐代进士科的盛况：

> 进士科始于隋大业中，盛于贞观、永徽之际。缙绅虽位极人臣，不由进士者，终不为美，以至岁贡常不减八九百人。其推重谓之"白衣公卿"，又曰"一品白衫"；其艰难谓之"三十老明经，五十少进士"。[7]

需注意的是，引文将进士科之盛上溯至唐初是有问题的。事实上，科举一直要到武则天掌权后，重要性才逐渐提升；且在唐中期以前，明经科实有不亚于进士科的地位。[8] 不过，尽管有时代错置问题，这段文字仍确实反映了唐代中叶以降士人的普遍看法。正是

---

6 关于唐代科举制度研究成果相当丰富，傅璇琮《唐代科举与文学》（西安：陕西人民出版社，2003〔1986〕）及吴宗国《唐代科举制度研究》（北京：北京大学出版社，2010〔1997〕）二书堪称此领域的典范；晚近随着唐宋变革议题的升温，中晚唐五代科举的沿革与影响也日益受到学者关注，其中以金滢坤的成果最为可观，见氏著《中晚唐五代科举与社会变迁》（北京：人民出版社，2009）、《唐五代科举的世界》（上海：复旦大学出版社，2014）。需要说明的是，尽管"不问身家、唯才是举"乃科举理想，然在实际运行时，仍免不了各种人事上的牵引，使其成效不尽如人意（详见后文）。不过相较以家世作为首要考量的九品官人法或荫任法，科举对于寒素士子无疑还是更为友善的选制。

7 （五代）王定保：《唐摭言》（台北：世界书局，1975），卷一，《散序进士》，第4页。

8 吴宗国：《唐代科举制度研究》第八章，《科举在选举中地位的变化》。

受到此种政治文化氛围影响，进士科逐渐成为唐代后期高级官僚的主要来源，即便是享有荫任特权的士族子弟，多半也会选择转战进士科场求取功名，以维系家族声望。[9]也因为科举得以提供为士人阶层普遍肯认的政治文化价值，是以对声势跌至谷底的唐廷而言，如何努力维系此制于不坠，就成为一件紧要的大事。

在唐代最为动荡的僖、昭两朝三十年间，朝廷仍想方设法让科举得以如期举行。例如中和元年至三年（881—883），长安为黄巢军所陷，僖宗奔蜀，此三年遂改于蜀中试举；光启二年和三年（886—887），则因李克用、王重荣联兵犯阙，僖宗驾幸凤翔，而转在凤翔放榜，唯有昭宗被宦官集团劫至凤翔的天复二年和三年（901—902）被迫停举。[10]换言之，除去这两年，僖、昭两朝共举行了29次贡举，其间录取进士690名、诸科125名，明经科虽无录取人数记载，不过从相关史料推测，其总数应当要高于进士。各科中第举子中，可考知中举年份的进士有197名，明经与诸科则分别只有5名与4名，差距极为悬殊，这其中固然有后世进士科独大致使史料有所偏重的成分存在，但更根本的原因，还在于唐末明经与诸科地位远不如进士科，以致留名者寡。由于只有进士科留下较多分析样本，因此下文将以进士科作为主要析论中心。

9　毛汉光:《唐代大士族的进士第》，收入氏著《中国中古社会史论》（台北：联经出版公司，1988）。

10　至于昭帝的华州之禁，则没有影响长安科考的举行。不过乾宁四年（897）的进士考试，倒是因应时事特试一首《驾在华州》诗，见（清）徐松撰，孟二冬补正《登科记考补正》中，卷24（北京：北京燕山出版社，2003），卷24，第1030—1031页。附带一提，清人徐松以为中和四年（884）亦停举，然据孟二冬考证，此年有诸科试，似未停举，是以此处不列入。见《登科记考补正》中，卷23，第988—990页。

（一）唐末东南士人的举场表现与声誉

在唐末197名进士中，我们较能确定占籍者近150名，其中有两位新罗进士，以及仅知出身于河朔者一名。[11] 余下145名，若依开元十五道的区划，其分布大体如下：[12]

表1-1　唐末（874—904）知年进士占籍分布

	北　　方								南　　方							
	京畿	都畿	关内	河南	河北	河东	剑南	陇右	山南东	山南西	淮南	江南东	江南西	岭南	黔中	总计
懿宗	12	0	2	18	4	5	0	1	3	0	0	16	9	2	0	72
僖宗	8	2	0	10	2	4	1	1	0	0	0	21	6	6	0	61
昭宗	12	1	0	10	3	5	3	0	1	0	1	27	18	3	0	84
总计	20	3	0	20	5	9	4	1	1	0	1	48	24	9	0	145

为方便比较，上表连同懿宗朝的情形一并列出。统计数字显示，唐代进士的地域分布在最后三十年间发生了显著的变化，亦即：来

11　新罗进士分别是乾符元年（874）中举的崔致远，以及景福二年（893）中举的崔承祐。出身河朔者为乾符三年（876）中第的高蟾。分见《登科记考补正》中，第970、975、1013页。

12　统计依据参见附录一"唐末（860—904）知登第年进士表"。

自南方的进士数量逐步赶上，终至超越北方。此处所谓的南、北，大抵以秦岭、淮河沿线为界，剑南道位置较尴尬，但考量到其与长安的紧密联系，权且归入北方。依此定义论，懿宗朝的北方进士有42人，南方则为28人，大抵呈现北高于南的状态。事实上，这也是唐代科举长期以来的常态分布。

然而，进入僖宗朝后，前述"常态"却被意外打破——南方进士数量首度超过了北方。可以看到，单是来自江南东、西两道的进士，即已占全数的四成五弱（27/61），再计入岭南道的6名进士，南方进士则可达到五成四（33/61）；反观北方，尽管作为过往进士最主要发源地的京畿、河南二道，仍维持着可观的产出，然总体比例却已下跌至三成（18/61），较懿宗朝掉了近十个百分点，要加上河北、河东、都畿诸道，才勉强与江南二道打平。及至昭宗朝，南、北分布的比例差距更进一步扩大：有将近六成之谱（50/84）的进士源自南方，北方则已快跌破总体的四成。假使上述统计尚能反映历史大势，我们当可以说，南方士人在唐王朝的最后几十年里，非但没有因为混乱的局势而受挫，反而还迎来举场成就的巅峰。[13]

---

13 如前所言，目前能确知占籍的僖、昭两朝进士，仅占总体的三成弱（197/690），据此统计出的数据，难免与历史实情有出入。不过，若参照附录一，可知被列入统计者，有极高比例出自唐、宋时期史料，小部分取自元、明史料，仅见于清代者——其中绝大多数为南方进士——不采。换言之，以上数字已尽可能降低来自南方方志的附会与浮报，以求更贴近真实情况。退一步说，我们不妨将以上数字视为文献上的反映，也就是说，至少在唐末三十年，被载入史籍的南方进士要较此前大增，且还在比例上超过了同时期的北方进士。因此，不论南北进士的真实分布比例为何，我们仍可据此推论南方进士在此段时期确实甚为活跃，以致在史料上留下如此丰富的足迹。从历史书写角度来看，这也是个值得重视的现象。

然而单由上表，我们依旧无法掌握唐末东南士子在进士科考中的位置。因为唐代的江南东、西道是两个极为广大的行政区，其中涵盖了湖南、江西、两浙、福建等数个较小的地理区，大大超出本书的"东南"范围，欲解决前述问题，有必要从更细致的角度加以考察。是以接下来笔者再以位于唐代后期江南两道的观察使辖区作为单位，统计其进士数：

表1-2　唐末（874—904）江南东西两道进士占籍分布

	江西	宣歙	浙西	浙东	福建	湖南	总计
懿宗	4	5	8	1	7	0	25
僖宗	2	3	14	1	6	1	27
昭宗	10	7	7	4	16	1	45
总计	12	10	21	5	22	2	72

上表中的江西、宣歙、浙东、浙西和福建观察使区，大体构成笔者所言的"东南"。[14] 这五个观察区分别在僖、昭二朝出产了27与45名进士，皆占知籍进士总数的四至五成（27/61、45/84）。再仔细观察，会发现五地输出略有升降。僖宗时，科举成就最为突出的是浙西，有超过五成的东南进士出自此地，其次是福建，占了超两成强，其余三地则相距不大，至多仅占一成；至昭宗时，福建、江西跃升至前两位，分别出产了三成五及二成二的东南进士，

---

14 亦见张伟然：《唐人心目中的文化区域与地理意象》，收入李孝聪：《唐代地域结构与运作空间》（上海：上海辞书出版社，2003），第366—367页。

浙西则与宣歙并列第三，各占一成五左右，浙东尽管在数量与比例上略有成长，然在整个东南区域里依然敬陪末座。

　　浙西本为唐代东南的人文荟萃之地，安史乱后更成为堪与两京、河南并驾的文化要地，是以此地产生最为大宗的东南进士，也就丝毫不让人感到意外了；至于该地在昭宗朝进士数量的跌落，当与此境沦为孙儒、杨行密、钱镠三大势力的竞夺之地有关。[15] 浙东亦属东南区域中文化底蕴较为悠长深厚者，[16] 因此在整个唐后期皆能维持着不绝如缕的进士输出，但另一方面，浙东进士数量直到唐末都无突破性成长，可以推测此地发展已近当时的极限。反观福建、江西两地，则因中唐以降私学日昌，而使业儒有成者大幅增加，形成颇具规模的士人群体，伴随着士人基数的扩大，两地进士数也开始明显攀升，最终在唐末追上浙西。[17] 至于宣歙，若单看僖、昭两朝，或许会有让人以为其与闽、赣拥有颇为相似的

---

15 关于唐末两浙地区政治情势演变，可见江玮平：《唐末五代初长江流域下游的在地政治——淮、浙、江西区域的比较研究》（台湾大学历史学系硕士论文，2007），第三章。

16 浙东的早期发展，可见刘淑芬：《三至六世纪浙东地区经济的发展》，《"中央研究院"历史语言研究所集刊》58：3（台北，1987），第485—524页。

17 唐代福建与江西地区的文教发展，分别见吴修安：《福建早期发展之研究：沿海与内陆的地域差异》（台北：稻香出版社，2009），第六章，《中古时期福建地区的文化发展》；黄玫茵：《唐代江西地区开发研究》（台北：台湾大学出版委员会，1996），第四章，《人文发展》。至于江西进士数量在僖、昭两朝的落差该如何解释呢？一个直觉的反应是此现象可能是黄巢之乱对江西的破坏所致，然而实际情况是否如此还有待考虑。黄玫茵的研究指出，自大中、咸通至乾符年间，江西一直有一批文名斐然却屡试不第的文人存在，郑谷就是其中一例。由此或可推知在僖宗朝应当还有为数不少的江西举子在科场奋斗，是以中举人数之低也可能仅是历史或文献上的巧合。见《唐代江西地区开发研究》，第202—204页。

发展曲线，但若将整个唐后期纳入考察，便会发现宣歙进士数量其实相当零星，要至懿宗咸通年间（860—874）才有明显增长，[18]因此整体说来，宣歙的发展要较闽、赣迟缓许多。

尽管东南内部存在着前述的区域差距，然若从全国视野来看，它们皆属于唐末的文化先进地。因为即便是进士人数垫底的浙东，也胜过半数左右的道级辖区，甚至能与都畿、剑南、河北等道相匹敌。由此可知，东南一带的人文发展在唐末已普遍超出帝国境内的其他区域。

更为难得的是，东南举子还在唐末科场中享有极高的声誉。在元人辛文房编撰的《唐才子传》中，录有一段描写咸通十一年（870）京兆府解举子构成与素质的记述，文曰：

> 当时东南多才子，如许棠、喻坦之、剧燕、吴罕、任涛、周繇、张蠙、郑谷、李栖远与（张）乔，亦称"十哲"，俱以韵律驰声。[19]

此段文字本于《唐摭言》与《唐诗纪事》，不过有两处不同。首先是"十哲"人数，《摭言》与《纪事》二书皆"为十哲而十二人"[20]，《才子传》作者则删去末尾的温宪、李昌符二人，以符十之成数，实际上当以前二者为是。第二个相异处则是"东南多才子"

---

18 参见笔者：《唐代后期东南士人的举业与仕宦关系初探》，《史原》复刊6（台北，2015），第11页。

19 傅璇琮主编：《唐才子传校笺》册四（北京：中华书局，2004），卷10，《张乔》，北京：中华书局，2004年，第302—303页。

20 《唐摭言》，卷10，第114页；（宋）计有功著，王仲镛校笺：《唐诗纪事》（台北：台湾中华书局，1981），卷70，《张乔》，第1038页。

之说，此语亦仅见于《才子传》，然据学者考证，十哲中除剧燕、温宪为北人，李栖远、李昌符籍贯未明外，张乔、周繇、张蠙为池州人，许棠为宣州人，喻坦之为睦州人，吴罕、郑谷为袁州人，任涛为洪州人，确实都出自东南境内，"东南多才子"之说可谓有据。[21] 不过由于"咸通十哲"的活动时间主要集中在懿、僖两朝，且样本数较低，若想印证此说的有效性，还得参照其他例证。以下笔者根据《唐才子传》末三卷的丰富材料，检验此说。

《唐才子传》一书，大抵依时序编排卷次，因此晚唐文士的传记多集中在后几卷，而末三卷所收者又以唐末（懿宗朝以降）、五代文坛名士为主，与上文所论最为相符，值得细加分析。在此三卷中，辛文房一共为112名唐末、五代诗人立传（正传85则，附传27则），其中有8名生于唐亡以后，另有4名僧人、1名道士、1名女冠、1名隐士，皆不属"唐末举子"之流，可剔除不计。余下97名唐末文士，其地理分布如下：[22]

表1-3　《唐才子传》末三卷传主占籍分布

道\卷	北　　方						南　　方							总计
	京畿	河南	河北	河东	剑南	陇右	山南东	淮南	江南东	江南西	岭南	不确	不详	
八	3	1	0	1	1	0	1	0	7	4	3	0	5	26
九	4	1	4	4	1	0	2	0	9	6	0	0	4	35

21　傅璇琮主编：《唐才子传校笺》册四，卷10，《张乔》，第303—305页。

22　统计依据参见附录三"《唐才子传》末三卷传主表"。

续　表

道\卷	北方						南方					不确	不详	总计
	京畿	河南	河北	河东	剑南	陇右	山南东	淮南	江南东	江南西	岭南			
十	3	1	1	1	1	0	0	2	5	12	2	1	7	36
总计	10	3	4	6	2	1	3	2	21	22	5	2	16	97

通过上表统计，可知《才子传》末三卷的知籍文士逾半数出自江南东、西道（43/81），若加上出身岭南与淮南者，则达六成之谱（50/81）。北方以京畿道为首，河东、河北、河南三道次之，约占总数三成（23/81）。此分布结构颇能呼应前述对唐末进士的分析，显见唐末南方士人社群不仅在规模上有所增长，文化素质亦有相应提升。那么，东南士人在其中又占据什么样的位置呢？以下同样再以观察使区作为考察单位进行分析：

表1-4　《唐才子传》末三卷江南两道文士占籍分布

	宣歙	江西	浙东	浙西	福建	湖南	总计
卷八	2	1	0	6	1	1	11
卷九	2	2	2	6	1	2	15
卷十	4	9	0	1	3	0	17
总计	8	12	2	13	3	3	43

在上表中可以注意到一个饶富兴味的变化：作为昔日东南文化中心

48

的浙西，其知名文士数量至唐末骤减，取而代之的，则是迅速崛起的江西、宣歙与福建，它们成为"东南才子"的主要产地，其中尤以江西涨幅最为显明。此变化与东南各区进士产量之消长趋势若合符节，显示在唐王朝的最后几十年里，东南区域内部的文化重心似乎有转移的迹象，此当与其时江南一带沦为战场的历史情势有关。但无论如何，此位移终究只是区域内部的变动，就外部观点看来，东南士人在唐末文坛版图中所占的比例并没有太大改变。换言之，咸通朝出现的"东南多才子"的现象，并没有在懿、僖朝中断，而是一直绵延至唐亡。

（二）唐末的科场情势与东南寒素举子的奋斗

通过对唐末有占籍资料之登第进士与《唐才子传》末三卷的分析，我们知晓唐末东南士子无论在科场或文坛中都极为活跃。这两者又有相当的关联，因为唐代后期的进士科考首重文采，若能在文坛博取一定声誉，极有助于提升登第可能。例如前面提及的咸通十哲，即因诗名显著而得京兆府主试者以等第解送，[23] 其中的周繇后果"以诗篇中第"[24]；再早一点的例子则有武宗朝的顾非熊，他因诗名上达天听，而得以在放榜后享有"追榜及第"的特殊待遇。[25] 凡此皆可见文名对于举试的正向助益。

但另一方面，我们也必须意识到一个事实：即便文名与中举之间确实存在着正相关，但其程度大概不会太高，这同样可从前

---

23 所谓"等第解送"的含义，参见《唐摭言》，卷2，"京兆府解送"条。
24《唐摭言》，卷10，《海叙不遇》，第113页。
25《唐摭言》，卷8，《已落重收》，第89页。

述二例看出。首先是顾非熊，他早在中举前即因"工吟"而"扬誉远近"，却因为"滑稽好辩，陵轹气焰子弟，为众所怒"，致使为人所排，困于举场达三十年之久，若非恰逢武宗恩赐，其"屈声破人耳"的场景只怕还会不断重演。[26] 又如咸通十哲中的许棠，他在得到解送资格前，就已"在场席多年"，京兆主试因此特别将他列为首荐，隔年方顺利登第。但十哲中于懿宗末年登第者亦仅许棠、周繇二人，余下诸人仍得于僖、昭二朝场屋中奋斗，较幸运者如郑谷、张蠙，分别在苦熬一二十年后，终于僖宗光启三年（887）及昭宗乾宁二年（895）如愿中举；较不幸者则像张乔、喻坦之、任涛，碌碌终生却仅能"徒得一进"[27]，让人不禁为他们的有才无命大感叹息。

由前述几个反面例证可知，文名对举试的影响颇为有限，那么究竟中第与否的决定性因素是什么呢？《北梦琐言》中的一则轶事提供了回答此疑问的几条线索：

> 进士高蟾，诗思虽清，务为奇险，意疏理寡，实风雅之罪人。薛许州谓人曰："倘见此公，欲赠其掌。"然而落第诗曰："天上碧桃和露种，日边红杏倚云栽。芙蓉生在秋江上，不向东风怨未开。"盖守寒素之分，无躁竞之心，公卿间许之。先是胡曾有诗云："翰苑何时休嫁女，文昌早晚罢生儿。上林新桂年年发，不许平人折一枝。"罗隐亦多怨刺，当路子弟忌

---

26 参见《唐才子传校笺》册三，卷7，《顾非熊》，第351页；《唐摭言》，卷8，《已落重收》。
27《唐才子传校笺》册四，卷10，《张乔》，第308页。

之，由是渤海策名也。[28]

我们可对引文中的"寒素""平人""公卿"与"当路子弟"这几个关键词眼多加留意。根据上文，渤海文士高蟾的诗艺虽有"务为奇险，意疏理寡"之讥，然他能谨守"寒素"分寸——没有因为落第便心怀愤懑，讥刺执政——遂为"公卿"所许。反观同为落第"平人"的胡曾、罗隐，则因诗文充满怨怼之情，而惹恼"当路子弟"，终致一第难求。这则故事清楚点出充斥于唐末科场的权力关系：门寒资素的士人若想登第，单凭才学是不够的，更重要的是得遇到愿意提携他们的权要才行。

正因为登第需借有权者提携，许多不得志的唐末寒素士人便积极四处投诗干谒，为的就是想寻得能欣赏其才气且愿意举荐他们的"所知"，东南士人自也不例外。这就是我们在久困场屋的张蠙、李咸用、罗隐与杜荀鹤这些东南士子的集子里，读到不少冠以"投所知"或"投某人"一类诗题作品的缘故了。此处试举杜荀鹤的《下第出关投郑拾遗》为例，以见其情：

> 丹霄桂有枝，未折未为迟。况是孤寒士，兼行苦涩诗。杏园人醉日，关路独归时。更卜深知意，将来拟荐谁。[29]

首句中的"桂枝"，乃唐人常用来比拟进士第的喻体，次句的"未

---

28 （宋）孙光宪：《北梦琐言》（北京：中华书局，2002），卷7，《高蟾以诗策名》，第165—166页。

29 杜荀鹤：《下第出关投郑拾遗》，《全唐诗》，卷691，第7938页。

折"则象征着其落第。诗人在文中先以未折桂枝"未为迟"期勉自己来日方长，然其"况是孤寒士"一语，又不自禁地透露出身为寒素之士的深沉无奈。五、六句以新科进士在杏园中的把酒言欢，对照诗人独行出关的萧瑟背影，益显凄凉。然而莫可奈何的诗人也只得在行卷之余，一次次地卜算着其作品被"所知"垂青，进而蒙受举荐的可能。这大约是唐末多数寒素士子的共同心声。当这些正常渠道仍旧无法有效提升入仕机会，部分寒素士人就选择走上巴结宦官、权要的道路，乃至出现所谓的"芳林十哲"。[30] 只是这种不择手段的方式，难免要招来士林的鄙视与唾弃，因此整体说来远不若投诗干谒那般普遍。

造就前述场屋情势的关键，正在于唐末势家子弟对科场的把持。按理说，以唯才是举作为选人标准的科举制度，若施行得当，当能落实"金榜前头无是非，平人分得一枝归"[31]的理想。然而，在复杂的人事运作中，再公平的制度，都很难避免被无孔不入的权力关系所渗入，以致沦为既得利益者的保权利器，唐代科举制度——特别是进士科——即历经了此番演变。

如前所述，随着科举逐渐成为八世纪以降的高级官员培养所，高官子弟纷纷放弃原有的荫任特权、转战科考；与此同时，科举也提供给原本与关陇集团、文学文化关系较疏的山东士族重返权力

---

30 "芳林十哲"系被时人认为欲倚靠交通权贵、宦官等手段，以求得第的不肖举子。关于"芳林十哲"，在《唐语林》《唐摭言》《唐诗纪事》诸书中皆可见，唯所记人名略有出入。关于其考察可见《唐才子传校笺》册四，卷9，《秦韬玉》，第147—148页。

31 薛逢：《李先辈擢第东归有赠送》，《全唐诗》，卷548。一说赵嘏所作。

核心的契机。这些旧家与部分举场新贵，倚靠着强大的文化优势，成为科举制度下的最大受益者。进入九世纪，伴随着各种社会新兴力量的崛起，应举阶层随之扩大，许多门寒资素的士子也开始纷纷投身考场。对于官宦世家而言，寒素士人的迅速茁壮自然是种极大的威胁，是以他们开始凭借着自己的既有权势，勾结主试者大放权贵子弟，排挤新兴士人，因而造就宣宗朝登第者"率多膏粱子弟，平进岁不及三数人"的状况。[32] 懿、僖宗两朝尽管出了几位拒绝权要请托、有意提携寒素士子的主试，然除去这寥寥数榜，整体局势对寒士仍极为不利，以致唐末著名的福建文士黄滔如此回忆其时的应举情势：

　　咸通、乾符之际，豪贵塞龙门之路，平人艺士，十攻九败。[33]

即便"才名则温岐、韩铼、罗隐，皆退黜不已"[34]，由是可知在唐末场屋，举子个人的笔墨才情仅能发挥若干加分作用，唯有寻得坚强靠山，方为登第保证。前述东南寒素士人的落魄处境，正需放在这个大脉络中理解。

---

32 语出（唐）孙棨：《北里志》，收入上海古籍出版社编《唐五代笔记小说大观》下（上海：上海古籍出版社，2000），《序》，第1403页。相关讨论见吴宗国：《唐代科举制度研究》，第十一章，《科举中的权贵子弟问题》，第214—228页；陈弱水：《中晚唐五代福建士人阶层兴起的几点观察》，第469—470页。

33 黄滔：《黄御史集》，收入《景印文渊阁四库全书·集部》39（台北：台湾商务印书馆，1986），卷5，《莆山灵岩寺碑铭》，第25—26页。

34 黄滔：《黄御史集》，卷6，《司直陈公墓志铭》，第1页。

（三）唐末东南进士的阶层构成

不过人为的追述，很难避免主观立场的影响，特别是那些历史受难者，常会因为投射过多的个人情感，而夸大了某些现象，所以对于这些源自历史现场的"口供"，还是得抱持着一定程度的怀疑。那么要如何检验"口供"的可信度呢？笔者以为，就现存资料对唐末登科进士的出身背景进行梳理，以便从一个较外部的、整体的视角核查当时的科场情形，应是个可行的办法。这里所说的"出身背景"，指的是举子家族所属的社会阶层（social strata），对唐人而言，阶层区分主要是以社会声望与宦场成就为基准，财富多寡则非主要考量因素。著名的唐代社会史权威毛汉光，即按前述两大标准将唐代社会区分为士族、小姓、寒素三大类：士族指的是世系贯连的南北朝旧族、唐宗室，以及在唐代三代为宦，且有居官五品以上者；小姓包括没落士族、低品酋豪，与父祖有一代任官五品以上者；寒素则指在士族、小姓外，门寒身素、无世祚之资的广大群众。[35] 此分类体系虽然在判别时难免会遭逢某些模糊地带，然相较于其他分层方式，较可兼顾唐代社会的阶层性与流动性，是个蠡测唐末举子身份的理想参照。[36]

---

35 详细定义见毛汉光：《唐代统治阶层社会变动——从官吏家庭背景看社会流动》（台湾政治大学政治学研究所博士论文，1968），第21—22页。

36 除毛汉光外，不少研究敦煌"郡望表"的汉学家倾向使用"门阀"（national aristocracy）、"郡姓"（provincial aristocracy）、"庶族"等概念划分唐代阶级：门阀是在南北朝政权中垄断高位的旧家大族，具体而言即柳芳《氏族论》言及的山东、关陇、江左、代北等士族；郡姓是出现在郡望表中、遍布全国各地的中小型士族；庶族则是外于前两类的所有平民百姓。这两套系统的侧重点稍有不同：汉学家们旨在展现唐代社会的"阶层化"，（转下页）

据毛氏定义检测懿、僖、昭三朝知登第年的进士出身如下：[37]

表1-5　唐末可考登第进士出身分布

时期	士族	小姓	寒素	不详	总计
懿宗	46［47%］	16［16%］	25［26%］	11［11%］	98
僖宗	28［38%］	14［19%］	25［34%］	7［9%］	74
昭宗	40［32%］	13［11%］	46［38%］	23［19%］	122
总计	114［39%］	43［14.5%］	96［32.5%］	41［14%］	294

由上表可知，广大的寒素举子在懿宗咸通年间的进士科考中确实处于极度不利的状态，他们仅占登科人数的四分之一左右，相较之下，位于人口金字塔上层的士族与小姓出身者，却占了总比例的六成强。如此悬殊的比例，莫怪平人寒士要大叹"龙门有万仞之险，莺谷无孤飞之羽"[38]了。不过到了僖宗朝，科场情势对于

（接上页）是以其分类基准较无弹性，界线也较森严；相较之下，毛汉光的分类则较能在顾及阶层区别之余，将历时性的社会流动纳入考虑，以呈现不同阶层的升降消长。是故，两者虽有形近处，终究无法叠合，也难分优劣。考量到本文涉及案例颇有借科举而翻身的新兴进士家族，若用汉学家的分类，将会影响到我们对唐末科场状况的评估，是以笔者选择采用毛氏定义作为区分基准。汉学家的分类考量与说明，见 Denis Twitchett, "The Composition of the Tang Ruling Class: New Evidence from Tun-huang," in Arthur F. Wright, and Denis Twitchett eds. *Perspectives on the Tang* (New Haven and London: Yale University Press, 1973); 吉冈真：《八世纪前半における唐朝官僚機構の人の構成》《隋·唐前期における支配階層》，《史学研究》153、155（广岛，1981、1982），第19—43、第22—39页。

37 统计依据参见附录一"唐末（860—904）知登第年进士表"。
38 黄滔：《黄御史集》，卷6，《司直陈公墓志铭》，第1页。

寒素举子似乎有了些许好转，尽管士族、小姓出身者还是占了过半名额，但整体比例开始下降，反观寒素进士则上升近十个百分点，已逼近士族出身者。我们当然不能太过乐观，因为前引的黄滔之文反映，至少在乾符年间（874—879），寒素举子还是很难在进士科考中出头，所以这里不妨再以广明元年（880）为限，对此前后的情势做个观察。乾符年间，士族、小姓出身的进士约占57%（23/40），寒素则只有30%（12/40），结构尚与懿宗时相距不远；广明之后士族、小姓开始微幅下降（56%，19/34），反之寒素进士比例却上涨至将近40%（13/34），大大拉近与前两个阶层的距离。[39] 就此而论，黄滔所言颇为可信，换言之，僖宗朝科场情势的转折，并非自始即然，而是要至广明之后才渐趋显明。

造成此变化的关键无疑是广明之乱。黄巢大军焚掠两京，给予中央化的士家大族极大打击，未及逃离两京的权贵泰半在此乱中遇难，正所谓"天阶踏尽公卿骨""甲第朱门无一半"[40]，这些门阀大族的骤衰，自然直接对其后的科场表现造成负面影响。更值得注意的是，除了实质上的破坏外，此乱还为唐廷既有的政治文化格局带来一丝转变契机，这可从光启元年（885）五月，僖宗自蜀归来后颁布的《委使臣征访兵术贤才诏》中窥见一斑。诏曰：

> 朕每念艰难之本，思拯济之图，理少乱多，古犹今也。盖搜扬之未至，非爵赏之不行。况自乡里沽名，物情贾怨，朝

---

39 统计依据参见附录一"唐末（860—904）知登第年进士表"。
40 韦庄：《秦妇吟》，收入李谊校注：《韦庄集校注》（成都：四川省社会科学院出版社，1986）。

市有争先之党，山林多独往之人。……今委使臣，远近征
访，必行备礼，以耸群方。……噫！功名可慕，少壮几何？
在君亲则忠孝相资，念国家则安危同切，勿甘流落，犹徇宴
安。并委使臣榜示访求，长吏津置发遣，同心体国，无使淹
延，悬赏使能，必期升擢。朕虽钟艰否，亦谓忧勤。高祖、太
宗之在天，固当垂佑；社稷生灵之有主，夫岂乏贤？……跅
弛遗才，沉沦末位，不碍文武，并须升闻。布告天下，咸使
知悉。[41]

尽管此篇诏书主要针对"兵术贤才"所发，不过那充斥在内文中
的迫切焦虑，很能反映出僖宗求贤若渴的心理。他特别命令使臣、
长吏们要"榜示访求""远近征访"，务使天下文武贤才尽能升擢，
不再淹留于野，进而共体家国时艰。这一切作为，都是为了能收
拢人心，"理乱拯济"，让唐帝国迅速走出黄巢之乱的阴影。在此
时局里，朝中"争先之党"的政治特权自会被有意限缩，寒士则
相应有了更多发展空间。

进入昭宗朝后，寒素进士的数量更进一步迫近士族及小姓的
总和，达到了总比例的38%。这应与昭宗有意改善寒素举子处境
的举措有关。据传，昭宗是个"颇为寒进开路"的皇帝，以至乾
宁二年（895）的主试崔凝在覆试时，"但是子弟，无问文章高下，
率多退落，其间屈人颇多"。[42] 而在天复元年（901），甫获宰相崔

41（宋）王钦若等编：《册府元龟》（北京：中华书局，1994），卷68，《帝王
部·求贤二》，768—1、2。
42《唐摭言》，卷7，《好放孤寒》，第74页。

胤等人协助得以反正的昭宗，听闻新科进士放榜，欣喜异常，特命"选择新及第进士中有久在名场、才德科级年齿已高者，不拘常例，各授一官"，曹松、王希羽、刘象等数名"孤贫屈人"遂得跳过守选，直接出任正字、校书等官，时号此举为"五老榜"。[43]就此而言，此时期的取士政策可谓与僖宗后期一脉相承。那么，与唐末进士的阶层分布相较，东南进士的出身背景是否有其特殊处呢？以下按区进行统计：[44]

表1-6　唐末可考江南进士出身分布

区域	朝代	士族	小姓	寒素	不详	总计
浙西	懿宗	4［50%］	2［25%］	2［25%］	0	8
	僖宗	7［50%］	4［29%］	3［21%］	0	14
	昭宗	5［72%］	1［14%］	1［14%］	0	7
	总计	16［55%］	7［24%］	6［21%］	0	29
浙东	懿宗	0	1［100%］	0	0	1
	僖宗	0	0	1［100%］	0	1
	昭宗	0	0	4［100%］	0	4

43 此事见诸《唐摭言》与洪迈的《容斋三笔》。值得一提的是，在《三笔》中，洪迈还记载了韦庄在光化三年（900）十二月奏请追赐罗隐以及十四位已逝的"名儒屈者"进士及第，而蒙诏奖一事。见《容斋随笔》上，卷7，《唐昭宗恤录儒士》，第513—514页。唯此事恐怕不能算在昭宗头上，因为他在此年十一月被宦官集团所废，幽禁于东内安宫。其时位居帝位者，当是为宦官拥立的皇太子裕。但另一方面，此事也反映出优恤寒素举子的行为，并不限于昭帝个人，而是多数统治集团成员的共识。

44 统计依据同样参见附录一"唐末（860—904）知登第年进士表"。

区域	朝代	士族	小姓	寒素	不详	总计
浙东	总计	0	1［17%］	5［83%］	0	6
宣歙	懿宗	0	0	5［100%］	0	5
	僖宗	0	0	3［100%］	0	3
	昭宗	0	0	7［100%］	0	7
	总计	0	0	15［100%］	0	15
江西	懿宗	0	1［25%］	3［75%］	0	4
	僖宗	0	1［50%］	1［50%］	0	2
	昭宗	0	1［10%］	8［80%］	1［10%］	10
	总计	0	3［11%］	12［89%］	1	16
福建	懿宗	0	2［29%］	5［71%］	0	7
	僖宗	0	2［33%］	4［67%］	0	6
	昭宗	0	2［13%］	14［87%］	0	16
	总计	0	6［21%］	23［79%］	0	29
总计	懿宗	4［16%］	6［24%］	15［60%］	0	25
	僖宗	7［27%］	7［27%］	12［46%］	0	26
	昭宗	5［11%］	4［9%］	34［77%］	1［2%］	44
	总计	16［17%］	17［18%］	61［64%］	1［1%］	95

上表统计反映出东南地域的内部差异。首先，我们可以发现东南的士族进士，全来自开发最早的浙西，且集中在丹阳刘氏、乐安

蒋氏、吴兴钱氏，以及苏州归氏、沈氏与弘农杨氏这六个家族中，其中尤以归、杨两家的科举成就最为突出，单在懿、僖、昭三朝具有明确登科年份者，即各有 5 名与 4 名，实际的进士人数则更为可观。[45] 就此而言，我们可以说浙西乃东南一带士族力量最为活跃的区域。不过这是否为在地固有现象，犹有可议。[46] 细考这几个家族，可以发现他们多属唐代中晚期崛起的新兴官僚，即便是与江左旧族较有关的沈、蒋两家，其跻身统治集团的时间也已迟至玄宗时期。[47] 更值得注意的是，无论是旧族抑或新族，其与科举的关系都极为密切，或靠其发迹，或借此让子孙世袭高位，例如四代登第的归家、两代进士的杨家、隔代进士的刘钱两家[48]，皆呈现此特色，是以浙西士族多被视为今朝冠冕、科举新贵，与门资显赫

---

45 参见附录一编号 71 "归仁绍"、编号 114 "杨涉"的注记栏。

46 唐初东南一带是否有社会地位明显高于普通家族的士族存在，仍是个值得考究的问题。而本书所谓的东南士族，基本上都是通过科举制度崛起或再兴的家族，不能逆推他们在得势前的社会位置。至于进士人数冠于诸家的杨氏，更是至德宗朝移居浙西的外来移民。

47 最早的蒋家与归家，其跻身统治集团的时间约在玄宗朝，其余四家都要迟至唐代后期方以新兴士族之姿晋升上流。

48 值得注意的是，其中有些家族并非靠着进士科发迹，例如归氏。归氏之兴可溯至归崇敬（720—799）。他自少勤学，在天宝元年（742）登明经第，以四门助教释褐，历仕玄、肃、代、德四帝，贞元八年（792）以兵部尚书致仕，七年后过世。其子归登（754—820）也于大历七年（772）举孝廉高第，补四门助教。后于宪宗时受拜工部侍郎。就此而言，归氏可谓是以经学起家。不过至崇敬孙归融（？—853）这代后，归家开始转往进士科发展，不但归融以进士登第，他的五个儿子也先后中举，成为显赫的当朝新贵。由此亦可见进士科在唐代后期已成为维系家族声誉与地位的最佳凭借。归氏的发迹，可见《旧唐书》，卷149，《归登传》，第4019页。更多讨论参见笔者《唐代后期东南士人的举业与仕宦关系初探》，第21—29页。

的旧族阀阅有别。[49] 与此同时，我们也不该低估浙西寒素与小姓士人的活力，尽管他们仅各占该地登科进士数的二成多，然纯就数量言，浙西的产量并不低。总的来说，唐末浙西各阶层士人都有出色的科场表现，反映该地文化发展之蓬勃。

与浙西形成强烈对比的，是浙东、宣歙、江西、福建等区。这几区的士人阶层普遍与唐代政权关系较疏远，福建、江西更可说是文化上的后进地，[50] 不但看不太到三世高官的士家大族，甚至连小姓数量也相当零星，便使得寒素出身者成为这几区的士人阶层主体，这也反映在其登科进士的构成结构上。据表可知，此三地的寒素进士都占了绝对多数，即使是比例最低的福建，也逼近八成。另外一个共通点是四地进士数量都在昭宗朝大幅增加，其中尤以江西的涨幅为最。此增长或与昭宗"颇为寒进开路"的取士政策有关，也就是说，正因为执政特意提拔寒进平人，遂让以寒素举子为主的浙东、宣歙、江西、福建三地大为受益，其进士产量也因此产生飞跃性的增长。这当是东南进士比例得以在唐亡前夕依旧居高不下的一个重要因素。

---

49 《唐摭言》中的一段文字可作为旁证："蒋泳以故相之子，少年擢第。时家君任太常卿，语泳曰：'门户绪孤微，不宜从世禄所为，先纳罚钱。慎勿以骡从也。'"见《唐摭言》，卷3，《慈恩寺题名游赏赋咏杂记》，第31页。

50 《唐摭言》中有则记事颇可展现唐代江西的文化后进状态。会昌三年（843）登第的江西士人卢肇在初举时，有前辈听闻他来自袁州，备感好奇地问他："袁州出举人邪？"卢肇妙答："袁州出举人，亦犹沉江之鳖甲，九肋者盖稀矣！"此语意味袁州举人之众犹如"沉江之鳖甲"，唯出众如"九肋"者少了些。卢肇此语当然有为袁州平反之意，然亦可得见在京城士大夫心中，袁州还是属于较落后的地带。而袁州在当时已是江西文教最盛之区，仍受到如此对待，余下自可推而论之。见《唐摭言》，卷12，《自负》，第137页。

通过此节讨论，我们知晓唐末东南士人无论在科场或文坛都极为活跃，他们一方面在全国登第进士中占据着极高比例，另一方面又产出许多全国闻名的文士，博得"东南多才子"的赞誉。与此同时，我们也应意识到，唐末东南士人的科场成就与其文化表现仍有相当落差。此因东南士人多出身寒素，没有足够人脉资源可供凭借，即便拥有极高声誉，仍难与士家子弟竞争。要至国势日衰的僖宗后期与昭宗朝，东南寒素士人方因政府取士政策的转向而拥有更多登第机会。不过无论情势如何演变，我们都可在唐末举场中发现许多东南士子的身影。在他们之中，有不少人怀抱着高度的政治热情投身场屋，期盼能通过科举步入宦场，为唐廷尽绵薄之力。他们是否如愿了呢？接着，让我们来考察这群东南士子的政治发展，看看他们究竟处在中央官僚里的什么位置。

二、唐末东南士人的仕途发展

科举在唐后期选举系统中的地位崇高，政治前景也普遍较其他入仕渠道为佳。唐末东南士子既能如此活跃于科场，我们可能会通过直觉推测，他们理当有不错的宦途发展。不过实际状况为何？还需通过实证分析进行确认。且让我们以资料最为丰富的进士科作为观察的切入点。

（一）唐末东南中第士人的仕宦表现

笔者利用周祖譔主编的《中国文学家大辞典·唐五代卷》、日本京都大学人文科学研究所的"唐代人物知識ベース"线上资料库，对唐末大半东南登第士人的主要仕宦历程进行了重建；未被收入者则参考陶易《唐代进士录》的整理，再辅以相关史料进行钩沉。[51] 根据前述资料，笔者对所有唐末东南进士的最高官宦等级统计如下：[52]

表1-7 唐末（860—904）东南进士最高官宦统计表

	士族	小姓	寒素	不详	总计
宰相	0/1/0/**1**	1/0/1/**2**	0	0	1/1/1/**3**
高京＋高州/幕	0	0	0/0/1/**1**	0	0/0/1/**1**
高京	1/3/1/**5**	0	0/0/1/**1**	0	1/3/2/**6**
中京＋高州/幕	0	0	0	0	0
中京＋中州/幕	0/1/0/**1**	0	2/0/0/**2**	0	2/1/0/**3**
中京	0/0/1/**1**	3/2/2/**7**	2/4/5/**11**	0	5/6/8/**19**
高州/幕	0	1/1/0/**2**	0/1/1/**2**	0	1/2/1/**4**
中州/幕官	0	0/1/0/**1**	3/0/2/**5**	0	3/1/2/**6**
基京＋基州/幕	0	0	0/1/1/**2**	0	0/1/1/**2**
基京	0/0/1/**1**	0	1/0/8/**9**	0	1/0/9/**10**
基州/幕	0	1/0/0/**1**	2/1/6/**9**	0	3/1/6/**10**

51 周祖谟主编：《中国文学家大辞典·唐五代卷》（北京：中华书局，1992）；陶易：《唐代进士录》（合肥：安徽大学出版社，2010）。至于日本京都大学人文科学研究所的"唐代人物知識ベース"线上资料库的网址为：http://tkb.zinbun.kyoto-u.ac.jp/pers-db/。
52 统计依据参见附录二"唐末（860—904）东南进士仕宦统计表"。

续　表

	士族	小姓	寒素	不详	总计
其他	0	0	2/0/1/**3**	0	2/0/1/**3**
无或不详	3/2/2/**7**	0/3/1/**4**	3/5/8/**16**	0/0/1/**1**	6/10/12/**28**
总计	4/7/5/**16**	6/7/4/**17**	15/12/34/**61**	0/0/1/**1**	25/26/44/**95**

　　此表左栏分类主要参考赖瑞和的唐代文官研究。赖氏将唐代士人常任文官分为三类：京官、州县官、幕府官，再依实际职位轻重区分为基、中、高层三层，至于具体对应职官，请参见注脚；[53] 部分没被赖氏囊括进常任文官体系的职官，则参考其前任职官以决定级别，或摆入"其他"项中。[54] 栏中的四个数字，分别代表"懿宗朝进士/僖宗朝进士/昭宗朝进士/三朝总数"。

　　首先，可以先针对东南进士最高官宦的整体结构进行观察。在95名进士中，计有42名累宦至中、高层以上官僚，约莫是总数的四成四，这是很高的比例。若再排除于昭宗朝中第、发展时间较

53　基层文官部分，京官有校书郎、正字，州县官有州参军、列曹参军、县尉、主簿、县丞等官，幕府官则有巡官、推官、掌书记。中层文官的部分，京官有监察御史、殿中侍御史、侍御史、拾遗、补阙、员外郎、郎中，州县官有县令、司禄或录事参军，幕府官则有判官、节度使参谋等；高层文官部分，京官有御史中丞、御史大夫、中书舍人、谏议大夫、给事中、侍郎、尚书、仆射，州县官则有州长史、州别驾、刺史、都督、都护，幕府官则有观察、节度、盐铁、转运等使。更细致的说明，详见赖瑞和：《唐代中层文官》，《导言》（北京：中华书局，2011），《导言》。

54　计有六名士人官别归为学官，参见附录二。

为有限的东南进士，[55] 仅统计懿、僖两朝的状况，会发现东南进士晋升中、高层官僚比例竟高达五成三（27/51）！就此而言，我们似可断言进士出身者在仕宦发展上确实拥有极大的优势。

不过，当我们将"阶层"因素纳入考量时，上述的理想图像就呈现出某种扭转。先来看士族的情形。在16名士族出身的东南进士里，有8名累宦至中、高层文官，比例刚好达到五成。然值得注意的是，在这16名进士中，有官宦记录者也不过9名，而唯一没有升至中层以上的，是在昭宗天复元年（904）中第的沈颜，其释褐官为十足清贵的校书郎，却因身处动荡时局，不得不中断仕途、离开京城，而使最高官宦遂仅停留在基层京官。还有些东南士族进士根本没有一展宏图的机会——如于乾符四年（877）登第，却不幸在黄巢之乱中丧生的刘覃——是以若不将这些特殊案例算入，则士族进士晋升中、高层官僚的概率无疑要较平均值高出不少。小姓也有类似情况，17名进士中有12名任至中、高层官僚，余下5人除去担任书记的欧阳批外，皆属仕宦不详者，换言之，只要有官宦记载的小姓进士，绝大多数都能任至中、高层官员。

相较之下，寒素进士的分布就呈现出较为平均的态势。在61名寒素进士中，虽有22名任至中、高层文官，但也有20名在基层打转。纯就中第年份观察，或许会觉得寒素进士位居下僚比例之高，似也有时代上的限制，因为在这20名基层文官中，有15名于昭宗朝中第。但他们的情形又与士族子弟有些不同，比方说名列

---

55 唐代士人要攀升至其宦途巅峰，常要花上十至二十年寒暑。而在昭宗朝登第的士人，有许多系因遭逢唐末动荡，迫使宦途中断，从而限制了仕宦成就。

五老榜（901）内的王希羽，中举时已年过七旬，没有太多发展前
景可言；又如王贞白，他在乾宁二年（895）中第后，等待了七年
才得出任校书郎，这样的迁转速度乃基层官僚常态，很难期待会
有拾紫掇青的未来。更值得注意的是，在这61名寒素进士中，竟
然只有2人成功地晋升为高层京官；与此形成强烈对比的是，人数
尚不及寒素进士五成半的士族、小姓进士（33/61），便出产了8名
包含宰相在内的高层京官。如此悬殊的差距，让我们强烈感受到
唐末士人出身对其宦途发展的决定性影响。

　　在进士科外，其他常科的东南中第者之宦途发展又如何呢？
关于这方面的资料颇为零星，在《登科记考补正》中，所有确知
登第年的唐末东南诸科士人皆无宦途记载，这多少表示他们的宦
途发展似乎不甚顺遂。[56] 而在唐末文士杨夔的《乌程县修东亭记》
中，记录了一个通过明经晋身宦场的家族，可以作为我们评估的
线索：

> 汝南周生，以明经赐命，重宰乌程。……君子哉汝南，学
> 古入仕，有其经矣。生家于阳羡，数世以经明获禄，后群从昆
> 弟并一举而捷。凡浙右之士，因以向风国庠，闻其名，咸亦推
> 先焉。[57]

---

56 他们分别是于咸通元年（860）中明经科的衢州人徐某、中童子科的徐珏、咸
　通七年（866）中三史科的洪州人幸轩、大顺二年（891）中童子科的吉州人
　杨彦伯。分见《登科记考补正》中，第936、953、1010页。
57 （唐）杨夔：《乌程县修东亭记》，《文苑英华》，卷826，第4362—4363页；
　《全唐文》，卷867，第9078—9079页。

引文提及一名定居于常州阳羡、出身经学世家的周生，借由明经登第，其后出任湖州乌程县令，政绩斐然，为人称颂。不仅如此，周生的父执辈、从兄弟亦有不少人因通经而"获禄"，其中当也有登明经第者。由于数代为宦，汝南周家在浙西声誉颇著。但另一方面，从内文看来，周家似乎没有出过什么闻达人物，可能仅是次级士族，或通过科举而起的地方望族。就此而论，明经科确可作为官宦家庭赓续地位的一个选项，然若想在中央拓展政治势力，作用可能颇为有限。[58] 诸科中尚属大宗的明经尚且如此，余下各科亦可推知。

　　总之，唐末东南士人若想要有较好的政治发展，进士科无疑还是首选。尽管此科仍存在不小潜在的出身限制，但至少还有约莫半数的士人得以累宦至中、高层文官。不过，这是否即表示东南士人在唐末中央官僚中，已占有举足轻重的地位呢？此疑问单从前表中并不能获得答案，我们必须转换视角加以考察。笔者采取的方法是：对唐末中央枢要职官之供职者构成进行全面的梳理。

（二）唐末中央枢要官职中的东南士人

　　所谓的中央枢要官职究竟所指为何？这牵涉唐代中央官制的变迁。单论行政机构，有唐一代并无太大差别，然而在组织原则上，前后期却有着极为显著的不同。要言之，前期制度着重上下分层负责——上层是以三省为首的政务机关，下层则是九监、诸寺、诸卫、地方政府等事务机关，二者责权分明，不易产生弊端，但也因

---

58 唐末福建也出有一些明经登第者，但皆没有提及其仕宦情况，想来大概没有值得一书的成就。见吴修安：《福建早期发展之研究：沿海与内陆的地域差异》，附录三"唐五代时期福建科举登第士人表"，第344—346页。

政务机关对事务机关无绝对的指挥权，是以行政效率极差；安史乱后，军情迫切、政务纷繁，为提升行政效率，许多兼揽政务与事务二层职权的诸使应运而生，组织原则遂转为纵的联系与控制。这样的转变，一方面使诸多机构的原有职权为新兴使职侵夺，沦为闲冗机关；另一方面，也造就出有别前期的后期中央枢要职官面貌。[59]

以宰相论，"同中书门下平章事"这个职衔，取代了三省长官，成为辨识宰相的最主要标志。[60] 本为全国行政枢纽的尚书省，则随着二仆射、尚书的内参相职、外领节镇，不复视本司，转由两丞、侍郎主事，与此同时，尚书省职权还多被使职侵夺，仅残存贡举权与小部分的铨选权，是以在都省六部之中，尚具实权的大概只剩二丞及礼、吏部侍郎。而原属于户部管辖的财政经济大权，则为乱后设置的度支使与盐铁转运使分割，致使户部尚书与侍郎地位大降。[61] 此外，草拟制诰之权，也从原来的中书舍人，转至皇帝侍从翰林学士之手。可以说，除了二丞、礼、吏部侍郎等官外，多数高层职事官至唐后期都已"阶官化"，沦为使职寄禄叙品、回翔方镇之用了。[62]

据上所述，本书所谓的唐末中央枢要官职，大体是以宰相、尚书省二丞、礼部侍郎、吏部侍郎，专管财政的度支使、盐铁转运使，与掌制诰所出的翰林学士这几个职官所构成，[63] 进而在此范围

---

59 更精要的讨论见严耕望：《唐代行政制度论略》，收入氏著《严耕望史学论文选集》下册（北京：中华书局，2006），第445—453页。

60 周道济：《汉唐宰相制度》（台北：嘉欣水泥，1964）。

61 有关尚书省在唐代职权的变化，详见严耕望：《论唐代尚书省之职权与地位》，氏著《严耕望史学论文选集》下册，第378—444页。

62 针对唐后期中央政府组织演变的讨论，亦可参见孙国栋：《晚唐中央政府组织的变迁》，收入氏著《唐宋史论丛》（香港：商务印书馆，2000），第187—196页。

63 笔者使用方法受到日本学者渡边孝启发，特别是《中晚唐期 （转下页）

内进行全面性蠡测。笔者利用周道济《汉唐宰相制度》、严耕望《唐仆尚丞郎表》、岑仲勉《翰林学士壁记补注》《补僖昭哀三朝翰林学士记》诸文，爬梳出曾于唐末出任前述职官者的出身背景与入仕方式，再统计其中的东南士人比例，结果如下：[64]

表1-8　唐末中央枢要职官构成统计

			士族	小姓	寒素	不明	总数
宰相	同平章事	阶层人数	38［65%］	14［24%］	5［9%］	1［2%］	58
		进士出身	31	12	4	1	48
		东南士人	**4**	**3**	**0**	**0**	**7**
吏部	侍郎	阶层人数	29［67%］	8［25%］	0	3［8%］	40
		进士出身	19	6	0	1	26
		东南士人	**3**	**1**	**0**	**0**	**4**
户部	度支盐运	阶层人数	25［59%］	13［31%］	2［5%］	2［5%］	42
		进士出身	19	10	2	1	32
		东南士人	**1**	**2**	**0**	**0**	**3**

───────

（接上页）における官人の幕職官入仕とその背景》一文。该文针对肃宗至敬宗期间的枢要官职成员进行细密的分析，而其所选职官共有：中书侍郎、门下侍郎、带同平章事的宰相、吏部尚书、吏户礼部侍郎、财务领使、左右丞、中书舍人、给事中、翰林学士，范围较本书所论更广。然因诸如尚书的"散官化"、户部的闲冗化、舍人六押制度的破坏，及中书、门下二省职权之紊乱现象，在唐末都要较中唐时期显明，是以笔者分析时特意删去吏部尚书、户部侍郎、中书舍人、给事中等官。渡边孝文章，收入松本肇、川合康三编：《中唐文學の視角》（东京：创文社，1998），第357—392页。

64 参见附录四"唐末（860—905）中央枢要官人物表"。

续　表

			士族	小姓	寒素	不明	总数
礼部	侍郎	阶层人数	28［64.5%］	10［23%］	2［4.5%］	4［9%］	44
		进士出身	18	8	2	2	30
		东南士人	**4**	**0**	**0**	**0**	**4**
左右丞		阶层人数	25［74%］	7［20%］	0	2［6%］	34
		进士出身	12	7	0	1	20
		东南士人	**1**	**0**	**0**	**0**	**1**
翰林学士		阶层人数	47［59%］	16［20%］	6［7%］	11［14%］	80
		进士出身	33	13	6	1	53
		东南士人	**4**	**0**	**2**	**0**	**6**
总计		阶层人数	192［65%］	68［23%］	15［4%］	23［8%］	298
		进士出身	132	56	14	7	209
		东南士人	**17**	**6**	**2**	**0**	**25**

此表蕴含许多饶富兴味的历史信息。就总体结构来看，有两个最为特出的现象。首先我们可以注意，在这群枢要官员中，出身进士者占据了绝对多数，且无论士族、小姓，抑或寒素皆然——士族进士比例逼近七成，小姓及寒素更达九成之谱！与此形成强烈对比的是：可确知通过其他渠道入仕，最后晋升枢要官僚的案例仅不到20则。此压倒性比例，让我们得有坚实依据宣称：进士科确为唐末最有政治发展前景的入仕渠道。

另一方面，我们也不能忽略另一重要事实：在唐末中央枢要官

职中，士族与小姓所占比例要远超过寒素士人。据表可知，士族
出身者高达六成五，小姓约有二成三，寒素则连一成都不到。当
我们对各职官进行分项调查时，也可观察到类似分布——无论何
种枢要职官，士族出身者皆达半数以上，比例自59%—74%不等；
小姓居次，比例为20%—31%；寒素则无一例外地敬陪末座，比
例落在9%之内。换言之，即便寒素士人如愿考取进士第，无形的
"玻璃天花板"依旧横亘在他们的未来，局限着其发展。他们之中
能突破重重障碍，顺利晋升枢要官僚者寥寥可数。

在此高度阶层化的统治集团中，以寒素为主体的东南士人自然
很难出头。据上表统计，东南士人在唐末枢要官员中仅占8.3%左
右，相较于他们在全国进士科考中的突出表现，此仕宦成就无疑
远不如预期。尤有甚者，当我们对这一小群东南士人进行更细致
的分析后，会发现前述的阶层化现象同样存在：

表1-9　唐末出任中央枢要官职的东南士人

编号	姓名	枢要职官	入仕	出生地	郡望	阶层
1	*蒋伸[65]	宰相（懿宗）	进士	河南	乐安	士族

---

[65] 编号1与10的蒋伸、蒋咏父子需要稍事说明。尽管乐安蒋氏为浙西士族，不
过在他们发迹之后，便已有中央化的倾向。据《新唐书》载，至少在蒋伸父
亲蒋乂以前，他们就已"徙家河南"。是否保存着双家形态，需要加以考察。
不过相较兰陵萧氏等南朝旧族，蒋氏的中央化要晚得多，所以笔者暂时将他
们归为东南士人。蒋氏的家族发展，见《新唐书》，卷132，《蒋乂传》。关于
南朝旧族的唐代发展，见毛汉光：《隋唐政权中南朝旧族之仕进凭借与途径》，
《第一届国际唐代学术会议论文集》（台北：唐代研究学者联谊会，1989），第
797—827页。

编号	姓名	枢要职官	入仕	出生地	郡望	阶层
2	杨收	宰相（懿宗）	进士	江南东·苏州	弘农越公房	小姓[66]
3	刘邺	宰相（懿宗）度支（懿宗）	进士	江南东·润州句容	丹阳	小姓
4	李磎	宰相（昭宗）度支（昭宗）翰林（僖昭）	进士	淮南·江都	赵郡江夏	士族
5	杨涉	宰相（昭宗）吏侍（昭宗）礼侍（昭宗）左右丞（昭宗）	进士	江南东·苏州吴	弘农越公房	士族
6	陆希声	宰相（昭宗）	荐举？	江南东·苏州吴	吴郡太尉枝	士族
7	苏检	宰相（昭宗）	不详	江南东·苏州吴？	武功	小姓
8	归仁绍	礼侍（僖宗）	进士	江南东·苏州吴		士族

---

66 杨收在时人眼中地位似乎并不高，《北梦琐言》称他与段文昌"皆以孤进"。不过这当是相对于公卿子弟而言，观《宰相世系表》，便可知杨家实为一文官世家，尽管自杨收四世祖以来，此房至多仅任至中层州县官，然其积累的家学底蕴与仕宦经历仍不容小觑。所以尽管杨收年少丧父，但在其母长孙氏的教导下，他年十三便"通大义""善属文"，被视为吴地神童。是以本书将之归为"小姓"。杨收一房的官宦情况，见《新唐书》，卷71下，《宰相世系表一下·杨氏越公房》，第2365页；杨收生平，见《旧唐书》，卷177，《杨收传》，第4595—4597页；《新唐书》，卷184，《杨收传》，第5392—5395页。

续　表

编号	姓名	枢要职官	入仕	出生地	郡望	阶层
9	归仁泽	礼侍（僖宗）	进士	江南东·苏州吴		士族
10	*蒋咏	礼侍（昭宗）	进士	河南	乐安	士族
11	归仁晦	吏侍（懿宗）	进士	江南东·苏州吴		士族
12	张读	吏侍（僖宗）	进士	江左		小姓
13	杨严	度支（僖宗）	进士	江南东·苏州吴	弘农越公房	小姓
14	沈仁伟[1]	翰林（僖宗）	进士	江南东·湖州武康		士族
15	吴融	翰林（昭宗）	进士	江南东·越州山阴		寒素
16	杜荀鹤	翰林（昭宗）	进士	江南西·池州石埭	襄阳	寒素
17	杨注	翰林（昭宗）	不详	江南东·苏州吴	弘农越公房	小姓
18	杨钜	吏侍（昭宗）翰林（昭宗）	进士	江南东·苏州吴	弘农越公房	小姓

---

67 据岑仲勉考证，仁伟当为沈传师之孙、沈询之子仁卫，因同声形近而衍生其异。若然，则沈氏至仁卫时以数代高官，当属士族。岑氏的考证，见《补僖昭哀三朝翰林学士记》，收入氏著《郎官石柱题名新考订（外三种）》（北京：中华书局，2004），第411—412页。沈氏家族之兴，可见黄庭硕：《唐代后期东南士人的举业与仕宦关系初探》，第28—29页。

扣除25则案例中的重复计算人次，共可得出上表所列的18名东南进士，其中出身士族者有8名，小姓8名，寒素仅有2名，所占的比例分别为44.5%、44.5%、11%。且这两名寒素士人——吴融与杜荀鹤——之登用，可说皆属非常之举：前者是在昭宗为强藩轮番侵逼、用人孔亟的乾宁三年（896），从被贬谪的荆南召回京师出任翰林学士；后者则于天祐元年（904）为朱全忠所荐而得任翰林学士。[68] 也就是说，若非唐祚将倾，他们是否能晋升枢要还大有疑问。相较之下，握有较多政治、社会资本的士族、小姓家族，其累世高官的机会显然要比寒素高出许多。在上表中，除陆希声、苏检外，其余家族至少都绵延了两代以上的高官，单是弘农杨氏越公房、苏州归氏、乐安蒋氏，就分别产出了5名、3名与2名枢要官员，占总数的六成弱。此类枢要官员集中于少数特权家族的情况，在在呼应了前述对于东南进士最高仕宦的调查结果：出身背景乃是左右士人政治前景的决定性因素。

通过前述考察，我们可以知悉以寒素为主体的东南士人，其宦途发展存在着层层阻碍。尽管他们的科举成就极为突出，然而多数士人受限于出身，至多仅能攀升至官僚体系的中间位置。而那些得以顺利晋升高层或枢要职官的东南士人，在整个统治核心里仅占极小比例。换言之，唐末东南士人并没能成功将其文化资本转化为政治实力，也因此无论他们的文化地位有多崇高，终究只能徘徊在政坛边缘。

---

68 分见《唐才子传校笺》，册四，《吴融》，第227—228页；《杜荀鹤》，第273—274页。

三、唐末东南士人的中央观感与认同

身处在此时局中的唐末东南士人，对于唐廷究竟抱持着什么样的观感与认同，是笔者接下来想要探讨的议题。本节拟从唐末东南士人对科举的评价，以及他们不同的从政选择如何影响其对中央的态度两个面向，对此问题进行观察与分析。分作以上两个部分的主要考量，在于笔者希望能顾及唐代选举制度的特色："选才"与"授官"的分离。唐代主要的选才渠道有三，分别是门荫、科举与杂色入流，但无论经由何者，举人取得的仅是做官的资格——亦即"出身"。唯有历经吏部铨注、获授官职后，士人才真正步上宦途。[69]也因为这两套制度并非完全接合，所以身处不同阶段与境遇的士人，对中央的观感自可能会有所不同，是以分项析论应是较为合宜的途径。[70]

（一）唐末东南士人对科举的评价

先来看看以寒素为主体的东南士人，对其主要入仕渠道——科举——的评价。在首节中，我们得知东南士人的科场表现极为突出，尽管对多数出身寒微的士子来说，想获得一第仍非易事，但

69　目前对唐代铨选制度最为透彻的研究，当属王勋成：《唐代铨选与文学》（北京：中华书局，2001）。

70　当然，此课题涉及面向甚广，单从制度角度切入远有不足；欲窥得全豹，势必得将士人的价值观与其他文化因素纳入考量，唯惧失焦，本书仅就制度面的可能影响立说，更全面的探研且寄诸来日。

至少是一条最有发展潜力且相对公平的道路。就客观成效而言，唐代科举不但促成一定程度的社会流动，更扩大了东南士人的范围。《唐摭言》中记载了这样一则故事：

> 许棠……早修举业。乡人汪遵者，幼为小吏。洎棠应二十余举，遵犹在胥徒；然善为诗歌，而深自晦密。一旦辞役就贡，会棠送客至灞、浐间，忽遇遵于途中，棠讯之曰："汪都何事至京？"遵对曰："此来就贡。"棠怒曰："小吏无礼！"而果与棠同砚席，棠甚侮之。后遵成名五年，棠始及第。[71]

唐代的"吏"是个社会地位颇为暧昧的群体，他们位于行政架构的底层，承担大量基础性的文书与执行工作，然其享有的特权、待遇或仕途发展，都与"正途"出身的官员相去甚远，以致士流往往不屑为之。[72] 在引文中，我们看到屡败于考场、尚未博得任何功名与出身的许棠，得知宣州吏员汪遵竟欲与他一同就贡赴京，其当下反应是怒斥其"无礼"，并"甚辱之"，可知在高度阶层化的唐代社会，即便是出身寒微的处士，地位仍非胥吏所能比肩。然而，出身小吏的汪遵之所以有机会"与棠同砚席"，甚至先其成名，正在于科举制度的唯才是举，这就为诸如汪遵一类原本处在

71《唐摭言》，卷8，《为乡人轻视而得者》，第89页。

72 唐代胥吏的相关研究，可参看张广达：《论唐代的吏》，《北京大学学报（哲学社会科学版）》2（北京，1989），第1—10页；叶炜：《南北朝隋唐官吏分途研究》（北京：北京大学出版社，2009）。在唐代职官中，有很大部分是士人不愿出任的"非士职"，吏员即属其中之一，见赖瑞和：《唐代中层文官》，《导言》，第4—14页。

社会较低阶的人物，开启一扇得以跻身士流之门。[73]

或许正因为存在着这些翻身显例，终唐之世，士阶层多对科举制度促成的社会流动效果抱持着正面态度。王定保在《唐摭言》中的概括颇具代表性：

> 噫，危矣！彼之得因我也，失亦因我也；殊不知三百年来，科第之设，草泽望之起家，簪绂望之继世。孤寒失之，其族馁矣；世禄失之，其族绝矣。[74]

王定保为光化三年（900）进士，其所处时代虽已稍晚于科场为势家子弟把持的咸通、乾符年间，然据其所言，《唐摭言》一书主要通过"咨访"昭宗朝宰相陆扆（847—905）、翰林学士吴融、右散骑常侍李渥、中书舍人颜荛等十余名前辈进士编写而成，所以此番言论极可能反映了不少僖、昭两朝登第士人的态度，而不仅是王定保的一人之见。[75]

更值得注意的是，东南士人在王定保的"咨访"对象中占了不小的比重。例如祖籍为吴郡、后徙家至陕的陆扆，即是历经了中央化、较接近政权核心的江南旧族子弟。[76]他在光启二年（886）

---

73 在汪遵之外，唐末通过科举入仕的胥吏尚有韶州人邵谒。另有不少工商子弟也纷纷加入应举行列，如出身盐商家庭的江陵人常修与池州人顾云。由此可知，应举阶层的扩大并非仅限于东南，而是遍及南方的普遍现象，此与新兴阶层的崛起有关。参见本书《绪论》，第13页。

74 《唐摭言》，卷9，《好及第恶登科》，第97页。

75 《唐摭言》，卷3，《散序》，第24页。

76 陆扆出自吴郡侍郎支，此支约在玄宗朝便已打进官僚集团，然其真正崛起要待陆贽（754—805），他于大历八年（773）登进士第，并接连考中（转下页）

77

登第后，在短短十年里即历任校书郎，蓝田尉，左拾遗，监察御史，翰林学士，祠部郎中，中书舍人，户、兵部侍郎等十几种清贵职官，并在乾宁三年（896）受拜宰相，迁升之速在唐世罕有其匹。至于颜荛与吴融，则皆为寒素之士。颜荛自幼寓居江南，受知于诗人张祜，其后登第，历任尚书郎，合州刺史，礼、虞部郎中，并于光化三年（900）迁中书舍人，再拜给事中，官运颇为亨通；吴融则为越州山阴人，年少力学，文辞富赡，在广明、中和年间即享有盛名，却困于文场达两纪之久，至龙纪元年（889）方登第。其后流转几个幕府间，至乾宁三年（896）才因朝廷用人孔亟被召为左补阙，展开其晚年的宦途。三人迥异的出身，相当程度上印证了王定保"草泽望之起家，簪绂望之继世"的看法。

不过，得登龙门的士人在应举者中究属少数，远不及无缘科第的举子庞大。据日本学者爱宕元研究，唐代后期单是进士与明经二科，每年便会产生千余名落第的"乡贡进士"与"乡贡明经"，他们在士阶层中占据着极大比重。[77] 所以在看完得益者的正向评价后，有必要回过头来听听失意者的心声。在首节中，笔者曾援引几段寒素士人针对懿、僖两朝险峻的科场情势所发的不平之语，可证时人对科考之弊实有深切体悟，但与此同时，我们也可发现

（接上页）博学宏词、书判拔萃二科，名闻当时，遂被德宗揽为翰林学士，成功晋身枢要。在陆贽之后，侍郎支又产出数名进士，他的从孙陆扆便是其中一人。由于陆贽的成功，侍郎支约在九世纪初便已中央化，及至晚唐，时人已将他们视为陕州人，是以笔者先前的统计，皆没有将此支列入唐末东南士人之内。关于此支发展，见黄庭硕：《唐代后期东南士人的举业与仕宦关系初探》，第21—22页。

77 爱宕元：《唐代の郷貢進士と郷貢明経——"唐代後半期における社會変質の一考察"補遺》，《东方学报》45（京都，1973），第169—194页。

另外一个饶富兴味的现象：落第士人普遍相信，只要为政者施行得当，科举依旧是个能够落实"至公"或"公道"理想的选才制度。

　　传统中国的"公"是个内涵复杂的观念丛，包含着几种不同的使用类型，上文出现的"公"主要应用在政治领域，主要代表具有"普遍"或"全体"意义的福祉或利益。与此相对的，则是妨害普遍利益实现的私利行为或特殊关心的"私"，此二观念处于极端对立的位置，且还被赋予强烈的道德规范意涵。[78]"公"的责求对象虽无一定范围，但大体说来仍以统治者或士大夫为主，他们被期待在处理政治事务时，能够时时抱持着"秉公灭私""公而无私""公而忘私"的精神，换言之，排除"私"的成分，一切以"公"为优先。当这样的企求被彻底履行，政治便能臻于"至公"或"公道"的清明境界。[79]总之，对"公"的追求与实践，可以说是战国晚期以降历朝历代的至高政治理想，而在唐代文献中，我们也可找到不少相关讨论。例如唐初重臣魏徵即谓：

---

[78] 本书对于传统中国"公""私"概念的描述，主要参考陈弱水：《中国历史上"公"的观念及其现代变形——一个类型的与整体的考察》，收于氏著《公共意识与中国文化》（台北：联经出版公司，2005）。该文将传统中国的"公"分为五大观念类型，本书所涉及主要是类型二的"公"。需加以说明的是，此类型的"公"主要崛起于战国中晚期的思想舞台，并成为各思想流派发展其政治理念的主要观念，因此各家所言之"公"，范围各有异，只是随着儒家在西汉中后期以降的得势，其对"公"的解释——亦即一般百姓的福祉——遂成为此类型最具代表的意涵。

[79] 笔者检索《全上古三代秦汉三国六朝文》，结果显示，"至公"一词似较"公道"更为早出，在先秦文献中即有零星使用，汉代逐渐增多，至三国时期魏人曹羲以此为题，写下《至公论》一文，畅谈崇公抑私在为政上之必要，算是最早对此概念进行系统论述的文字。"公道"则要至汉代才出现，东晋南朝才渐趋普及。

以公平为规矩，以仁义为准绳，考事以正其名，循名以求其实，则邪正莫隐，善恶自分。然后取其实，不尚其华，处其厚，不居其薄，则不言而化，期月而可知矣！若徒爱美锦，而不为人择官，有至公之言，无至公之实；爱而不知其恶，憎而不知其善；徇私情以近邪佞，背公道而远忠良，则夙夜不怠，劳神苦思，将求至理，不可得也。[80]

魏徵认为，想达致"至公"或"公道"，人主就得泯除一己的好恶私情，以公平、仁义作为赏罚授受的不易原则。这番论述以御臣作为首要目的，近于法家言，不过其中有项诉求颇值得注意，那便是"为人择官"。

通过选举机制拔擢贤能、授予职官，使其进入官僚体系，为天下苍生服务，无疑是有助促进"普遍"或"全体"福祉的手段，是以历代论者在谈论"公"之实践时，往往会触及此议题。魏徵在上段引文特别着重人事因素对于选举制度的影响，他认为人主能否秉持"公心"选授，乃影响选举成败良窳之关键，至于制度究竟该如何设计与运行，则为次要问题。此番言论可说是从原则性、根本性角度对选举进行申说，是以无论制度有何因革，基本上都适用。以唐代为例，中唐文士白居易便以"将期摭实，必在研精。但取舍不私，是开乎公道"[81]的言论，责成其时的科举主

80（唐）吴兢：《贞观政要》（台北：黎明文化，1990），卷7，《论择官》，第83页。
81（唐）白居易著，谢思炜校注：《白居易文集校注》第四册（北京：中华书局，2011），卷30，《判·得选举司取有名之士或云不息驰骛恐难责实》，第1799页。

试。这样的期勉，与魏徵所言殊无二致，尽管我们都知晓中唐的选举系统相较于初唐，实已发生了极大变化。[82]

不过，这并不表示唐人就此忽略了制度因革的可能影响。事实上，在《通典·选举》中，杜佑即搜罗许多初、盛唐士人谈论选举制度缺失的文字。[83] 其中，科举制度更是自有唐实施以来，即不停地遭士人们摊开检视，举凡考试科目与程序、选人标准，乃至应试资格、录取名额等具体实行环节，皆有人细加讨论。[84] 而其目的，正在于促进唐代选举制度的完善，以企近"公"的理想。于此笔者不欲详述唐士的讨论内容，只想点出一个有趣现象：无论时人是否满意科举现状，绝大多数的人倾向于认为，此制之施行已是不可逆的历史趋势，不应轻易废除，只能"且稍变易，以息弊源"[85]。而至唐后期，对科举之立意与选才原则提出质疑的人更是

---

82 关于唐代"至公"理念的讨论，可见高木重俊：《唐代科舉の文學世界》（东京：研文出版社，2009），第一章，《"至公"に寄せる思い》，第13—33页。此外，陈雯怡在一篇未刊稿《从"主司制"到"至公"之道——唐宋之际贡举制度性质之转换》中，曾对唐宋之际"至公"概念的演变，及其对贡举制度结构的影响，作了极细致的梳理，期盼早日看到这篇文章付梓。

83 （唐）杜佑：《通典》（北京：中华书局，1988），卷17、18，《选举》五、六。

84 《通典》，卷17、18，《选举》五、六。近人研究可参考吴宗国：《唐代科举制度研究》，第七章，《进士科考试科目和录取标准的变化》。

85 《通典》，卷17，《选举五·洋州刺史赵匡举选议》，第421页。又如代宗朝的杨绾，也曾上书建议废除进士与明经诸科，恢复汉代的孝廉察举制，其论虽得李栖筠、贾至等少数官员认同，然因"众论以为举进士久矣，废之恐其失业"，最后只能采取折中方案，让明经、进士与孝廉并行。由此可见舆论对科举的态度。见《续通典》，卷20，《选举四·杂议论上》。另外，关于中唐以前士人对于选举制度之讨论，可参见王德权：《为士之道——中唐士人的自省风气》（台北：政大出版社，2012），第一章，《无乡里之选——唐代士人处境的制度与结构分析》。

近乎不见，取而代之的，则是对施行细则与防弊措施的检讨与建议。[86] 这背后似乎反映，士阶层已普遍认可了科举制度自身的合理性与中立性。我们在唐末东南落第士人的诗文中，即可以看到此种意态的展现。

这里再引久困场屋的许棠作为讨论发端。今存许棠诗中，有不少系抒发其应试许久却迟未登第的感慨之作，其中的《下第东归留别郑侍郎》诗叹道：

> 无才副至公，岂是命难通。分合吟诗老，家宜逐浪空。别心悬阙下，归念极吴东。唯畏重回日，初情恐不同。[87]

在此诗中，许棠把姿态放得很低，谦称自己是因才学不符主试期盼而落第，与造化、命运无关，自遣之余，诗人甚至兴起一股不如归去的冲动。且不论许棠个人的心境转折，此诗所呈现出的科举意象——"至公"——仍是极为正面的。与此近似的还有睦州诗人崔涂（850—?）所作的《喜友人及第》：

> 孤吟望至公，已老半生中。不有同人达，兼疑此道穷。只应才自薄，岂是命难通。尚激抟溟势，期君借北风。[88]

---

86 例如：如何取缔冒籍？如何借由锁院制度、考试监察制度以及中书门下省的复核与复试程序，完善科举程序？这些问题皆曾引起诸多讨论。参见金滢坤：《中晚唐五代科举与社会变迁》，第一章，《中晚唐五代科举考试程序的完善与改革》。

87 （唐）许棠：《下第东归留别郑侍郎》，《全唐诗》，卷604，第6979页。

88 （唐）崔涂：《喜友人及第》，《全唐诗》，卷679，第7776页。

据吴在庆考证，崔涂亦辗转名场多年，至三十九岁才登第，此诗自当作于此前。[89] 崔涂在首句同样使用了"至公"一词，表现他对科举的期盼；同样值得玩味的，是句首的"孤吟"二字，以"孤"状"吟"，展现的是诗人除一己诗才外别无依傍，换言之，其身份正是前文所谓的"寒进""平人"。作为一名深信着单凭才学即能攫取功名的寒素士子，崔涂并没有因为屡败考场，"已老半生"，便失去对此制的信心，反之，他用带点自嘲的口气检讨自己——"只应才自薄，岂是命难通"。唯在全诗末尾，诗人还是希望及第友人能在将来对自己稍作提携，借北风之势扶摇而上，这也透露出诗人犹未萌生放弃应举之心。在崔涂的坚持下，他果然在僖宗光启四年（888）登第，得遂其愿。

当然，也不是所有东南士人都能坦然接受落第一事，心怀不满、埋怨主试者只怕更属常态，比方说同样来自睦州的章碣，在其《下第有怀》诗中，即如此描述自己失落的心情：

> 故乡朝夕有人还，欲作家书下笔难。灭烛何曾妨夜坐，倾壶不独为春寒。迁来莺语虽堪听，落了杨花也怕看。但使他年遇公道，月轮长在桂珊珊。[90]

对于自己的落榜，诗人不仅难以向身在远方的家人启齿，还打乱了原本的生活作息，更别说还有什么闲适心情去聆听"莺语"，赏

89《唐才子传校笺》，卷9，《崔涂》，第189—190页。
90（唐）章碣：《下第有怀》，《全唐诗》，卷604，第7653页。

玩"杨花"了。不过章碣可不觉得落第是自己才学不足所致，他深信自己生不逢时、主试有眼无珠，只要遇到"公道"之年，进士科榜上定会高挂其名。反过来说，正是因为诗人对科举"不公"之埋怨，我们才得以看到他对制度本身可达致"公道"的信念。正所谓事在人为，对于诗人来说，科举乃一价值中立的制度，主试者方为能否实践"公道"之关键。在此脉络下，科举的合理性、合法性也就不言自明了。张乔《自诮》中的"只应抱璞非良玉，岂得年年不至公"[91]、杜荀鹤《长安冬日》中的"还应公道在，未忍与山期"[92]，亦可由这样的角度加以解读。

经由以上讨论，我们可以看到，无论是得意或失意于科场的东南士子，他们基本上都相信科举有落实"至公"理想的可能，因而多怀有高度的举试意愿，于是，通过每年一度的科举，日薄西山的唐廷遂得以勉力维系住东南士人的政治认同。这可从福建士人黄滔所写的《颍川陈先生集序》略见其情：

> 唐设进士科垂三百年，有司之取士也，喻之明镜，喻之平衡，未尝不以至公为之主。而得丧之际，或失于明镜，或差于平衡，何哉？俾其负不羁之才，蕴出人之行，殁身末路，抱恨泉台者多矣！呜呼，岂天之否其至公之道邪？抑人之自坎其命邪？[93]

91（唐）张乔：《自诮》，《全唐诗》，卷639，第7326页。

92（唐）杜荀鹤：《长安冬日》，《全唐诗》，卷691，第7930页。

93 黄滔：《黄御史集》，卷8，《颍川陈先生集序》，第1页。

黄滔敏锐地观察到理想与现实在选举制度中的冲突：理想是秉持"至公"原则取士，然而现实却是赤裸裸的人为操弄，致使许多才俊"殁身末路，抱恨泉台"。但黄滔没有因此大声疾呼改革现状，仅是无奈地将其归因于天意难测与命运无常。如此一来，举子便只剩下两个选项：要不就是持续不懈地应举，直到"至公"到来的那天；要不就此看破红尘，归返故里另寻出路。

（二）唐末东南士人的从政选择及其影响

如前所言，唐代的"选人"与"授官"间的关系远不若后世来得紧密，即便是顺利登第的士人，也常因无法立即出仕而得另寻出路，遑论为数更广的落第举子。面对无法提供足够仕宦保障的朝廷，唐代士子只得自行摸索出其他政治实践道路，以防人生空转，东南士人也不例外。那么，走上不同从政之道的士子，对于唐廷是否也怀抱着殊异的情感呢？

以下先由及第士子检视起。一般而言，唐代及第举子都得经历"守选"——亦即在家守候吏部铨选——历程，方能获官。至于守选年限，则视科目、等第而有别，短则三年（进士科），长则可达十一年（童子科），易言之，无论是哪科及第举子，若无特殊身家背景，基本上都不可能无缝就业。[94] 前文曾提及的郑谷与王贞白便是如此，前者于光启三年（887）中第，却一直要到五年之后方释褐为官；后者等待时间更长，要到中第（乾宁二年，895）过后第

---

94 唐制规定，进士或明经登第者尚需等待三或七年，才能正式获授第一份官职，是谓"守选"。详见王勋成：《唐代铨选与文学》，第二章，《及第举子守选》。

七年，才得调任校书郎。其间或有部分战事迁延的影响，但更主要的原因恐怕还在于守选制度。[95] 即便踏入宦途，多数士人在职满之后，还要受到"循资格"法牵绊，历经一定时间的等待才得补任下一个职官，这自也大大制约了宦途发展。

职是之故，唐世不少士人会选择至普设全国的藩镇应职，一方面解决生计问题、累积从政经验，另一方面等待回返中央。[96]在唐末东南登第士人中，也可看到一些例子。像是越州诗人吴融，即在龙纪元年（889）登第后不久从军入蜀，《新唐书》载：

> 韦昭度讨蜀，表〔吴融〕掌书记，迁累侍御史。坐累去官，流浪荆南，依成汭。[97]

可知吴融受西川节度使韦昭度所辟，出任幕府掌书记。而"侍御史"可能仅是他担任幕职时获得的"宪衔"[98]，而非实际官职。据学者研究，由于幕职僚佐本无品秩，因此幕主常为他们向中央请"宪衔"或"朝衔"，一方面可为其系品定秩，另一方面也可作为

---

95 分见《唐才子传校笺》册四，卷9，《郑谷》，第152—172页；卷10，《王贞白》，第334—342页。

96 士人入幕求职现象始自玄宗开元、天宝时期，至安史乱后，随着幕府的广设，幕职数量骤增，提供给士人许多额外就职机会。相关成果很多，概括性的说明可见：戴伟华：《唐代使府与文学研究》（桂林：广西师范大学出版社，1998）；石云涛：《唐代幕府制度研究》（北京：中国社会科学出版社，2003）。

97《新唐书》，卷203，《吴融传》，第5795页。

98 唐代的"宪衔"，指御史台的官职。

带衔者官资，以便其后转任中央。[99] 因此吴融在大顺二年（891）
春天随昭度返京后，可能便顺利转调他官，方有乾宁二年（895）
"坐累去官"之事发生。吴融去官后，南游江陵，投入荆南节度使
成汭幕下，至隔年冬天才被下诏召回中央，出任侍御史，自此成
为昭宗朝的枢要文官。[100]

　　与吴融经历相似的还有湖州诗人沈光。[101] 他在咸通七年（866）
及第后，便至襄阳应节度使卢耽之辟，就任幕府从事。九年
（868），卢耽罢镇，沈光似亦回调中央。十五年（874）任职京兆
府司功参军，并主持当年的京兆府试。其后迁为侍御史，并于乾
符三年（876）受福建观察使韦岫所辟，再度成为幕府从事。由朝
官出为幕府官，也是唐代后期士人常见的仕宦选择，因为幕主时
常会为僚佐超次奏请朝衔，使其升迁速度往往要较恪守循资格法
"限年蹑级"的在朝者更为快捷，因而其时的士人颇乐意出任幕
职，"至以朝廷为闲地，谓幕府为要津"[102]。沈光可能也抱持着同样
考量，才携家带眷地赴职闽中。不幸的是，就在其年三月，黄巢
乱军攻入福建、进围福州，战败的韦岫弃城遁逃，黄巢军随后入
城，"焚室庐，杀人如艺"[103]，沈光此后便音信全无。尽管下场有些
悲凉，沈光此例仍可清楚显示出藩镇的跳板作用。

　　除了应任藩镇幕职外，参与可立即授官的"科目选"或"制

99 见赖瑞和：《唐代基层文官》（北京：中华书局，2008），第五章，《巡官、推
官和掌书记》；渡边孝：《中晩唐期における官人の幕職官入仕とその背景》。
100 关于吴融经历，主要参考《唐才子传校笺》册四，卷9，《吴融》，第221—231页。
101《唐才子传校笺》册三，卷8，《沈光》。
102（宋）王谠：《唐语林》（台北：世界书局，1975），卷8，第266页。
103《新唐书》，卷225，《黄巢传下》，第6454页。

举"，也是避开守选年限、超次升迁的好方法。[104] 睦州人李频
（？—876）即是如此，他在宣宗大中八年（854）登第后，先后投
身黔中、鄂岳、鄜坊等观察使府任职，再回返中央参与铨选，历
任秘书郎、南陵尉、南陵主簿等基层文官。或许是不甘久候，他
决定参加吏部科目选中的平判科考，并成功脱颖而出，迁为武功
县令。武功县在当时属于畿县，县令地位颇为清贵，李频得从望
县主簿一越而为畿县县令，确实是不错的迁升。[105] 他也不负所望，
以斐然的政绩迁为侍御史、都官员外郎等官，其后于乾符二年
（875）表乞为建州刺史，隔年卒于任上。[106]

　　由前述诸例可知，等待出仕的唐末东南登第士人拥有几种不同
的发展选项：他们可以遵循"守选""循资格"等制度的规定，乖
乖等待吏部分派；也可参与科目选或制举，加速得官及升迁速度；
还可至各地藩镇应任，作为回返中央的跳板。[107] 相较之下，广大的

---

104 科目选是每年十月至来年三月，由吏部主持的例行铨选，唯有具备出身或职
　　官者方能赴选，最主要的科目有拔萃、宏辞、平判入等，贞元二年（786）
　　之后陆续设立开元礼、三礼、三传、三史等科目；至于制举则是由皇帝不定
　　时下诏举行的特科，项目、要求因时而异，特点是不限出身，即便是白衣亦
　　可应试。详见吴宗国：《唐代科举制度研究》，第四章，《唐代科举制度之二：
　　制举》、第五章，《科目选》；王勋成：《唐代铨选与文学》，第七章，《制举》，
　　第八章，《科目选》。
105 唐代县令与县从事的地位取决于县的级别，不但官品有别，在时人眼中的地
　　位也有很大差距。详见赖瑞和：《唐代基层文官》，第三章，《县尉》、《唐代
　　中层文官》，第四章，《县令》。
106 李频生平参见《新唐书》，卷203，《李频传》。近代学者的考证，见《唐才
　　子传校笺》册三，卷7，《李频》，第380—388页。
107 当然也不是所有东南进士都能如此顺遂，比如活动于宣、懿时期的宜春诗人
　　张为，在登第后便迟迟找不到就业机会，不得不"薄游长沙，落魄数载"，
　　最终看破红尘，"南入涧台山，访道而去"，见《唐才子传校笺》（转下页）

东南未第举子就没有太多选择。没有出身的他们既不能"循资格"等待补官，亦无资格参与科目选，唯一有机会让他们一举步入宦途的制举，又不保证每年实施而充满着不确定性。种种因素交织下，各地藩镇遂成为这群士人晋身或就业的最主要选项。

对东南未第举子而言，藩镇可发挥多重功效。首先是前面提到的跳板作用。比如说池州人殷文圭，在乾宁三年（896）自江南奔往避难华州的行在，隔年得署为吏部侍郎裴枢的宣谕判官。利用出使之便，殷文圭请求时任宣武节度使的朱温为之表荐，朱温从其请，遂使文圭顺利于乾宁五年（898）中举。[108]此外，《唐才子传》亦称杜荀鹤是在谒见朱温之时大展诗艺，为其所赏，故"遣送名春官"，方如愿登第。尽管此事经学者多方考证，认为两人会面应在杜荀鹤及第之后，是以谣传成分极浓。[109]但若跳开单纯的史实辨伪，而将之视为一种基于现存文化现象的捏造，我们或许可说，这样的传闻多少反映了时人相信藩镇对于举子之登科存在着直接且正向的效用。

当然，并不是所有人都能如此顺遂，还有为数更多的人终身未第、流转四方，乃至郁郁终生。对这些人而言，广布各地的藩镇遂成为唯一得以供给他们挥洒其才的场域。苏州诗人罗邺便是如此。他在咸通年间数次落第，失望之余不禁感叹"故乡依旧空归

（接上页）册五，卷10，《张为》，第319页。不过，这样的例子较零星，大体而言，进士出身者多半能在中央或地方上谋得一官半职。

108《唐摭言》，卷9，《表荐及第》，第99页；另见《唐才子传校笺》册四，卷10，《殷文圭》，第362—365页。

109《唐才子传校笺》册四，卷9，《杜荀鹤》，第266—269页。

去，帝里如同不到来"。不过在此期间，罗邺也没有就此闲居，他在咸通十年（869）前后曾入池州刺史庾员外之幕，其后似在潇湘之浦漂泊终年，至十三年（872）才又进入江西观察使崔安潜之幕"俯就督邮"[110]。乾符三年（876），崔安潜转任忠武节度使，罗邺也自江西北徙许昌，直至乾符五年（878）崔罢镇。此后罗邺又从大散关入蜀，待了一年以上的时间，其间似曾任东川节度使顾彦朗的幕僚。直到晚年，罗邺才回返苏州故里，而其心境大概如同《唐才子传》所言："举事阑珊，无成于邑而卒。"[111]

睦州诗人许彬亦如是。他虽以工善律诗享誉咸通年间，然同样多次应举都未能得第，遂决定罢举。郑谷对此颇感不舍，特赠以"异代名方振，哀吟莫废初"[112]之句期勉许彬再接再厉。我们虽无法确知许彬后来是否听从郑谷之劝继续应举，但可以肯定的是，他终其一生皆未登第，仅于懿宗朝出任福、建州观察巡官，以及婺州军事判官等地方幕职。[113]与罗邺不同之处在于，许彬并没有漂泊万里、跑遍大江南北求职，而是就此返乡，于故里左近的藩镇谋求出路。这两种选择类型在唐代后期都很常见，下章还会论及。

藩镇有时还可对未第士人的生计发挥一定的资助作用。譬如早擅章句的洪州诗人任涛，在乾符年间数次落第，适逢前翰林学士李骘（？—870?）出任江西观察使，听闻涛名，取诗览之，大加

---

110 督邮乃汉时郡佐官吏，掌监察郡属各县，乃功曹中职务最高的佐吏。不过至唐时已废，而与督邮之职相当者，当为七品或八品的司功曹军。但若以白衣之身出任此职，当不为屈就，是以学者推测罗邺所任，可能仅是司功参军曹下的佐吏。

111 罗邺生平，参见《唐才子传校笺》册三，卷8，《罗邺》，第473—477页。

112 《郑谷诗集笺注》，《闻进士许彬罢举归睦州怅然怀寄》，第70页。

113 《唐才子传校笺》册四，卷10，《许彬》，第374—375页。

叹赏，"特与放乡里杂役，仍令本贯优礼"，并打算找机会为之荐送，可惜不久任涛就过世了。[114] 此外，许棠在中举前，曾往谒时任河东节度使掌书记的著名文士马戴，并从之游，马戴知棠家窘困，偷偷遣人周济许家，并为之捎来家书，让许棠大感惊愕。[115] 尽管藩镇在前述二例的礼遇或周济，未对任、许之仕宦带来直接影响，不过我们仍不可低估其间接效应。无论如何，此番举动至少可令未第士子稍减后顾之忧，进而投身举场，致力追寻政治实践的可能。[116]

宦途发展既如斯有别，东南士人对中央的政治认同难免也会产生程度上的差异。一般说来，在中央得任高位的士人大抵对唐廷拥有较强的认同。郑谷便时常在诗文中展现他对君恩的感念，这尤其集中在他迁转之时，例如乾宁元年（894）的《谷初忝谏垣，今宪长薛公方在西阁知奖隆异，以四韵代述荣感》诗，即是他调为右拾遗时所作，从诗题中的"荣感"二字，可见郑谷对本次升调颇感满意。若说此类尚属常规的迁转不免让诗人的感念蒙上了

114《唐才子传校笺》册四，卷9，《任涛》，第201—205页。

115 此事可参见《唐摭言》《唐诗纪事》《唐才子传》诸书记载，尽管略有出入，唯三份文本皆谓马戴时佐"大同军幕"，然据现代学者考察，马戴似无这样的经历，极可能是太原军幕之误，笔者据此而改之。参见《唐才子传校笺》册四，卷9，《许棠》，第18—21页。

116 在此需补充说明的是，唐代科举与仕宦关系似不如宋代以降来得紧密，以进士科为例，有不少举子登第后立即归隐（方干），也有人甘于下僚（周繇），乃至弃官求去（储宗嗣、顾非熊）。换言之，登第并非仅是仕进的手段，其自身即是目的与价值。造就此现象的原因很多，龚鹏程提出的"文学崇拜"可能是一项重要因素，另外笔者推测中古士人的"二元世界观"也发挥了不小促进作用。此课题值得专文探讨，笔者于此且拈出此一观察。关于"文学崇拜"的讨论，见龚鹏程：《文学崇拜的社会》，收入氏著《唐代思潮》；"二元世界观"的概括介绍，见陈弱水：《唐代文士与中国思想的转型》，《总说下篇：中古思想的一个基调及其挑战》。

些应酬色彩，那么乾宁四年（894）因追随銮驾至华州而得超授都官郎中一事，就要让郑谷的情感看来纯粹许多。他在为之撰作的《奔问三峰寓止近墅》诗中已云"兵革未休无异术，不知何以授君恩"[117]，隔年正式出任时又写道"自贺孤危终际会，别将流涕感阶缘"[118]，凡此皆可感受到他溢于言表的惊喜与感念。郑谷之所以愿意再次伴随乘舆播迁凤翔，乃至南归故里犹心系唐室，多少与前述境遇有关。另外，任至翰林学士的吴融，亦曾以"皇恩自抱丹心报"[119]之句自我期许，观其所为，也确实称得上对唐廷不离不弃。

不过，前述行为并非仅限高位者独有，在大乱之际，部分位居下僚的东南士人也同样展现出他们的肝胆赤诚。比如于乾宁四年（897）登第、累宦至左拾遗的明州文士孙郃，在朱温代唐后，即脱冠裳、服布衣，归隐奉化山，此后著书纪年皆用天复四年（904）的干支"甲子"，以示不臣之心。[120]又如王贞白，尽管他在天复年间决定弃官返乡，没有追随昭宗移驻凤翔，但他自此便不复干禄，退居著书与教授，因而深获时人赞扬。[121]此外，乾宁五年（898）于华州行在登第、拜授校书郎的江西诗人王毂，也因不满其时宦进者"俱素餐尸位、卖降恐后之徒"，而撰写《前代忠臣临老不变图》刺之，以期砥砺士气。[122]凡此可见忠于唐室大抵属于得宦士人的普遍态度。

117《郑谷诗集笺注》，《奔问三峰寓止近墅》，第376页。

118《郑谷诗集笺注》，《转正郎后寄献集贤相公》，第328页。

119（唐）吴融，《唐英歌诗》，收入《景印文渊阁四库全书·集部》39（台北：商务印书馆，1986），《闻李翰林游池上有寄》，第3页。

120（元）马泽修，袁桷纂：《延祐四明志》，收入中华书局编辑部编：《宋元方志丛刊》6（北京：中华书局，1990），卷4，《人物考上·先贤·孙郃》，第6184页。

121《唐才子传校笺》册四，卷10，《王贞白》，第334—342页。

122《唐才子传校笺》册四，卷10，《王毂》，第357—361页。

与此成为对照的是，宦途不遂者的效忠程度，似乎就不如得宦士人来得这么高。例如咸通十五年（874）登第的池州盐商子弟顾云，即在乾符年间（874—879）出任与中央矛盾颇深的淮南节度使高骈幕僚时，屡次为其草拟痛责朝廷之章疏，言辞之激烈令高骈不禁叹道："异日朝廷以不臣见罪，此辈宁无赤族之患耶？"[123] 不过高骈显然多虑了，因为顾云不仅没有因此受罚，后来还受到宰相杜让能举荐入朝。然由此事亦可窥知，在军阀蜂起的唐末，部分士人的政治认同开始有了松动，乃至移转的倾向，这对唐廷来说自然是个不容小觑的潜在政治危机——可惜的是，此时的唐廷业已无力回天。

通过本节讨论，我们大体可以认为唐末东南士人对朝廷泰半还是抱持着支持的态度。他们通过科举与仕宦，与唐廷缔结了不同层次的关系。他们一方面相信科举乃是可以实现"公道""至公"理想的制度，是以成为热切的参与者；另一方面，对于多数东南士人而言，无论他们通过什么样的从政渠道，晋身唐廷仍旧是他们最终的政治理想。只是随着唐末地方自立化的加强，东南士人的政治认同与从政选项也开始转趋多元。

小结

在唐帝国最后几十年的岁月里，东南士人的处境颇为尴尬。首

123（宋）钱易：《南部新书》（北京：中华书局，2002），卷丙，第39页；顾云生平见《中国文学家大辞典·唐五代卷》，第624—625页。

先，他们在科场与文坛中极为活跃，既维持着可观的登第人数与比例，还产出许多享誉全国的才子名士。更难得的是，绝大多数的东南士人都是伴随着社会力量勃兴而崛起的寒素子弟，相较于士族、小姓，他们应举时常备感艰辛，即便如此，仍旧有相当数量的人克服了重重阻碍，考取科第。然而，也因为他们进入的是一个为门阀、高门把持的政权，在没有足够社会资本可资凭借的情况下，其宦途发展自然就要处处受到掣肘与限制。唯有待时局日坏的僖宗后期及昭宗朝，前述态势才出现一丝转机。不过，无论东南士人的应举或仕宦有多么困难，他们仍愿意相信科举的相对公平，且多半也以出仕唐廷作为最终从政目标，通过科举与仕宦，唐廷相当程度地维系住了东南士人的政治认同。

然而，我们也可以发现，随着大环境的日益衰乱，这股政治向心力似乎开始有了松弛的迹象，东南士人在昭宗朝后期渐趋增多的返乡案例，便透露出了这样的迹象。如在乾宁五年（898）受荐登第后立即南返的殷文圭，天复元年（901）弃官归乡的王贞白、王希羽、曹松，罢举南游的沈彬等人，至于章首提及的郑谷，则在稍后自昭宗受禁的凤翔归返故里宜春。这群返乡的东南士人，无论是自此不仕、著书教授（郑谷、王贞白），或者在江淮军阀之间流转、继续找寻仕宦机会（殷文圭、沈彬），他们的活动范围都不再如此前宽广，也不再积极向两京辐辏。换言之，此波返乡潮代表着过往以两京为政治、文化重心的既有格局被打破，取而代之的，是伴随割据局势而来的多元区域中心，东南士人发展也因此迈入崭新的篇章。

第二章
唐末江淮独立潮与东南士人新处境

郑谷的同乡密友杨夔，也与多数的东南举子一样，缺乏坚强奥援提升其中第机会，因此即便他拥有过人文采，"当世争传其文"[1]，终也难逃下第命运。为此，郑谷不禁叹道：

> 时无韩柳道难穷，也觉天公不至公。看取年年金榜上，几人才气似扬雄。[2]

不过，不知是否情性使然，杨夔并没有像郑谷那般执着于科第，反倒早早打消继续在场屋奋斗之念，转而"优游江左"，并于僖宗光启元年（885）前后，展开他在湖州的寓居生活。郑谷的《寄赠杨夔处士》诗，便是寄与南返后的杨夔之作，诗云：

1　（清）吴任臣：《十国春秋》（北京：中华书局，2010，〔1983〕），卷11，《杨夔传》，第151页。

2　郑谷：《郑谷诗集笺注》，《赠杨夔二首》之二，第457页。

结茅只约钓鱼台，溅水鸂鶒去又回。春卧瓮边听酒熟，露吟庭际待花开。三江胜景遨游遍，百氏群书讲贯来。国步未安风雅薄，可能高尚揆天才？[3]

诗人在前三联通过结庐岸旁、鸂鶒点水、温酒赏花、泛游胜景、遍览群书等几幅图景的更替，构描出杨夔"优游江左"的情状，同时引领读者徜徉于诗中的春风胜景，一同分享杨夔的闲适惬意。然而，到了全诗最末联，诗人却突然话锋一转，以"国步未安"这一个措辞强烈的词语，点出杨夔所置身的大环境氛围：国势险峻。这样的逆转，是否隐约意味着，在杨夔优游生活的背后，其实含藏着些许无奈？笔者未敢遽论，不过倒是可以肯定，造就此一"未安"情势的，便是在唐末引起滔天动荡的黄巢起义。

黄巢起义历时十余年，延及唐廷半壁江山，洛阳、长安二都更接连于广明元年（880）先后陷入叛军手里，迫使僖宗仓皇离京、辗转至蜀，直至中和五年（885）方得归还。值此混乱时局，固有不少士人如郑谷那般不畏艰难、应举不懈，然亦有部分士人痛感世事维艰，宁可明哲保身，走上"不事王侯，高尚其事"的退隐道路。[4] 于是，在广明以前较少受到战乱波及、相对承平的江淮一

3　郑谷：《郑谷诗集笺注》，《寄赠杨夔处士》，第338页。此诗有部分异文，参见该书点校。

4　此语典出《易经·蛊卦》，《郑谷诗集笺注》以此语注解《寄赠杨夔处士》诗中的"可能高尚揆天才"句。需要说明的是，唐士的归隐并不全然都是如此消极，还有许多士人本就志在方外，不汲汲于功名。

带，也就自然地成为其时逃难士人的主要辐辏地。[5]而杨夔之所以能"优游江左"，享受世外桃源般的生活，正与前述态势有关。不过，杨夔是否真如郑谷所设想，欲就此"高尚拣天才"呢？考察其后半生事迹，只怕也未尽然，且让我们继续看下去。

江淮的美好时光，至僖宗中和年间（881—885）渐起变化。唐廷的避难蜀地，致使中央权威尽失，"王命不出剑门"[6]，随之而来的是原有地方支配体系的土崩瓦解。多处藩镇军将、土豪集团应时而起，推翻中央派遣的地方节帅，自称留后。对于这股蜂起的地方自立潮，唐廷再也无力干涉，只得采取姑息政策，通过追封方式，维系名义上的统治权。前述情形，至黄巢战败、僖宗返京后依旧没有好转，史称：

> 时李昌符据凤翔，王重荣据蒲、陕，诸葛爽据河阳、洛阳，孟方立据邢、洺，李克用据太原、上党，朱全忠据汴、滑，秦宗权据许、蔡，时溥据徐、泗，朱瑄据郓、齐、曹、濮，王敬武据淄、青，高骈据淮南八州，秦彦据宣、歙，刘汉宏据浙东，皆自擅兵赋，迭相吞噬，朝廷不能制。江淮转运路绝，两河、江淮赋不上供，但岁时献奉而已。国命所能制者，河西、山南、剑南、岭南西道数十州。大约郡将自擅，常赋殆绝，藩侯废置，不自朝廷，王业于是荡然。[7]

5　除了杨夔外，由于广明之乱而放弃应举、归隐江左的尚有张乔、伍乔等文士，详见下文。

6　《新唐书》，卷185，《郑畋传》，第5404页。

7　《旧唐书》，卷19下，《僖宗纪》，第720页。

职是之故，唐史研究者多将光启元年（885）视作唐末地方独立化、群雄化的肇端。[8] 在这波"中和动乱—独立潮"席卷下，江淮一带的藩镇州县也开始扰攘不安起来。

最早与唐廷撕破脸，在江淮地区建立起庞大独立势力者，是原被中央寄予平乱厚望的淮南节度使高骈。他在广明元年（880）截击北上叛乱军失败后，即于江淮割地自守，毫不理会朝廷的求援。[9] 唐廷失望之余，遂在中和二年（882）撤除了高骈的职位。高骈也不甘示弱，一方面上书痛责朝廷，另一方面则凭借其余威，建立起一套以扬州为中心的淮南支配体系。[10] 然而，此情势并没有维系太久。光启三年（887），淮南大将毕师铎不满高骈过度倚重方士吕用之，遂发动军变囚禁高骈，并迎来宣州观察使秦彦入。岌岌可危的吕用之赶忙冒用高骈名义，令庐州刺史杨行密兴兵讨乱，几个月后，由黄巢余党秦宗权遣来攻略淮南的孙儒亦抵达扬州，加入争夺行列，更添局势之诡谲。此后，江淮一带便成为多方势力竞逐的动荡区域，要到杨行密于乾宁三年（896）统一淮南后，战事方稍稍歇止。

8　日野开三郎：《唐末混乱史考》（东京：三一书房，1996），第二章，《大混乱の展開》；何灿浩：《唐末政治变化研究》（北京：中国文联出版社，2001），第三章，《唐末地方的独立化》。

9　关于高骈对黄巢军的战略处置与态度，历来讨论甚多，较新研究可见黄清连：《高骈纵巢渡淮——唐代藩镇对黄巢叛乱的态度研究之一》，《大陆杂志》80：1，1990年，第3—22页。

10　高骈的淮南支配体系颇为复杂，内部具有不同的组成与层次，除了高骈军府可直接控管的区域外，还有脱离军府自行其是的降贼集团、自立性较强的土豪集团等，换言之，其自身的政军结构远不如想象中的紧密，甚至还存在着内部折冲与角力。相关分析见江玮平：《唐末五代初长江流域下游的在地政治——淮、浙、江西区域的比较研究》第二章第二节，"高骈时期：从唐的支配到自立化的新动向"，第22—48页。

约莫同时，两浙与江西的在地土豪也受到中和自立潮影响，开始蠢蠢欲动。浙西方面，有陈晟出占睦州（881）[11]、董昌入据杭州（884）；而由中央任命的浙东观察使刘汉宏，亦联合在地土豪于中和二年（882）向浙西展开军事扩张行动，结果引发第一次杭越战争（882—886）。平定越州后，董昌徙镇浙东，杭州转由战功彪炳的钱镠主事。钱镠集团其后逐步壮大，在历经孙儒之乱（887—892）、第二次杭越战争（895—896）、淮浙之战（896—901）诸役后，两浙大体被纳入其掌控，奠定日后吴越国的基本版图。[12] 而在江西，则呈现土豪据州分立的情况，在中和年间，主要以洪州的钟传（882），分据抚、信二州的危全讽、危仔昌兄弟（882、883），以及虔州的卢光稠（886）三股势力为主。这些乍起的土豪集团实力相当、相互制衡，遂让江西得以在天祐三年（906）之前——亦即杨吴政权开始大规模入侵江西的年代——享有较他境更为安定的状态。[13]

11　一般史书多将陈晟据有睦州之年系于884年，然据江玮平考证，陈晟已于881年入主睦州。参见《唐末五代初长江流域下游的在地政治》，第105—106页。

12　唐末两浙地区的土豪动向，见江玮平：《唐末五代初长江流域下游的在地政治》第三章，"两浙地区——在地豪强的扩张与稳固支配"。钱镠集团的崛起与扩张，可参考何勇强：《钱氏吴越国史论稿》（杭州：浙江大学出版社，2002）；佐竹靖彦：《唐宋变革の地域の研究》（京都：同朋舍，1990），第三部第一章，《杭州八都から吴越王朝へ》。

13　前章提及江西进士的中第比例在唐末仍居高不下，理当有受益此安定局势之处。不过江西土豪集团也不完全都安于现状，例如钟传就曾于乾宁、光化年间（894—901）展开几波扩张行动，他在乾宁四年（897）成功攻略吉州，并在光化四年（901）领军进击虔州危全讽，唯失败收场，江西土豪并立局势也因而得以延续。关于唐末江西土豪的发展，可见江玮平：《唐末五代初长江流域下游的在地政治》，第四章，《江西地区——在地豪强的分立与被征服》；伊藤宏明：《唐末五代期における江西地域の在地势力について》，（转下页）

话题回到江淮。此区情势在广明以降日坏的结果是：[14] 诸多规模不一的自立政团先后崛起。由于是半独立的政治体，是以在人事任免上具有高度的自由，无须经由中央认可，这便提供给活动于江淮的士人（无论是在地者或流寓者）许多前所未有的非常规就业机会。

杨夔便是如此，他终究没有步上归隐之途，而是在湖州寓居了大约十年后，于乾宁末应杨行密麾下大将、宣州节度使田頵（858—903）之邀，成为其幕客。田頵在当时以"善遇士"[15] 闻名，除杨夔外，还招集康骈、夏侯淑、殷文圭、杜荀鹤、王希羽等一批著名东南文士，能与这样一群人共事，杨夔想必不会寂寞。可惜好景不长，自恃功高的田頵因向杨行密求取池、歙二州作为属州不果，而于天复三年（903）八月举兵造反，然仅短短四个月便兵败身死，他供养的这班幕客也顿失所依，而得再度面临人生的交叉口。

基于各自考量，这批幕客分别走上不同道路。康骈、王希羽似乎选择退隐，此后不知所终；奉田頵之命出使大梁的杜荀鹤，则顺势滞留朱温幕，开启事业的第二春；殷文圭则转任杨行密的书记。至于杨夔，则转投邻近的歙州，成为杨行密另一位重臣陶雅的幕僚。无论这批文士的选择为何，我们都可感觉到，其动向与

（接上页）收入川胜义雄、砺波护编《中國貴族制社會の研究》（京都：京都大学人文科学研究所，1987），第275—311页。

14 出身淮南的舒州诗人曹松，对此转变有敏锐的体察，他在《己亥岁二首》之二中写道："波间一战百神愁，两岸强兵过未休。谁道沧江总无事，近来长共血争流。"见《全唐诗》，卷717，第8238页。按："波间"一作"传闻"。

15《新唐书》，卷189，《田頵传》，第5479页。

前章所述颇为有别，最关键的不同在于：士人与政治的关系愈趋多元化，且随着藩镇州郡自立倾向的增强，地方作为政治实践场域的重要性也日渐提升。在此崭新的政治结构下，争取士人的支持与效力，遂成为唐末五代时期各地域政权的重要课题，地处江淮的新兴势力亦不例外。以下便依循时序，检视身处唐末的东南士人，如何与不同层级的在地政权——特别是杨吴——发生联系。

一、唐末东南士人与在地政权

为了理解唐末动乱期中，在地政府与士人的关系发生什么样的突破性进展，进而厘清时代意义，有必要对此前状态作一点概略说明。以下先由唐后半期江淮藩镇与士人的关系论起，再转而考察唐末江淮新兴政权与士人的互动。

（一）唐后半期的江淮藩镇与东南士人

众所周知，唐后期地方行政系统已大体演变为藩镇、州、县三级制，[16] 而无论哪个层级的地方行政单位，其文职官员、僚佐主要都由士人充任。不过，在常规情形下，士人与地方政府的关系通常不会太紧密，其中尤以州、县此二级单位最为明显。这可从

---

16 不过亦有学者提出异议，认为朝廷、藩镇与州郡并没有构成严格意义的上下隶属阶序，而是展现出更为复杂的三角关系，朝廷对州郡之掌控，得以影响藩镇势力消长。较新论述见张达志：《唐代后期藩镇与州之关系研究》（北京：中国社会科学出版社，2011）。

两个层面来谈。首先是制度性因素。由于唐承隋制，一改汉魏以来州郡长官自辟僚佐旧习，任免权收归中央，遂使得自基层至高层的州、县官员尽数成为由中央派遣至各地的流官，为防止地方官员与在地势力勾结，还特别设置"本籍回避"与"官宦迁转"规定，以确保官员的流动。在上述制度制约下，唐代文官与地方的关系常非固着于一处，而是不停地在住所、任所与京城间流转，千里宦游也因此成为他们常见的生命写照。[17] 其次，还有士人主观层面的因素。一般而言，有志仕进的唐士颇有"重内轻外"倾向，是以出任州县官的士人，多将地方视为宦途必经的中继站，然其政治实践的理想场域，仍旧是京城，这自然削弱了士人与州、县政府的关系。[18]

相较于州、县，在唐后期大量涌现的藩镇幕府，则与士人拥有更为强韧的联结，这与藩镇幕府的特殊人事任用渠道——辟署制——息息相关。"辟署制"即幕府的僚佐登用制度，大体而言有两个方向：一是藩主主动物色适当人才，以礼相聘，二是被动等待求职士人至幕府应任。[19] 确定人选后，藩主会先予以幕职，再呈

17 见胡云薇：《千里宦游成底事，每年风景是他乡——试论唐代的宦游与家庭》，《台湾大学历史学系学报》41（2008，台北），第65—106页。

18 唐代官人"重内轻外"的心理，以及内外官之轻重问题，学界已累积了丰富的讨论，较新成果见刘诗平：《唐代前后期内外官地位的变化——以刺史迁转途径为中心》，《唐研究》2（北京：北京大学出版社，1996），第325—345页；夏炎：《唐代州府级官府与地域社会》（天津：天津古籍出版社，2010），第六章，《从州级官员的地位看唐代内外官的轻重》。

19 一般而言，声望较盛的幕府，其幕僚发展前景也较佳，是以容易吸引大批士人应募；反之，中、小型幕府则可能要多费点心力，自行去招揽人才。关于幕僚对方镇之选择，可见卢建荣：《中晚唐藩镇文职幕僚职位的探讨——以徐州节度区为例》，《第二届国际唐代学术会议论文集》下（台北：文津出版社，1993），第1237—1271页；戴伟华：《唐代使府与文学研究》，第18—22页。

报中央，等待吏部核可；批准后，中央便会授予该幕僚一个"朝衔"，作为铨叙之用。整个流程可以韩昌黎的"元戎自辟，然后命于天子"[20]一语概括。换言之，藩主与幕僚在中央正式任免文告批下前，业已通过幕职授受，缔结私人性的关系，是以二者私属性质较强，从而使得幕僚跟随藩主移镇，或幕府宾主结为朝廷朋党等情况屡见不鲜。

不过，尽管存在着前述现象，我们仍不应过度夸大其私属性，因为就制度面层次来说，辟署制与中央铨选仍未脱钩，因为国家一方面限制唯有"有出身者"方能出任幕府正职参佐，另一方面还牢牢掌握着名义上的任免权。此外，中央还能通过"冬荐"制度，对各处藩镇官员进行"真除"，让中央铨选与藩镇辟署得以相互接榫。[21]同样不可忽略的，是前文言及的士人"重内轻外"心态。在绝大多数士人心中，藩镇终究只是累积仕宦经验、解决生计问题的过渡，借以消磨等待入朝为宦的时光。正因如此，即便幕府僚佐与各地藩镇关系较密，仍旧呈现出颇高的开放性与流动性。[22]

那么，身处唐代后期藩镇中的士人，究竟具有什么样的结构性分布呢？这里笔者转引日本学者渡边孝对江淮藩镇幕职官所作的

20（唐）韩愈著，马其昶校注：《韩昌黎文集校注》，收入《韩昌黎集》（台北：河洛图书出版社，1975），卷2，《徐泗豪三州节度掌书记厅石记》，第49页。

21 见渡边孝：《中晚唐期における官人の幕職官入仕とその背景》，第357—392页；石云涛：《唐代幕府制度研究》（北京：中国社会科学出版社，2003），第五章《唐后期藩镇幕府》，第290—297页。另外，所谓的"真除"牵涉"摄官"概念，关于此课题的研究，见赖瑞和：《论唐代的州县"摄"官》，《唐史论丛》9（西安：三秦，2007），第66—86页。

22 关于唐后期藩镇僚佐的迁转问题，可见王德权：《中晚唐使府僚佐升迁之研究》，《中正大学学报》5：1（嘉义，1994），第267—302页。

构成分析，对此问题作些说明。[23] 渡边孝选定756至879年间的淮南、浙西两个江淮藩镇，对其幕府僚佐之出身背景及入仕渠道进行通盘研究。以下三表为其成果：[24]

表2-1　淮南藩镇（756—879）幕职官之背景

	门阀	郡姓	庶姓	不明	总计【%】	
门荫	18	7	2	0	27	【21%】
科举[进士]	28［24］	18［16］	9［9］	6［6］	61［54］	【47%［41%］】
其他	2	0	4	1	7	【5%】
不明	7	3	2	23	35	【27%】
总计【%】	55【42%】	28【21%】	18【14%】	30【23%】	131	

表2-2　浙西藩镇（756—879）幕职官之背景

	门阀	郡姓	庶姓	不明	总计【%】	
门荫	12	1	4	0	17	【16%】
科举[进士]	26［21］	22［20］	4［4］	2［2］	54［47］	【51%［45%］】

---

23 渡边孝：《唐後半期の藩鎮辟召制についての再檢討——淮南、浙西藩鎮における幕職官の人的構成などを手がかりに》，《东洋史研究》，60：1（京都，2001），第30—68页。

24 渡边孝：《唐後半期の藩鎮辟召制についての再檢討》，第47页。统计见第41—44页。

续　表

	门阀	郡姓	庶姓	不明		总计【%】
其他	2	2	2	1	7	【7%】
不明	2	3	2	20	27	【26%】
总计【%】	42【40%】	28【27%】	12【11%】	23【22%】		105

表2-3　淮南/浙西藩镇幕职官中的东南出身者（含江左系郡望）

	门阀	郡姓	庶姓	不明	总计【%】
淮南（东南出身者/总数）	7/55	4/28	6/18	1/30	18/131【14%】
浙西（东南出身者/总数）	4/44	5/26	6/12	0/23	15/105【14%】

渡边孝的分类需要稍作说明。上表中的"门阀"指的是在中古前期长期垄断高位的旧家大族，具体而言，即柳芳《氏族论》中所列诸族；[25]郡姓则是出现在唐代各类郡望表中，广布各地的中、小型士族；庶族则是外于前二群体的所有平民百姓。此分类与毛汉光的"门阀/小姓/寒素"三分法最大不同处在于，其旨在体现唐代的阶层化特征，而较不考虑士族的内部流动。所以两套系统虽有

---

25 柳芳：《姓系论》："官有世胄，谱有世官。……过江则为侨姓，王、谢、袁、萧为大；东南则为吴姓，朱、张、顾、陆为大；山东则为郡姓，王、崔、卢、李、郑为大；关中亦号郡姓，韦、裴、柳、薛、杨、杜首上；代北则为虏姓，元、长孙、宇文、于、陆、源、窦首之。"见《新唐书》，卷199，《儒学中·柳冲传》，第5677—5678页。

重合，然在阶层间的交界带，还是存在着一些出入。不过大体言之，两套分类呈现的历史图像尚属相符，是以笔者于此不特意变更其分类标准，径根据上表统计进行析论。

首先可以发现，出身门阀、郡姓的淮南、浙西幕职官分占63%与67%，皆在半数以上，庶姓或出身不明者则都只占三成有余。[26]此阶层结构，基本上与唐后期中央枢要官员的组成相符，[27]显示即便在地方，士族子弟依然较寒素士子拥有更为宽广的发展空间。对以寒素为主体的东南士人来说，这自然不是件好事。另据表2-3，二藩镇中的江淮出身者只占总数的14%，比例并不特出，显见地缘作用甚微。尤有甚者，即便在这一小批东南出身者中，门阀、郡姓子弟的比例仍高达六成；至于庶姓或出身不明者里，还有如王锷（德宗朝任淮南节度副使）、吕用之（僖宗朝任浙西观察推官）等"非士流"人物存在，[28]这使得我们不得不对东南寒素士人出任幕府职阙的比例再打点折扣。

综上所述可知，江淮两大藩镇的幕府僚佐主要由来自全国各地的求职人士构成，其中门阀、郡姓子弟居多，且类似结构也体

---

26 王德权在他的《中晚唐使府僚佐升迁之研究》一文中，亦有类似的统计，不过他采取的是毛汉光的区分标准，而其结果与渡边氏相去不远，二文可以合并观之。

27 见渡边孝：《中唐期における"門閥"貴族官僚の動向》。亦可参照前章对唐末中央枢要官员构成的分析。

28 王锷虽"自言太原人"，不过没有明显的世系可追，攀附的可能性颇高，所以渡边氏将他归入庶姓，《旧唐书》中曾借曹王皋之口说锷"文用小不足"，且"尝读《春秋左氏传》，自称儒者，人皆笑之"，不过"明习簿领，善小数以持下"，或可推测他是一名欲跻身士流，却不被认可的文吏型人物。详见《旧唐书》，卷151，《王锷传》。至于吕用之，则是民间术士，因受高骈所信方得出任幕府僚佐，与士流相去更远。

现在就业的东南士人群体中。与此同时，由于辟举主要凭借府主个人意志，即便是"非士流"人士，只要能博取府主青睐与信任，也有机会担任重要幕职，这自然压缩了士人的就业机会，也使东南寒素士子的处境更加艰困。假使连私属程度最高且地处左近的江淮藩镇尚且如此，那也遑论任免权掌控在中央吏部的州、县级政府了。换言之，东南士人不仅如前章所言，在中央极难发展，即便回到地方，似也没有太多就业机会。不过，随着唐末大乱与地方自立潮的到来，前述景况终于有了转变。

（二）大混乱下的新情势：藩镇与州的自立

唐末大混乱时期与此前的最大不同处在于，原本联结中央铨选与地方征辟的接榫机制彻底失效。尽管各地蜂起的自立政权仍需中央追封，以确保合法性，然除此之外，中央基本上已无力干涉其运作，这便赋予各地方政权远较过去自由的人事任免权。以藩镇的辟署制为例，过去对征辟对象的身份限制，以及对僚属员额之规定，都出现了失控的迹象。[29] 另一方面，过去用来联系中央与地方的"贡举"与"冬荐"，也多半因为兵乱而终止。《新唐书·钟传传》如此记述广明乱后的情景：

> 广明后，州县不乡贡，惟传岁荐士，行乡饮酒礼，率官属

---

29 例如辟请"未有出身者"的风气益趋普及，甚至还有辟署亲故入幕的情形发生。详见石云涛：《唐代幕府制度研究》，第五章，《唐后期藩镇幕府》，第298—305页。

临观，资以装赍，故士不远千里走传府。[30]

如前所言，钟传乃江西在地土豪，约于中和二年（882）据有洪州，自称留后，随后便被唐廷任命为江西观察使。钟传与各地势力最大不同处在于，他仍谨守地方政府每岁一贡的职责，按时把地方人才、物资输送到中央。此举措在"州县不乡贡"的中和年间实属特例，因而吸引许多想往中央发展、却不得其门而入的士人"不远千里"至其幕府寻求贡举、荐荐机会，这也相当程度透显出其时中央与地方隔绝情形之严重。[31]

更具时代变革意义的是，州的独立与自辟僚佐。有唐以来，州政府即是朝廷控制地方的重要层级单位，历来诸帝皆对州刺史的选任特别留心。虽然到了唐后半期，随着藩镇的广设，部分州郡成为藩镇属州，致使其行政职权、官员选任受到一定程度的节制，与中央的关系不若以往通畅；但另一方面，中央为防藩镇坐大，也常想方设法与藩镇争夺属州的控制权，以求与州直达，确保朝廷对地方的掌控。[32] 然而，这套地方支配系统终究不敌唐末大动乱前仆后继的侵袭，而最能标志此体系彻底崩坏者，便是州的独立。所谓州的独立，首先表现在州刺史的自称与传袭上，前者系指聚众驱逐原有的州郡长官，自为留后，后者则是父子、兄弟的前后

30《新唐书》，卷190，《钟传传》，第5487页。

31 最严重者则是直接与中央决裂者，如前章提及的高骈。在乾宁二年（895）在越州自立为帝的董昌亦属此例，只是此举没有得到其下属太多的支持，且很快便遭镇处杭州的钱镠所灭。董昌事例，可见《新唐书》，卷225下，《董昌传》，第6466—6469页。

32 夏炎：《唐代州府级官府与地域社会》，第九章，《藩镇与州的关系》。

相承；其次，则反映在不受朝廷、方镇节制的独立政治、军事行动上。[33] 在前述独立潮影响下，人事任免权也自然从中央与藩镇移转到州郡长官手里。以下来看看几则江淮独立州郡官长自辟僚属的史料。

首先是在中和二年（882）逐走刺史、自主庐州军州事，并于隔年被任命为庐州刺史的杨行密。他在自立之初，便极为留意当地人才，大力招揽幕客，以致据有荆南的马殷断言他"养士以图王霸"[34]。《资治通鉴》的一段记载，颇可展现杨行密养士的特点：

> 〔中和三年〕行愍闻州人王勔贤，召，欲用之，固辞。问其子弟，曰："子潜，好学慎密，可任以事；弟子稔，有气节，可为将。"行愍召潜置门下，以稔及定远人季章为骑将。[35]

由引文可知，杨行密的寻才视野首先落在庐州当地，所以当他听闻"州人"王勔有贤名，便立刻将其召来，欲加以辟用。在王勔的坚决婉拒与推荐下，杨行密才转而署用王勔子侄——王潜与王稔。单凭引文，我们自无法断言杨行密究竟授与王潜怎样的职位，以及此聘用是否出于常制。不过此段史料透露出一个重要信息：这

---

33 当然，在那样的年代，不仅自立者如此，少部分"朝廷所命"的州刺史亦如是，唯相较而言，前者仍较普遍。详见何灿浩：《唐末政治变化研究》，第三章《唐末地方的独立化》。
34《新唐书》，卷190，《刘建锋传》，第5482页。
35《资治通鉴》，卷255，唐僖宗中和三年（883）三月，第8290页。按："杨行愍"即"杨行密"。

些自立的州郡势力，由于与中央仅有名义上的联系，所以他们得自行张罗人事，而不能如过去那般静候中央派遣的官员前来轮替与服务。如此一来，他们便得更为借重在地士人的力量，以稳定其草创基业。

居住在州治左近的士人，也是自立势力亟欲招揽的目标。比如前文提及在中和年间仍岁贡不辍的江西观察使钟传，就非常留心治所洪州邻近的士人。《唐摭言》里记载了两则事例：

> 陈象，袁州新喻人也，少为县吏，一旦愤激为文，有西汉风骨，著《贯子》十篇。南平王钟传镇豫章，以羔雁聘之，累迁行军司马，御史大夫。传薨，象复佐其子文政。[36]
>
> 陈岳，吉州庐陵人也，少以辞赋贡于春官氏，凡十上竟抱至冤。晚年从豫章钟传，复为同舍所谮；退居南郭，以坟典自娱。……光化中，执政议以蒲帛征；传闻之，复辟为从事。后以谏黜，寻遘病而卒。[37]

二陈所居的袁州与吉州，皆为洪州南邻，它们约在乾宁四年（897）相继落入钟传掌控。要在新征服地建立起稳当统治，展现统治者诚意以争取当地才俊认同，自为势所必须。欲达此效，探访遗贤不失为一个好方法。在第一段引文中，我们可以看到钟传对陈象的高度礼遇：他遣人从镇所洪州至陈象所居的袁州，备以

36《唐摭言》，卷10，第115页。

37 同上。

"羔雁"相聘。"羔雁"原为封建时代卿大夫会面时的赠礼，后世则用于辟召与婚事等场合。唐末文士裴廷裕（？—907？）为吴承泌所写的墓志提道："韩开府精择宾僚，首行羔雁；庾元规之招殷浩、谢镇西之辟袁宏，千载论交，一时归美。"[38]可知此礼甚为隆重。钟传的用心，陈象想必甚为感念，是以钟传去世后，陈象仍继续留在江西观察使府，辅佐其子。另一段引文虽未提及钟传采用何种礼节聘请吉州人陈岳，不过既然中央欲以"蒲帛征"之，钟传的聘礼级别应该只会更高。[39]总之，自立的州郡主事在搜罗人才时，并不仅限本州，还会跨至力所能及的邻州。

除了独立藩镇、州级势力有辟署士人的需求外，不少藩镇下辖的州郡长官也常自行进行人才延揽，这与唐末藩镇与州的统辖关系极为密切。如前所言，在独立潮席卷下，在地势力纷起，并成功从中央手中邀得冀望的职位，然而，此种乍起势力的统治体制多不健全，当其开始向外扩张时，自立势力领袖往往无法统辖如此广袤的领土，是以多半会把新占有的区域交付给重要下属，并赋予高度的自主权，以便统治；若遇到某些前来依附的原独立势力，也往往会让其节帅维持本有的治权与领地。所以藩主名义上

---

38 裴廷裕：《大唐故内枢密使特进左领军卫上将军知内侍省事上柱国濮阳郡开国侯食邑一千户食实封一百吴公墓志铭并序》，《全唐文》，卷841，第8844页。"韩开府"是谁，不甚清楚，然《后汉书》已有〔陈寔〕父子并著高名，时号三君。每宰府辟召，常同时旌命，羔雁成群，当世者靡不荣之"的用法，看来"韩开府"当要早于此。（南朝·宋）范晔：《后汉书》（台北：鼎文书局，1981），卷62，《荀韩钟陈列传》，第2069页。

39 关于藩主如何"礼聘"士人，石云涛有很精详的研究。参见《唐代幕府制度研究》，第七章，《幕府宾主关系与唐代政治》，第381—386页。

虽较属州、附州刺史为高，[40] 并享有部分行政、军事的调集、征召权力，然而他们的关系较近于松散的政治同盟，而非严格的上下隶属关系。在此种半自立的状态下，附州或属州长官自然也会有求贤需求。

这里可以钟传治下的吉州为例。钟传在乾宁四年（897）攻下吉州后，似先委任部将韩师德管理，然而韩旋即叛离，钟传只得借助当地土豪彭玕、彭瑊兄弟之力弭平此变。乱平后，钟传遂将吉州交付彭氏兄弟治理，建立起间接支配体制，彭氏兄弟也顺势成为江西第四大股州级土豪势力。[41] 彭氏兄弟本身似有不错的文化素养，特别是据传"少好学，通经传"[42] 且"精《左氏春秋》"[43] 的彭玕。或许是这个缘故，他特别注重士人的延揽。比如童子科及第的吉州新淦县士人杨彦伯，因昭宗播迁凤翔之故，走返乡里。彭玕听闻此事，"厚遇之"，彦伯遂为其所用，并"累摄县邑"。[44] 在礼遇士人之外，彭玕对于儒家经典的重视，也成功为其吸引不少士人前来归附，《新唐书》载：

---

40 附州与属州的分别，主要参考何灿浩的界定而略改之，然所指基本相同，详见《唐末政治变化研究》，第七章，《唐末方镇的类型》，第114—119页。

41 参见江玮平：《唐末五代初长江流域下游的在地政治》，第四章，《江西地区——在地豪强的分立与被征服》，第146—148页。

42 （宋）龙衮，《江南野史》，收入傅璇琮主编：《五代史书汇编》玖，卷6，《彭玕传》，第5195—5197页。此书皆将"彭玕"之"玕"传写为"玗"，当是误植。

43 （宋）路振，《九国志》，收入傅璇琮主编：《五代史书汇编》陆（杭州：杭州出版社，2004），卷11，《彭玕传》，第3355—3356页。

44《十国春秋》，卷9，《杨彦伯传》，第133页。

> 玕通《左氏春秋》，尝慕求西京《石经》，厚赐以金，扬州
> 人至相语曰："十金易一笔，百金偿一篇，况得士乎？"故士人
> 多往依之。[45]

彭玕求《石经》之举，究竟是发自内心渴求，抑或只是展现一种"尊经"姿态，已难知晓。不过可以确定的是，此举确实发挥不小"募才"之效。观上引文，可知通过口耳相传，彭玕的求经，连位在长江下游北岸的扬州士人都能听闻，因而"多往依之"。就此而言，此举的影响范围，要远较仅限于邻近州郡的"厚礼征辟"来得深广许多。除钟传势力如此，杨行密集团中亦可看到不少属州自行求才之例，后文还会详述，暂且按下不表。

不过，藩镇州郡与在地士人的关系也不总是像前述般美好，例如浙西节度使钱镠对待其境士人的方式就颇为粗暴，以下姑举二例。首先是苏州文士吴仁璧，他在大顺二年（891）登进士第后，便返乡不出。钱镠闻其名，殊礼待之，并屡次辟请他入幕，然仁璧皆以诗固辞；其后，杭州罗城筑竟，钱镠再请他撰写罗城记，仁璧仍坚持不允，钱镠因而大怒，索性将他沉于江中，据闻其女也一并被害。[46] 再者是浙中文士章鲁封[47]，《北梦琐言》载：

---

45 《新唐书》，卷190，《钟传传》，第5487页。
46 吴仁璧生平参见（宋）范成大：《吴郡志》，收入中华书局编辑部编《宋元方志丛刊》1（北京：中华书局，1990），卷25，《人物》，第877页；（清）王士禛编：《五代诗话》（北京：中华书局，1985），卷9，《吴仁璧》，第317—318页。《十国春秋》称仁璧坚持不肯为钱镠母亲撰写墓志，方招来杀身之祸。然因史源不明，笔者暂不采纳。见《十国春秋》，卷88，《吴仁璧传》，第1267页。
47 《十国春秋》注云"一作鲁风"。见卷85，《章鲁封传》，第1237页。

> 章鲁封与罗隐齐名，皆浙中人，频举不第，声采甚著。钱尚父土豪倔起，号钱塘八都。洎破董昌，奄有杭越，于是章、罗二士，罹其笼罩。然其出于草莱，未谙事体……以章鲁封为表奏孔目官，章拒而见笞，差罗隐宰钱塘，皆畏死禀命也。[48]

著名的杭州文豪罗隐是否如引文所言，系因"罹其笼罩"不得不为之效力，尚存异说（详后），然章鲁封因拒命被笞，只得"畏死禀命"勉强入幕，倒无不同记载。就此二例看来，钱镠对浙西士人的态度极为强硬，甚至近于霸道。但不能否认，他确实也用这样的方式召集到不少所需人才。

总而言之，由于旧有的地方官员分派体制在唐末大乱期间遭到严重破坏，各层级的自立政府——主要是藩镇与州郡——遂承揽下中央势力退出后所留下的人事任免权，自行展开人才招募。江淮一带的藩镇州郡便体现出这样的时代特色。而因掌控领地有限，这些自立政权的征才视野首先落在直辖区域，接下来才是力所能及的属州或邻州。对于地处左近的人才，各藩镇、州郡长为展现诚意，往往会备妥厚礼聘之；至于辖区外的人才则较难循上述途径求得，只得依靠良善的政策与声望吸引其主动归附。但也不排除有如钱镠那般以强硬手段胁迫士人入幕的情况。这可说是在地政府对于乱世的临时应变举措，那么身处乱世的东南士人，又该如何因应此变局呢？

48《北梦琐言》，卷5，《章鲁封不幸》，第109—110页。

（三）大混乱下的新情势：东南士人的选择、流向与重构

如前所述，唐士至各地方政府应任或服务的一个重要原因，在于此举能让他们积累资历，以稳健地在宦途上前进，甚至寻求超迁机会。然而这套接榫中央与地方的内、外官迁转机制，却因唐末大乱蒙受严重破坏，中央再也无力调遣地方官员，渐趋自立化的地方政府也不再按时上贡，其结果是：多数士人失去了迁转累宦的机会与必要。面对前述情势，士人群体也相应地出现一些有别于过往的选择与流向，而在东南士人中，大体可以看到几个特殊现象。

首先兴起的，是一波波归返东南的潮流。[49] 事实上，我们在黄巢起事后便依稀可见，前文提到的杨夔即是如此，另外还有列名咸通十哲的池州诗人张乔，《唐诗纪事》载：

> 乔，池州人，有诗名……咸通中，京兆府解试《月中桂》诗，乔擅场……未几，巢寇为乱，遂与伍乔之徒隐九华。[50]

此事在后世有更为生动的记载，文称：

---

49 当然，士人归乡不全是因为战乱，有时是因情性所致，比如陆龟蒙，他本身似乎没有太强烈的出仕心，所以"举进士一不中"，旋即返乡不再应举。见《唐才子传校笺》，卷8，《陆龟蒙》，第508—517页。相较之下，因战乱而归乡的东南士人，多半带点无奈。
50《唐才子传校笺》，卷10，《张乔》，第301页。

> 黄巢乱，乔曰："尚可以行道乎哉！见几亦作，此其时矣。"遂与伍乔之徒栖老九华。[51]

《唐才子传校笺》将张乔归隐的时间系于广明乱后，不过观《唐诗纪事》，张乔似乎是在府解后不久，即因乱南归，若然，此事当发生在乾符初年较为合理。至于伍乔，在马令与陆游的《南唐书》中皆有传，据载他曾就学于南唐的庐山国学，并在南唐保大十三年（955）登进士第，与张乔活动年代显有落差，若非《纪事》有误，则此伍乔当另有其人。撇开前述疑问不论，这两段史料仍旧鲜明地反映出部分东南士人遭逢乱世所生的遁世心理。或许也因京师与东南距离遥远，而使东南士人更容易在这样的时刻兴起不如归去的念头吧？[52]

及至广明乱后，返乡之例更是有增无减。如罗隐便在"广明中，因乱归乡里"[53]。池州士人康骈亦然，其《剧谈录》自序如此回忆：

> 骈咸通中始随乡赋，以薄伎贡于春官，爰及窃名，殆将一纪。其闲退黜羁寓，旅乎秦甸洛师，新见异闻，常思纪述。或得史馆残事，聚于竹素之间，进趋不遑，未暇编缀。及寇犯天邑，挈归渔樵，属江表乱离，亡逸都尽。景福、乾宁之际，耦

---

51 载于《嘉靖池州府志》，转引自《唐才子传校笺》，卷10，《张乔》，第301页。
52 在东南诗人诗文中，时常可见到将京城与故乡对举，以衬托二者距离绵长之例，比如：罗邺《下第》："江边依旧空归去，帝里还如不到来。"杜荀鹤《春日行次钱塘，却寄台州姚中丞》："岂为无心求上第，难安帝里为家贫。江南江北闲为客，潮去潮来老却人。"张乔《送友人进士许棠》："离乡积岁年，归路远依然。"此心态或许相当程度影响了东南士人继续在乱世中应举、出仕的决心。前引诸诗分见《全唐诗》，卷654、692、638，第7515、7956、7313页。
53《旧五代史》，卷24，《罗隐》，第326页。

耕于池阳山中，闭关云林，罕值三益。[54]

查《登科记考补正》，康轺为乾符五年（878）进士，此时距黄巢起义爆发已三年余，唯尚未影响两京，是以康轺在此前仍能"旅乎秦甸洛师"，应举不辍。然至"寇犯天邑"的广明元年（880）后，北方亦陷入战火之中，不宜再逗留，康轺只得"挈归渔樵"，回到江表一带隐遁。约于同时避难江淮者，还有曹松、杜荀鹤等人。[55]

前述士人中，有小部分自此绝意于至中央应举或仕进，转而在乡里邻近州郡找寻就业机会。罗隐就是如此。据《旧五代史》，他归乡之后便为浙西节度使钱镠"辟为从事"[56]，感觉上似乎是被动地接受礼聘，然其墓志载：

〔罗隐〕始以光启三年，罢随计吏，投迹本藩，乃遇淮浙钱令公吴越国王，将清国步，聿求群彦，光赞永图。因置钱塘县，以策表上请，诏下可之。[57]

可知罗隐似乎在是光启三年（887）主动前来归附钱镠，并顺利获授钱塘县令之任。《吴越备史》还记载了他与钱镠初见时的戏剧性场景，颇可与志文互证：

54《唐文拾遗》，卷33，《康轺》，第10747页。

55 曹松著有《乱后入洪州西山》一诗，似乎即是作于广明乱后。见《唐才子传校笺》四，卷10，《曹松》，第415页。

56《旧五代史》，卷24，《罗隐》，第326页。

57 见周阿根编：《五代墓志汇考》（合肥：黄山书社，2012），《罗隐墓志》，第12页。

> 〔罗隐〕及来谒王，惧不见纳，遂以所为《夏口》诗标于
> 卷末，云："一个祢衡容不得，思量黄祖谩英雄"之句。王览
> 之大笑，因加殊遇。[58]

罗隐在拜谒时将姿态摆得很低，且对是否能获登用备感不安，是以特意标举"黄祖谩英雄"之典，提醒钱镠应重视如他这般前来依附的士人。此事体现了士人在求职上的能动性。引文称罗隐此举果真奏效，而为钱镠所辟，自此他便留在浙西府中，长达二十余年，后累宦至司勋郎中，并于后梁开平二年（908）为钱镠表授为吴越国给事中。这种转以地方藩镇、州郡作为政治实践场域首选的倾向，亦见于罗隐的同僚章鲁风、沈崧、皮光邺，乃至前述杨夔、康轺等人。[59] 此现象虽非发轫于其时，却得承认混乱时局对此"在地转向"确实产生了重大的推波效果。

当然还有相当数量的东南士人，仅把避乱乡里视作权宜之计，他们在黄巢乱平后，很快便又燃起希望，开始积极活动起来。曹松便再度展开他的应举生涯，终在光化四年（901）一遂其愿地登第。只是随着时局的日坏，越来越多东南士人宁可在登第或授官后便立即归乡，不再对入朝为宦抱持任何想望。前者如在乾宁五年（898）登第后南返的殷文圭与王毂，后者有天复元年（901）弃官归乡的王贞白、王希羽、曹松诸人。当然，也有坚持伴随唐廷走到尽头方愿罢职者，比如前章论及的明州文士孙郃，

---

58 （宋）范坰、林禹：《吴越备史》，收入傅璇琮主编：《五代史书汇编》拾（杭州：杭州出版社，2004），卷1，第6203页。
59 这几位诗人的概略生平，参见《中国文学家大辞典·唐五代卷》各条。

即等到朱温代唐才无奈地归隐奉化。需注意的是，尽管同为归乡，然时间上的早晚仍带有些许不同的意义：昭宗朝后期的士人归乡，较之僖宗时期最大不同处在于——这群东南士人大体一去不复返。

要言之，过往士人心之所向的中央，在唐末民乱、军变的连番侵袭下，威望大减、摇摇欲坠，既有的政治凝聚力与向心力也因而骤衰，地方遂应时而起，成为多数士人的从政首选。在此情势下，各地方自立政权的官员组成也就无可避免地要产生某种程度的"在地化"，这里不妨来看看江淮藩镇的状况。若借用渡边孝的分类模式，对唐末——大体是指广明之乱以后——的江淮藩镇幕职官之出身进行统计，可以得到以下数字：[60]

表2-4　唐末江淮藩镇幕职官中的东南出身者（880—907）[61]

	门阀	郡姓	庶姓	不明	总计【%】
淮南（东南出身者/总数）	1/1	4/5	6/20	0/6	11/32【34%】
浙西（东南出身者/总数）	0/0	0/0	2/5	0/3	2/8【25%】
浙东（东南出身者/总数）	0/0	0/0	10/15	0/1	10/16【62%】
江西（东南出身者/总数）	1/1	0/0	6/7	0/1	7/9【78%】
总计	2/2	4/5	24/47	0/11	30/65【46%】

60　统计依据参见附录五"唐末（879—907）江淮藩镇文职僚佐表"。
61　此处没有列入宣歙，主要是因为在广明之后，该处的文职僚佐可考者仅有长安人张佶一人，不太具有代表性。表中数字为笔者根据戴伟华《唐方镇文职僚佐考》中《淮南》《江西》《浙东》《浙西》等资料统计而成。

在淮南、浙东、江西三镇的文职僚佐中，江淮出身者的比例皆高过三成，江西更接近八成之谱；即便是比例最低的浙西，也有25%。此比例已较渡边孝针对756至879年间的统计高出不少。且以上数字还是就总比例而言，实际上，这65名江淮方镇文职僚佐中，可知籍贯者约只有六成，其余多仅具名。例如淮南的32名幕职官员，仅17名籍贯可考，其中便有11名出自东南；至于浙西文职僚佐籍贯可考者更只有2名。所以若仅就籍贯可知者进行统计，则淮南与浙西比例分别达到65%与100%。[62] 前述数字或许无法精准展示出此时期江淮藩镇幕职僚佐的实际构成，不过多少可以看出江淮藩镇对在地势力渐趋倚重的态势。

此外，某些非东南出身的幕职官员，也带有某种地方化，或者说区域化的色彩。例如在江西幕府中，便可看到一名岭南人士（黄匪躬）。他虽出自本书定义的东南，不过岭南与江西接壤，亦有地缘上的亲近，所以宽泛地说，仍可视为地方政权与区域士人的互动。无论如何，在唐末大混乱时期，方镇文职的"在地化"现象确实有明显的增长。至于州郡官员部分，虽囿于资料无法进行数量上的统计，不过很可能也有类似状况产生，因为此时很大一部分的州郡人事权也落入地方强藩之手。如此自然强化了东南士人与江淮在地政权的关系，与之相应的，则是士人的唐廷认同逐步产生松动，这在上章末尾业已提及，下节细论杨吴集团时还会再谈到。

与此同时，我们亦可观察到，东南士人群体因应大动乱的到来，产生了某些质变与重构。首先，一个饶富兴味的变化是，有

---

62 统计依据亦参见附录五。

小部分士人就此放弃文职发展，转而投身军旅。出自苏州海盐的屠瑰智（851—902）便是如此，其墓志云：

> 〔怀智〕少负勇略，更善属文。累举不第，历游名山，见疆宇幅裂，复还故乡。吴越国王初起乡兵拒黄巢，将军从之，时时以筹画进。[63]

"少负勇略，更善属文"等语，固可视为撰文者的溢美之词，不过既是"累举不第"，想来怀智对自己的文才应具备一定的自信。不过面对唐末世变，他并没有如前章的郑谷、吴融等人那般坚持苦撑，而是返回故乡，后追随钱镠起事，成为吴越政权的一员猛将，并累宦至越州指挥使、常州太守。不过即便从戎，怀智仍旧没有忘怀笔墨，在《全唐诗》中，还留有他"轻身都是义，殉主始为忠"[64] 的诗句，文字中满溢着肝胆豪情，充分展现怀智才兼文武的特长。

在晚近出土的唐末墓志里，亦可看到类似情况。在一方志主名为孙彦思、葬年为天祐十三年（916）的墓志中，有这样一段记载：

> 公幼寻经典，长值干戈，四海多艰，中原无主，是以捐文习武，许国忘家，自始及终，从□至□，拥骁锐数千之众，匡

---

63 皮光业：《吴越故忠义军匡国功臣越州都指挥使前授常州刺史特赠武康节度使银青光禄大夫检校尚书右仆射开府仪同三司上柱国海盐屠将军墓志铭》，《全唐文》，卷898，第9378页。

64《全唐诗》，卷795，第8955页。

淮海三十余年。[65]

根据未引及志文，孙家乃合肥在地土豪，彦思之父、祖、曾祖三代为宦，分别出任温州司马、襄阳县令、舒州宿松县令，是个标准的文官世家，彦思"幼寻经典"，可谓其来有自。只是，生于咸通六年（865）的彦思，很快就在青少年时期遭逢前所未有的大乱，值此"四海多艰，中原无主"之际，彦思毅然决定"捐文习武"，募集一干人众，组织地方自卫义军，维持乡里秩序，自此成为淮南一带的重要军事力量。这些士人的选择，相当程度上反映了文武关系在乱世时期的消长。[66] 与此同时，我们也可看到，即便是转换跑道的士人，也多以乡里左近的势力作为效力首选，甚至据地自立，换言之，这某种程度仍展现了东南士人与在地政权益趋强化的联结——尽管他们不再以"士"自居。

其次，此期间有为数众多的避难北士移居江淮。关于唐末人口的大规模迁徙现象，顾立诚曾作过极其全面的研究，他将迁徙者分为文士官员、武夫军人、盗贼流寇、衣冠世族、避乱难民五大类，而在每

65《唐金紫光禄大检校司空使持节黄州诸军事黄州刺史上柱国乐安县开国男食邑三百户孙彦思墓志并序》，周绍良、赵超主编：《唐代墓志汇编续集》（上海：上海古籍出版社，2001），第1170—1171页。
66 当然，"文消武长"只是一种与时代前后对照过后的观察与概括，实际上，即便在乱世，"文"的作用仍为多数军阀与武夫看重，文人地位也远不如过去所设想得低。详见方震华：《权力结构与文化认同：唐宋之际的文武关系（875—1063）》（北京：社会科学文献出版社，2019）。附带一提，类似例子并不限于江淮，譬如出身岭南望族、后任唐末台州刺史的杜雄，也是眼见"天下大乱"，深感非"穷理讲学"之时，遂转战沙场。见鲁洵：《唐台州刺史杜雄墓志铭》，《全唐文》，卷817，第8607—8608页。

个类别里，皆可看到不少迁徙至东南的实例。[67]其中，本属于士阶层成员的文士官员、衣冠世族，以及少部分文化涵养较高的难民处士，对东南士人群体的影响最为直接与正向，他们的迁入一方面扩大了东南士人行列，另一方面也改变了此群体原有的构成与素质，为江淮在地政权带来极大贡献。相关事例甚夥，后文将会挑出与杨吴、南唐政权相关者细论，其余诸例请见顾氏研究，于此不再赘述。

总的来说，伴随着唐末时局的恶化，东南士人与唐廷的既有关系也开始生变。对于东南士人而言，入朝为官再也不若过往那般美好，有相当比例的士人宁可选择留在乡里邻近的地方政权长期就职。而在中央顺利出仕却选择弃官返乡的避难案例，也随着唐亡时日的逼近逐渐增多，在这些归乡士人中，也有很大部分就近投效地方自立势力，进而提升了地方官员僚佐的"在地化"程度。此外，东南士人群体自身在这段时间也历经了相当程度的重构，弃文从武者有之，由北入南者亦有之。不过无论怎样改变，其与江淮在地政权的关系大体都是朝着强化的方向前行，这在在预示着一个崭新时代的来临。

二、杨吴前期的政治与士人

唐末江淮群雄并立的状态，维持了颇长一段时间，直至中和独立潮爆发后的二十五年左右，这一带的自立政权才大抵为庐州的杨

---

67 见顾立诚：《走向南方——唐宋之际自北向南的移民与其影响》（台北：台湾大学出版委员会，2004），第三章，《移民之类别》。

行密集团，以及杭州的钱镠集团兼并殆尽，此二集团正是日后杨吴与吴越政权的基础。而东南士人的从政选项，自然也从原本的林立势力，转向此二政权集中。关于吴越政权与东南士人的关系，目前已累积一些讨论，相较之下，杨吴士人则颇受冷落。[68]一个关键因素在于：相较于吴越士人，杨吴士人的文化表现有些乏善可陈。不过，这对杨吴士人其实颇不公平，毕竟其国祚要较吴越短了将近四十年，且还有一个太过耀眼的后继者——南唐，这使得杨吴士人的相形见绌在所难免。不过，若抛开前述成见，转由士人发展角度观之，杨吴政权便成为一个无可回避的课题。且就辖境而论，吴越所能掌握的范围仅限两浙一带，远不若控扼淮南、江南、江西的杨吴广袤，是以对东南士人来说，与杨吴发生关系的机会很可能要较吴越更高。若能加以厘清，必有助于推进对唐宋之际东南士人发展的认识。

从传统史家角度来看，天祐十六年（919）方改元建制的杨吴，其国祚仅维持短短的十九年（919—937）。不过事实上，早在杨行密"全有淮南"[69]的乾宁三年（896），杨吴的建国基石即已打下。天复二年（902），唐廷册封杨行密为吴王，则可视为杨吴政权的初步确立。若然，则杨吴政权大约历时四十余年。我们大体可以天祐六年（909）为界，将杨吴区分为前后两期。这是因为，杨吴军在此年先于象牙潭（今江西南昌）击溃抚州刺史危全讽，

---

68 例如：池泽滋子：《吴越钱氏文人群体研究》（上海：上海人民出版社，2006）；李最欣，《钱氏吴越国文献和文学考论》（北京：中国社会科学出版社，2007）。

69《资治通鉴》胡三省注。见《资治通鉴》，卷260，唐昭宗乾宁三年（896）五月，第8487页。

再连下饶、信、吉数州，成功将势力伸入赣中南，自此"江西之地尽入于杨氏"[70]，底定杨吴政权的最大版图。而在前一年五月，杨吴重臣徐温发起政变，弒第二任国主杨渥，独揽军政大权。为巩固己身地位，徐温在对外战争结束后，旋即针对既有统治体制进行改造，此工程其后又为他的义子徐知诰所承继。在此过程中，杨吴政权与士人的关系也发生重要的转折。以下，笔者便顺此分期脉络进行剖析，本章先论前期，后期留待下章处理。

（一）东南士人与杨吴政权的创建

杨吴政权的创建者为杨行密（852—905），庐州合肥人，自少孤贫。乾符年间，江淮群盗蜂起，年方二十的杨行密亦落草为寇。乾符末年前后为庐州刺史郑棨捕获，蒙其所赦，遂与同乡田頵、陶雅诸人应募为州兵。凭借着他的骁勇果敢，杨行密屡获战功，逐步蹿升，却因此受到军吏所忌，欲将其外调。杨行密一怒之下，奋然于中和二年（882）岁末举兵，斩杀军吏，并将诸营，自称八营都知军马使。其时就任庐州刺史的郎幼复自度无力制止，只得荐于淮南节度使高骈，请以自代。高骈旋以杨行密为淮南押牙、知庐州事，并上奏朝廷"请赐正授"[71]，隔年三月，唐廷正式任命行密为庐州刺史。杨行密集团遂以自立州级势力姿态，登上江淮的政治舞台。

至杨行密于天复二年（902）被唐廷正式册封为吴王之前，该集团之扩张大体可分为三阶段：自庐州起事至兵援扬州的霸业初

70《资治通鉴》，卷267，后梁太祖开平三年（909）八月，第8715页。

71（唐）崔致远：《桂苑笔耕集校注》（北京：中华书局，2007），卷4，《奏请杨行敏知庐州军州事状》，第109页。

兴期（883—887）、与孙儒集团在江淮争雄的力抗蔡贼期（888—892），以及攻灭孙儒后稳定发展的基业奠定期（893—902）。[72] 本书欲探究的问题是：在杨吴政权的创建过程中，东南士人究竟扮演着什么样的角色？要回答这个问题，势必得对杨行密集团进行全面的分析。幸运的是，关于此课题历来已积累为数颇丰的讨论，诸如日本学者伊藤宏明、清木场东，以及台湾学者何永成，皆曾从不同的视角，针对该集团的社会组成、权力结构及集团特性提出深入的观察与剖析。[73] 其中尤以何永成的研究对本文最有助益。何氏全面爬梳了现存文献，钩稽出156名杨行密集团人物，并对其籍贯、加入时间、出身与才性等方面作了完备的整理。笔者拟以何氏成果为基础，分析杨行密集团的组成变化，再就前述问题进行讨论。

首先，霸业初兴期的加入者，多为从起庐州的旧部元老，史称"三十六英雄"[74]。根据何表，可整理出38人，其中，以田頵、

---

72 本书分期主要参照何永成：《十国创业君主个案研究——杨行密》（中国文化大学博士论文，1992）；扩张历程亦见江玮平：《唐末五代初长江流域下游的在地政治》，第二章，《淮南·宣歙地区》。

73 相关研究可见伊藤宏明：《淮南藩镇の成立过程—吴·南唐政权の前提—》，《名古屋大学东洋史研究报告》4（名古屋，1976），第99—123页，《吴·南唐政权の性格—その地域支配を中心として—》，《人文学科论集》40（鹿儿岛，1994），第45—67页；清木场东：《唐末の初期杨行密势力の社会体系》，《鹿大史学》26，（鹿儿岛，1978），第25—47页，《唐末の初期杨行密集团について——集团成员集团规范を迴って》，《纯真女子短期大学纪要》19，（埼玉，1978），第49—59页，《唐末·五代の土豪集团の解体——吴の土豪集团の场合》，《鹿大史学》28（鹿儿岛，1980），第58—78页；何永成：《十国创业君主个案研究——杨行密》第五章，《杨行密集团人物之分析》。

74 "三十六英雄"之名，《新五代史》《资治通鉴》中皆得见，只是确切所指已不可确考，仅知有田頵、陶雅、刘威、徐温、张训、刘金等人。其中较有疑义的是楚州土豪刘金，《十国春秋》将其列于其中。察看此说较早史源，（转下页）

陶雅、刘威为首的庐州人士势力最为庞大，计有22名，占籍贯可考者的近七成（22/32），余下则有出身淮南者4名、江南东道1名、河南道3名、河北者2名，可说是个带有浓厚地域色彩的新兴政团。不过前述情形至力抗蔡贼期开始有了转变。此时期加入者的组成，明显要较前一阶段复杂许多，其中既有主动响应杨行密伐扬的江淮土豪刘金、贾令威，亦有在江淮攻伐战中前来奔赴的淮南旧部马珣、吴苗，不过影响最大的，还是对孙儒集团的整并。根据何表，明确于此时期参与杨行密集团的15人中，有10名原为孙儒部将，他们多来自河南道，这便大大稀释了庐州人士所占比例。[75] 更重要的是，这个改变还不仅止于账面，更伴随着权力的再分配。这些归降的孙儒集团成员，不但没有因为资浅而被屏于核心之外，反倒有许多人——如沙陀骁将安仁义、周本、李德诚、柴再用等——深获杨行密重用。[76] 是以进入此阶段，无论就总比例

（接上页）似出自欧阳修《菱溪石记》，其文曰："溪傍若有遗址，云故将刘金之宅，石即刘氏之物也。金，伪吴时贵将，与行密俱起合肥，号三十六英雄，金其一也。"见《居士集》，收入《欧阳修全集》，卷40，第277页。不过实际上，刘金是在杨行密征扬时才率众归附，此点《十国春秋》已有改正，然却又因袭"三十六英雄"成说，使得其中成员似乎不尽属"俱起合肥"的元从之将，与原说颇有扞格。

75 至此时期，杨行密集团籍贯可考者共有49人，出身庐州者虽仍有26名，占了五成强，然相较第一阶段已下降许多。河南道人士的比例则上升至24%（12/49），已成为不可小觑的势力。

76《资治通鉴》记安仁义归降事曰："宗衡将安仁义降于行密。仁义，本沙陀将也。行密悉以骑兵委之，列于田頵之上。"胡三省注则云："杨行密起于合肥，一时诸将，田頵为冠，一旦得安仁义，列于頵上，卒收其用。史言其知人善任。"由此可知杨行密本人并没有特别想要维护庐州元老的权势与地位，而是顺势而行，这想必也是其集团所以能成长得如此迅速的一大关键吧！事见《资治通鉴》，卷257，唐僖宗光启三年（887）十一月，第8365页。

或集团核心而言，原本的庐州色彩都已淡上许多。

进入基业奠定期（893—902）后，杨行密集团仍持续扩张。随着其征伐淮西计划的推进，原本林立此境的各方势力被逐一归并，该集团也因而汲引不少淮西人士加入，比如乾宁二年（895）攻取寿州后启用的在地强豪朱景，光化二年（899）劫蔡州刺史渡淮来降的州将崔景思等。与此同时，杨行密也将政权南境拓展至江东的常、润、宣、歙诸州，使得大批江左人士成为该政权的潜在人力资本。还应提及于乾宁四年（897）自河南奔亡而来的朱瑾集团。朱瑾本为泰宁节度使（治兖州），与其兄天平节度使（治郓州）朱瑄同为中原一带的重要军阀，乾宁年间（895—896）屡为朱全忠所迫，告急于河东，李克用派遣大将史俨、李承嗣帅数千骑救之，然仍不敌汴师。乾宁四年，郓、兖城破，朱瑄身死，朱瑾无处可归，遂与史俨、李承嗣拥州民渡淮，投奔杨行密。这批北方军队的归顺，大幅增强了杨行密集团的势力，史称"淮南旧善水战，不知骑射，及得河东、兖、郓兵，军声大振"[77]。杨行密也厚待朱瑾、史俨、李承嗣等人，禄以高位，让他们肯为其尽心，不复北归。但大体说来，在基业奠定期加入杨吴的新成员，相较前二期旧部，多半较难打进集团核心。

总之，至杨行密受封吴王之际，其集团组成已远较起事时复杂。庐州人士虽仍占鳌头，然比例已降至37%（26/70），若将庐州以外的淮南道人士也包含进去，则有57%（40/70），可见淮南出身者仍是此集团的主体。河南人士也不容小觑，他们占有29%

77《资治通鉴》，卷261，唐昭宗乾宁四年（897）二月，第8501页。

（20/70），仅次于淮南道。至于其他各道比例皆颇零星，这固然有受限于资料的成分，不过论及集团核心构成，前述数据仍可反映一定实情。

不过若从文、武关系观察此集团成员分布，则会发现其核心干部具有极高的同质性——因为他们几乎全是武人。在前三阶段的77名成员中，能被归类为文臣者仅有7人，比例连一成都不到。这七名文臣基本信息如下：

表2-5　杨行密时期可考文臣列表

编号	姓名	出身	籍贯	入团时间	宦　　途
1	袁袭	不详	淮南·庐州庐江	从起庐州	幕僚
2	王潜	州民	淮南·庐州	从起庐州	幕僚—左司郎中、典选事（十国春秋10）
3	戴友规	不详	淮南·庐州	灭孙儒（892）前	宾客
4	高勔	不详	淮南·庐州舒城	灭孙儒前	书记
5	严可求	文吏	淮南·扬州	灭孙儒前？	幕僚
6	陈彦谦	不详	江南东·常州	灭孙儒后	润州司马—金陵大都督府右司马—镇海军节度判官—楚州团练使
7	徐玠	不详	河南·徐州彭城	光化二年（899）	军吏—粮料使—吉州刺史
*	李俨	士族	河北·瀛州河间	天复二年（902）	校书郎—右拾遗

129

上述七人除王潜与严可求外，余下皆来历不明，可能都出身平民。[78] 从入团时间与籍贯观之，他们的参与时间主要集中在杨行密拓展势力之初，且以庐州人士居多：袁袭、王潜二人为从起庐州的元老级人物；戴友规、高勖、严可求虽无确载，但考量到前述集团成员组成与发展阶段的关系，将其入团时间置于第一阶段应不至有太大舛误。若然，则上述七名"文臣"中，超过半数是在光启三年（887）征讨秦、毕前即已加入；其后至天复二年（902），仅再增添两名文臣：一是杨行密平定江表后，"召为润州司马"[79] 的陈彦谦；一是随蔡州将崔景思前来奔附的徐玠。涨幅之低（40%）与集团扩张之速（118%）反差颇大。还可注意，此二人在杨吴前期基本上没有太受重用，要待徐温掌政，才逐渐崭露头角，成为朝中主要文臣。看来杨行密歼灭孙儒集团后，反倒不如他在庐州创业时那般积极搜罗文治人才。

进一步观察七人才性，可发现其中较具明显"士人"素质者，大概只有"少好学，善属文，动明纬象"[80] 的袁袭、"好学缜密"的王潜、出任"掌书记"的高勖，及后来参与杨吴朝廷"更章服"[81] 事宜的陈彦谦。至于余下三人：严可求为文吏出身；[82] 徐玠虽有"敏干有辞"[83] 的赞誉，然观其一生经历，似较近"文吏型"

---

78 王潜曾于前文提及，知其为"州人"王勖之子；严可求之父严实则曾任江、淮陆运判官，算少数的官僚子弟。严可求的出身，可见胡三省注引的《九国志》佚文，见《资治通鉴》，卷265，唐哀帝天祐二年（905）九月，第8648页。

79《九国志》，卷2，《陈彦谦传》，第3256页。

80《九国志》，卷1，《袁袭传》，第3218页。

81《九国志》，卷2，《陈彦谦传》，第3257页。

82《十国春秋》，卷10，《严可求传》，第136页。

83 马令：《南唐书》，卷10，《徐玠传》，第5332页。

人物；[84] 戴友规则囿于史料，无从判断。是故，我们可说"东南士人"在杨行密集团——特别是集团核心——中所占比例确实不高。当然，比例与贡献不必然成正比。以英年早逝的袁袭为例，他在杨行密与孙儒征战期间，提供了许多实质建议，比方说退守庐州、进取宣歙等战略，皆出其擘画，使得杨行密集团得在逆境中保有足以与孙儒决战的实力，惠杨吴良多。是以不论杨行密，抑或后世史家，皆对其筹划之功给予高度肯定。[85] 再如高勖，他在杨行密甫攻灭孙儒，为用度不足而忧心之际，提出"悉我所有易邻道所无""选贤守令，劝课农桑"等建言，奠定杨吴前期招抚流散、轻徭薄赋，遂行宽减的主要方针，让江淮"未及数年，公私富庶，几复承平之旧"，杨吴政权自此进入安定发展阶段。[86] 这在在提醒我们不宜简单地用比例来揣度士人在其时发挥的效用。

除前述数人外，笔者还要补充一位没有列入何永成表却对杨吴前期政权发挥重要作用的南来士人：李俨。李俨（？—918）本名张播，乃唐末宰相清河张濬少子，于昭宗时入仕，起家校书郎，迁右拾遗，[87] 可谓一标准高门子弟。天复二年（902），他被任命为

---

84 所谓"文吏型人物"，大体是指极具"吏能"，擅长文书运行、财赋管理、刑事鞫断等文职事务，却又不具备"文学"或"经术"等文化涵养的文职官僚。此分类基本得益于邓小南对五代文臣群体的内部分类。详见邓小南：《祖宗之法——北宋前期政治述略》（北京：生活·读书·新知三联书店，2006），第二章，《走出五代》，第123—134页。

85 袁袭过世时，杨行密忍不住叹道："天不欲成吾大功邪，何为折吾股肱也！"吴任臣则以"运谋帷幄，举无遗算，殆良、平之亚"誉之。分见《资治通鉴》，卷258，唐昭宗龙纪元年（889）六月，第8388页；《十国春秋》，卷5，《袁袭传》，第87页。

86《资治通鉴》，卷259，唐昭宗景福元年（892）八月，第8435页。

87 此据《新唐书》，卷72，《宰相世系二下》，"河间张氏"条，第2717页。

江淮宣谕使，目的是借册封杨行密之名，乞求其发兵赴难。其时昭宗为宦官胁持至凤翔，朝政纷扰不安，想是为了确保张播心无二志，所以特意赐其国姓，为之改名，是为李俨。三月，李俨自凤翔出发，经四川间道沿江而下，十月抵达扬州，"授行密东面诸道行营都统、检校太师、守中书令，封吴王"[88]，淮南、宣歙两道的立功将士，"听用都统牒承制迁补，然后表闻"[89]。杨行密也因而获准建立制敕院，政治地位大为提升。

　　然而，唐廷并没有因此得到相应回报，因为杨行密的首要目标在广土，所以得到册封之后，他至多就是发兵虚张声势，没有任何实际救援行动。[90] 孤立无援的唐廷与凤翔军，终于在天复三年（903）为朱全忠所攻克，乘舆再度迁还长安。不久，为巩固一己权势的朱温开始大杀朝臣，李俨之父张濬也在同年十一月被害。李俨听闻此事，自此打消北归之念，羁留扬州，成为杨吴士人的一分子，是以李俨大体可以归为于奠定期末尾加入的成员。尽管加入时间较晚，但对杨吴政权来说，李俨的加入却是极为重要的大事：正因为有他的存在，杨吴政权的合法性（legitimacy）来源才得到了保证。从《资治通鉴》所载，杨行密"每有封拜，辄以告俨"，并"于紫极宫玄宗像前陈制书，再拜然后下"[91]，以及二主

---

88 《新唐书》，卷188，《杨行密传》，第5458页。

89 《资治通鉴》，卷263，唐昭宗天复二年（902）三月，第8573页。

90 胡三省对此有透彻的观察。天祐四年（904），杨行密奉唐廷之命征讨鄂岳，朱全忠遣使诣行密，请求罢兵修好，杨行密以天子未还长安为由，回绝朱全忠。胡三省评曰："杨行密之心在广土，朱全忠之心在篡唐。全忠力不能救杜洪，故有是言。行密之报，假天讨以折其辞，其所志不在此也。"可谓一针见血之论。《资治通鉴》，卷264，唐昭宗天祐元年（904）三月，第8630页。

91 《资治通鉴》，卷263，唐昭宗天复二年（902）十月，第8584页。

杨渥、三主杨隆演要继承节度使职及王位时，都需历经杨吴将佐
"共请"李俨承制授受的过程，[92] 便可知在杨吴统治集团心中，李
俨已俨然成为唐廷的象征。不过让人意外的是，作为杨吴政权神
主牌的李俨，非但没有受到该有的礼遇，反而沦落至"贫困无所
依"[93]的地步。换言之，李俨之于杨吴王府，仅是一工具性存在，
至于对其官场经验与知识，杨行密等人根本毫无兴趣，这侧面透
显出杨吴前期王府对于士人的冷淡。

不过与此同时，也应当注意杨行密集团中的实际文武关系，要
较简单的文武官归类更为复杂。前面曾提及在唐末大动乱时期，
部分士人选择走上弃文从武的道路，这在该集团中亦不乏其例。
比如杨行密的同乡密友陶雅便是如此，《九国志》称雅"本儒家
子，仪形魁伟，眉目甚秀。乾符中，天下将乱，始投笔和门"[94]，后
成为杨吴政权的一员猛将。另一名元从功臣李涛亦属此例，史载：

> 涛，赵郡人。祖远，唐杭州刺史。父逸，寿安令。涛涉书
> 史，会唐末四方盗起，乃投笔从军。[95]

唐末冒称郡望者众，李涛是否真出自赵郡李氏，颇可置疑。然观

---

92 分见《资治通鉴》，卷265，唐哀帝天祐二年（905）十一月庚辰，第8652页；
　　卷266，后梁太祖开平二年（908）七月壬申，第8702页；卷268，梁太祖乾化
　　二年（912）九月，第8762页。
93《十国春秋》，卷8，《李俨传》，第122页。
94《九国志》，卷1，《陶雅传》，第3220页。
95《九国志》，卷2，《李涛传》，第3247页。

其父祖皆有仕宦确载，祖父李远甚至还出任杭州刺史，[96] 至少可以确定李涛出自官宦世家，若非遭逢乱世，极可能克绍箕裘，步上为士之路。此外，言行举止、衣容仪表同样极具士人风范的武臣，还有"博览书传，容止儒雅，雄果有大志"[97] 的田頵、深具将才却又"好儒学，性宽厚，褒衣博带，有同儒者"[98] 的王稔，或许都是由士人群体游离出来转投武职的"原东南士人"。考量到这层因素，那么东南士人不仅在筹策、吏治上对甫创立的杨吴政权极有助益，即便是武事亦能发挥相当的贡献。

简言之，杨吴集团确实存在着一定比例的东南士人与"原"东南士人，不过他们多在杨行密起事庐州时即已加入。其后，尽管杨行密的辖地从一州扩大为三道，集团规模也有显著增加，然士人数量的成长却极为缓慢，这大抵反映出杨行密用才策略的转向。在庐州时期，杨行密可说是不分文武、唯才是举，尽力打好与在地势力的关系；然至消灭孙儒后，江淮土豪及其他军事集团反倒成为他首要拉拢对象，这自与其致力于领地拓展、对战力有迫切所需密切相关。身处在前述情势，士人自然较难打进杨行密的视野之中。此外，在杨行密时期，该集团中来自江淮以外的士人，仅有奉唐廷之命来行册封却因朱温乱唐而不愿北归的李俨一例，这在在显示作为政团首脑的杨行密，对于士人征用不甚措意的态度。不过，这不表示整个杨吴政权上下皆弥漫着此股"重武"的取向，

96 李远为大中十二年（858）杭州刺史，见郁贤浩：《唐刺史考全编》（合肥：安徽大学出版社，2000），卷141，《江南东道·杭州》，第1987页。

97《九国志》，卷3，《田頵传》，第3261页。

98《九国志》，卷1，《王稔传》，第3236页。

这就得谈到杨吴其时的整体政权结构。

（二）杨吴的"州长政治"与东南士人

历经五年苦战，方获得最后胜利的杨行密，终在景福元年（892）成功在江淮站稳脚步，只是，这片土地早已被长年战火摧残得残破不堪。据史所载，其时"八州之内，鞠为荒榛，圜幅数百里，人烟断绝"[99]，是以杨行密马上就迎来一项全新考验：如何在最短时间内恢复江淮地域的秩序与经济，以巩固初建的政权。前文提及一系列的招抚流散、轻徭薄役之举，与"悉我所有易邻道所无"的经济策略，便是针对前述情势而发。只是，这片新征服来的广袤土地，远非杨行密创业时期所据有的一州之域所能比拟，要想全面且有效地进行江淮一带的复原工程，势必得多管齐下、齐头并进。然其时杨行密正为破坏至巨的扬州伤透脑筋、无暇他顾，是以进驻扬州不久，杨行密旋即将辖下几个要州大郡委托给他的心腹管理。

在景福、乾宁年间（892—896），杨行密对辖下的江淮诸州进行了以下的人事配置：以田頵守宣州、安仁义守润州、陶雅守歙州、刘威守庐州、李神福守舒州、台蒙守楚州、刘金守濠州、朱延寿守寿州、柴再用守光州。可以看到，在这些新任的州级长官——为方便称呼，以下简称为"州长"[100]——中，除了安仁义、刘金、

99《旧五代史》，卷134，《杨行密传》，第1781页。
100 所谓"州长"，主要采用日本学者清木场东定义，指称刺史，或领有节度使、观察使、防御使等号的州级官长。参见清木场东：《唐末の初期杨行密势力の社会体系》，《鹿大史学》26，第25—47页、《唐末・五代の土豪集团の解体——吴の土豪集团の场合》，《鹿大史学》28，第58—78页。

柴再用加入时间稍晚，余下诸人皆为从起庐州的元老级干部，是以若说杨行密的分派实际上带有酬庸性质，亦不为过。但这仍不妨碍下述理解：正因杨行密亟欲加强这几州的控制，他才会指派最核心、最值得信赖的手下接管这些辖区，以期发挥间接管理功效。

为求施政上的方便，杨行密大抵把各地的财、政、军大权皆委诸州州长，并让他们握有极高的自主权。正因如此，各州施政难免会出现不甚同调的情形。治与不治，相当程度系于该州之长的才行与能力，而与杨行密的决策没有必然干系。《九国志》载安仁义守润州事颇可说明个中奥妙：

> 仁义蓄性好货，虽凋敝之后，科敛尤急。初儒之乱，士庶多奔豫章，及诸郡平，流者皆复，行密皆以循吏守之。唯浙右人闻仁义所为，相与悲叹曰："独吾郡乃得蕃人。"以是多无归者。[101]

也就是说，安仁义非但没有遵循杨行密养民生息的施政方针，反而"科敛尤急"，史家将安氏的行径归因于"蓄性好货"，固待商榷，然其苛政造成润州流亡士庶"多无归者"，却是不容否认的客观事实。而与润州人士"相与悲叹"恰成映照的，是歙州人士请求陶雅出任该州刺史一事：

> 〔景福二年，八月〕丙辰，杨行密遣田頵将宣州兵二万攻

101《九国志》，卷3，《安仁义传》，第3264页。

歙州；歙州刺史裴枢城守，久不下。时诸将为刺史者多贪暴，
独池州团练使陶雅宽厚得民，歙人曰："得陶雅为刺史，请听
命。"行密即以雅为歙州刺史，歙人纳之。[102]

前文曾提及，杨行密在与孙儒争战期间，已通过某些羁縻手段与
当地土豪缔结一定的同盟关系，但他显然没有满足于此，是以在
击败孙儒的隔年，便大举发兵进讨歙州，欲一并纳为己土。负隅
顽抗的歙人，深谙长期抗战终非万全之计，遂于尚未落居下风之
际，先行对杨行密提出降服的唯一条件：让"宽厚得民"的陶雅出
任刺史。单凭一人之力，便可兵不血刃地取得歙地统辖权，杨行
密何乐不为？是以他立即派遣陶雅前往赴任，以遂歙人之愿，歙
州因而大治。[103] 由此二例便可想见其时江、淮诸州的境遇，实与治
理该州的州长关系至深。[104]

---

102 《资治通鉴》，卷259，唐昭宗景福二年（893）八月丙辰，第8447页。
103 杨夔如此盛赞陶雅的治绩："自公之临是邦也，法明而兵劲，刑审而罚中，
　　故民乐其化，安其土，及征庸，而属邑之民，父诲其子，兄教其弟。以公
　　之问俗也，未尝有猎吏之扰；以公之抚封也，未尝有外寇之虞；以公之治戎
　　也，葵藿之禁，无敢有触者；以公之奖善也，鳞介之美，无敢有侵者。故
　　十五余年，绰绰焉如鳞之潜遇其广渊，雍雍焉若禽之获栖其蒙翳，绝钓网之
　　虑，无毕弋之患。"记文虽容有过誉之嫌，然从《九国志》谓陶雅"典黟川
　　二十余年，民感其化，生男女或以陶为字焉"看来，杨文当也有相当根据。
　　见杨夔：《歙州重筑新城记》，《文苑英华》，卷811，第4287—4288页；亦见
　　《全唐文》，卷867，第9083页。
104 值得注意的是，两条史料在追述杨行密任用的刺史素质时，颇有扞格之处。
　　前者说"行密皆以循吏守之"，后者却谓"时诸将为刺史者多贪暴"，相去可
　　谓千里。该如何理解二者差异？笔者认为这可能源自撰述者立场或经验的区
　　别，正如本文所言，杨吴前期的州政与州长本人之秉性、意向紧密相关，是
　　以各州情形不甚相同，自难一概论之。

除此之外，州郡官佐的招募与登用，亦多由州长一己承揽。在此体制运作下，杨吴各州的取才标准亦呈现出因州长而异的特色，就此而言，杨行密的"重武"倾向自不能涵括整个杨吴政权的用人政策。而我们确实也可在杨吴前期，看到几个重视文教、致力招揽士人的州长。比如治歙州的陶雅，史称其"接宾佐有礼，事父兄以孝敬，非公宴不举音乐，疏财重士，人以此归之"[105]，据此可知，陶雅一方面着重在地方上推行礼教，另一方面则通过廉能、爱士的政策与美名，吸引人才前往，对歙地文风的养成颇有赞益之功。再如出任信州刺史的周本，尽管"不知书"，却能"爱重儒士，宾礼僚属，不挠其权，吏民爱之"[106]，是以深受士民爱戴，亦可说是一标准循吏。[107]

更具有代表性的例子，是前文数次提及的宣州留后田頵。据《新唐书》：

> 頵善为治，资宽厚，通利商贾，民爱之。善遇士，若杨夔、康軿、夏侯淑、殷文圭、王希羽等皆为上客。文圭有美名，全忠、镠交辟不应。頵置田宅，迎其母，以甥事之，故文圭为尽力。[108]

---

105 《九国志》，卷1，《陶雅传》，第3221页。

106 马令：《南唐书》，卷9，《周本传》，第5324页。

107 此外，据《九国志》，出守光州的柴再用"宽厚淹雅，有儒者之风，好读《左氏春秋》，未尝省视厨厩"，且"诸子�聘，必择平昔旧族"，也可说是一位带有浓重士人色彩的将领。所以尽管史籍不曾提到他的施政情况，但也颇可能是位崇文重士的良牧。见《九国志》，卷1，《柴再用传》，第3230—3231页。

108 《新唐书》，卷189，《田頵传》，第5479页。

相较于陶雅，传文只字未提田頵风俗教化的业绩，反倒颇强调其通商"富民"的一面，似乎体现其与前者迥异的治理风格。不过考量到宣州受战事侵袭的程度远较歙州为甚，田頵的施政也未尝没有蕴含"先富后教"意图的可能，若然，二者差异或许没有字面上大。至于田頵对士人的礼敬，可能还要更胜陶雅一筹，在传文后半，我们看到田頵为了征聘殷文圭，特别备妥田土宅第，亲迎殷母大驾，终于打动其心。田頵既能如此折节下士，也莫怪有一大群秀异之士群集其幕。

分析田頵帐下文士之籍贯分布，我们可大体推知各州长的人才搜寻范围。这批文士多半出自宣州左近，其中尤以池州士人为大宗，像是殷文圭、康轺，以及《九国志》中提及的杜荀鹤;[109] 至于出身歙州的王希羽、寓居湖州的杨夔，则属邻州人士。池州本自宣州析出，[110] 与宣州关系本深，是以此种人才搜索形态，仍不脱前述自立州郡以本州为主、邻州为辅的运作。也唯有在这些较杨行密更为"重文"的州郡官长治下，东南士人才有更多参与杨吴政权、进而施展长才的机会。

综上所述，在杨吴前期，霸府辖下诸州无论是在施政或用人方面，都具备颇高的自主性。在战乱甫平之际，杨行密为求地方

109《九国志》:"（田）頵善抚将卒，通商惠民，复疏财，爱乐文士。时游其门者: 杨夔、康轺、夏侯淑、殷文圭、杜荀鹤、王希羽。"见卷3,《田頵传》, 第3263页。

110《新唐书》:"池州，上。武德四年以宣州之秋浦、南陵二县置，贞观元年州废，县还隶宣州，永泰元年复析宣州之秋浦、青阳，饶州之至德置。"见卷41,《地理志五·池州》，第1067页。

的稳定，刻意让各郡守长期在镇，以免有朝令夕改之虞，[111] 这便为各州之长铺垫了方便其厚植实力的大好环境。至乾宁以后，诸如田頵、安仁义、朱延寿等州长势力迅速坐大，他们"皆猛鸷骁勇，以攻取为务，行密惮其难制，每抑之"。[112] 其中，尤以扩张最力的田頵，与杨行密的矛盾最为激烈。不愿屈于人下的田頵，终在天复三年（903）八月——杨行密甫受封为吴王不到一年——举起反杨大旗。

（三）"田安之变"后的杨吴政权与东南士人

田頵与杨行密的心结，早在天复二年（902）即已种下。该年六月，田頵在葛山击破阴怀异志的升州刺史冯弘铎[113]，旋挟此大功至扬州谒见杨行密，向其求索池、歙二地作为己之巡署，未料为杨所拒，令他气得指着府门大骂："吾不复入此!"[114] 九月，钱镠集团爆发"武勇都之乱"，起事的徐绾、许再思等人力邀田頵相助，田遂进兵吴越，急攻杭州，身陷窘境的钱镠赶忙遣使向杨行密告急。对田頵颇为忌惮的杨行密，自不愿坐视其扩张，遂勒令田撤

---

111 这在杨吴奠基时期极为常见，例如田頵治宣 12 年、安仁义治润 14 年、刘金领濠 11 年、刘威领庐 13 年、朱延寿领寿 9 年，而陶雅治歙更长达 20 年。参见清木场东：《唐末·五代の土豪集团の解体——吴の土豪集团の场合》，第 63 页。亦可见附录六"杨吴、南唐重要藩镇州长表"。

112 《九国志》，卷 3，《田頵传》，第 3262 页。

113 冯弘铎本属张雄集团，该集团在光启三年（887）据有升州，成为独立的州级势力。大顺元年（890），张雄被任命为刺史。景福二年（893），张雄过世，转由冯弘铎继任。是年九月，冯附于杨行密，成为杨行密政权的附州。然他"自恃楼船之强"，基本维持着自立姿态，杨行密也因此迟迟无法实际控有升州。

114 《新唐书》，卷 189，《田頵传》，第 5476 页。

军，甚至扬言："不还，吾且使人代镇宣州。"[115] 杨行密的立场坚定如斯，田頵只得奉命退出战场，然也因此萌生强烈的反意。

天复三年（903），田頵劝杨行密上天子常赋，杨以进贡必经朱温根据地汴梁、"适足资敌"的理由加以否决，这遂给予田起事之口实。八月，田頵与润州团练使安仁义一齐举兵，同时联络屯于寿州的朱延寿，意图南北夹击以扬州为根据地的杨行密。杨行密也非省油的灯，在得知此事后，他立即使计诱杀了朱延寿，化解北面危机。接着又派兵南下，截断田、安二人联系，并在短短三个月内攻破宣州。十一月，田頵败死。安仁义则困守润州逾年，天祐二年（905）正月终不敌杨吴大军长期的围攻，城破身亡。历时年余的田安之变终于彻底弭平。

战后，许多原属田、安的将士被整并至杨行密集团，遂使集团规模再次扩张。虽然此次涨幅不大，但值得注意的是，这批新成员中包含不少原处在田頵帐下的文臣幕客，以下举三个载于史籍之例。首先是殷文圭，他在田頵死后，转事杨行密，被任命为淮南节度掌书记，想来颇为所重，是以杨行密过世时，还被赋予了撰写墓志铭的重任。再者是田頵的两位幕僚：骆知祥与沈文昌。前者为庐州合肥人，亦为杨行密同乡，据称他"善治金谷"[116] "长于财利"[117]，乃一干练的财经专才；转仕杨行密后，被任命为淮南支计官。后者为湖州人，"为文精工，有如宿构"[118]，当也系应田頵所请而居其幕。在田頵起事时，沈"尝为頵草檄骂行密"，极加丑诋，然因杨行密爱其文才，故不计前嫌，授其节度牙推。其中，殷、骆两人其后都成为杨吴政权中的重要文臣。殷文圭历事二主杨渥、三主杨隆演，累宦至翰林学士；骆知祥则负责管理藩镇财务，并于杨吴初建选举时，奉命总其事，号为得人。在此三人外，或许还有类似事例也未可知。相较于殷、骆在杨吴政权中的出众，原属杨行密集团中的几名文官反倒沉寂许多，这多少凸显出二集团文臣素质的差距。就此而言，我们似可推论，杨行密通过对田頵集团的整并，获得不少该集团原本较缺乏的文官人才，并一定程度提升了杨吴政权的管理效率，诚可说是坐享田頵礼遇士人、知人善任的成果。

讨平田、安之乱后，杨行密旋于天祐二年（905）二月攻灭鄂州杜洪集团，吸纳其部分文臣僚佐，让杨吴集团的文质色彩更趋浓厚。[119] 然若谓杨吴就此转为一文治颇盛的政权，则也太过。事实上，杨行密尚不及对既有的人事任用政策进行太大调整，便于该年十一月撒手人寰，得年五十四。继承杨行密统辖这片横跨江淮之政权者，是他的长子、时任宣州观察使的杨渥（886—908）。此传位之举对杨吴政权具有重大意义，这可由杨行密临终前与几名亲信的对谈和互动察知：

---

119 其中最著名的是福建进士游恭。他本任杜洪的掌书记，洪死来归，被署为馆驿巡官，杨吴建国后，迁为知制诰。见马令：《南唐书》，卷10，《游简言传》，第5331—5332页；（宋）陆游：《南唐书》，收入傅璇琮主编：《五代史书汇编》玖，卷6，《游简言传》，第5511—5512页。

　　　杨行密长子宣州观察使渥，素无令誉，军府轻之。行密寝
　　疾，命节度判官周隐召渥。隐性憃直，对曰："宣州司徒轻易
　　信谗，喜击球饮酒，非保家之主；余子皆幼，未能驾驭诸将。
　　庐州刺史刘威，从王起细微，必不负王，不若使之权领军府，
　　俟诸子长以授之。"行密不应。左右牙指挥使徐温、张颢言于
　　行密曰："王平生出万死，冒矢石，为子孙立基业，安可使他
　　人有之！"行密曰："吾死瞑目矣。"[120]

周隐提出以元老刘威取代名声不佳的杨渥总领府事之建议，很可
能反映从起群臣的普遍看法：杨吴基业乃众人共同心血，万不可托
以非人。然在杨行密的坚持，以及徐、张二人操盘下，杨渥终得
以顺利继承其父之位。[121]

　　甫登王位的杨渥，显然对既有的权力配置，以及得益于此结
构而气焰高涨的元老集团大感不满，他亟欲增强己身实力，是以
在移镇扬州时，企图将他在宣州的幕僚、亲兵一并带往。此要求
为新任宣州观察史王茂章所拒，杨渥大怒，立刻在十二月发兵攻
打茂章，迫使这位杨吴勋臣不得不逃往吴越，转事钱镠。而在天
祐三年（906）九月，杨渥成功派军攻取江西洪州，完遂其父遗志
后，更积极着手强化王府。他首先广募壮士，组成"东院马军"；

120《资治通鉴》，卷265，唐哀帝天祐二年（905）九月，第8648页。

121 见何永成：《杨行密传位研究》，《第三届中国唐代文化学术研讨会论文集》
　　（台北：中国唐代学会，1997），第551—564页；邹劲风：《南唐国史》，第
　　42—43页。胡耀飞：《"谁当立者？"——十世纪初杨吴政权延续危机》，《扬
　　州文化研究论丛》第5辑（扬州：广陵书社，2010），第80—96页。

再召回宣州亲军，以心腹陈璠、范思从领之，取代旧掌牙军的徐温。接着，他又遍署亲信，以为将吏，并找机会打压旧臣，与其存有旧憾的周隐因此被杀，为其所忌的黑云都指挥使吕师周也惧而出奔湖南。

前述的激烈行径引发勋旧的强烈反感，进而促成一批反对势力逐步集结在左、右牙指挥使张颢、徐温周遭。天祐四年（907），他们先使计把杨渥亲将陈、范等人调至洪州，再诬以谋叛杀之；其后又乘杨渥不备，率领牙兵直入王府，击杀渥之亲信十余人，杨渥因此被架空，军府大权悉归徐、张。政变以后，他们两人常内不自安，唯恐杨渥再起，遂一不做二不休地在隔年（908）五月杀害杨渥，改立其弟杨隆演。不久，徐、张又为争夺权柄，发生激烈内斗，最后徐温胜出，张党遭到彻底清算，杨吴军政就此落入徐氏之手，此时距杨行密过世尚不及三年。

杨渥虽怀抱集权野心，却因操之过急而遭旧臣集团反噬，是以除了逼反几名元从之将外，根本未能动摇既存体制；另一方面，也因杨渥在位时间甚短，不及建立较为完备的选才制度，遂使杨吴政权与士人的关系，仍大抵维持杨行密在世时仰赖州府自辟的状况。换言之，终杨渥之世，各州长意态依旧是左右杨吴士人与政权关系的关键。

从一些片段资料看来，此时期最留心士人动向者，还是歙州太守陶雅。《太平广记》载有一段轶事：

> 江南伪中书舍人徐善，幼孤，家于豫章。杨吴之克豫章，善之妹为一军校所虏。既定，军校得善，请以礼聘之。善自以

旧族，不当与戎士为婚，固不许。……然竟虏之而去。善即诣杨都，求见吴杨渥而诉之。时渥初嗣藩服，府廷甚严，僭拟王者，布衣游士，旬岁不得一见。而善始至白沙，渥夜梦人来言曰："江西有秀才徐善，将来见公，今在白沙逆旅矣。其人良士也，且有情事，公可厚遇之。"旦即遣骑迎之。既至，礼遇甚厚。且问所欲言，善具白其妹事，即命赎归于徐氏。时歙州刺史陶雅闻而异之，因辟为从事。[122]

杨吴攻克洪州之时（906），杨渥权势犹盛，然引文却谓其"府庭甚严""布衣游士，旬岁不得一见"，颇可反映王府在招揽士人事宜上的消极。即便他因梦中之兆而对徐善"礼遇甚厚"，却也没有顺势登用，反倒是陶雅甚感惊异，因而辟徐善为从事。[123] 此外，也有少部分的田頵幕客，在其败亡为陶雅所吸纳，章首提及的杨夔便是如此。据其《歙州重筑新城记》，他至少在天祐四年（907）便已身处陶雅之幕。此文旨在颂扬陶雅于天祐五年（908）兴役重修为大水所坏的新安郡城一事，兼及其对歙地的治理之功，在全文之末，杨夔特别写下一段文字表达他对陶雅的感念：

---

122 （宋）李昉编：《太平广记》（北京：中华书局，2006，〔1961〕），卷277，《梦二·徐善》，第2192—2193页。

123 此事亦反映，随着杨吴向江西的拓展，该地士人也被纳进征用范围内，进而强化、扩大了杨吴的文臣规模。首节曾提到受吉州刺史彭玕厚遇的新淦士人杨彦伯，便是在杨吴平定江西后转仕。类似例子还有会稽士人徐延休，他是乾符年间进士，后弃官南归，途经洪州时为钟传所辟。杨吴取得江西后，入为吴臣。见《十国春秋》，卷9，《杨彦伯传》，第133页；卷11，《徐延休传》，第152—153页。

> 阌乡杨夔，自胜弁力学，以暨于发落齿堕。属兹丧乱，洎在民伍，获承公殊众之遇。每叹其有志无时，许将其促鳞弱介，游泳于丰沼，无以酬奖之意，敢撰重筑新城记以献。时岁在降娄周正之月十一日记。[124]

文末的"降娄周正之月"，典出《左传》，意指七月。[125] 而陶雅于天祐五年"八月庚子兴役，暨十月之壬寅而役罢"，以理推之，此文当撰于城缮之后，是以系于天祐六年（909）当不致有太大舛误。[126] 引文谓其"属兹丧乱，洎在民伍"，极可能便是杨夔追忆他在田頵之变后避乱乡里的窘况。所幸此事为陶雅所得知，待以"殊众之遇"，才让杨夔得有再展长才的机会。由歙州之例看来，诸州州长在杨渥时期大抵仍握有极高的人事登用权。

三、杨吴前期士人的政治意向与实践

不过在杨吴前期，如田頵、陶雅这般"重士"的州长究属较为零星的个案，士人在各州发展仍呈现极不均质的状况。另一方面，

---

124 杨夔：《歙州重筑新城记》，《文苑英华》，卷811，第4288页；《全唐文》，卷867，第9083页。
125 《左传·襄公三十年》："于子蟜之卒也，将葬，公孙挥与裨灶晨会事焉。过伯有氏，其门上生莠。子羽曰：'其莠犹在乎？'于是岁在降娄，降娄中而旦。"杜预注曰："降娄，奎娄也。周七月，今五月，降娄中而天明。"
126 《唐才子传校笺》似未考虑到"降娄周正之月"为七月，早于陶雅大兴土木的八月，因而将该文系于后梁开平二年（908）。

王府对士人似也兴致缺缺，并无积极制定招募配套的意图，遂便大大限制了士阶层在杨吴前期所能的发挥作用。在此情势下，杨吴前期的士人呈现出什么样的政治认同与动向呢？

（一）杨吴前期幕府士人的政治认同

前文说到，随着唐末地方自立倾向的增强，士人的政治认同也渐趋松动，尽管多数人仍心怀魏阙，但在朝廷与自身之间，却经常横亘着搭起二者联结的在地政府，是以一定程度分散了东南士人的效忠强度，甚至还有取唐廷代之的隐忧。有趣的是，类似情形亦见于杨吴政权，仿佛前述图景的缩影。先来看看杨行密在攻灭名义上臣属于他的升州刺史冯弘铎后，与冯将尚公迺的一段对话：

> 初，弘铎遣牙将丹徒尚公迺诣行密求润州，行密不许。公迺大言曰："公不见听，但恐不敌楼船耳。"至是，行密谓公迺曰："颇记求润州时否？"公迺谢曰："将吏各为其主，但恨无成耳。"行密笑曰："尔事杨叟如事冯公，无忧矣！"[127]

尚公迺为润州丹徒人，为冯弘铎牙将，曾为冯求润州事拜谒杨行密，因行密拒绝而撂下狠话。不料冯弘铎为田頵所败，最终还是只能率领余众归降杨行密。见到尚公迺侧身于来降行列，杨行密忍不住重提旧事，意图奚落尚公迺。尚公迺倒是回答得相当干脆：

127《资治通鉴》，卷263，唐昭宗天复二年（902）六月，第8576—8577页。

将吏本就各为其主，端看成与不成罢了。此言博得杨行密赞赏，
并希望尚公迺亦能以如此态度事己，其后公迺也不负所望，在田
頵之乱中立下大功。尚公迺虽为武臣，然其言并陈"将""吏"，
足见此种态度并非武人专有，文吏、士人亦当如是。

不过冯弘铎究属较有自立意识的附州之长，其部属会有这样的
想法实不意外。更值得注意的是，与主州从属关系更强的属州状
况。这里先举为田頵招揽的文士、幕客为例。在沈颜撰于乾宁二
年（895）旨在宣扬田氏治理宣州政绩的《宣州重建小厅记》中，
有段文字颇可展现他们的心理状态：

> 是岁南徐刘颢作乱扬州，继丧师律，二境流离，人不堪
> 命。弘农王方作自淝水，爰奋义旗，询于同盟，则田公空
> 首决宏谋。及维扬克定，秦彦就诛，宣人有言曰："何独后予，
> 俟其来苏？"弘农王允悯是诚，我公复励兵进讨……惶知人和
> 在彼，乃冒围宵奔。我公追擒之，自此江表略定。大顺元年建
> 子月，孙儒大据维扬，又来寇我，举不以义，自老厥师，复为
> 我公擒之，其众尽溃。弘农王去宁扬土，我公嗣总藩条。天子
> 嘉公之勋，就转左仆射，命观察。于是明年建宁国节度，又明
> 年加司空。[128]

引文旨在追述杨行密讨扬、伐宣，至其击溃孙儒的过程，虽容有

---

128 沈颜：《宣州重建小厅记》，《文苑英华》，卷802，第4240页；《全唐文》，卷
    868，第9089页。

渲染之辞，大体仍符合实情。饶有兴味的是，沈颜在文中分别使用"弘农王"与"我公"两个词汇指涉杨行密与田頵。"弘农王"为唐廷赐与杨行密的爵名，沈颜以此称之，以示尊崇，故其宜也；然与"我公"相比，其间的亲疏之别不言而喻。再从文中的"同盟""嗣总藩条"等语来看，沈颜似乎是将杨、田二人置于同等地位而论，孰主孰从不甚显明；且自田頵于景福二年（893）升任宁国节度使后，其位阶也确与时任淮南节度使的杨行密处于同样高度。就此而言，田頵幕下的文士幕客，或许不觉得田、杨二人有何尊卑之别。[129]

属州幕僚对于本州州长之认同，高过主州统帅的情形，更清楚展现在于田頵造反期间，代頵草檄痛骂杨行密的沈文昌身上。理论上，杨行密为田頵上司，自应为杨吴集团成员沈文昌的首要效忠对象；然就此行为来看，文昌似无此自觉，才会义无反顾地接下草檄任务。除了沈文昌外，同样对田頵展现出赤诚之心的，是在其造反前即已预见其败因而想方设法阻止此计划的杨夔。由于不好当面点破，杨夔选择通过文章委婉讽谏，是为《溺赋》。在历言为酒、为色、为贪三溺之害后，杨夔转向该文重点——为权之溺：

---

129 需加说明的是，现存史料不能确定沈颜是否曾入田頵幕，只能就此文与撰于乾宁三年（896）的《化洽亭记》推测，他与田頵有很不错的关系。不过有无入幕，不甚妨碍上文推论，因为若连未曾入幕的当州士人都抱持着这样的看法，那么与州长关系更密的幕客，自可能更为强烈。另一方面，沈颜依然怀抱着入朝为官的期盼，所以他仍持续北上应举，并在天复初年（901）如愿登第，得授校书郎，后才因乱南返。就此而言，沈颜对田頵认同的强度，应没有超越唐廷。这再次反映出唐末士人多层的政治认同。

> 至若专国之柄，操天之轴，任其性情，随其嗜欲。……稽
> 其莽、卓，考其产、禄，谓兵钤之在己，将神器之有属，国玺
> 行窃弄之手，宫闱开盗视之目，自谓其投盖之力可图，殊不知
> 燎原之火难扑。既众叛而亲离，竟噬脐而啮腹。此所以为权之
> 溺也。……士患不达之名，不立之身。苟达苟立，在守其真。
> 何必竞升沉之路，争轻重之钩。狼子野心，昵之害人，吾命权
> 曰"狼津"。[130]

杨氏首举吕产、王莽、董卓诸人篡逆不成致使身败名裂的斑斑史
事，讽谏田頵权势之不足溺。再以为士之道，贵在"守真"之说，
意图唤醒田頵的自觉，进而放下争权野心。可惜言者谆谆，听者
藐藐，田頵终究还是走上造反这条不归路。无论是沈文昌的积极
支持也好，杨夔的委婉劝谏也罢，皆显示在田頵的一班幕客心中，
与其缔结关系的仅是宣州幕府，而非整个杨吴政权。

据此可知，在杨吴前二主时期，士人的政治认同是相当复杂
的。广义地说，他们都隶属于杨吴政权，似乎都可归为杨吴士人；
但就实际情形来看，除了少数与王府直接缔结主从关系的士人外，
其他士人对该政权并无一致且强烈的情感。因为提供他们就业机
会者，并非杨吴政权首脑，而是个别的州郡首长，是以后者理当
成为他们最主要的认同及效忠对象；至于吴王，他们固然也会给予
一定的礼敬，但其强度泰半不会超过其州郡主。这便是唐末藩镇
体制下，州郡自辟带来的影响，职是之故，杨吴政权要想与其境

130《文苑英华》，卷37，第167—168页；《全唐文》，卷866，《溺赋》，第9072页。

士人建立起更全面、稳当的关系，势必得对此制进行一番整顿。

（二）杨吴前期的归乡与移居士人

除前述受各地州镇辟署的士人外，杨吴辖境内还有一群未曾与政权建立起臣属关系的士人活动着。他们虽然没有被杨吴的科层体系吸纳，然其为政权带来的潜在效益却不容小觑，是以要论杨吴前期士人，自不能绕过这群人。当然，外于政权的士人，无代无之，因此以下特别选择两群较具时代特色且对杨吴士人构成与素质影响较巨者讨论。

首先可以注意的是，因唐末动乱流入杨吴辖境的士人群。他们其中有颇大部分是出身江淮者，之所以避难杨吴，只是因为家乡刚好在其境内。比如在天复元年（901）甫登第便南返的王希羽与曹松，他们一为歙州人，一为舒州人，皆属杨吴辖境，是以他们归乡后，也就自然成为杨吴士人的一分子。但也有部分南归士人的家乡本在杨吴之外，却因杨吴的军事扩张，而被卷入该政权。郑谷便是如此。如前章所言，他大约在天复三年（904）冬天抵达老家袁州宜春，其时该地尚属江西观察使钟传的支郡。至天祐三年（906），钟传为杨行密所灭，洪州被纳为杨吴版图，袁州则成为其支郡，郑谷也就因缘际会地成了杨吴之士。

也有为数甚夥的江淮以外士人选择徙居相对承平的杨吴境内。他们其中有许多是尚未正式踏进宦途的士子。比方说曾应进士举的蜀士陈曙，便在唐末移驻江淮，且"多遁于蕲州山中"[131]；少习

131　陆游：《南唐书》，卷7，《陈曙传》，第5521页。

诗礼的京兆华原人郑元素，也因避乱而南徙江西，隐居在当时的文化重镇庐山，且"高卧四十余年"[132]。这群人里头还看得到世族子弟的身影，像是颜真卿后人颜诩，便在唐末与兄弟数人徙居江西禾川，尽管避难他乡，颜家仍展现出士族风范，据称其家"礼法多循先业""家法严肃"，在颜氏兄弟操持下，其族繁衍颇盛，至南唐成为著名的百口之家。[133] 还可看到具备官僚身份的他地士人移居杨吴之例，如宋州睢阳人张延翰，他在唐末出任陕州司马，由于眼见北方动荡，遂在谒见其父张慎思时，顺道提出南徙江淮、"以全家祀"之建议，而获慎思首肯，张家此后便枝分南北。南徙的延翰其后加入杨吴政权，出任盐城县令，治绩显赫。[134]

由上述诸例可知，无论这些士人是返乡抑或移居，他们的流入，都大大强化了杨吴的士人基础。与此同时也应注意，这群南迁士人能如张延翰那样成功转仕者并不多，绝大部分仍处于未仕状态，或隐居深山，或待业家中。这多少反映了杨吴政权尚未给予文治足够的重视；另一方面，也不能排除其中存在着主观上的抉择，郑谷的不仕可能即是如此。前章曾提及，他在返乡隔年听闻朱温驱徙昭宗、百官东行洛阳，致使士民"号哭满路"的消息后，忍不住写下《黯然》诗以抒其愤，充分表达其对唐廷的眷恋深情。返回袁州的郑谷，没有借着他远播的诗名在邻近州郡讨得一官半

132　马令：《南唐书》，卷15，《郑元素传》，第5363页。

133　马令：《南唐书》，卷15，《颜诩传》，第5363页。

134　陆游：《南唐书》，卷6，《张延翰传》，第5510页。《旧五代史》中有一张慎思，为朱全忠帐下大将，军功显赫，入梁后历任宋州刺史、左金吾大将军与蔡州刺史。就时代而论颇相合，唯官历中并无权知徐州留后的记载，难以确晓是否同人。见《旧五代史》，卷15，《张慎思传》，第214页。

职，而是以"尚书都官郎中退居于仰山东庄之书堂，高尚其事"，直至天祐七年（910）前后过世。就此而言，郑谷一生可谓皆以唐臣自居，他的"不仕"，很可能就是源自对唐廷的强烈认同。但换个角度思考，也正是杨吴政权提供了这样一片稳固的处所供其安居，郑谷方能如愿在家乡终老。就此而言，郑谷的"老于乡"，未尝不能解读为一种对杨吴政权的默许，特别是在唐亡之后。只是这样的认同，相较于张延翰这些用世心强烈的士人要显得消极、隐晦得多，可说是一种"遗民"心态的展现。

尽管郑谷未曾仕吴，他对杨吴士人仍有颇大影响。郑谷返乡后，与诗友杨夔、王贞白、虚中等人多保持着联系，时时写诗酬唱。这群人皆属江西人士，他们的联系颇有助于建立在地文士社群。更重要的是，他们有时还能发挥作育后学之效，让杨吴政权得以储备许多潜在文官人才，是以万不可因为其"不仕"，而低估他们对杨吴的贡献。

（三）杨吴前期习业士人的动向

杨吴境内还有一群未仕士人值得留意，他们是尚处于蛰伏阶段的习业士子。诚如严耕望先生所指出，自唐中叶以降，士人习业山林寺院之风渐兴，且大抵以名山为中心，南北皆然。而在唐末的江淮，江州的庐山与池州的九华山可说是两大习业中心，吸引许多青年士子在此结庐或寄寺，此外如庐州浮槎寺、浙西的惠山与茅山，也都颇有名气。即便历经唐末动荡，此风犹未衰息。[135] 在

135　严耕望：《唐人习业山林寺院之风尚》，收入氏著《严耕望史学论文选集》上
　　册（北京：中华书局，2006），第232—271页。

《雅言杂载》中，可以看到一条颇可反映杨吴前期状况的记载：

> 陈沆，庐山人。立性僻野，不接俗上。黄损、熊皦、虚中
> 师事之。……齐己赠沆云："四海方磨剑，深山自读书。"[136]

关于陈沆生平，所知有限。引文称他为庐山本地人，然亦有史籍谓其河南密州人，较稳当的说法应是，他是习业于唐末庐山的一名士子。陈沆在唐亡隔年，亦即后梁开平二年（908）北上应举，且顺利登第，其后旋即南返，归隐庐山，直迄南唐。陈沆在当时颇有名气，吸引来黄损、熊皦、虚中等青年学子"师事"。从这些后学的籍贯分布，可知这些习业士子有许多来自江西以外的地区：黄损出身岭南连州，熊皦则为闽人，[137] 唯虚中乃江西本地人。[138] 换言之，通过某些知名士人的汲引，使得习业庐山的风潮益发扩散。尤可注意，某些外地士人也可发挥类似作用，例如南闽人陈黯。

---

136 转引自《五代诗话》，卷3，《陈沆传》，第149页。另，"陈沆"又作"陈沆"。

137《唐才子传校笺》五，《补记》，第517页。

138 单就此记载，似难判定黄、熊等人师事陈沆的时间，然有几条旁证。第一，齐己赠诗之诗题为《贻庐岳陈沆秀才》，"秀才"为唐代举子雅称，故此诗当作于陈沆未第之时，这也与"四海方磨剑，深山自读书"之句意相合。第二，据《南汉书》，黄损早年"自谓学未广博，乃扁舟溯洞庭穷匡庐诸胜，由是文声益大起，知交满天下，宜春郑谷为湖海宗匠，一见辄举其诗"。可知黄损应非长期定驻庐山，而是漫游湘、江一带。那么他从学陈沆，大概是在何时呢？郑谷盛赞其诗一事提供了线索。前章提及，郑谷大约是在天复三年（903）冬天返回老家袁州，至天祐七年（910）左右过世，黄损与郑谷相交，自当在这段时期内。而庐山地处袁州左近，黄损若于此前后从学陈沆，应颇合理。据此可知，陈沆的庐山教学活动极可能早于其登第之年，亦即在杨吴前期便已开始。当然，我们也无须将时限断定得如此绝对。陈沆得第归来后，当然也可继续在庐山教学，黄损、熊皦、虚中等人的从师时间也不必一致。

贶自少孤贫力学，唐末至庐山刻苦进修，一卧四十年。[139] 史称他
"有诗名，闻于四方，慵于取仕，隐于山麓。……时辈多师事"[140]。
从其所学的庐陵人刘洞、建阳人江为，后来也都以工诗闻名南唐。
这可说是外来士人带来的一种加乘效应。[141] 由前述事例可知，士子
习业山林之风在杨吴前期仍旧兴盛，且不光是本地士子，还有慕
名而来至江淮习业的四海之士。

　　还有部分士子是直接至杨吴境内找寻特定人士问学。最具有代
表性的，是有志为诗者向"湖海诗宗"郑谷请益的事例。前文甫
提及的黄损、齐己，据传都曾拿诗请求郑谷指点，后者更因此留
下了"一字师"的佳话。[142] 此外还有出身洪州南昌的孙鲂，据《江
南野史》所载：

> 孙鲂，世南昌人。家贫好学，及长，会唐末丧乱，都官郎
> 郑谷亦避乱归宜春，鲂往师之，颇为诱掖，后有能诗之名。尝

---

139 陆游：《南唐书》，卷7，《陈贶传》，第5521页。
140《江南野史》，卷6，《陈贶传》，第5197—5198页。按：陆游称贶一卧40年，
　　其后为嗣主征，不赴辞归，马令又云其辞归后十余年方过世。南唐嗣主在位
　　期间为943—961年，若往前倒推约50年，那陈贶很可能在900年初便已至
　　庐山隐居。参见马令：《南唐书》，卷15，《陈贶传》，第5360页；陆游：《南
　　唐书》，卷7，《陈贶传》，第5521页。
141 马令：《南唐书》，卷14，《刘洞传》《江为传》，第5353—5354页。
142《诗人玉屑》载："郑谷在袁州，齐己携诗诣之，有《早梅》诗云：'前村深
　　雪里，昨夜数枝开。'谷曰：'数枝'非早也，未若'一枝'。齐己不觉下拜，
　　自是士林以谷为'一字师'。"此外，值得一提的是，他们二人后来还与郑谷
　　共定体诗格，并将其学分别带回湖湘、广州，对郑谷诗的传布有极大贡
　　献。赵昌平：《从郑谷及其周围诗人看唐末至宋初诗风动向》，《文学遗产》3
　　（1987，南京），第33—42页。

> 与沈彬及桑门齐己、虚中之徒，为唱和俦侣。属吴王行密据有
> 江淮，遂归射策，授州郡从事。[143]

对于"家贫好学"的寒素士子孙鲂来说，若非遭逢唐末丧乱，大概很难有机会受教于郑谷这种全国知名的大文士。在郑谷的"诱掖"下，孙鲂的诗艺果然大为精进。有意思的是，在孙鲂往学之时，恰逢杨行密"据有江淮"，他也顺势归之。就杨吴扩张时程来看，当在天祐二年（906）攻占洪州前后。[144] 引文中提及"射策"二字，可见尽管当时杨吴尚未创建选举制度，然在举用士人时，还是会对其文才做基本测试。郑谷对孙鲂的指导，或许便在这场测试中发挥些许作用也未可知。无论如何，郑谷对孙鲂等后学的教导，确实有助于杨吴士人群体的养成。[145]

孙鲂的投效杨吴颇能代表多数习业士子的心态：他们之所以"不仕"，不是因为他们出世心强烈，而是他们尚处在积蓄阶段，当时机成熟，他们便会进入就业市场，找寻一展长才的机会。其中固然有部分士人如孙鲂这般，就近选择杨吴政权求职；然而，也有相当数量的士子，是以考中进士第作为首要习业目标，陈沆如

143《江南野史》，卷7，《孙鲂传》，第5205页。

144 见傅璇琮主编：《唐五代文学编年史·晚唐篇》（沈阳：辽海出版社，1998），第983页。

145 于天复元年（901）归于信州的王贞白，也发挥了与郑谷相似的作用。《嘉靖永丰县志》载："唐王贞白……遭时不淑，隐居教授，以道学自任。……四方学者多宗师之。"不过由于信州要至天祐六年（909）才纳为杨吴领土，是以笔者没有将王贞白列入杨吴前期士人的范畴。《嘉靖永丰县志》的材料，转引自《唐才子传校笺》，卷10，《王贞白》，第340页。

此，其学生黄损、熊皦亦如是。[146] 对这些士子而言，欠缺科举制度的杨吴自然不是个可以让他们实践抱负的理想政权，是以他们宁可在唐亡之后，远赴按时开举的北方政权应试。

　　总之，杨吴前期不仕之士的组成颇为复杂，政治倾向与实践活动也各自有别：既有暂时潜伏、等待时机成熟的习业士人，亦有对政治感到心灰意冷、不复干禄的归乡之士。尽管此时唐廷已摇摇欲坠，然而过去凝聚士人向心力的惯性犹存，这使得这群不仕之士多仍把杨吴政权视为唐廷辖下的地方政府，而非割据政权。不过，无论其观感与态度为何，他们确实对杨吴境内的文风、学术带来了积极影响，同时培育出相当数量的后进士人，这些都成为日后杨吴王国可资凭借的潜在文化资本。

小结

　　随着唐末世局的日趋动荡，士人开始逐渐修正过往"重内轻外"的仕宦倾向。这对于故里远在京师千里外的东南士人来说，影响更是重大。越来越多的东南士人选择走上弃举抛官、返回乡里的道路。这群回流士人有的自此不仕，也有不少选择在乡里左近的藩镇州府找寻出仕机会。此际也正是朝廷的地方掌控力衰退得最为严重的时期，过去得让官员在中央与地方间迁转的机制不复可行，遂令地方政府的人事任免权尽数落入蜂起的江淮军阀之

---

146 黄损于后梁龙德二年（922）登第，熊皦则于后唐清泰二年（935）中举。

手。由于这批新兴势力的掌控范围有限，是以其求才视野多落于己州与邻州。在此结构性因素制约下，东南士人与地方政府开始发生较以往更为密切的互动与交流。与此同时，也应注意东南士人群体在世变冲击下所历经的重构，其中既有零星"投笔从戎"案例造成的流失，亦有大量"避难江淮"的他方士人带来的补充。

昭帝在位期间，江淮诸新兴政权历经几番斗争，最终汇集成杨吴与吴越两大阵营。相较于限缩两浙的吴越，控有大片江淮土地的杨吴政权，显然对东南士人之发展拥有更大的影响。杨行密时期由于州长政治下的州镇自辟，使得该政权的士人举用政策呈现出因地而异的状况。大体而言，由杨行密统辖的主州并没有给予士人足够重视，是以士人成员比例极低，且多半还是从起庐州的旧部，其后加入者甚为零星；反观各地州镇之长，虽有部分为重武轻文之武夫，然亦有如田頵、陶雅、周本那般重文爱士的将领，提供给杨吴境内士人一定程度的发挥空间。

在平定田頵之乱及结束一系列扩张战争后，杨吴集团虽靠着整并其他势力的士人，稍稍扩大了集团中的士人规模，却没有在制度面或政策面上进行根本调整，使得杨吴政权与士人的关系大体仍维持在旧有格局中。其结果是：杨吴士人往往对辟用他的该州之长拥有较强的认同，甚至还有高于主州统帅的倾向。不过，尽管杨吴前期未臻完善的取士政策，致使辖下士人的政治认同呈现某种程度的分化，但它至少在这个失序年代里提供一片得以安身的处所，是以吸引许多士人徙入杨吴。他们所怀抱的理由、政治意向与实践方式容或有异，然他们同为杨吴前期的文化积累带来诸多贡献，也为日后杨吴、南唐政权的文治转向奠下良好基础。

第三章

吴唐之际的文治转向与士人

　　徐温铲除张颢势力、尽掌广陵王府大权之初，杨吴国政依旧暗潮汹涌。其时出任重藩要郡的守将，几乎皆是与杨行密一同起事的元老旧勋，他们向来不甚瞧得起"未常有战功"[1]的徐温，不料这反倒成为徐温得以长期居于王府、免受外派，进而以牙将之姿就近干预朝政，并以立嗣之功跃居群臣之上的缘由。看在这批旧将眼中，自然极不是滋味。徐温自己也深谙此理，是以自夺权以来，便格外留心外州动静，默默等待一挫功臣集团气焰、树立己威的时机到来。

　　某夜，与扬州隔岸相望的润州城骤然灯火闪烁，徐温心疑有变，立即派遣亲兵千余，渡江入城，迅速控制了润州。此时天方破晓，润州刺史李德诚才刚起身盥洗，浑不知发生何事，在徐温亲兵的诘问下，德诚才坦承昨晚的火光乃是其秉烛夜游的队伍所

1　《十国春秋》，卷13，《徐温传》，第170页。

致。然而，听完解释的徐温仍难以释怀，于是决定将德诚转除江州刺史，借此杀鸡儆猴。听闻此命的李德诚大感惶怖，连家当都不及收拾，便即刻走马江州。[2] 为消除徐温戒心，还在抵达任所后特遣四子建勋（873？—952）前往广陵输诚。出乎意料的是，徐温一见到谈吐得宜、风度非凡的李建勋，大感倾心，甚至发出"有子如此，〔德诚〕非为恶人"的感叹，遂以女妻建勋。靠着此桩婚事，李家命运也登时扭转，自此便以徐氏亲族之姿，活跃于杨吴政界。[3]

势家通过联姻巩固地位，本非新鲜事，杨行密早已行之有年。[4] 因此若谓徐温此举实带有顺水推舟、化干戈为玉帛之意图，自也合理。然而，即便带有几分功利色彩，徐温对建勋所发的赞叹，应当还是颇为真诚的。据《玉壶清话》所载，作为杨吴开国勋将第二代的李建勋，非但没有沾染上其父丝毫的武夫色彩，反倒自少好学、善文工诗，而显得"风调闲粹"[5]。这样的气质在军事性格浓烈的杨吴前期想必极为突出，徐温所以为之如此心折，当与此有关。值得注意的是，像李建勋此类娴熟诗文的武臣二代，杨吴

---

2 （宋）陈彭年，《江南别录》，收入《五代史书汇编》玖，第5131—5132页。此事发生于何时虽无确载，然查核《五代十国方镇年表》，徐温似乎是在唐天祐七年（910）领润州观察使，那么李德诚当是在此年前后改任江州刺史。见朱玉龙编：《五代十国方镇年表》（北京：中华书局，1997），《润州》，第397页。

3 马令称李德诚"特以姻娅显达，而名位寿考，诸将莫及"，而其二十余名子嗣也"皆任右职"。见马令：《南唐书》，卷9，《李德诚传》，第5325页。

4 杨行密集团的联姻关系，参见何永成：《十国创业春主个案研究——杨行密》，表十八、十九，《杨行密集团婚姻表》（一）、（二），第318、319页。

5 （宋）释文莹：《玉壶清话》（北京：中华书局，1991），卷10，《南唐遗事》，第96页。

前期尚有数例，显示其时仍有部分武人能在家庭教育中给予文事一定的重视，从而给子嗣提供转向文职发展的基础。[6]

李建勋便是武人子弟转型的绝佳范例。其入仕途径与时间史无确载，仅知他以金陵巡官起家。金陵为升州府治，自徐温掌政以来，便是致力经营的重点，他本人更于天祐十四年（917）移镇于此。考量到这层因缘，则建勋很可能就是通过裙带关系出任此官。不过，无论李建勋依循何种渠道进入宦场，以巡官作为起家官，多少意味着执政者将其定位为文官人才。[7] 此后，李建勋便于升州幕中长期服务，其间历佐徐温（917—927）、徐知询（927—929）父子，直至杨吴太和元年（929）。

李建勋的离任，与徐温诸子间的激烈政争有关。杨吴乾贞元年（927），徐温过世，升州节度使一职短暂落入其三子徐知询之手，李建勋也顺理成章地成为徐知询幕僚。由于升州形势险要，又兼控上游，是以对其时坐镇扬州辅政的徐知诰——亦即其后的南唐先主李昪——来说，不啻芒刺在背。为消除这层威胁，知诰于太和元年（929）假借吴王之命，令徐知询入觐。不疑有他的知询遂于十一月入朝，结果遭到知诰拘留，权势尽失，其升州旧部也连带遭到整肃，据载"僚属皆受谴，独建勋能自全"[8]。文中虽没提到建勋得以全身而退的理由，但想来应与他身为知诰姻亲有

6　例如王绾之子王崇文、陶雅之子陶敬宣、周本之女等等，后文还会细论。

7　巡官亦为唐代士人常见的起家官，参见赖瑞和：《唐代基层文官》，第五章，《巡官、推官和掌书记》。

8　《十国春秋》，卷21，《李建勋传》，第301页。

关。[9] 尽管如此，建勋仍没有就此背弃知询，反而"一人随之"[10]，直至太和六年（934）徐知询过世，建勋方"来归幕府"[11]，转投知诰。其后，建勋便尽心辅佐知诰，并在禅代一事上出有大力，由是受拜中书侍郎、同平章事，成为南唐先主朝的重要文臣。

除以文臣身份活动于吴唐之际的政坛外，李建勋同时还以诗名享誉其时的江淮文坛。《唐才子传》称其"能文赋诗，琢炼颇工"[12]，是以在杨吴时便吸引不少文人骚客与之往来。前章末提及的孙鲂，便曾偕同另一位洪州诗人沈彬（864？—961）于杨吴太和、天祚年间（929—937）游于李建勋，并共组诗社。[13] 南唐禅代后，类似例子仍可得见。例如虔州诗人廖凝便在马楚灭亡、移居金陵后，与建勋结为诗友。[14] 而在李建勋现存诗歌中，还可见到他与殷崇义、李中等诗人的赠答作品。这在在显示李建勋于杨吴、南唐文化界的活跃。[15] 可以说，作为武臣二代的李建勋，已彻底摆脱其

---

9 徐、李二家乃双重姻亲，徐温除了将女儿许配给李建勋外，徐知诰亦让其子景遏迎娶了德诚之女。这使得徐知诰改为李姓后，引起了有司"同宗姓不可婚"的争论。见《江南别录》，第5135页。马令则称娶德诚女者为景达，见马令：《南唐书》，卷9，《李德诚传》，第5325页。

10 《十国春秋》，卷13，《徐知询传》，第174页。

11 《江南别录》，第5135页。

12 《唐才子传校笺》四，卷10，《李建勋》，第386页。

13 确切时间应落在太和四年至天祚三年（932—937）间，即沈彬仕吴时期。详细考证见《唐才子传校笺》四，卷10，《李建勋》，第386—387页；《沈彬》，第451—453页。

14 （宋）阮阅：《诗话总龟》（北京：人民文学出版社，1987），卷10，《雅什门》，第116页；廖凝生平，见《中国文学家大辞典·唐五代卷》，《廖凝》，第810页。

15 论者以为，通过李建勋、孙鲂等人的中介，遂使郑谷清浅悠然的诗风得以广布整个杨吴、南唐文坛，进而影响宋初的诗风演进。见赵昌平：《从郑谷及其周围诗人看唐末至宋初诗风动向》。

父的武夫色彩，转而成为一名不折不扣的士人。

李建勋的事例，与其说是特殊的个案，倒不如视为杨吴集团日趋"文质化"（civil transformation）[16]、"士人化"的缩影。不过，如此巨大的转变，自然无法倚赖个人的意志驱动，还得有相应的外在环境或制度与之配合才行。对此，我们便不得不留意由徐温发起、其子徐知诰所承继的一系列改造杨吴政权体质，进而奠定南唐立国政策的诸般举措，以及身处杨吴、南唐政权下的士人们对此转向所发挥的积极作用。以下便循着时序次第道来。

一、文治转向的发端：徐温秉政时期（909—919）

杨吴后期的政治发展，大体说来可分作三个阶段：一是从徐温掌权并尽取江西的天祐六年（909），至杨吴建国（909—919）；二是自杨吴立国，至徐温过世（919—927）；此后一直到天祚三年（937）徐知诰建齐代吴，属第三阶段（927—937）。在此过程中，徐温逐步拓展徐家在杨吴政权里的领导地位，并使他的几位子嗣

---

16 所谓"文质化"（civil transformation），乃伍伯常论及南唐政治文化演变时提出的概念。用以指涉武臣家族文化素养的提升，其博士论文 "The Continuity of Chinese Cultural Heritage in the T'ang-Sung Era: the Sociopolitical Significance and Cultural Impact of the Civil Administration of the Southern T'ang（937–975）"（PhD dissertation, the University of Arizona, 1997）多有论及。唯伍氏认为此现象乃南唐时期的重要政治发展，然就笔者观察，此现象在杨吴后期便已隐然可见，且不完全是政治力的影响，还有社会文化的内在根源，详见下文。伍氏意见亦可见氏著《南唐进士科考述》，第133—149、448—449页。

先后登上政治舞台。其中最抢眼的，便是徐知诰。知诰在徐温掌政后，大获重用，不但参与几次重要的安内战争，更被授以重新建设升州的重任。屡屡完成使命的知诰，迅速积累起雄厚的政治声望。天祐十四年（917），徐温长子徐知训被杀，年纪居次的知诰因而成为呼声最高的继承候选人。尽管其义子身份为他招来不小反对声浪，甚至让徐温心生动摇、意欲以生子知询代为接班人，然而就在发布人事异动前夕，徐温骤然而逝，知诰遂得惊险保住政治筹码。历经一番斗争，知诰终在太和元年（929）确立起自己的辅政地位，直至代吴自立。就在徐温、徐知诰父子掌政的三十年间，杨吴逐渐从前期州长各自为政的藩镇体制，转向以唐代政府为蓝本的官僚制[17]。

　　之所以有此转变，固与徐氏父子意图压抑藩镇州长、强化王府权力有关；但更重要的是，杨吴政权不再愿意续奉灭唐的朱梁为宗主，而欲步上独立建国的道路。职是之故，自徐温秉权不久，便开始逐步对杨吴政权发起体制改造，其具体作为涉及强化州镇掌控、建立规范行政运作的典章制度，以及有意识地拔擢文职人才几个面向。尽管此时期的江淮政权距"文官政治"仍远，然已可窥见向此靠拢的迹象，是以笔者将之称为"文治转向"。以下便从徐温掌权的前十年论起。

---

17 "官僚制"或"科层制"（bureaucracy）是个定义极其纷杂的概念，本文主要采取韦伯式的组织社会学观点，将其界定为：一种通过训练有素的专业人员，按照既定规则进行运作的一种行政体制。至于具体样貌则有个别性的差异，若以唐代官僚制而论，其专业人员当为文官，运作规则可谓是各类典章制度。此概念的扼要介绍，见 David Beetham, *Bureaucracy*（Milton Keynes：Open University Press，1987）。

（一）州镇控制的强化

如前章所言，自杨吴二主杨渥即位以来，王府便有了强化地方控管的企图，尽管因杨渥在位时间过短，没能产生太大成效，然此施政方向却在其被杀后，为徐温所承继。只是，相较杨渥以吴主身份推动改革之便，徐温的处境就要艰困许多。方其时，掌控杨吴境内重要州郡者多为杨行密的元从旧部，他们对素无战功的徐温得以独揽吴政一事极不以为意，以致迟迟不肯入觐由徐温等人所立的新主杨隆演。这些州长的态度与行为，对王府不啻为极大挑衅。是以如何有效打击这些跋扈州长、树立王府威信，进而达到节制州镇的目标，就成为徐温秉政之初最迫切的课题。章首谈及的润州事件，便在此脉络下发生。

不过就史籍看来，截至天祐九年（912），徐温与多数元老级州长的关系仍旧紧张。《资治通鉴》有段记载颇可反映其时氛围：

> 吴镇南节度使刘威、歙州观察使陶雅、宣州观察使李遇、常州刺史李简，皆武忠王旧将，有大功。以徐温自牙将秉政，内不能平；李遇尤甚，常言："徐温何人，吾未尝识面，一旦乃当国邪！"馆驿使徐玠使于吴越，道过宣州，温使玠说遇入见新王，遇初许之；玠曰："公不尔，人谓公反。"遇怒曰："君言遇反，杀侍中者非反邪！"[18]

18《资治通鉴》，卷268，后梁太祖乾化二年（912）三月，第8755页。

此时距徐温掌政已届四年，然而众将态度依旧不甚友善，李遇甚至还直斥徐温弑杀二主杨渥（侍中）的罪行。如此行径，已非徐温所能容忍，是以他立即派遣淮南节度副使王檀前往宣州，更替李遇。李遇拒不受代，王府遂发兵攻之。由于战况胶着，徐温决定改采胁迫手段：收捕时任淮南牙将的李遇少子，再送至宣州城下向李遇劝降。心系其子的李遇不忍再战，乃开门请降，想不到结果却是——"良贱百口皆死"[19]。

徐温不由分说的血腥处置，大大震慑了杨吴旧将，是以当镇守洪州的刘威听闻徐温接下来可能要将苗头转向自己时，大感惶怖，遂听从幕客黄讷建议，伙同歙州观察使陶雅"轻舟入觐"以自清。[20] 对于这些姗姗来迟的州长，徐温不但没有任何非难，反倒"尽礼事之，如见行密"[21]，且优加二人官爵。为表尊重，徐温特别邀请他们与其一同率领将吏，共请李俨承制加嗣杨隆演为吴王、太师——当然，徐温也自有其盘算，因为就在同一场合，徐温被任命续领"镇海节度使、同平章事、淮南行军司马"，刘、陶两人也因而被迫成为他的重要见证人。[22] 事后，刘、陶两人旋归返故镇，并继续治理洪、歙二州直迄身殁。[23] 徐温这一连串举措，一方面消除了藩帅镇将的不安与疑虑，另一方面也通过"承制"行为

---

19 《江南别录》，第5131页。

20 《资治通鉴》，卷268，后梁太祖乾化二年（912）九月，第8762页。

21 《九国志》，卷3，《徐温传》，第3266页。

22 《资治通鉴》，卷268，后梁太祖乾化二年（912）九月，第8762页。

23 据《九国志》，陶雅与刘威分别在天祐十年（913）与十一年（914）卒于镇。换言之，两人皆在归镇后不久便相继身亡。见《九国志》，卷1，《陶雅传》，第3221页；《刘威传》，第32191页。

合法化自己作为杨吴首席顾命大臣的地位，诚可谓一举两得。

约莫同时，徐温还对王府所在的扬州，以及邻近州镇发起了一连串人事调动。天祐九年（912），他先任命征讨李遇有功的义子徐知诰出任升州刺史；[24] 天祐十二年（915）四月，以长子徐知训出任淮南行军副使、内外马步诸军副使，令其辅佐吴政；自己再于八月出镇润州，并以升、润、常、宣、歙、池六州作为巡属，遥领吴国的军政庶务。[25] 徐温的意图极为明确：他希望通过诸子的调派，把以扬州为核心的江南、江北地尽可能地纳入徐氏掌控，进而达到居中御外的成效。而从杨吴州镇在天祐九年以后的动向看来，徐温的作法可能曾遭遇过一些抵抗：天祐十一年（914）四月，出任袁州刺史的刘威之子刘崇景叛附于楚；天祐十三年（916）二月，吴宿卫将马谦、李球在扬州王府劫持吴王，发库兵声讨徐知训；七月与九月，润州与光州也先后发生州将作乱事件。不过这些骚动皆很快被弭平，没有机会发展成跨州级变乱，这多少显示王府对州镇的控制力确有增强的趋势。

天祐十五年（918），杨吴爆发了徐温掌政以来最严重的事变——广陵之乱。此事导源于辅政徐知训长期骄倨跋扈、凭陵吴王与群臣之行径，两年前的马谦、李球之乱，便是针对其暴政所发。然而，知训并没有学到教训，反而以怨报德，屡屡侵逼平定马、李乱军的诸道副都统朱瑾。不堪其辱的朱瑾，遂于天祐十五

年六月诱杀知训，随后自刎于道。[26] 其时，出镇润州的徐知诰乍闻难作，即刻帅州兵渡江，入扬平乱；七月，徐温至广陵，本欲大行诛戮，在徐知诰与严可求的苦劝下，方稍解其怒，然"死者犹数家"[27]，诸如北士李俨、沙陀骁将米志诚，皆因与朱瑾过从甚密被杀。[28] 尽管此事牵连颇广，然相较前几次的州镇叛变，广陵之乱更近于私人性的仇杀，即便朱瑾在完事后似有"因欲作乱"的企图，却因"无附之者"，无法将此事扩大为军事叛乱。[29] 由是可知，徐温至此已确立起无可撼动的地位，这自然大大有利王府权威向地方的贯彻。

（二）典章制度的建设

与强化州镇控制同时进行的，是典章制度的建设，此与徐温的个人倾向有很深的关系。尽管同样生于乱世，徐温与杨吴前二主有一明显相异处，即：他甚为重视"典制"或"文事"的功能。《资治通鉴》有段记载颇可展现徐温此项特质：

> 温性沈毅，自奉简俭，虽不知书，使人读狱讼之辞而决之，皆中情理。先是，张颢用事，刑罚酷滥，纵亲兵剽夺市

---

26 广陵之乱的经过，详见《资治通鉴》，卷270，后梁均王贞明四年（918）六月，第8827—8830页。

27 马令：《南唐书》，卷1，《先主书》，第5257页。

28 见《资治通鉴》，卷270，后梁均王贞明四年（918）六月，第8829—8830页。亦可分见《十国春秋》，卷8，《李俨传》，第122页；《九国志》，卷2，《米志诚传》，第3251页。

29 见《江南野史》，卷1，《先主》，第5155页。

里。温谓严可求曰："大事已定，吾与公辈当力行善政，使人
解衣而寝耳。"乃立法度，禁强暴，举大纲，军民安之。[30]

此段文字系于徐温甫夺得大权的天祐五年（908）。文中提到徐
温"虽不知书"，却不似张颢专以"刑罚酷滥"慑人，而讲求"情
理"；在大事底定后，更进一步建立起制度化的施政条目，试图
通过"法度"与"大纲"以力行"善政"。"法度"当是偏于刑律
类的制度，那么"大纲"所指为何呢？笔者认为或许便是《崇文
总目·刑法类》与《通志·刑法略》中所载的杨吴《删定格令》
五十卷。[31] 在前述著录中，皆称此《删定格令》为杨行密时所修，
但考量到杨吴前期的政治情势与政权结构，则该格令的落实程度
颇值得怀疑。然至徐温掌权之时，将权力集中于王府已成为其执
政的最高目标，那么制定一套可为吴臣共同遵循的行政法规，自
为摆脱州长各行其是状态的一帖良方。就此而言，《删定格令》尽
管为杨吴前期所修，但可能要至后期才渐有发挥余地。[32]

　　其次，作为典章重要环节的举才制度，同样也在徐温秉政之初
建起。据《资治通鉴》，杨吴在天祐六年（909）四月"初置选举"，
并以"以骆知祥掌之"。胡三省注云："丧乱以来，选举之法废，杨

---

30 《资治通鉴》，卷266，后梁太祖开平二年（908）五月，第8700页。
31 《崇文总目辑释》，卷2，《刑法类》；《通志》，卷56，《刑法略三》。另外，明
　　人焦竑《国史经籍志》、清人陈鳣《续唐书·经籍志》亦皆有载。不过，在另
　　一位清人顾櫰三所撰的《补五代史艺文志》中，则记为"《杨吴刑定格》五十
　　卷"，其名略有出入。依张兴武意见，当以"删定格令"为是，笔者从之。前
　　述诸说皆引自张兴武：《五代艺文考》（成都：巴蜀书社，2003），第85页。
32 当然，五十卷的《删定格令》卷帙颇巨，似乎很难称得上是大纲。不过或许
　　此五十卷是最后修成时的规模，在修订之初并没有这么庞大。

氏能复置之，故书。"[33] 换言之，此时所建的选举，与前期对应募
人士的个别性"策试"最大的不同处在于，此乃一制度化的求才渠
道，对于施行细则与时程应当皆有较缜密的规定。至于此套选举制
度的内容，尽管史无明言，然就现存资料看来，至少已包含了门荫
这条途径。徐铉为一名历宦杨吴、南唐的文臣王氏撰写的墓志写道：

> 曾祖庐江令，祖洪州长史，……考吴尚书左司郎中赠太府
> 卿，负适用之才，获爱人之誉。……君则府卿之第三子也，门
> 风渐教。天质孕和……幼有令闻，获钟慈爱。及加冠之岁，以
> 门子叙资。[34]

这名王氏出身于一个官僚家族，曾祖、祖父皆为李唐地方文官，
至父亲一代转仕杨吴，累迁至左司郎中。由于父亲的缘故，王氏
得以在"加冠之岁"以"门子叙资"，进而以黄州司马释褐起家。
王氏于南唐升元六年（942）过世，享年五十一岁。据此回推，王
氏当生于景福元年（892），并在天祐九年（912）前后通过门荫
入仕。这个时间点正落在徐温掌政时期内，可见此时已建有门荫
制度，保障官员子嗣的优先入仕权。[35] 从这一连串举措可以清楚看

---

33 引文皆见《资治通鉴》，卷267，后梁太祖开平三年（909）四月，第8709页。
34 （宋）徐铉著，李振中校注：《徐铉集校注》（北京：中华书局，2018；台北：
　　台湾商务印书馆，1983），卷15，《墓志七首·唐故朝议大夫行尚书礼部郎中
　　柱国赐紫金鱼袋太原王君墓志铭》，第739—740页。
35 值得留意的是，这段时期或许已有初步的选举科目建置，这可从萧俨的案例
　　加以推断。萧俨为庐陵人，史载他年仅十岁，便诣广陵应童子科，并顺利擢
　　第。后以秘书省正字起家，南唐时历任大理司直、刑部郎中、大理卿兼给
　　事中、南昌令等官。南唐亡国后，以老病归乡里，杜门数年而卒，（转下页）

到，自徐温上台以后，各种与政权运作相关的制度与规则被相继建立起来，加速了杨吴政权的文治化进程。

（三）集团的文质化

最后，我们在这个时期中还可看到杨吴集团的日益文质化。这主要体现在文职人才政治地位的提升，及武臣集团对文化素养之重视两个方面。先论前者。据马令《南唐书》云：

> 温客尤见信者，唯骆知祥、严可求，可求善筹画，知祥长于财利。温常以军旅问可求，国用问知祥。吴人谓之"严、骆"。[36]

这二人在前章皆已提及，严可求在杨吴前期以"善筹画"为徐温所知，并受其所荐出任杨行密幕僚，得以预闻杨吴之政；后者本为田頵幕客，田頵败亡后被王府吸纳。唯在杨吴前期，两人都没有得到王府太多青睐，一直要到徐温秉政方被委以重任。再如陈

（接上页）若假定他在北宋太平兴国五年（980）前后过世，当在情理之内。至于其卒年，史籍中共有七十、七十余、七十五三种说法，以七十至七十五为范围推算，萧俨应生在公元906至911年间，那么他应童子科的时间，便会落在公元916至921年内。这其中有大半年份都在天祐十六年（919）杨吴建国之前，就此而言，若谓徐温的"初置选举"亦包含科举制度的草创，当不无可能。萧俨生平，见马令：《南唐书》，卷22，《萧俨传》，第5399—5400页；陆游：《南唐书》，卷15，《萧俨传》，第5582—5583页；（明）陈霆：《唐余纪传》，收入傅璇琮主编：《五代史书汇编》玖，卷7，《萧俨传》，第5677—5679页。此外，也需留意此时期各种非常规性的举士途径依旧存在，且仍发挥着极大效用。

36　马令：《南唐书》，卷8，《义养传》，第5319页。

彦谦，他同样也在杨吴前期成为文臣集团的一分子，然要至天祐十四年（917）被徐温任命为镇海节度判官后才获大用。据称徐温此后"但举大纲，细务悉委彦谦"，江、淮由是大治。[37] 换言之，他们之所以能打入集团核心，皆与徐温的提拔有关。由此益见徐温实较杨吴前二主更能善待与善用文职人才。

不过，杨吴集团文质化的动力，不能单纯归因徐温个人对"文事"之看重，此现象背后尚蕴藏着社会、文化演变的动力，这可从部分武臣后裔的"文质化""士人化"看出一些迹象。本章开头提到的李德诚之子李建勋就是一显例，此外，诸如王绾、刘金、陶雅等人子嗣，也皆有类似情况。王绾之子王崇文，尽管继承父业，以武将入仕，且出领藩镇，入掌禁军，然他生性"重厚儒雅，博综经史"，平时则"被服儒雅，风度夷旷"，颇为士流所重。[38] 刘金之子刘仁赡（900—957），同样克绍箕裘，步入武途，却"略通儒术，好兵书"，有名于国中。[39] 至于陶雅之子陶敬宣（900—951），则如李建勋那般以文臣身份服务于江淮政权，直迄去世。在其墓志可以读到这么一段文字："〔敬宣〕尤善声律，闻音而知乐；颇好篇咏，下笔而成章。"[40] 虽然我们难以确知陶敬宣究竟知乐

37《资治通鉴》，卷270，后梁均王贞明三年（917）五月，第8815页。徐温对陈彦谦的信任，展现在一件系于杨吴武义二年（920）的事上。该年，金陵城修缮完成，陈彦谦遂将与营造事业有关的费用册籍上承给徐温，想不到徐温竟言："吾既任公，不复会计。"于是连看都没看就将文件尽数焚毁。见《资治通鉴》卷271，后梁均王贞明六年（920）十二月，第8860页。

38 马令：《南唐书》，卷11，《王崇文传》，第5339—5340页；陆游：《南唐书》，卷8，《王崇文传》，第5528页。

39 陆游：《南唐书》，卷13，《刘仁赡传》，第5562—5564页。

40《徐铉集校注》，卷15，《唐故泰州刺史陶公墓志》，第729页。

能文到什么程度，但想必拥有相当的文化涵养。

　　在徐温诸子中，也有部分出现"士人化"倾向，这应与其家庭教育内容有关。据《玉壶清话》，徐温收养徐知诰为义子后，便为其"致保姆，命师傅，鞠育异之"[41]。其教养内容应当包含基本的文化教育，是以知诰年方九岁，便身怀作诗之能，写出"主人若肯勤挑拨，敢向尊前不尽心"之句，令徐温大感赏叹。[42]除知诰外，徐温四子知谏亦有"爽悟喜文"，在诸子中"最为雅循"的称誉。[43]再如嫁与李建勋为妻的徐温长女，"性姻睦，动循礼法"[44]，颇有大家闺秀风度。这反映的是：文化养成在徐氏家庭教育中占据着不小分量。[45]搭配前引诸例合而观之，我们可隐约感觉到，随着江淮政局的安定，社会上又开始兴起一股对"文事能力"或"文化素质"

41《玉壶清话》，卷9，《李先主传》，第86页。

42《诗话总龟》，卷5，《自荐门》，第46页。清人王士禛所编的《五代诗话》中，则引《古今诗话》载全诗为："一点分明直万金，开时惟怕冷风侵。主人若肯勤挑拨，敢向尊前不尽心。"见《五代诗话》（北京：人民出版社，1998），卷1，《南唐烈祖》，第4—5页。

43 马令：《南唐书》，卷8，《义养传》，第5321页。

44 马令：《南唐书》，卷6，《女宪传》，第5306页。

45《江南野史》称"温之嫡子皆好骋田猎，先主惟习书计"，实是有意突出徐知诰之特出的夸大之辞，不可尽信。见《江南野史》，卷1，《先主》，第5154页。附带一提，陈葆真曾据"唯习书"三字，推论徐知诰亦有书法上的修养，不过此应为断句失当所衍生的误解——知诰所习乃"书计"而非"书"。类似情形同样出现在陈氏引用《江南别录》的段落。除去这两条史料，似乎再看不到徐知诰"习书"的证据，自然也不好说他有任何书法上的"修养"或"创作能力"。不过，尽管有这点疑义，陈葆真对徐知诰与文艺活动关系之整理，仍极具参考价值。见陈葆真：《李后主和他的时代：南唐艺术与历史》（北京：北京大学出版社，2009），第一章，《南唐烈祖的个性与文艺活动》，第19—27页。

的追求，此乃杨吴后期得以转向文治的社会基础。[46]

前述提及的两个现象，对杨吴的"文治转向"发挥了相辅相成的作用，这在日趋活跃于杨吴政坛的徐知诰身上，有着明显的体现。身具相当文化涵养的知诰，在出任升州刺史期间（912—917），便格外致力于士人的招揽。据载：

> 时江淮初定，守令皆武夫，专事军旅，帝独褒廉吏，课农桑，求遗书，招延四方士大夫，倾身下之。虽以节俭自励，而轻财好施，无所爱客。以宋齐丘、王令谋、王翃主议论，曾禹、张洽、孙鲂、徐融为宾客，马仁裕、周宗、曹悰为亲吏。[47]

"江淮初定，守令皆武夫"这样的陈述，在杨行密初定江淮时便已出现。不过就杨吴前期而言，尽管各地州长确实多为武臣，却也未必皆"专事军旅"，[48] 即便至此时，也还有陶雅这类崇文尊儒的州长在任，可见引文多少带有点夸饰成分。不过徐知诰的重士，

---

46 陆扬曾论及唐末五代武人的"文质化"现象，他认为这主要受到唐代中后期因科举而兴的"清流文化"影响所致，从而使得其时的精英社会为一种"崇文"价值观渗透，是以即便在武人化最深的区域，也可看到"文"的潜在影响。虽然陆扬所论集中在北方，其解释仍可为笔者的观察提供部分解释与参照。参见陆扬：《清流文化与唐帝国》（北京：北京大学出版社，2016），《论冯道的生涯——兼谈中古晚期政治文化中的边缘与核心》《唐代的清流文化——一个现象的概述》，第165—210、213—263页。

47 陆游：《南唐书》，卷1，《烈祖本纪》，第5463—5464页。关于徐知诰任升州刺史时的政绩，《江南野史》《钓矶立谈》《资治通鉴》、马令《南唐书》皆有载，文字稍有详略，可相参照。

48 参见第二章第二节注84的讨论。

确有超越前辈之处，其最大特点在于：他不仅"倾家赀无所爱"[49]地虚身求贤、招徕儒俊，更引其中的出众者作为腹心，"共论治体"[50]，因而集结成一个羽翼颇丰的政治集团。

其中影响力最大者，要属宋齐丘（887—959）。齐丘为江西庐陵人，父亲宋诚为钟传幕僚，而他自己则曾以洪州乡贡进士的身份应举，然未中第。钟传为杨吴灭后，齐丘随众东去，羁旅于淮南一带，后得淮扬骑将姚洞天所荐，被徐知诰署为升州推官。《江南野史》载：

> 〔先主〕一见与语终日，馆于门下，朝夕谘访政治。齐丘遂说宜颁布六条，以率群吏，定民科制，劝课农桑，薄征轻赋，禁止非徭。[51]

在宋齐丘辅佐下，徐知诰制定出一套妥善的繇役之法，并选用廉吏加以落实，州政由是大治。除了在公事上予以重用，徐知诰私下也极为礼敬齐丘，仅敢"字之而不敢名"；且语有不合，齐丘拂袖便走，非要等到知诰"追谢"才罢休。[52]知诰待才如此，士人自也乐为所用。

这样的为政风格，一直为徐知诰所秉持与贯彻。天祐十四年

49《资治通鉴》，卷268，后梁太祖乾化二年五月，第8757页。
50（宋）史温：《钓矶立谈》，收入傅璇琮主编：《五代史书汇编》玖，第5003页。
51《江南野史》，卷1，《先主》，第5154页。
52 陆游：《南唐书》，卷11，《孙忌传》附《史臣论》，第5554—5555页。

（917）五月，他被徙至润州，"政犹金陵"[53]；隔年六月，广陵之乱爆发，知诰入扬平乱，七月戊戌（二十七日），徐知诰受徐温之命，代为淮南节度行军副使，留在广陵佐政。徐知诰上台后，采用宋齐丘等一班谋臣建议，"悉反知训所为，事吴王尽恭，接士大夫以谦，御众以宽，约身以俭"[54]，并"修复政理，动据礼法，务葺民庶，罢其不经，总以要务"，令"农有定制，官无虚禄""爵赏有功，刑辟中度"。[55] 这一系列改革，与徐温秉政之初"立法度""举大纲"的行为性质接近，皆意图为杨吴树立一套可据而行之的体制，带有浓重的"文治"倾向。此外，徐知诰也将他的士人招罗政策移植至王府。史言：

> 〔先主〕乃于府署之内立亭，号之曰"延宾"，命宋齐丘为记，以待多士。于是四方豪杰翕然归之。或因退居休沐之暇，亲与之宴饮，咨访阙失，问民疾苦，夜央而罢。时中原多故，名贤夙德皆亡身归顺。乃使人于淮上以厚币资之；既至，縻以爵禄。[56]

值得注意的是，徐知诰此时的征访对象已不仅限于在地士人，他还积极命人至淮河沿岸探访募集怀才不遇的南下北士。[57] 对于干谒

53《钓矶立谈》，第5003页。
54《资治通鉴》，卷268，后梁均王贞明四年（918）七月，第8831页。
55《江南野史》，卷4，《宋齐丘传》，第5182页。
56《江南野史》，卷1，《先主》，第5155页。
57 徐知诰招揽北士之积极，可由乾贞元年（927）自后唐来奔的孙晟事例中看到。陆游：《南唐书》，卷11，《孙忌传》："孙忌，高密人，一名凤，（转下页）

者则依据其才能、需求，予以不同待遇。[58]

知诰在王府的作为，基本延续其在升州的施政，不过由于他已从一州之长跃居辅政大臣，遂使得这些"文治"政策的规模大为扩增，从而带有一种国策意味。经过徐温、徐知诰父子十年多来的经营，杨吴政权终于逐渐摆脱前期的"重武"基调，步上"文治"之路。而在杨吴正式建国（919）后，前述转向更被进一步确立与强化，这是下节所要讨论的内容。

二、杨吴立国与"文治政策"的确立（919—936）

如前所言，杨吴建国后大抵又能以徐温过世的乾贞元年（927）为界，分为前后两阶段。此前是徐温、徐知诰父子并治时期，其后则转为徐知诰专政。在此过程中，徐家的政治权力也逐渐集中到徐知诰手中。不过，若撇开统治集团内部的政争成败，仅由"文治化"或"官僚化"角度检视，那么这两个阶段实可说

（接上页）又名晟，少举进士……唐庄宗建号，以豆卢革为相，革雅知忌，辟为判官，迁著作郎。明宗天成中，与高辇同事秦王从荣，从荣败，忌亡命……渡淮，至寿春，节度使刘金得之，延与语，忌阳喑不对。授馆累日，忽谒汉淮南王安庙，金先使人伏神座下，悉闻其所祷，乃送诣金陵。时烈祖辅吴，四方豪杰多至，忌口吃，初与人接，不能道寒暄，坐定，辞辩锋起，人多憎嫉之，而烈祖独喜其文词。"从此例可以推测，淮河沿岸节度使当都奉有徐知诰之命，留心南来人士中的可用之材。需要注意的是，刘金未曾镇寿，且早在905年逝世，绝非其时的节度使。

58《玉壶清话》言"非意相干者，〔先主〕亦雍容遣之；漂泛羁游辈，随才而用之；缙绅之后，穷不能婚葬者，皆与毕之"。见该书，卷9，《李先主传》，第87页。

是一脉相承、循序渐进。

杨吴建国的动力，很大部分来自徐温个人的政治野心，因为他欲借此将自己抬升到一人之下、万人之上的次尊地位；之所以选在天祐十九年（919）这个时间点自立，则与此前国内外政治情势的演变有关。《资治通鉴》载之甚详：

> 初，吴徐温自以权重而位卑，说吴王曰："今大王与诸将皆为节度使，虽有都统之名，不足相临制；请建吴国，称帝而治。"王不许。严可求屡劝温以次子知询代徐知诰知吴政，知诰与骆知祥谋，出可求为楚州刺史。可求既受命，至金陵，见温，说之曰："吾奉唐正朔，常以兴复为辞。今朱、李方争，朱氏日衰，李氏日炽。一旦李氏有天下，吾能北面为之臣乎？不若先建吴国以系民望。"温大悦，复留可求参总庶政，使草具礼仪。[59]

从徐温劝说吴王建国的说辞可知，造就其"权重位卑"困境的根本原因，正在于杨吴承唐而来的藩镇体制。在此政治格局中，吴王虽领有唐廷所授的"诸道行营都统"之职，而得节制辖下诸道，然在名义上，他与境内诸节度使实处于同等地位，"不足相临制"。若连吴王都会予人这样的疑虑，遑论徐温。职是之故，徐温才会如此积极请求吴王"称帝而治"，然一时却不为杨隆演所许。

59《资治通鉴》，卷270，后梁均王贞明四年（918）十一月，第8837页。

　　然而，随着北方汴梁、河东集团相争形势的逆转，杨吴政权是否该建国自立的问题，也日益频繁地被提上议程。尽管河东集团曾一度被朱梁征伐到几近亡国，然在李存勖（908—926在位）的励精图治，以及朱梁集团的内乱下，河东军终得重振声威。[60] 后梁均王贞明年间（916—919），汴师屡在河东、河北战场失利，前线日益南移，沦为与晋军距黄河相峙的局面。只要晋军突破沿岸防线南下，朱梁的败亡也就指日可待。引文所谓"朱氏日衰，李氏日炽"，正是针对贞明年间的形势转移而发。也由于河东集团向以李唐继承人自居，一旦他们真"有天下"，那么以"奉唐正朔"为借口、不向朱梁称臣的杨吴政权，自也失去割据口实。正因深谙徐温心理，严可求一提出"建国以系民望"的建议，便获得高度赞许，随即被受命"参总庶政""草具礼仪"的任务。

　　另一方面，提出此案的严可求实也夹杂着一己利害之考量。因为自徐知诰佐吴以来，屡行善政，以致徐温虽于金陵遥秉大政，然"吴人颇已归诰（按：即徐知诰）"[61]。养子徐知诰政治声望的骤涨，看在"忠于徐氏"[62]的严可求眼中，不啻为一项警讯，所以他才屡劝徐温以亲子徐知询"代知吴政"。此事为徐知诰所闻，遂欲以外调楚州为名，将严可求摒出政权核心。可求大惧，遂在赴任

60　关于李存勖复兴河东集团的过程，可见戴仁柱、马佳：《伶人・武士・猎手：后唐庄宗李存勖传》（北京：中华书局，2009），第二章，《诸王逐鹿》。

61　（宋）欧阳修等：《新五代史》（北京：中华书局，2006年点校本），卷62，《南唐世家》，第766页。

62　此为胡三省之评语，见《资治通鉴》，卷277，后唐明宗长兴元年（930）十月丙辰，第9049页。

途中，至金陵拜谒徐温，并提出建国之议。大喜之下的徐温"因留可求不遣"，进而展开"谋迫隆演僭号"之大计。[63] 就此而言，杨吴的建国实为多方因素牵引影响下所促成。建国后的杨吴政权，总算在名义上摆脱了藩镇体制，至于政体的实质转化，仍有待相关配套的进一步落实。以下逐步论之。

（一）国体转换下的"制礼崇文"

天祐十六年（919）四月，徐温奉请杨隆演即吴国王位，杨吴政权正式立国。与此同时，一系列旨在强化、彰显此新兴政权统治合法性（political legitimacy）的典章仪制，也随之被建立与施行。[64]《资治通鉴》载：

> 〔杨隆演〕即吴国王位。大赦，改元武义；建宗庙社稷，置百官，宫殿文物皆用天子礼。以金继土，腊用丑。改谥武忠王曰孝武王，庙号太祖，戚王曰景王，尊母为太妃。[65]

严可求曾谓杨吴在唐亡之后，犹奉天祐年号十二载，可谓"不负唐矣"。[66] 若然，则杨吴此年的改元，正象征着与李唐的切割。此

63《新五代史》，卷61，《吴世家》，第747页。

64 关于唐代礼制、符号与政治正当性的关系，魏侯玮（Howard J. Wechsler）有极全面且细致的讨论，见 Howard J. Wechsler, *Offerings of Jade and Silk-Ritual and Symbol in the Legitimation of the T'ang Dynasty*（New Haven: Yale University Press, 1985）.

65《资治通鉴》，卷270，后梁均王贞明五年（919）四月戊戌，第8843—8844页。

66 严可求语。见《新五代史》，卷61，《吴世家》，第757页。

后，杨吴便脱离大唐藩臣的定位，改以独立政权自居。[67]政治地位既从"藩臣"跃升为"国家"，那么创建一套与此地位相称的体制，自成为当务所需，是以诸如宗庙、社稷、百官、宫殿文物、庙号等原居于"国制"级别的典章礼仪，便有了设置的必要。从引文看来，杨吴应当在极短时间内就把各项国制创建起来。在此过程中，必得动员不少熟习制度的士人、文吏参与，可惜今日没能留下任何具体例证，仅能从片段史料遥想其况。

不过，从其时的宗庙建制看来，杨吴国制还留有颇大的完善空间。唐代宗庙制自太宗朝以来，便落实《礼记·王制》中"天子七庙"的理想，并为后世所沿用；[68]尽管五代乱离，礼制有阙，在宗庙制度上也出现四庙、六庙等变体，然精神上仍以唐制为依归。[69]相形之下，杨吴的宗庙制度就显得异常简略，仅设有武忠王（杨行密）、威王（杨渥）二庙，而未对其他杨氏先祖进行追崇。[70]学者以为，吴主对先祖祭祀的漠视，一方面固与徐氏父子操控杨吴大权，以致从简处理有关；另一方面也体现南方礼制传统不深、宗族血缘关系不若北方牢固的文化特质。[71]无论其因为何，此现象

---

67 这反映在同光元年（923），后唐遣使来告灭梁之事时，吴人坚持后唐需采敌国之礼相待一事上。史载："唐使称诏，吴人不受；帝易其书，用敌国之礼，曰'大唐皇帝致书于吴国主'，吴人复书称'大吴国主上大唐皇帝'，辞礼如笺表。"见《资治通鉴》，卷270，后唐庄宗同光元年（923）十月，第8903页。

68 《旧唐书》，卷25，《礼仪志·太庙》，第941—944页。

69 见任爽编：《五代典制考》（北京：中华书局，2007），第一章，《五代礼仪制度考》，第7—14页。

70 《资治通鉴》虽未载杨渥庙号，然据《新五代史》可知当为"烈祖"。《新五代史》，卷61，《吴世家》，第747页。

71 《十国典制考》，第一章，《十国礼仪制度考》，第20—23页。

多少透露出杨吴统治者追求速成的实用考量。宗庙制度尚且如此，社稷、百官、宫殿文物等典章究竟能有多高的完成度，颇值得怀疑。或许可以说，杨吴国制在创建之初，主要是为政治宣传服务，至于更深层的仪式功能，暂且还得不到太多发挥。

类似情形亦出现在四主杨溥即位之时。杨吴建国隔年（920），三主杨隆演旋因病去世，徐氏父子与诸臣历经一番折冲，决定迎杨行密四子杨溥（901—938）继位，是为四主。按唐旧仪，新主即位照例要在冬至行南郊祭天之礼，以昭示继天嗣统的合法性。因此徐温在四主即位次年——即顺义元年（921）——便向他提出亲祀南郊的提议：

> 吴徐温劝吴王祀南郊，或曰："礼乐未备；且唐祀南郊，其费巨万，今未能办也。"温曰："安有王者而不事天乎！吾闻事天贵诚，多费何为！唐每郊祀，启南门，灌其枢用脂百斛。此乃季世奢泰之弊，又安足法乎！"甲子，吴王祀南郊，配以太祖。（吴王尊其父杨行密庙号太祖）[72]

据此可知，三主时期尽管已匆匆创设许多国制，然尚有不少缺憾，且与统治正当性关系至深的郊祀礼亦迟迟未行，是以徐温才会力主尽快实施。在徐温的坚持，以及时任卤簿使的会稽士人徐延休的积极张罗下，吴主总算在该年十月甲子亲祀南郊，完成"王者

72《资治通鉴》，卷271，后梁均王龙德元年（921）十月，第8869页。

事天"的任务。[73] 尽管胡三省对徐温"事天贵诚"的论述，予以
"知先王制礼之意"的高度评价，然从徐温胁迫吴主称王建制、以
提升一己权势的一系列行为看来，其劝四主南郊的核心关怀，只
怕仍在实际的政治效益。这在在体现出速成式国制的特点。[74] 但换
个角度想，无论杨吴执政对国制创建抱持着怎样的功利心态，这
些举措都为境内士人提供不少发挥空间。

　　除前述带有明显政治宣传功效的礼制外，几项有助于"文治
化""官僚化"进程的制度，也在杨吴建国前后被创立。首先值
得注意的是中央官学之设置。虽然在现存史料中，看不到杨吴兴
学的直接记载，但李全德点出两条重要史料，显示杨吴极可能在
杨溥即位不久便设置了官学。其一，《资治通鉴》曾引《九国志》
里"太学博士王谷上书请改白沙为迎銮"的记载，作为顺义四年
（924）杨渥下令将扬子县（今江苏邗江）属地白沙更名为迎銮镇
一事的史源。[75] 既有"太学博士"之职，自当有所属机构：太学。

73　关于徐延休的贡献，可见吴任臣注引《九国志》的片段："时吴将祀南郊，以
　　为卤簿使，于是法务始备。"见《十国春秋》，卷11，《徐延休传》，第153页。
　　需注意的是，《新五代史》将此事系于十一月。王美华据《二十史朔闰表》考
　　订，发现是年十月无甲子日，因而断定《新五代史》的记载较为准确；不过
　　笔者利用"中研院"的"两千年中西历转换"系统进行搜寻，发现龙德元年
　　（921）十月十四日确为甲子日，十一月反倒没有，是以笔者仍采《资治通
　　鉴》之说。王美华说法，参见《十国典制考》，第一章，《十国礼仪制度考》，
　　第4页。

74　另外，顺义四年（924）徐知诰因久旱无雨，而选在七月举行原本应行于孟夏
　　的雩祀礼，也是杨吴统治者注重礼仪实效的又一例证。此事载于马令：《南唐
　　书》，卷7，《宗室传·齐王景达》，第5310页；陆游：《南唐书》，卷16，《齐
　　王景达传》，第5591页。相关讨论可见《十国典制考》，第一章，《十国礼仪
　　制度考》，第4页。

75　《资治通鉴》，卷273，后唐庄宗同光二年（924）十月，第8926页。

其二，顺义六年（926）自后唐来奔的北方名士韩熙载（902—970）在上承给杨渥的《行止状》中写道：

> 伏闻大吴肇基，聿修文教。……急贤共理，侔汉氏之悬科；待旦旁求，类周人之设学。[76]

关于"周人设学"，在《礼记·王制》里有颇详细的介绍，大体说来，可分为中央的大学、小学，与乡党的塾、庠、序、校两大系统。[77]汉代崇儒兴学后，《礼记》所载的周代学制遂成为历代楷模，尽管名称因时有异，然大体皆能兼顾中央、地方两大系统。就此而言，韩熙载以"周人设学"之喻，颂扬大吴执政得"坐以待旦，旁求俊彦"[78]，或许正暗示杨吴其时已建有一定规模的官学体制。[79]

韩氏文中的"汉氏悬科"也有深究余地。所谓的"汉氏悬科"，就字面看来，当指汉代察举制度中的特科与常科。然在唐人文章中，"悬科取士"或"设科取士"常被用来指涉唐代贡举；另

76　韩熙载：《上睿帝行止状》，《全唐文》，卷877，第9174页。

77　参见高明士：《中国教育制度史论》（台北：联经出版公司，1999），第35—37页；南玉泉：《周朝教育制度管窥》，《中国史研究》69（广域，2010），第1—13页。

78　典出《尚书》（《太甲》篇），见（汉）孔安国传，（唐）孔颖达疏，（清）阮元校勘：《重刊宋本尚书注疏附校勘记》（台北：艺文印书馆，1960影印清嘉庆二十年（1815）南昌府学刊本），卷8，《商书·太甲上第五》，第116页。

79　李全德的解释见《十国典制考》，第一章，《十国礼仪制度考》，第4页。然有两点值得提出。其一，"太学博士王毅"条，李全德引自《十国春秋》，不过《资治通鉴》转引的《九国志》当为较早的史源，应以后者为主。又，李氏将"王毅"写作"王毂"，是否为同一人待考。其二，李氏将韩熙载《行止状》所言视为杨吴建太学的证据，但就内文看来似无法断言，是以笔者姑且以"官学体制"笼统概括。

外，亦有以"设科"一词将汉代察举与唐代贡举联系起来讨论之例。[80] 这让我们不得不对此言所指感到好奇。事实上，建国以后的杨吴，确已有了初置科举的明证。比如日后成为南唐重臣的萧俨，至迟在顺义元年（921）便通过童子科登第，取得出仕资格。[81] 此外，北宋第一位南人宰相王钦若（962—1025）的祖父王郁，也在"顺义初"得赐童子科第，并在成年后出仕南唐。[82] 根据以上材料，可知杨吴在建国之初至少已设有童子科，提供治下的少年才俊一条博取出身的途径。

另外，此时期还可见到一些通过"射策"入仕的案例。像在徐知诰辅政时"射策入仕，累官至庐陵永新令"[83] 的陈省躬、"以射策中第，获武骑尉"[84] 的庐陵士人张翊、"以射策高等，补润州

80　如权德舆《答柳福州书》称："两汉设科，本于射策，故公孙弘、董仲舒之伦，痛言理道。近者祖习绮靡，过于雕虫，俗谓之甲赋律诗，俪偶对属。"见（唐）权德舆著，郭广伟点校：《权德舆诗文集》下册（上海：上海古籍出版社，2008），卷41，第628页。

81　详见本章注35的讨论。

82　此见于王钦若的江西同乡后辈夏竦（985—1051）撰写的《赠太师中书令冀国王公行状》，文曰："公之先，周王子晋之后，世家太原。唐末，高祖讳遇，随曾祖冀公卒江西廉幕，始占籍新喻。祖郑公，生而警悟。三岁，冀公教诵书，日数百言。七岁，遂熟五经。伪吴顺义初赐，童子及第。弱冠，伪唐调伪授本县尉。"从同为夏竦写的《王钦若墓志铭》中，可知王家在唐末便"以巢寇之乱，避地江楚"，此后定居于江西。参见（宋）夏竦，《文庄集》，收入《四库全书珍本》初集，第246—247号（台北：商务印书馆，1969—1970影印台北故宫博物院所藏文渊阁本），卷28，《赠太师中书令冀国王公行状》，第9—15页；卷29，《故守司徒兼门下侍郎同中书门下平章事充玉清昭应宫使昭文馆大学士监修国史冀国公赠太师中书令谥文穆王公墓志铭（并序奉敕撰）》，第13—20页。

83　《江南野史》，卷7，《陈省躬》，第5202页。

84　《江南野史》，卷9，《张翊》，第5219页。

丹阳尉"[85]的池州士人樊潜（896—952）等等。其中，后两例在射策之后似乎还经过一个"定等第"的程序，才得授官职。这使得"射策取士"予人一种更加程式化的感觉。不过杨吴前后期的射策考试内容为何？是否为科举中的考核项目？抑或是微带科举意味的权宜性征才渠道？[86] 囿于史料，笔者难以判断。只能说无论是科举也好，射策也罢，皆可看到杨吴政权试图通过更常规性的制度吸纳境内士人，而予人一种"悬科待士"之感，韩熙载以汉代察举制度相拟，其意或许在此。总之，通过官学与选才制度的设置，杨吴的"文治转向"被进一步巩固，并为其赢得"聿修文教"的美誉。

（二）弭兵偃武政策的推行

与前述一系列"崇文制礼"举措相对的，是徐温的"弭兵偃武"方针。这首先展现在徐温对战事的态度上。武义元年（919），吴越王钱镠奉后梁之命，大举派兵征讨淮南，其间互有胜败；七月，钱镠子钱传璙领三万大军进迫常州，徐温闻讯后，立即率军

85《徐铉集校注》，卷27，《故唐大理司直鄂州汉阳令赠卫尉少卿樊公神道碑》，第1188页。

86 孟二冬皆把"射策入仕者"归入杨吴登科考中，却没有进一步解释射策与科举的关系。据陈飞研究，唐代官方考试中，似乎没有明确施行"射策"的记载，不过若从唐人对"射策"的定义推论，则用来考核考生基本经学知识的"帖经"与"墨义"，大概可说是"射策"的分解与变相。分见孟二冬：《南唐登科考——附考：吴、蜀、南汉、吴越、北汉、契丹》，《国学研究》19（北京：北京大学出版社，2007），第103—104页；陈飞：《唐代"射策"与"对策"辨略》，《清华大学学报（哲学社会科学版）》23：1（北京，2008），第139—143页。

至常州相拒。尽管徐温因为热病无法治军，而使战事一度吃紧，然在镇海节度判官陈彦谦居中调度下，吴军终于大败吴越，迫使传瓘还师。对此，杨吴诸将皆以为当乘胜追击，一举攻灭这个心腹大患，然而，这些提案皆为徐温否决。其回应颇值得玩味：

> 温叹曰："天下离乱久矣，民困已甚，钱公亦未易可轻；若连兵不解，方为诸君之忧。今战胜以惧之，戢兵以怀之，使两地之民各安其业，君臣高枕，岂不乐哉！多杀何为！"遂引还。[87]

由徐温之言可知，其息兵之策固有理想成分在，但也有"钱公亦未易可轻"的现实顾虑。不过，更深层的理由，恐怕还在"连兵不解"四字上。此言发于战况一片大好的情势下，显得有些奇怪，且对武臣而言，对外征伐本就是职所当为，"连兵不解"似无"可忧"之处。但对徐温而言则不然。就其立场，无论胜与不胜，都得让藩镇边将握有相当的兵权，以维持征战过后的国势。这对致力集中实权于王府的徐温来说，自是一大隐忧。与其如此，倒不如作个顺水人情给吴越，还可借"使民各安其业"的正当说辞，提升自己的政治声望。

---

[87]《资治通鉴》，卷270，后梁均王贞明五年（919）七月，第8847页。在此段引文前，其实还有徐知诰请率少卒两千，易吴越旗帜铠仗，尾随其军之后，以便袭取苏州的记载。不过《玉壶清话》对此却谓徐知诰"不欲渎武，专务安辑，遂许和好"。二者颇有出入，此处暂且不引。后者见《玉壶清话》，卷9，《李先主传》，第87页。

徐温对地方州镇的防患心理，亦展现在他禁止民间私蓄兵器的命令上。关于此令的确切发布时间，史籍无载，仅知至武义元年十一月，此令已然引发地方上的治安问题。《资治通鉴》载：

> 吴禁民私蓄兵器，盗贼益繁。御史台主簿京兆卢枢上言："今四方分争，宜教民战。且善人畏法禁而奸民弄干戈，是欲偃武而反招盗也。宜团结民兵，使之习战，自卫乡里。"从之。[88]

当时正处于"四方分争"、战事频仍的时代，但徐温却不合时宜地推行起"偃武"政策，结果让民间自卫力量大为减弱，盗贼也因而滋繁。迫不得已的徐温只好听从卢枢建议，取消前述禁令，教民习战。由此往复过程，即可感受到徐温积极想要垄断杨吴军事力量的心理。配合前段独排众议的撤兵决定，当可合理推测，徐温的"弭兵偃武"实带有防堵武臣集团与地方武装势力的目的。不过，无论动机为何，此决定确实让甫建国的杨吴政权得以休兵息民，令"三十余州民乐业者二十余年"[89]，自然大大有利于江淮地区的文教发展。

最后值得一提的是，徐温父子还尝试将文治观念导入地方州镇中，是以对违法犯禁、有失民心的州县长官，他们多会以调任方式以示惩处。例如顺义元年（921），徐温听闻寿州团练使崔太初为政苛察，有失民心，欲将其征调至王府。徐知诰深恐此举将引

88《资治通鉴》，卷271，后梁均王贞明五年（919）十二月，第8853页。
89《资治通鉴》，卷270，后梁均王贞明五年（919）八月，第8849页。

发寿州军民的不安，乃至有生变危险，是以劝徐温假意命其入朝，再顺势把他拘留在扬州。对于徐知诰的谏阻，徐温的态度却异常强硬，回道："崔太初不能制，如他人何！"遂下令征调太初为右雄武大将军。[90]顺义三年（923），甫接任寿州团练使的钟泰章旋因盗卖官马为人举发，徐知诰遂以吴王之命，令滁州刺史王稔代为团练使，钟泰章则被降调为饶州刺史。之所以用王稔代之，可能与其素质有关。史称：

> 稔好儒学，性宽厚，褒衣博带，有同儒者。先是，寿春人多尚武，复警夜至严。稔至，唯阅经籍，下帷肆业，通宵无禁。不数载，鼓箧待问者，四境麟萃。每讲肆开，必馈以束脩旨酒。乡里荐举，岁常百余人。[91]

与"勇力过人"却"不喜儒生，多疑好察"[92]的崔太初，以及"不拘细行"[93]而屡为百姓所诉的钟泰章相比，"有同儒者"的王稔显然要更符合徐氏父子加强文治的期待。王稔到任后，果然也不遗余力地推行教化，几年之内便将"尚武"风气浓烈的寿州转化为学风昌盛的文教之乡。这可说是崇文偃武政策在地方上的落实。[94]

90《资治通鉴》，卷271，后梁均王龙德元年（921）十月，第8870页。

91《九国志》，卷1，《王稔传》，第3236页。

92《九国志》，卷2，《崔太初传》，第3255、3256页。

93《九国志》，卷2，《钟泰章传》，第3247页。

94 不过在徐温在位时期，州镇长的调任仍为鲜例，事实上，州镇长只要没有太大的差池，或与中央权要打好关系，基本上皆可长期在任。参见附录六"杨吴、南唐重要藩镇州长表"。

历经此番改造，杨吴上下再无能与徐家抗衡的力量，自此沦为徐家禁脔，但也因为如此，杨吴政权才真正步上"文治"之道。

（三）崇文偃武方针的延续：徐知诰专政时期（927—936）

徐温过世以前，徐家继承人之战便已悄然在其二子知询与义子知诰间展开。前文提及严可求曾力劝徐温以亲子代义子，此外，诸如陈彦谦、徐玠等人皆有类似请求。就在徐温心生动摇，徐知诰自己也打算请罢政事、出镇洪州，以消除群臣戒心之际，徐温竟于乾贞元年（927）十月溘然而逝。此一突发事件，使得本欲至扬州接管知诰事业的徐知询，转赴徐温所在的金陵奔丧，徐知诰也由是得以继续留在广陵辅政。此后，两人便分据金陵与广陵，直迄太和元年（929）知询被诱至扬州囚禁，知诰方得专掌吴政。尽管中间有此插曲，不过自徐温过世后，徐知诰皆能遵循其父开创的"崇文偃武"路线，进而在前述基础上，逐步加深杨吴政权的文治程度。以下便举徐知诰专政时期的几项决策为例。

徐温过世后，吴王立即在隔月接受徐知诰的劝进，正式称帝。[95] 不过除了杨溥本人由王为帝、其兄弟及兄子自公升王、太妃王氏改称皇太后，并追封杨行密、杨渥、杨隆演为武皇帝、景皇帝、宣皇帝等称号方面的更易外，杨吴政权似乎没再创设什么新制度。[96] 仅有的改变在于：杨吴国政大权自此尽归于"都督中外诸

---

95 徐知诰劝进的理由，马令认为系因其"欲自尊大"，跟徐温请吴王建国的考量可说如出一辙。见马令：《南唐书》，卷1，《先主传》，第5258页。

96《资治通鉴》，卷276，后唐明宗天成二年（927）十一月庚戌，第9011页。

军事"徐知诰之手。[97] 剪除知询威胁后，徐知诰更逐步将大权分派给自己的心腹与子嗣。太和二年（930）十月，权力被架空的左仆射、同平章事严可求去世，[98] 徐知诰旋即以年仅十五岁的长子徐景通出任兵部尚书、参知政事，并任命徐延休为江都少尹，主掌府中庶事。[99] 隔年（931）二月，徐知诰先征拜宋齐丘为中书侍郎，[100] 又于十一月循徐温故事，出镇金陵；同时拔擢长子景通为司徒、同平章事，知中外左右诸军事，留江都辅政。王令谋、宋齐丘这两名元老级幕僚，则分别被任命为左、右仆射，同平章事，以佐景通。[101] 至此，徐知诰集团已牢牢掌控住杨吴政权。

徐知诰的移镇金陵，尽管只是依循徐温秉政时期的做法，然因他对文教事业、文艺活动不遗余力地奖励与赞助，使得金陵很快蹿升为杨吴境内首屈一指的文化重镇。陆游《南唐书》载：

---

97 徐知询虽被授命为诸道副都统、镇海宁国节度使兼侍中，并据有金陵与知诰相抗，然而他终究只是一名节度使，得听从徐知诰号令。是以当徐知询的岳丈、武昌节度使李简于太和五年（929）因病求还江都时，徐知诰可全然不理会徐知询对李简之子——也就是知询的舅子——李彦忠的表荐，径以心腹柴再用代镇鄂州。此决定让徐知询大表不满，骂道："刘崇俊，兄之亲，三世为濠州。彦忠吾妻族，独不得耶？"由此亦可见徐知诰是如何通过州镇官长的任命，扩大自己的权力基盘的。详见《资治通鉴》，卷276，后唐明宗天成四年（929）八月，第9031页。

98 胡三省在"严可求卒"条下注云："严可求，忠于徐氏者也。徐温既卒，可求相吴，坐视徐知询之废不能出一计，权不在焉故也。"笔者认为可从。见《资治通鉴》，卷277，后唐明宗长兴元年（930）十月，第9049页。

99 《资治通鉴》，卷277，后唐明宗长兴元年（930）十月，第9049页；《十国春秋》，卷3，《吴睿帝本纪》，第68页。

100 《资治通鉴》，卷277，后唐明宗长兴二年（931）二月，第9056—9057页；马令：《南唐书》，卷20，《党与传》，第5388页。

101 《资治通鉴》，卷277，后唐明宗长兴二年（931）十一月，第9062页；马令：《南唐书》，卷1，《先主书》，第5259页。

> 烈祖以东海王辅吴，作礼贤院，聚图书万卷，及琴弈游戏
> 之具，以延四方贤士。政事之暇，多与之讲评古今。[102]

按《新五代史》，徐知诰于太和四年（932）受封东海王，时在其
出镇金陵后，因此文中所述当系知诰在金陵所为。[103] 与他在广陵
设置"延宾亭"以待四方豪杰之举相似，他又在金陵建起"礼贤
院"，稍有不同的是，此地似乎还兼有图书、文物收藏中心之性
质，史称院内"聚图书万卷，及琴弈游戏之具"。礼贤院所以能有
此规模，与执政者的悉心经营密切相关：

> 及（烈祖）高皇初收金陵，首兴遗教。悬金为购坟典，职
> 吏而写史籍。闻有藏书者，虽寒贱必优词以假之；或有赞献
> 者，虽浅近必丰厚以答之。……由是六经臻备，诸史条集；古
> 书名画，辐凑绛帷；俊杰通儒，不远千里。而家至户到，咸慕
> 置书，经籍道开，文武并驾。[104]

---

102 陆游：《南唐书》，卷9，《陈觉传》，第5536页。
103 关于徐知诰进封东海王的时间，诸史略有不同。《旧五代史》系于太和元年
（929），文曰"昪出镇金陵，寻封东海王"，然如本文所述，此时据有金陵者
乃徐知询，系于此年明显有误，但可证知诰进封东海王是在出镇金陵之后。
《十国春秋》则将此事系于太和五年（933），不过吴任臣自注云"从欧阳史
《吴世家》"，可知《十国春秋》纪年本于《新五代史》，若然，此处应为吴
氏误置，是以笔者从《新五代史》。各家记载分见《新五代史》，卷61，《吴
世家》，第759页；《旧五代史》，卷134，《僭伪列传》，第1786页；《十国春
秋》，卷3，《吴睿帝本纪》，第71页。
104 （南唐）刘崇远：《金华子杂编》，收入上海古籍出版社编：《唐五代笔记小说
大观》（上海：上海古籍出版社，2000年初版），卷上，第1750页。末句断
法笔者稍有调整，与标点本略为有别。

这里我们具体地见到了徐知诰"兴遗教"之举措，如派专员至民间收购、抄写官方有阙的书籍；并给予主动进献书籍、古书画者以丰厚的报酬。通过这些作为，金陵政府遂得在短时间内征集大量的经史书画，同时吸引四方学者辐辏。流风所及，就连民间也开始以置书为尚。

在用人方面，徐知诰专政时期基本延续他过去重用士人、儒生的倾向。史称"先主移镇金陵，旁罗隐逸名儒宿老，命郡县起之"[105]，这便吸引许多杨吴境内士人亲赴金陵献诗文、上时策，求取仕宦机会。[106] 或许受其影响，徐知诰集团中亦有不少同样秉持"重文"标准搜罗人才的成员。例如宋齐丘，便招揽了陈觉、魏岑等士人至其门下，并伺机推荐他们进入政坛。[107] 而继承徐知诰之位、在广陵辅政的长子景通，亦对文职人才极为留心。徐铉《方讷墓志铭》写道：

> 公……好学能文，时然后言，非礼勿动，乡曲之党，翕然
> 称之。太师陶公，来守新安，抚纳人士，署为郡吏，委以典

---

105 《江南野史》，卷6，《沈彬传》，第5198页。马令也说徐知诰在金陵时积极"招辟儒生"，见《南唐书》，卷14，《周彬传》，第5357页。
106 见诸史籍者便有汪台符、沈彬、查文徽、陈觉、周彬等人，详见本章第四节。
107 龙衮对于宋齐丘所荐之士，有着高度的评价："齐丘所荐进者，惟能先萌未兆，智策宏远，才堪致化，理能易俗，与己合志同方者，乃授拔擢，凡数十人，名皆显达，贵历朝廷，岂以寻章摘句，戕贼经史，残剥古人之词，为文士者哉？"虽有论者认为上述文字有溢美之嫌，不能直接将其视为实录，然龙衮既然拿"文士"与"齐丘所荐进者"相比，且称他们"才堪致化，理能易俗"，自应具备相当的学术涵养。就此而言，说宋齐丘亦秉持着"重文"标准取才，仍有相当的可信度。上引文见《江南野史》，卷4，《宋齐邱传》，第5184页。对龙衮的批评，可见马令：《南唐书》，卷20，《党与传上》，第5391页。

> 笺……历事累政，其志如初。烈祖肇基王业，元宗实综军政，
> 管记之任，勤择其人，闻公之名，召致幕府。王国初建，署宁
> 国军节度馆驿巡官……[108]

方氏为歙州新安著姓，自然成为杨吴前期出任歙州刺史的陶雅积极拉拢之对象，"好学能文"的方讷也因而被"署为郡吏"，并"历事累政"。直至徐知诰（烈祖）"肇基王业"之时，才被掌管军政大权的徐景通（元宗）召至广陵幕府，委以他职。有意思的是，歙州与广陵颇有距离，然景通却能知悉其地郡吏状况，并握有调任之权，显见此时王府对藩镇人事已具有相当程度的掌握与支配。这自得让中央拥有更多贯彻择才标准的可能。

以上是徐知诰专政时期的"崇文"措施，至于"偃武"部分大抵可分为息兵政策及提升武将管理之有效性两个面向。先论前者。若对杨吴建基以来的对外关系稍作整理，便可轻易发现，自徐知诰专政以来，杨吴政权已进入一个前所未有的承平时代。具体言之，除太和五年（933）和六年（934）的建州之役外，此时期基本上没有留下任何战事记录。且这唯一一场战事，还不是由徐知诰授权发动的。建州之役的爆发，导火线在于闽国内政不修，致使在地土豪吴光愤而率众奔吴，并引杨吴信州刺史蒋延徽进伐闽国。眼见机不可失的蒋延徽，遂在还没接到王府命令的情况下，自行于太和五年年底发兵，且仅花两个月便几乎攻下建州。然而，

108《徐铉集校注》，卷15，《唐故金紫光禄大夫检校司徒行少府监河南方公墓志铭》，第733页。

前线的大捷却非徐知诰所乐见，因为他深恐身为杨行密女婿、又素与行密三子临川王杨蒙友好的蒋延徽，有挟军威以图兴复杨室的危险，因此他不顾战果，立即遣使命延徽退兵，中止战争。由此事可知，徐知诰之所以大倡息兵，并不单纯为了生民着想，其中亦掺杂着私利考量。[109]

也由于徐知诰对武臣集团怀有颇深戒心，所以他一直希望能通过法令、制度上的约束，更有效地管理武臣。例如乾贞元年（927）正月，马军都指挥使柴再用身着军服入朝，为御史所弹劾，再用不服，恃军功相争。徐知诰眼见此景，便刻意以身犯法，并退而自劾，尽管吴王本欲优诏不问，然在知诰坚持下，只好夺其一个月俸禄，"由是中外肃然"。[110] 而对于地方上的武臣，则通过例行性调遣，防堵他们深植在地势力。若对杨吴至南唐时期的州镇官长名单稍作整理，即可发现在徐知诰专政的927至937年间，除了他自己与其亲族刘崇俊长期在镇外，州长任期开始有变短的趋势，且更调也益形频繁。例如在太和元年（929）接替镇鄂十五年、病逝于任上的李简出任武昌节度使的柴再用，仅在任五年便被调为庐州德胜军节度使，以接替另一位在镇二十五年的元老级武臣张崇；再如于太和二年（930）出镇寿州节度使的周本，也仅任六年便被调往庐州，接替在天祚元年（935）病逝的柴再用。其他如徐知谔、徐知谏、李德诚、刘信、郑璠、李章这些曾于徐知诰专政期间出任地方州长者，多有调任经验，且任期至多八年，

109　此役始末详见《资治通鉴》，卷278，后唐明宗长兴四年（933）七月戊子、十一月、清泰元年（934）正月，第9086、9096、9100—9101页。

110《资治通鉴》，卷278，后唐明宗天成二年（934）正月，第9000页。

一般则落在三至五年间。[111] 前述现象反映此时期的州镇长已渐有任期化的趋向。

综上所言，可知徐知诰秉政时期的重心，仍在通过各种"崇文偃武"之举巩固内政、笼络民心，进而打造更为完整的行政规章，消除政治上的潜在风险，以加速从藩镇到国家的转换。而伴随此施政而来的，则是杨吴集团文质化的日深。

（四）集团文质化的加深

前节曾提到，在徐温掌政之初，杨吴集团内部便已透显出文质化的征兆。而至杨吴建国后，随着徐氏父子大力推行"崇文偃武"政策，这样的趋势更是益形突出。以下就文臣集团的核心化以及武臣集团的文质化两个面向进行探讨。

文臣集团的核心化，首先可就杨吴建国之初，国政大臣的文武比例看出些端倪。此处引用整理得最完整的《十国春秋》为例：

> 〔武义元年〕夏四月戊戌朔，温奉玉册、宝绶尊王即吴国王位……以扬府左司马王令谋为内枢使，营田副使严可求为门下侍郎，盐铁判官骆知祥为中书侍郎，前中书舍人卢择为吏部尚书兼太常卿，掌书记殷文圭、沈颜为翰林学士，馆驿巡官游恭为知制诰，前驾部员外郎杨迢为给事中，李宗、陈璋为左、右雄武统军，柴再用、钱镖为左、右龙武统军，拜江西刘信、鄂州李简、抚州李德诚、庐州张崇、海州王绾五人为征南、镇

---

111 参见附录六"杨吴、南唐重要藩镇州长表"。

西、平南、安西、镇东大将军。文武以次进位。[112]

这段文字中共出现杨吴文武大臣十七人，其中文臣八人、武臣九人，比例近乎持平，与杨吴前期（882—905）文职人员数量之稀寡、地位之边缘已不可同日而语。这自与杨吴政体转换后，需要相当数量的文臣支撑起官僚组织有关。但另一方面，杨吴文臣集团的扩大绝不仅是用来装点朝面而已。在此八人中，严可求与骆知祥乃徐温重要的资政对象，王令谋则出自徐知诰的幕僚班底，换言之，他们早在杨吴建国前便备受徐氏父子信任，至此时更被任命为具有宰相性质的门下侍郎、中书侍郎与内枢使三职，显见徐氏父子确实想赋予他们与实质影响力相匹配的地位。[113]就此而言，文臣集团的政治地位至杨吴建国时，大抵已能与武臣分庭抗礼。

　　相较于徐温，徐知诰对于文臣的重用可说犹有过之。前文提到，他在出任升州刺史时便已募集一班宾客作为其决策班底。随

112《十国春秋》，卷2，《吴高祖世家》，第51—52页。这段史料乃吴任臣根据《资治通鉴》与《新五代史》的记载重新撰成，分见《资治通鉴》，卷270，后梁均王贞明五年（919）四月，第8843—8844页；《新五代史》，卷61，《吴世家》，第747页。

113 关于杨吴时期"内枢使"的研究，见李全德：《唐宋变革期枢密院研究》（北京：国家图书馆出版社，2009），第六章，《吴、南唐枢密院的演变》，第209—215页。不过李全德以徐温舍弃自己亲信不用而任命王令谋，以及王令谋在此前仅担任俸禄优厚却无职事的州府司马二事，推断内枢使在当时并没有太高的重要性。笔者以为，能否以唐后期州府僚佐的职任、地位，推想杨吴的情形，犹有可说；此外，权力关系的运作，往往很难尽显纸上，或许王令谋出任内枢使一事，反映的是徐知诰在建国之初已有不容忽视的势力，徐温才不得不有限度地使其亲信进入权力核心。且只要内枢使能发挥沟通内外的职能，那么就不容低估其影响国政的机会。所以笔者仍倾向以"内相"性质看待此职。

着徐知诰政治地位的攀升，这群谋士也日渐活跃，王令谋得以在杨吴建国时被委任"内枢使"一职，想来亦与此有关。只不过，徐知诰的义子身份，使得徐温对其仍保有一定的戒心，而不愿让知诰势力轻易扩展。这反映在徐温对宋齐丘的打压上。《资治通鉴》云：

> 知诰欲进用齐丘而徐温恶之，以为殿直、军判官。知诰每夜引齐丘于水亭屏语，常至夜分，或居高堂，悉去屏障，独置大炉，相向坐，不言，以铁箸画灰为字，随以匙灭去之，故其所谋，人莫得而知也。[114]

尽管因为"徐温恶之"而使齐丘一时未能在杨吴政坛出头，不过他依然稳坐为知诰的首席心腹，每夜与其"水亭屏语"、密商大事。总之，环绕在知诰身旁、为其出谋筹划者，正是以宋齐丘为首的一批文臣谋客，是以在他专政后，这群幕僚便纷获重用，成为杨吴政坛要角。

另一方面，徐知诰在广陵辅政时所订下的招揽南来士人政策，也在杨吴建国后逐渐发挥成效。较有名者有顺义六年（926）来奔的北海文士韩熙载，及与其同行的山东儒生史虚白；乾贞元年（927）从后唐来奔的孙晟（又名孙忌）；太和二年（930）随李从

114《资治通鉴》，卷270，后梁均王贞明四年（918）七月，第8832—8833页。有趣的是，胡三省认为徐温之恶齐丘，乃因齐丘为人"轻佻褊躁"所致。笔者不否认其中可能掺杂着个人好恶，只是胡注对齐丘的种种批评，多系由齐丘的晚年作为，回溯其早年心迹，今日看来颇有反历史的嫌疑，是以笔者不采此解。

俨来奔的常梦锡；太和四年（932）遭后唐夺官而南投的江文蔚；以及天祚二年（936）随后晋安远节度使卢文进奔金陵的燕人高越。上述士人除史虚白不仕外，其他皆获得杨吴政权的擢用。其中，孙晟与高越更因文辞出众，被赋予撰写诰命之大任。[115] 至于常梦锡、江文蔚、韩熙载等人，也将凭借其深厚的典章知识，在南唐大放异彩。这些来归北人的加入，自对杨吴政权的文治进程带来莫大助益。

最后要提及的，是杨吴后期武臣集团的文质化现象。这段时期并没有留下太多关于武人后代的文化养成案例，不过有段关于周本之女（929—976）的史料颇值得留意。据其墓志，周氏"性晓音律而尚雅声，善丝竹而精琴瑟，习《孝经》而宗玄言，斋居讽诵，未尝懈怠"。结婚之后，由于丈夫早卒，周氏独力承揽四名幼子的童蒙教育，"提携教训，亲授经书"，待其"年及外傅"，皆"已通《孝经》《论语》"。[116] 由此可知，能从家庭教育习得一定文化教养的武臣后裔，并不限于男性，女性亦有机会。另外，出身武人世家、为徐知诰亲信的马仁裕，也带有些文质色彩。马令称其"世为将。……数岁，学兵书若成诵然。初同周宗给使烈祖左右，小心敏干"。[117] 既能诵兵书，且处事又极为细心干练，显见马仁裕

---

115 相关记载分见下引文。《旧五代史》，卷131，《孙晟传》："晟亦微有词翰，李昇伪尊杨溥为让皇之册文，即晟之词也，故江南尤重之。"马令：《南唐书》，卷13，《高越传》："烈祖爱其辞学，时齐国立制，凡祷词、燕饯之文，越多为撰之。"

116 引文皆出自《徐铉集校注》，卷30，《故汝南县太君周氏夫人墓志铭并序》，第1259—1261页。

117 马令：《南唐书》，卷11，《马仁裕传》，第5337页。

绝非空有武勇之莽夫，这或许正是他所以获得徐知诰青睐的原因。

在家庭教育的习染外，亦有部分年轻武臣、小吏开始自发性地读书习文，培养自己的文化能力，例如刁彦能：

> 彦能少孤贫，事母以孝闻。初隶节度使王茂章，为亲兵……彦能喜读书，委任文吏，郡政修理。亦好篇咏，尝与李建勋赠答。建勋奏之，元宗笑曰："吾不知彦能乃西班学士也。"[118]

刁彦能生卒不详，仅知享年六十八。不过他一直活到南唐中主朝才过世，且还历迁饶、信刺史，建州留后，抚州节度使等官，保守估计在 950 年前后过世。以此年纪推估，刁氏很可能属于杨行密集团第二代，跟李建勋等人同辈。尽管刁彦能身家寒素，且又出身军旅，然却"喜读书""好篇咏"，还能与李建勋以诗赠答，而博得"西班（武臣）学士"之赞誉。[119]

出身和州的包谔（880—958）、包咏（899—939）兄弟，是另一个有趣的例子。他们生于文官世家，祖上三代皆在江南一带出任，带有浓重的地方色彩。[120] 虽有如此背景，生于广明元年的包谔却因"长于戎马之间，遂好金鼓之政"而转投沙场，以武臣身

---

118 马令：《南唐书》，卷11，《刁彦能传》，第5335—5336页。

119 出身自文吏世家却"独好学为文"，后累任至金陵观察判官的饶州余干人支戬，亦属此类。见《太平广记》，卷158，第1141页，《定数十三·支戬》；《十国春秋》，卷11，《支戬》，第1141页。

120 曾祖包章为丹阳令，祖父包岌为润州录事参军，父亲包洎则先任吉长史，后避乱入杨吴，转任和州历阳令。包氏兄弟祖上的情形，分见《徐铉集校注》，卷16，《前虔州雩都县令包府君墓志铭》《唐故银青光禄大夫检校国子祭酒御史中丞包君墓志》，第772—774、784—785页。

份加入杨吴政权。[121] 与其成为对照的，则是气质迥异的弟弟包咏，他"幼而岐嶷，长而学问；孝敬自律，名利弗婴"，可说极具士人风度。他后于杨吴顺义末入仕，自此便以文官身份活动于政界。[122] 包氏兄弟一从武、一习文，除个人秉性外，当有时代氛围的影响。与其兄不同，包咏出生时，江淮一带已大抵为杨行密集团平定，在他成长期间，又恰逢徐温掌政、开始推行"文治转向"的年代，这自然为包咏的克绍箕裘提供一个良好的环境。就此说来，包氏昆仲的文武之别，或可谓是世风移转之反映。

前述事例，多集中在杨吴集团第二代，也就是杨行密、徐温这些开国元勋的下个世代。他们的转向，既体现社会对文化价值的追求，同时也颇能呼应徐氏父子开创的"文治转向"进程。就在社会、政治的交互影响下，杨吴政权日渐文治化、文质化，这便为代之而起的南唐，奠下了深厚的"文治"基石。

三、深化"文治"：南唐先主时期（937—943）

自徐知诰于太和三年（931）出镇金陵后，其代吴之心日渐显著。在几名深谙知诰心意的臣子轮番献策下，吴主的地位一步步遭到蚕食。天祚元年（935）十月，吴主册封徐知诰为齐王，下辖升、润、宣、池、歙、常、江、饶、信、海十州。依胡三省分析，

121《徐铉集校注》，卷16，《唐故银青光禄大夫检校国子祭酒御史中丞包君墓志》，第784页。
122《徐铉集校注》，卷16，《前虔州雩都县令包府君墓志铭》，第772—773页。

此十州"自润循江而上，至于江则中断吴国之腰膂，江都之与洪、鄂，脉理不属矣。自常、润波海界淮而有海州，则有包举吴国之势"，换言之，吴国属地已为齐国割裂为好几个不相连的区块，国几不国。[123]

天祚二年（936）正月，徐知诰建大元帅府，并以幕僚分判尚书六部与盐铁。三月，以长子景通为太尉、副元帅，宋齐丘、徐玠为元帅府左、右司马。十一月，以金陵为西都，置百官。十二月，在杨吴开国重臣李德诚、周本率领下，诸将齐至广陵宣扬知诰功德，并陈请吴主行册命，传禅之议终于被正式提出。隔年（937）八月，吴主正式下诏禅位于齐。历经一番例行性推让后，徐知诰终在十月初五接受劝进，于金陵即位，同时易年号为升元，并以齐为国号。[124] 不过，代吴而立的齐国，并没有在历史扉页上留下太多篇幅，因为它仅维持短短数月，便在升元二年（938）四月易号为"唐"。[125] 为与李唐区别，后人遂以"南唐"称呼此政权。

南唐建立后，徐知诰继续秉持掌政以来的文治方针，更通过

123　此段叙述分见《资治通鉴》，卷279，后唐潞王清泰元年（934）十月、二年十月，第9126、9136页。

124　详见《资治通鉴》，卷280，后晋高祖天福元年（936）正月、三月、十一月、十二月，第9138、9140、9153、9166页；卷281，后晋高祖天福二年（937）八月、十月甲申，第9181、9182页。

125　这里根据的是《新五代史》与马令《南唐书》的说法。关于徐知诰改易国号的时间，诸书有别。《资治通鉴》自徐知诰代吴后，便以唐主称之，然未载明确时间；《九国志》《吴越备史》《十国春秋》则作升元三年（939）二月。不过，诸葛计引刘津作于升元二年（938）十月五日的《婺源诸县都制置新城记》，证明改唐号当在升元二年十月以前，《九国志》诸书说法失之于迟，当以《新五代史》与马令《南唐书》为是，笔者从之。关于诸葛计的考证，见氏著《南唐先主李昪年谱》（南京：江苏古籍出版社，1987），第114页。

对唐代文教制度的全面恢复，以及大举汲引儒才进入官僚机构等措施，将南唐彻底转化为由文臣统领的"文官政治"。在此治国原则指导下，南唐遂得迅速发展文化事业，进而迎来"文物冠诸国"之盛世。[126]

（一）"追绍唐统"下的唐制复兴活动

南唐先主之所以全面恢复唐代文教制度，与其有意识地"追绍唐统"，以增强自己政权的合法性地位关系至深。这样的意图，自他受禅之初便已显现。徐知诰即帝位后，立即追尊义父徐温为"武皇帝"，庙号"太祖"；有意思的是，他却没有为其他徐氏先祖加封庙号，仅"追尊高祖以下皆为公王而称宗，配皆称国君及妃，墓皆称陵"[127]。对此，马令评道"自温以上不追尊，则复姓之心见矣"。[128]马氏的意思是，作为义子的徐知诰不加封庙号给徐温以上的先祖，正意味着他企图与徐家切割，以便其后恢复本姓。那么徐知诰的本姓为何呢？今日已不复可考，仅知他对外宣称自己原姓李——恰巧便是大唐国姓。[129]如此一来，他在升元二年（938）四月将国号改为唐的用意也就昭然若揭：徐知诰正是想以李唐继承

126　元人赵世延在《南唐书序》中写道："南唐……虽为国褊小，观其文物，当时诸国，莫与之并。"收入陆游：《南唐书》，第5609页。

127　陆游：《南唐书》，卷1，《烈祖本纪》，第5465页。唯汇编本断句如下："追尊高祖以下皆为公王，而称宗配皆称国君，及妃墓皆称陵。"中华点校本《十国春秋》引及这段文字时，也作如是断法，皆当有误。见《十国春秋》，卷15，《烈祖本纪》，第189页。

128　马令：《南唐书》，卷1，《先主书》，第5259页。

129　关于徐知诰身家、姓氏的各种说法，诸葛计有详细整理，参见《南唐先主李昪年谱》，第7—12页。

者自居。

徐知诰的意图如此明显，群臣自然也全力配合。是以升元二年（938）九月，太府卿赵可封便主动向唐主提出恢复李姓，以及兴建唐室宗庙的建议。[130] 隔年正月，则由知诰的义弟知证、知谔出马，表请复姓李氏。徐知诰虽以"不忍忘徐氏恩"[131] 为由，初步否决这些请求，不过群臣当然不会就这么信以为真。同月底，左丞相宋齐丘、平章事张居咏、李建勋、枢密使周宗再度联名表请复姓，营造出"众议难违"的氛围，徐知诰也只好"迫不得已"地下令群臣详议复姓一事。徐知诰最终便在百官齐请的情况下，于升元三年（939）正月二十三日改宗李姓。

既然"回归"李姓，那么在礼制上，自然也得展现出"追绍唐统"的决心。因此改姓之举仅过十天，唐主旋于二月初三将徐温的庙号由"太祖"改为"义祖"，以彰显两人的非血缘性。同月初七，唐主为李氏考妣发哀，与皇后皆斩衰、居庐，如同初丧一般。在发哀之际，知诰两位义弟知证、知谔也提出同服斩衰的请求，却为其所拒。由此可见，知诰与徐氏的界线划清得极其彻底，通过这样的切割，知诰便得以将政权基业紧紧掌控在他这房之下，无须再与徐氏昆仲分享。同月十八日，唐主更进一步下诏改名为"昪"。经过此番更姓易名，唐主终于洗涤、斩断各种徐氏因缘与

130《资治通鉴》，卷281，后晋高祖天福三年（938）九月壬戌，第9190页。

131 马令：《南唐书》，卷1，《先主书》，第5260页。唯马令将复姓一事系于升元二年（938）四月，成为改国号的先声，虽与《新五代史》同，却异于《资治通鉴》、陆游《南唐书》《九国志》诸书，笔者于此选择从众，并佐以诸葛计《南唐先主李昪年谱》的考订。

羁绊，而得以崭新身份——李唐后人"李昪"——展开统治。

紧接着复姓改名要做的，便是建立李氏宗庙，以上接唐统。李昪立即面临两个问题：一是本已供奉于太庙中的义祖神主该何去何从？二是身家来历不明的李昪，究竟该追尊哪位李唐先祖？关于前者，李昪在改名隔天便召集百官详议此事。《资治通鉴》载：

> 〔二月〕辛巳……诏百官议二祧合享礼。辛卯，宋齐丘等议以义祖居七室之东。唐主命居高祖于西室，太宗次之，义祖又次之，皆为不祧之主。群臣言："义祖诸侯，不宜与高祖、太宗同享，请于太庙正殿后别建庙祀之。"帝曰："吾自幼托身义祖，向非义祖有功于吴，朕安能启此中兴之业？"群臣乃不敢言。[132]

胡三省在"二祧"之下注明为"徐、李二姓之先也"。不过实际上，徐氏之先只有徐温一人。从引文可见，相较于杨吴宗庙制度的简陋，南唐则全面恢复了唐代七庙的传统。但在七庙之中，偏偏又夹杂着一名非李氏成员的徐温，是以他究竟该置于庙中何处，就成为此次讨论焦点。宋齐丘等大臣以为，义祖徐温当居于"七室之东"。我们知道，唐代宗庙制度有所谓"西方为首"原则，亦即：诸室的相关位置，乃是按照尊卑高下由西往东排列。[133]那么宋齐丘等人主张将徐温置于七室最东侧，不啻想让徐氏居于宗庙中

132《资治通鉴》，卷282，后晋高祖天福四年（939）二月，第9198页。

133 见甘怀真，《唐代家庙礼制研究》（台北：台湾商务印书馆，1991），第四章，《家庙的建筑形式与空间格局》，第57页。

的最边缘。对此，李昪予以否决，并下令让徐温居于高祖、太祖之次，甚至成为不会被祧出宗庙的"不祧之主"。让一名外人成为太庙中的不祧之主，显然有些不伦不类，因此群臣进而提出于太庙外"别建庙祀之"的建议，以期解决此一难题。未料李昪对此异常坚持，群臣只好作罢。

至于追尊李氏先祖一事，《资治通鉴》亦有详细记载：

> 唐主欲祖吴王恪，或曰："恪诛死，不若祖郑王元懿。"唐主命有司考二王苗裔，以吴王孙祎有功，祎子岘为宰相，遂祖吴王，云自岘五世至父荣。其名率皆有司所撰。唐主又以历十九帝、三百年，疑十世太少。有司曰："三十年为世，陛下生于文德，已五十年矣。"遂从之。[134]

这段文字清楚录下李昪编造族谱的过程。李昪本欲追宗唐太宗第三子吴王恪，有司却以吴王恪在永徽年间因房遗爱谋反案而遭牵连诛死一事，劝阻李昪，转而建议追尊唐高祖第十三子郑王元懿。[135] 然在详考二王后嗣后，李昪仍决定追祖苗裔较显的吴王恪，遂命有司假造吴王曾孙李岘以降的五世系谱，直接至其父李荣。与此同时，李昪仍对这样的编次怀有疑虑，因为有唐立国约三百

---

134 《资治通鉴》，卷282，后晋高祖天福四年（939）二月，第9198—9199页。

135 郑王元懿与吴王恪的生平，分见《旧唐书》，卷64，《郑王元懿传》，第2429页；卷76，《吴王恪传》，第2650—2651页。房遗爱谋反案始末，见《资治通鉴》，卷199，唐高宗永徽三年（652）十一月、四年二月，第6279—6281页。

年，其间历经十九帝，自己却仅隔十代便上追至唐初的吴王恪，难免予人代数过少的感觉。不过，听完有司"三十年为世"，以及自己已活了五十年之久的解说后，李昪就释怀从之了。三月庚戌，李昪追尊吴王恪为定宗孝静皇帝，同时追尊曾祖以下先祖庙号与谥号，至此，南唐七庙制度总算初步完成。[136]

另外，自升元二年（938）四月改国号以来，南唐政权就开始系统性地创设典章礼仪。是年十月，唐主先命有司删定礼乐，其中，北士江文蔚发挥了很大的作用。马令记云：

> 南唐礼仪草创，文蔚撰述朝觐、会同、祭祀、宴飨、礼仪上下，遂正朝廷纲纪。[137]

江文蔚向有"博学""知礼"的美誉，由其董理此事再合适不过。[138] 隔月，唐主旋又召集步骑八万，于金陵城东铜桥行讲武之礼，以昭示军威。在时间上，此与《开元礼》中仲冬讲武的规定

136　马令《南唐书》对此有详细记载："遂考服属当建王恪后，建唐庙祀，高祖、太宗以下如唐旧典，追尊建王恪为孝静皇帝，庙号定宗；超为孝平皇帝，庙号成宗；志为孝安皇帝，庙号惠宗；荣为孝德皇帝，庙号庆宗。"陆游《南唐书》则谓曾祖以下仅称王，诸葛计认为有误，当从马令，见《南唐先主李昪年谱》，第125页。值得一提的是，《资治通鉴考异》曾引刘恕《十国纪年》，指出"昪曾祖超、祖志，乃与义祖之曾祖、祖同名，知其皆附会也"。看来李昪世系自祖父以上都颇为可疑。

137　马令：《南唐书》，卷13，《江文蔚传》，第5350页。

138　参见马令：《南唐书》，卷13，《江文蔚传》；陆游：《南唐书》，卷6，《江文蔚传》。此外，据其墓志，可知文蔚当时担任的是礼部主客郎中，议定朝仪当属于其任内职司。见《徐铉集校注》，卷15，《唐故左谏议大夫翰林学士江君墓志铭》，第716页。

吻合，是以尽管未明载内容，然论者多认为是依据唐制而行。[139] 此事多少可证南唐确实在短时间内便已粗具"朝廷纲纪"。

升元三年（939），在复姓、建唐庙祀等事底定，确立起"追绍唐统"的立国方向后，李昪旋欲举行南郊祭天之礼，以宣扬承天宰民之使命。于是先主便在三月二十八日下诏营建南郊行宫千间，并命公卿以下议定郊祀的施行细则。张居咏、李建勋等人以为：

> 孔子云，郊祀后稷，以配天宗。祀文王于明堂，以配上帝，此万世不易之法也。昔长孙无忌请祀高祖于圜丘，以配昊天上帝，祀太宗于明堂，以配上帝，盖得之矣。今国家嗣兴唐祚，追尊孝德，而以神尧为肇祀之祖，宜以神尧配天于圜丘，以孝德配上帝于明堂，礼也。其服物制度，古有常仪，一切伪饰，愿皆罢去。[140]

众臣的意思是，李昪既以"嗣兴唐祚"自居，理当承袭唐制，以"肇祀之祖""高祖神尧皇帝"李渊作为南郊祭天的配祀；明堂秋享，再配之以李昪生父"孝德皇帝"李荣。至于各种服物制度，则以古仪为准，罢去一切增设摆饰。对于上述意见，李昪皆予采

---

139 参看《十国典制考》，第57—58页。至于五代十国时期军礼的传衍与施行，见丸桥充拓：《唐宋變革期の軍禮と秩序》，《東洋史研究》64：3（京都，2005），第490—522页。

140 马令：《南唐书》，卷1，《先主书》，第5261页。此文亦收入《全唐文》，作者系为张居咏，内文略有小异，可相参照。见《全唐文》，卷872，《郊祀议》，第9125页。

纳。然在施行时间上，群臣却有歧见。宋齐丘引《春秋》郊以四月上辛故事，主张应于四月郊祀；常梦锡则据《礼记》，提出"天子之郊以冬至，不卜日；鲁侯之郊以仲春，卜上辛。今之四月，非郊之时"的理由，反驳宋齐丘。持平而论，常说更有理据，然因李昪急于行礼以明天命，他最终选择采纳齐丘意见，于隔月初九、初十享太庙、祀南郊，据传议者对此"多哂之"。[141] 由此可知，即便南唐政权有意全面继承唐制，然在实践上，仍多少会迁就现实而产生一定程度的扭曲，前面提到的七庙制度如此，此处的南郊祭天亦然。[142]

不过，尽管与唐制容或有别，南唐制度仍确实地在"追绍唐统"的过程中日趋完备。行完南郊礼后，李昪又在隔月于金陵城北的玄武湖举行祭祀地祇的北郊礼，这在南方十国中极为罕见。[143]

---

141 关于宋齐丘与常梦锡对南郊时间的讨论，见马令：《南唐书》，卷1，《先主书》，第5261页。至于四月的享太庙、祀南郊，见马令：《南唐书》，卷1，《先主书》，第5261页；陆游：《南唐书》，卷1，《烈祖本纪》，第5467页；《资治通鉴》，卷282，后晋高祖天福四年（939）四月，第9201页。

142 关于唐代南郊礼，这里需稍作说明。唐代前期的南郊礼屡有因革，至玄宗开元之后，则规定于一年之中的冬至、正月上辛、孟夏、季秋，于南郊举行祭天、大雩诸礼。但实际上，皇帝只有在特别的场合——大多为继位——才会亲行南郊。德宗以降，唐代诸帝多在即位第二年行南郊礼，举行时间则集中在正月与冬至。就此观之，李昪于四月行南郊，确与李唐传统不合。关于唐代南郊礼的变动及其意义，可见金子修一：《皇帝祭祀的展开》，收入妹尾达彦等编：《岩波讲座·世界历史》9（东京：岩波书店，1998），第227—254页。

143 李昪行北郊的时间诸史记载有别，笔者从王美华的考证，见《十国典制考》，第10页。另据王美华，十国除南唐以外，仅有前蜀曾行此礼。另据陈致雍在南唐中主朝的奏文，可以推断南北郊在其后已成为设有专员负责的南唐定制。见陈致雍：《驳御史指挥习仪着冕服奏》，《全唐文》，卷873，第9132页。

升元三年（939）七月，李昇续"命有司作《升元格》，与吴令并行"[144]，此格与升元六年（942）颁布的《升元条》或《升元删定条》关系为何，学者见解不一。[145] 然可确定，南唐在立国之初极为积极地修订法典，此与唐中期以降政府逐步以汇整诏敕并附于格后的"格后敕"做法截然不同，反而更接近前期的"修格"。换言之，李昇所欲继承的，乃是唐代前期的立法模式。

总之，至升元三年（939）七月以后，南唐政权不仅在礼制上恢复了唐制的基本样貌，连法制亦有相当程度的重建。这可说是南唐"文物冠诸国"的一大因缘。不过，要长期维持这样的文化优势，仅依靠带有强烈宣传意图的制度改建显然不够，而必得与具备更深层影响力的施政相配合才行，这就不得不论及南唐先主的文教政策与取士制度。

（二）南唐先主的文教政策与取士制度

在南唐文教政策中，首先值得注意的是完善程度冠于五代十国的官学制度。前文曾提到，在杨吴建国之初，太学便已作为"制礼崇文"政策的一环而被设立起来，唯其规模大小与影响，今日已不复可知。相较于此，南唐官学倒是留下颇为丰富的材料，让

---

144 陆游：《南唐书》，卷1，《烈祖本纪》，第5468页。

145 《升元条》为《资治通鉴》的称法，陆游《南唐书》则称《升元删定条》。此外，前者将颁布时间系于升元六年（942）八月庚寅，后者系于九月庚寅。诸葛计认为，二者应为一物，升元三年（939）的"命有司作"，是着手编删之始，至升元六年方竣工。然后世《南唐艺文志》者，多将二者分别视之，将前者称为《升元格令条》八十卷，后者称作《江南删定条》三十卷。实际状况为何，今已难明。诸葛计说法，见《南唐先主李昇年谱》，第131页。后世目录学者的记载，见张兴武：《五代艺文考》，第85—86页。

后人得以一窥其发达程度。马令曾对南唐官学下过一段赞语：

> 南唐跨有江淮，鸠集典坟，特置学官，滨秦淮开国子监，
> 复有庐山国学，其徒各不下数百，所统州县往往有学。[146]

由此段综述可知，南唐共设有国子监、庐山国学两大官学机构，
而在地方上，往往也有州县学的建置，可谓遍地兴学。至于其规
模亦颇为可观——在南唐国子监与庐山国学就读者"各不下数
百"，此与国子监生至多仅达两百人的北方五代政权相较，实要高
出不少。[147] 不过，马氏是从宋人视角对南唐的官学建置作总体式回
顾，若仅聚焦在先主时期，则州县学尚无足深论。因此下文先以
国子监与庐山国学二者作为探讨对象。

据陆游《南唐书》，南唐在升元二年（938）十月建立太学，
与命有司议定朝仪的时间略同。[148] 不过，按李全德考证，南唐国子
监不仅设有太学，尚有四门学与算学。[149] 是以陆游所言的"立太
学"，指的究竟是立国子监下的太学，抑或以太学代称国子监？颇
难判断。可以确知的是，南唐政府在初建学校时甚为用心，这可
从马令的一段记载看到：

---

146 马令：《南唐书》，卷23，《朱弼传赞》，第5406页。
147 见（宋）王溥，《五代会要》（上海：上海古籍出版社，2012），卷16，《国子
监》，第275页。
148 陆游：《南唐书》，卷1，《烈祖本纪》，第5466页。
149 见《十国典志考》，第三章，《十国学校制度考》，第140—144页。李全德同
时指出，南唐虽仍维持国子学与四门学的分野，然国子学与太学间的界线已
然泯灭，连平民子弟亦可入国学。这体现门阀政治结束后中央官学单一化的
趋势。

> 鲁崇范，庐陵人也。灶薪不属，而读书自若。烈祖初建学校，丁乱世，典籍多阙，旁求诸郡。崇范虽窭，九经子史，世藏于家。刺史贾皓就取进之，荐其名，不报。皓以己缗偿其直，崇范笑曰："坟典，天下公器，世乱藏于家，世治藏于国，其实一也。吾非书肆，何估直以偿邪？"却之。皓谢曰："俗吏浇浊，以遗先生羞，不然，何以见高义？"会皓赴阙，与崇范俱至金陵，表荐之。[150]

鲁崇范乃一江西处士，虽然生活窘迫，却能妥善保存世传的"九经子史"，且"读书自若"。适逢南唐兴学，于各郡广求典籍，吉州刺史贾皓遂将崇范所藏书籍进呈中央。他本欲用自己的收入补贴崇范，却被崇范以"坟典天下公器"的说辞婉拒。贾皓感念其义，遂携崇范同赴金陵，荐予朝廷。从这段史料可以观察到两个与南唐初建太学有关的面向：其一，虽然太学建于金陵的秦淮河畔，然执政为充实其中藏书，在境内广泛征书，甚至连江西吉州都在"旁求"范围，可见此举规模之庞大。其二，"九经子史"必是朝廷所欲征集的主要书类，是以贵为刺史的贾皓才会亲身与崇范交涉，甚至不惜以"己缗偿其直"。既然如此费心征集，则其教育内容当也是以经史为主。

再者是庐山国学。庐山国学所处的江州白鹿洞，自唐代后期便是士人读书讲学的聚集之所。[151] 在此私学基础上，南唐政府在升元

150　马令：《南唐书》，卷18，《鲁崇范传》，第5377页。
151　李才栋：《白鹿洞书院史略》（北京：教育科学出版社，1989），第13—19页。

四年（930）十二月"因洞建学馆，置田"以给诸生，并命"国子监九经李善道为洞主，以主教授"[152]。以原任职中央国子监的"九经李善道"出任洞主，可知此时无论是设于金陵的太学，或初创于江州的庐山国学，皆是以儒家经典作为主要教育内容。不过，尽管庐山国学隶属中央官学，然其招生资格广泛，无特定阶层、地域，甚至国籍限制，且习业年限、方式与内容都不若太学制式，也不如太学严格，这就使得庐山国学带有颇为浓重的私学与平民教育色彩。[153] 关于庐山国学的划时代意义及其影响，论者已多，笔者仅想指出：无论庐山国学与既有官学存在着多大差异，它仍是南唐政府积极兴学下的产物，而它的特出，更进一步体现南唐文教过于当世与前人之处。

再论先主朝的取士制度。前已言及自杨吴建基以来，便设有"射策"此类选才渠道，更于建国之后恢复部分科举。那么，代吴而兴的南唐，是否也继承了杨吴的取士制度呢？从下列两条史料看来，似乎没这么简单：

> 会禅代归姓，制度草创，无取士之科，将有事于圜丘，慕四方英秀，各为祝史之文。（周）彬之所著，特加选用，遂署为诸卫巡官。[154]

152 （宋）陈舜俞：《庐山记》（北京：中华书局，1985），卷3，《叙山南篇》，第27页。
153 参见《白鹿洞书院史略》，第21—22页；《十国典志考》，第三章，《十国学校制度考》，第151—156页。
154 《江南野史》，卷7，《周彬传》，第5204页。

> 烈祖代吴……〔张延翰〕进礼部侍郎……时未设贡举，士
> 有献书论事者，第其优劣选用，烈祖悉以委延翰，号为精效称
> 职。兼选事，务进孤贫，吏不敢为奸利。[155]

前条史料提到"有事于圜丘"，显见此事当于升元三年（939）四
月南郊祭天前不久，此时犹无"取士之科"，只能募集四方之文，
择其佳者录用。后条史料则提及张延翰在南唐代吴后被李昪委以
选事重任之事。按《资治通鉴》，延翰于升元四年（940）十二月
过世，因此他知选事必在此前。从引文看来，张延翰的取士方式，
似乎带有一种随机性，只要有献书论事者，便依其才能予以等第。
参照马令《南唐书》"士有献书可采者，随即考试"的记载，可知
张延翰还会另行考试以查验献书者的实际能力，再决定授予职官。
换言之，此法与杨吴后期的"射策入第"颇为雷同。

接着要问的是，在李昪时期，南唐是否也如杨吴那般恢复了部
分科举？学者对此争讼不休。之所以会产生争议，主要源自史料
上的歧异。主张先主时期未设科举者，主要依据《资治通鉴》与
陆游《南唐书》的记载：

> 〔广顺二年〕二月……当时唐之文雅于诸国为盛，然未尝
> 设科举，多因上书言事拜官，至是，始命翰林学士江文蔚知贡
> 举，进士庐陵王克贞等三人及第。[156]

---

155 陆游：《南唐书》，卷6，《张延翰传》，第5510—5511页。
156《资治通鉴》，卷290，后周太祖广顺二年（952）二月，第9475页。

南唐建国以来，宪度草创，言事遇合，即随才进用，不复设礼部贡举，至是始命文蔚以翰林学士知举，略用唐故事。[157]

广顺二年（952）为后周太祖年号，时为南唐中主朝的保大十年。此时距李昪逝世已近十年，《资治通鉴》犹称南唐"未尝设科举"，自可据此主张南唐置科举的时间要晚至此时。

然而，现存史料又可发现许多在保大十年以前乃至于先主升元期间登进士科的例子，譬如"有国时第进士"的汪焕、"升元中，以进士起家为黄梅令"的陈起、"升元末第进士"的李徵古、"保大初进士"的郭鹏等。[158] 根据这些材料，任爽、陈秀宏等学者认为南唐早在李昪时期便设有科举。[159] 若然，南唐科举的具体设置时间，究竟在何时呢？伍伯常在《南唐进士科考述》一文中，将李昪时期的科举，与张延翰知选事联系在一起，认为"根据这项制度，士人上书言事，政府会为他们安排考试，并向及格者授以进士及第的资格"，是以把南唐进士科之设立系于犹"无取士之科"的升元三年（939）四月，至四年十二月之间。[160] 这显然是将"第其优劣选用"理解为"授以进士及第"，在解释上稍嫌大胆。这里

---

157 陆游：《南唐书》，卷10，《江文蔚传》，第5547页。

158 上述诸例见孟二冬：《南唐登科考》，第88、96页。应注意的是，中主在李昪过世隔月即改元为保大，是以升元末与保大初皆为943年。附带一提，孟文将汪焕记为升元元年进士，然查其史源，一为明代《唐余纪传》，文称"有国时第进士"，尚未明言是国初，要至清代《十国春秋》才变为"开国时第进士"。所以，汪焕是否如孟文所言为升元元年进士，或有讨论余地。

159 见任爽：《南唐史》（长春：东北师范大学出版社，1995），第78—79页；陈秀宏：《十国科举制度考》，收入任爽编：《十国典制考》，第178—181页。

160 伍伯常：《南唐进士科考述》，第135—136页。

的"第"，当更近于分等、列等之意，不见得必然就是"进士第"。
且真要说，周彬条中"募四方英秀，各为祝史之文"，再选用特佳
者的方式，毋宁更近于张延翰的取士之法。[161] 因此，笔者对于伍伯
常的见解暂持保留意见。

要如何理解上述看似矛盾的现象？笔者以为，关键或许出在陆
氏《南唐书》所言，自南唐建国以来，"不复设礼部贡举"。这句
话显然意味着，在保大十年（952）以前，南唐始终不存在由礼部
主持的例行贡举。也就是说，现存史料所见的保大十年之前的进
士，应该都是经由非礼部试渠道获取科第。若然，则南唐科举在
保大十年以前皆没有记载施行年份及榜数的情况，就可得到合理
解释。是以笔者主张，先主朝虽已开始授予士人进士科名，然犹
未与礼部试结合一起，而带有一定弹性。

此外，在陆游《南唐书》中，可以读到这样一段文字：

> 徐锴……文词与铉齐名。升元中，议者以文人浮薄，多用
> 经义、法律取士，锴耻之，杜门不求仕进。[162]

伍伯常以为，这反映的是先主时期朝中权贵对进士科的反对与打压，
所幸在李昪的坚持下，进士科终究逃过被废除的命运。[163] 笔者对于
伍氏之发微，同样采取保留立场。不过伍氏将"经义、法律取士"

---

161 诸葛计将张延翰任礼部侍郎的时间系于天祚三年（937），亦即齐国方立之
　　际，亦可备一说，见《南唐先主李昪年谱》，第97页。
162 陆游：《南唐书》，卷5，《徐锴传》，第5500—5501页。
163 伍伯常：《南唐进士科考述》，第136页。

理解为明经、明法二常科，倒不无可能。李昪既欲"承唐统绪"，他当也想努力恢复科举旧观，而不会单以重建进士科自满。再虑及李昪在重建礼制、法制时的热忱，或可推测，此时所以"多用经义、法律取士"，实具有强烈的实用意图。[164] 因此，我们不妨换个角度重读此段史料：至升元中期，科举制度可能已有相当程度的恢复，然因应政治环境所需，明经、明法备受执政重视，相较之下，进士科地位则要稍低，遂使向以词章闻名的徐锴愤而"杜门不求仕进"。尽管如此，此时当仍有相当数量的士人借由科举晋身南唐政权。

　　以上是南唐先主时期文教与取士制度概况。可以看到，借由官学的设置，南唐政权得以大量培育优秀士子，再通过制度性的取士渠道，将其吸纳至官僚机构之中。这自然对南唐士人阶层的发展甚有助益。

（三）打造"文官政治"

　　最后要检视的是，李昪在代吴之后如何继承贯穿整个杨吴后期的"崇文偃武"方针，进而确立起南唐的"文官政治"。首先可以看到，自南唐初建，李昪便大力拔擢文臣集团成员进入政治中枢。当然，委任士人、文吏以要职，可谓无代无之，甚至在北方五代亦可得见，但若从其时的中央枢要官员组成看来，五代十国确实少有如南唐这般尽由文臣垄断的情形。笔者依据万斯同《南唐将

---

164 事实上，李昪对于律法的重视，自他佐吴时便有迹可循。徐铉曾载："烈祖辅政，方申明律，君以是中选。"见《徐铉集校注》，卷15，《唐故奉化军节度判官通判吉州军州事朝议大夫检校尚书主客郎中骁骑尉赐紫金鱼袋赵君墓志铭》，第744页。

相大臣年表》，整理出南唐先主朝的中央枢要官员如下：[165]

表3-1　南唐先主朝中央枢要官员

编号	姓名	枢要职官	入仕渠道	出生地	阶层
1	宋齐丘	宰相（升元1—7）[2]	荐举	江西·吉州庐陵	小姓·官宦子弟
2	徐玠	宰相（升元1—2）	来奔	彭城	寒素
3	张延翰	宰相（升元1—4）	应辟？	河南·宋州砀山	小姓·官宦子弟
4	张居咏	宰相（升元1—7）	？	浙西·金陵？	寒素？
5	李建勋	宰相（升元1—5、5—7）	荫任？	淮南·扬州广陵	小姓·武臣二代
6	周宗	内枢使（升元1—7）	？	淮南·扬州广陵	寒素
7	周廷玉	内枢使（升元1—2）	？	？	寒素？
8	杜业	内枢使（升元4—6）	？	？	寒素？

---

165 万斯同：《南唐将相大臣年表》，收于二十五史补编编委会编：《隋唐五代五史补编》叁（北京：北京图书馆，2005），第491—495页。

166 在万表中，升元元年（937）虽列有五位宰相，实际上并非同时出任。宋齐丘、徐玠虽于正月被命为齐国左、右丞相，然至十月吴王正式禅位与徐知诰后，随即以"吴同平章事张延翰及门下侍郎张居咏、中书侍郎李建勋并同平章事"，徐玠与宋齐丘被屏于宰相集团之外。参见《资治通鉴》，卷281，后晋高祖天福二年（937）正月、十月，第9169、9183页。本文主要就枢要官员的组成进行分析，不及细论体制变迁，相关研究可参见李全德：《唐宋变革期枢密院研究》，第六章，《吴、南唐枢密院的演变》，第215—223页。

在上表中，除去"不附贵势"的张延翰，[167] 以及没有留下太多资料的周廷玉外，余下诸人或在禅让之前便已公开表态支持徐知诰，或本就以徐知诰亲信的姿态步入宦途。因此可以说，表中人物相当程度反映出知诰的用才倾向。这八人绝大多数具有或深或浅的"士人"素质：能诗善文的宋齐丘、李建勋，及曾奉命知选士、深为士论所美的张延翰自不待论，张居咏则曾与虔州诗人廖凝结为诗友，杜业亦有"狂生"之名。至于徐玠、周宗、周廷玉三人，虽带有较强的"文吏"性格，但仍属文臣集团成员。[168] 据此可言，南唐在建国之初，即与武人色彩浓重的杨吴政权颇为有别，带有一种"文官政府"或"士人政府"特质。[169]

其次，李昪也开始尽可能让文臣、士人承担地方管理职责。[170]陆游《南唐书》载：

---

167 马令：《南唐书》，卷10，《张延翰传》，第5332页。

168 本文对于"士人"的界定，参见《绪论》；至于"文吏"，参见第二章注84。

169 应该注意的是，表中人物并非都握有实权，如宋齐丘即因为反对禅让一事而被架空，见陆游：《南唐书》，卷4，《宋齐丘传》，第5494—5495页。唯宋齐丘并非是因忠于杨氏才反对禅让。事实上，在太和五年（933），宋齐丘亦曾提议"徙吴主都金陵"，以利挟持，然因不合众意而作罢。齐丘后来转为反对立场，主要是因为他被周宗夺得倡议禅让的先着，而深恐周宗先己立功，遂"力陈禅让之不可行"。此举让李昪大感意外，自此开始疏远宋齐丘。详见《资治通鉴》，卷279，后晋潞王清泰元年（934）二月，第9103—9104页。尽管如此，仍无碍齐丘曾作为李昪首席心腹之事实。

170 这应当也是发轫自杨吴后期的现象，如本章提到的包咏（899—939）便在杨吴后期历任和州含山县令与虔州雩都县令，志文称："先是兵兴之后，循吏用稀。君简法纾刑，约廉敦信。县无滞事，吏不能欺。"反映杨吴执政颇冀望能借由文臣、士人出掌地方，达到治化风俗之效。包咏之例见《徐铉集校注》，卷16，《前虔州雩都县令包府君墓志铭》，第773页。

> 张易，字简能，魏州元城人。……入洛举进士，不中。以升
> 元二年南归，授校书郎、大理评事。时方重赤县，拜上元令。[171]

以一介归降士人出任为执政所重的赤县县令，可见李昇对其治理能力的高度信心。同样情形，亦可见于通过科举进入南唐政权的新进文臣，如在升元中及第的蕲州士人陈起，便从其家乡的黄梅县令起家，且甫到任不久，便对当地的不法集团进行严厉清扫，即便是"妇女童稚"也以"渎乱人伦"之由尽数斩杀，陈起"由是知名"。[172]

借由文臣加强地方治理成效的意图，在樊潜（896—952）的例子中有更为明显的展现。樊潜出生于文官世家，学养颇深，大约在吴唐之际以"射策高等"顺利补得润州丹阳尉，[173] 因考绩出众，又逢"古称多讼，加以亩籍违制、乱狱滋丰"的庐州有僚佐职缺，守臣希望朝廷能派遣一名干练之士来拯救其弊，有司立即想起樊潜，遂派他前去。其神道碑云：

> 公既至，乃相五土之沃瘠，察夫家之众寡。采古之制，酌
> 今之宜，创为新规，众皆悦服。而复出械系之者，穷两造之
> 辞，雪当死者数十人，使还议赏，增秩进等……[174]

---

171 陆游：《南唐书》，卷13，《张易传》，第5568页。

172 陆游：《南唐书》，卷14，《陈起传》，第5577页。

173 樊潜的神道碑中并未明载入仕时间，仅称"于时唐祚沦胥，宗室称制，江淮之地，不失旧章。公以射策高等，补润州丹阳尉"，见徐铉：《徐铉集校注》，卷27，《故唐大理司直鄂州汉阳令赠卫尉少卿樊公神道碑》，第1188页。

174《徐铉集校注》，卷27，《故唐大理司直鄂州汉阳令赠卫尉少卿樊公神道碑》，第1188页。

由于樊潜在庐州政绩斐然，遂开启他丰富的地方官生涯。他首先被迁为寿州庐春县主簿，其后任光州光山县令，接着再迁池州石埭县令，最后卒于鄂州汉阳县令任上。他在光州时，召集县中乡勇，分守边境要害；至池州时，又穷治鱼肉乡里的豪右，并出官粟以赈饥民、省繇役以济农功，是以"政用大成"，朝廷因此加封他为大理司直。为其撰写神道碑文的徐铉以为，樊潜所以能有如此出色的表现，正在于他能将蕴藏于九经百家中的"古道"施于为政。这或许正是南唐执政对士人的政治期待。

另一方面，从这些例子亦可看出，治理地方州县并不是件简单的差事，李昇对此也知之甚深，甚至认为令长之职"非所以优贤者"[175]，不过，他仍认为这样的经验可对士人的政治生涯带来正面助益。陆氏《南唐书》载：

> 熙载来奔，时烈祖辅吴，方修明法令。熙载年少放荡，不守名检，补和、常、滁三州从事。……烈祖受禅，召为秘书郎，使事元宗于东宫。谕之曰："以卿早奋名场，疏隽未更事，故使历州县之劳。今用卿矣，宜善自修饬，辅吾儿也。"[176]

韩熙载为"早负才名"的北士，却没有任何行政经验，甚至染上

175　马令：《南唐书》，卷15，《江梦孙》："江梦孙，字聿修，浔阳人也。博综经史，儒行高洁。烈祖辅政，辟置门下，荐为秘书郎。久之，梦孙自陈迁儒，无所裨益，且平生读书，意在施惠于民而后已，因求一县以自效。烈祖曰：'县邑非所以优贤者。'不许，固求之，乃补天长令。"见是书，第5359页。

176　陆游：《南唐书》，卷12，《韩熙载传》，第5558页。

不少青年文人的放荡习气，是以李昪特意让他出任州郡从事，一方面"使历州县之劳"，挫其锋芒，以期他能"善自修饬"；另一方面让他累积行政经验，以利日后拨用。虽然从韩熙载日后纵情声色的行径看来，李昪前一期待可谓落空，然就后者言，则未尝没有带来效果。

利用士人出任地方州县官长或僚属，还有一个更积极的意义在于，用来遏制唐末以来藩镇州长自治与自辟僚佐的风气。也就是说，通过中央的直接任命与调遣，强化地方管控，并逐步收拢地方长官的人事任免权。这既有助于中央政令向地方的贯彻，同时也可防范地方长官通过辟署与僚佐缔结私人关系，乃至成为利益团体。此过程自是逐步推进，且应从徐氏父子当政的杨吴后期便开始施行。不过至南唐代吴后，中央接管地方人事的程度与范围显然要较此前深广。升元六年（942）六月，李昪更进一步下令禁止"节度、刺史给摄署牒"[177]，正式将过去下放给藩镇州长的人事权收回中央。此举再配合杨吴后期开始的藩镇州长任期化，终使南唐政权得以彻底摆脱过去藩镇州长尾大不掉的阴霾。[178]

此外，李昪对于敢上书极谏，或在行政事务上有杰出表现的文臣、士人，也常毫不吝惜地给予褒奖与拔擢，如在立国之初便上疏直言的侍御史张义方。其疏言曰：

---

177 陆游：《南唐书》，卷1，《烈祖本纪》，第5470页。

178 关于藩镇州长的行政官僚化、州县长官与藩镇僚佐的中央直派化，清木场东有相当细致的讨论。见氏著《吴・南唐の地方行政の変遷と特徴》，《东洋学报》56（东京，1975），第176—210页。

今文武材行之士固不为乏，而贪墨陵犯、伤风教、弃仁义者，犹未革心。臣欲奉陛下德音，先举忠孝洁廉，请颁爵赏；然后绳纠乖庆，以正典刑。小则上疏论列，大则对仗弹奏。臣每痛国家之败，非独人君不明，盖官卑者畏罪而不言，位尊者持禄而不谏，上下苟且，至于沦亡。今臣诚不忍君亲之义，有所不尽，惟陛下幸赦之。[179]

由其文可知，尽管经过徐氏父子的长年经营，江淮政权的政治文化弊病犹存，"贪墨陵犯、伤风教、弃仁义者"仍多，义方认为这跟君臣交贼、因循苟且，不愿正视问题有关。所以义方希望李昪能亲自授权，让他得以奖赏忠孝廉洁、惩戒犯法违禁者。李昪对此深表赞同，遂特赐义方一袭方衣，加以表彰。再如于南唐初以水部郎中判刑部的萧俨，在覆审一起窃盗案时昭雪了嫌犯冤屈，因而"骤获大用"。[180]有趣的是，此二例皆与执法、行政相关，李昪对张、萧的褒奖，正反映出他对律、法之重视，亦可呼应其时科举"多用经义、法律取士"的倾向。

以上可谓是李昪的"重文"面向，与此相对的则是"抑武"之举，这首先反映在他对戎事的谨慎上。在先主执政的七年期间（937—943），仅有升元四年（940）曾与后晋有过交战记录。此年五月，后晋安州节度使李金全据城叛附南唐，得知此事的晋高祖立即发兵三万讨之，李昪也随于隔月派遣鄂州屯营使李承裕前往

---

179 陆游：《南唐书》，卷10，《张义方传》，第5542页。
180（宋）郑文宝：《南唐近事》，收入傅璇琮主编：《五代史书汇编》玖，卷2，第5054—5055页。

接应，并特别叮嘱承裕切勿进城，待与李金全会合便即撤兵。然李承裕不遵其命，率军入城大掠；隔日，晋师至安州，与唐兵交战于城南，李承裕大败，伤亡惨重。李昇对此"惋恨累日，自以戒敕之不熟也"。其后，后晋欲将此役战俘送还南唐，李昇犹以"其违命而败"坚持不纳，甚至"遣战舰拒之"。可见李昇对"边校贪功"以致兵败丧师一事有多么在意。[181]

或许是此次兴兵的教训，使得李昇更加坚定息兵止战之心，所以无论是群臣以"北方多难"而酝酿"出兵恢复旧疆"之倡议，抑或南汉提出的"共取楚，分其地"的邀请，李昇皆一概不允。[182]升元五年（941）七月，吴越都城大火，宫室、府库、铠甲、粮仓焚毁殆尽，吴越王钱元瓘又于隔月病逝，国势大危。南唐群臣见此，皆争劝李昇乘弊取之。李昇默然良久，方回道：

> 疆域虽分，生齿理一，人各为主，其心未离，横生屠戮，朕所弗忍。且救灾睦邻，治古之道。朕誓以后世子孙付之于天，不愿以力营也。[183]

所以会说出这样一番话，当与李昇"少长军旅，见干戈之为民患

---

181 安州之役始末，详见《资治通鉴》，卷282，后晋高祖天福五年（940）五月、六月，第9213—9215页。
182 见《资治通鉴》，卷282，后晋高祖天福五年（940）四月，第9221—9222页。
183《钓矶立谈》，第5007页。关于此事，亦可参见马令：《南唐书》，卷1，《先主书》，第5264页；《玉壶清话》，卷9，《李先主传》，第93页；《资治通鉴》，卷282，后晋高祖天福六年（941）七月，第9226页。

甚矣"[184] 的生命经验有关，是以李昪在拒绝群臣所请后，还厚赠吴越金帛、缯绮以为周济。

在此"崇文偃武"的国策方针下，南唐武臣自然少了许多"用武之地"，文臣集团也因而逐渐取代武臣，成为江淮政权最为倚重的力量。升元六年（942）十月——亦即先主过世前三个月——李昪特别颁布诏令，以明其深化文治之决心。诏曰：

> 前朝失御，强梗崛起，大者帝、小者王。不以兵戈，利势弗成；不以杀戮，威武弗行。民受其弊，盖有年也。或有意于息民者，尚以武人用事，不能宣流德化。其宿学巨儒，察民之故者，嵁岩之下，往往有之。彼无路光亨，而进以拊伛为嫌，退以清宁为乐，则上下之情，将何以通？简易之政，将何所议乎？昔汉世祖数年之间，被坚执锐，提戈斩馘，一日晏然。而兵革之事，虽父子之亲，不以一言及之。则兵为民患，其来尚矣。今唐祚中兴，与汉颇同，而眇眇之身，坐制元元之上，思所以举而错之者，茕茕在疚，固有所发。三事大夫，可不务乎？自今宜举用儒者，以补不逮。[185]

诏文提到，由于唐末世乱，使得专务兵戈的武人乘势兴起，即便

---

184 马令：《南唐书》，卷1，《先主书》，第5264页。不过，马令与《新五代史》皆将此事置于升元六年七月，与诸史有别，笔者于此依诸葛计之见，见《南唐先主李昪年谱》，第149页。

185 马令：《南唐书》，卷1，《先主书》，第5264页；《全唐文》，卷123，《举用儒吏诏》，第1279页。

间有"意于息民者"，往往也因用事者多为武夫，而难"宣流德化"。许多"宿学巨儒"因此宁可隐居山林，以"清宁为乐"。接着文锋一转，提及中兴汉室的光武帝尽管在马上得天下，却能"一日晏然"，再也不提戎事。李昪认为，南唐其时处境正宛如初定的东汉政权，局势既安，自应效法汉室，以文治为先，是以特令臣子尽心举用儒者、改善吏治。其实从前文讨论可知，南唐早已脱离"武人用世"的时代，对于儒生、士人的举用亦可谓不遗余力。所以与其把李昪此诏理解为转向文治的宣言，倒不如说，他是在对其一生奉行不渝的"文治政策"进行最终肯认。

正因先主为南唐奠定下如此深厚的"文治"基础，方能在中主、后主时期迎来南唐文治的最高峰。关于这个部分，下章还会详述。末节拟就吴唐之际江淮一带的士人发展，进行聚焦式的讨论。

四、吴唐之际的士人发展与政治实践

前文综述了杨吴后期至南唐先主时期，徐氏父子对江淮政权的体制改造，如何为辖下士人带来更多的发展机会，进而提升其政治影响力与地位。然而这样的叙述容易让人产生一种误会，以为吴唐之际士阶层的抬头，全是因为政府由上自下的推动所致。不过，实际上并非如此。执政有意转向与提倡，固为一重要因缘，但若没有足够数量的士人自发性的参与，那么转向的成果必当有限。所以在讨论完政治面的影响后，有必要更全面地考察吴唐之际士人的发展概况，例如：他们孕生自什么样的环境之中？他们通过哪些渠道与江淮政权缔结关系？进入政权者的构成与职司为何？对江淮政权又抱持着怎样的政治观感？以下依次讨论。

（一）吴唐之际江淮地域的士人习业风气

上章提到，杨吴前期的江淮早已聚集许多习业与避难士子，他们共同构成杨吴政权的潜在人才资本与文化力量。至杨吴后期以降，江淮境内的习业风气更趋热烈，且方式颇为多元，在现有史料中，即可见私人讲学、自学、家学几大类。

先论私人讲学。在杨吴前期，已有诸如陈黯、郑谷、王贞白等不仕士人私家授徒之事例，而这样的风气也延续到吴唐之际的江淮。如于顺义六年（926）与韩熙载一同奔吴的山东儒生史虚白，因北伐之策不为徐知诰所许，遂在江淮一带旅居，就此隐居不仕。《南唐近事》载有一段他归隐后的轶事：

> 处士史虚白，北海人也。清泰中，客游江表，卜居于浔阳落星湾，遂有终焉之志。……尝对客弈棋，旁令学徒四五辈，各秉纸笔，先定题目。或为书启表章，或诗赋碑颂，随口而书，握管者略不停缀。数食之间，众制皆就，虽不精绝，然词彩磊落，旨趣流畅，亦一代不羁之才也。[186]

清泰乃后唐明宗年号，对照杨吴则为太和六年至天祚二年（934—936），至于浔阳则位在江州。此段史料旨在彰显史虚白过人的

186《南唐近事》，卷1，第5048页。

才学——竟能在弈棋同时，随口完成几篇体例不同的文章，且词采、章旨皆甚为可观。不过这里更值得注意的是，在史虚白身旁的"学徒四五辈"。在这段故事中，他们虽然只是单纯作为史虚白的抄手出现，然在此过程中，他们定能习得一些作文技法。且既然身为学徒，平时必然还预与其他教学活动。史虚白的例子，再次展现他方来归的不仕士人，对江淮文化发展之贡献。

其次，此时期亦有不少士人选择唐末以来极为盛行的自学传统：至寺院、山林中习业。杨吴士人陆元浩为江州永安禅院所撰的记文中写道：

> 师（按：即如义）……以诗礼而接儒俗，以衣食而求孤茕，来者安之，终者葬之。其间羁旅书生，咸成事业，告行之日，复遗资粮。登禄仕者甚多，荣朱紫者不一。[187]

根据记文，永安禅寺本为僧人如义于唐末乾宁年间的卜居修行之地，后有感"道孤"，遂于"甲戌岁"——即天祐十一年（914）——置产造宇，"自是聿兴，参学之流，远迩辐辏"，成为颇负盛名的习业之所。陆文撰于杨吴太和三年（931），其时如义禅师犹在，还能以"诗书接儒俗"，看来应具有相当的文史涵养。后文续道，羁旅于禅院习业的书生会在学成离开时，给予禅寺一笔"资粮"，再去各地政权求宦，据言"登禄仕者甚多"，其中颇不乏跻身高官之辈。

---

187 陆元浩：《仙居洞永安禅院记》，《全唐文》，卷869，第9101页。

　　自行在山林里习业者亦有之。在南唐任至银青光禄大夫的朱
宽，便曾在歙州方山中隐居读书，并留下"墨池"供后人游历。[188]
升元进士李徵古，亦曾在杨吴乾贞三年（929）的庐山落星湾畔
"结庐而止"，隔年又转于庐山金印峰"营小堂以自居"，尽管他自
言"无复四方之志"，然最终还是为徐知诰求贤之积极打动，而在
杨吴太和年间入朝为宦。[189]徵古未仕时，在山林中读书、习业当
是其固定日程或消遣，可属习业山林的一则事例。此风所及，连
朝廷权要子弟也起而效尤，最具代表性者莫若徐知诰长子徐景通
（亦即日后的南唐中主李璟）。马令曾引徐铉追述中主之语：

> 嗣主……少有至性，仍怀高世之量。始出阁，即命于庐山瀑
> 布前构书斋，为他日终焉之计。及迫于绍袭，遂舍为开先精舍。[190]

188（明）《弘治徽州府志》，收入《天一阁藏明代方志选刊》21—22（上海：古
　　籍书店，1972），卷1，《婺源县·方山》，第22页。此条亦被吴任臣收入
　　《十国春秋》，卷115，《拾遗·南唐》，第1679页。朱宽生平不详，不过他既
　　在南唐任至高官，青年时代当是在杨吴后期或南唐先主朝度过。

189 李徵古：《庐江宴集记》，《全唐文》，卷872，第9125页。这篇文章有几点需
　　要提出：第一，文中载李徵古是在"乾贞己酉岁"隐居庐山，不过乾贞年间
　　并无"己酉"，当为"己丑"之误，是以笔者系于三年。第二，该文撰于中主
　　保大十年（952），距李徵古入仕"已二十年矣"。回推二十年，当落于杨吴太
　　和年间（929—935）。第三，据前文可知，李徵古为"升元末进士"，可再次证
　　明南唐前期科举带有相当的弹性，甚至连有官宦者亦可参加进士考试、获取
　　科第。

190 马令：《南唐书》，卷4，《嗣主书》，第5286—5287页。另外，黄庭坚撰写的
　　《南康军开先禅院修造记》对此有更详细的记载："中主年少好文，无经世之
　　意，喜物外之名，问舍于五老峰下……有野夫献地焉，山之胜绝处也，万金
　　买之，以为书堂……其后中主嗣国数年，乃即书堂为僧舍。"见（宋）黄庭
　　坚著，刘琳、李勇先、王蓉贵校点：《宋黄文节公全集·正集》，收入《黄庭
　　坚全集》册二（成都：四川大学出版社，2001），卷16，第442—443页。

徐景通选择于学风昌盛的庐山构置书斋，可见他颇向往山林习业的出世生活。可惜他终究躲避不了继承皇位的命运，没能派上用场的书斋，也只好捐为佛寺。

除了外出习业，此段时期也可见到不少在家自修的士子。家传九经子史、"灶薪不属而读书自若"的鲁崇范便是一例。另外，出身歙州富裕人家的查文徽，也自"幼好学，能自刻苦，手写经史数百卷"[191]，然因个性豪爽、尽散家财，只好在徐知诰佐政时入谒，幸蒙宋齐丘提拔，其后遂得活跃于南唐中主朝。还有同样在知诰辅政时"囊文而往"，并以出众的"祝史之文"得到录用的周彬，亦是自学起家。《江南野史》记云：

> 周彬，世为庐陵禾川人。自少不治产业，伏膺儒学，刻苦修进，俾昼作夜。其妇尝让之曰："汝徒自如是，卒有益乎？汝家兄弟皆能力稼穑营己，囊箱丰盈。汝之不调，而无思悔，毕向如何？"答曰："卿尝与吾市油数金，是亦力稼营己而已，但岁晚必得力。"[192]

周彬的苦学并没得到其妻太多认同，她反倒希望周彬能像其兄弟那样好好力田耕作。在引文中，周彬仅以"岁晚必得力"敷衍之，然据马氏《南唐书》，周彬似乎是十分坚定地应以"耕田不如耕道，非儿女子所知也"之语。[193] 无论其真实姿态为何，周彬最终

---

191 陆游：《南唐书》，卷5，《查文徽》，第5502页。

192《江南野史》，卷7，《周彬传》，第5204页。

193 马令：《南唐书》，卷14，《周彬传》，第5357页。

成功地以所习博得执政青睐，衣锦还乡。

可以看到，前述能供给士人在家自学的家族，多半拥有一定的学术资源或经济基础。当具备前述条件的家族，又出现几个特别着重文化教育的士人长辈时，其族子嗣自然就有更多被培养为士子的机会。前章提及在唐末徙居江西禾川的颜氏家族便是如此：

> 颜诩，鲁郡公真卿之后，唐末徙居禾川。诩少孤，兄弟数人，事继母以孝闻。雅辞翰，谨礼法，多循先业。迨末年，一门百口，家法严肃，男女异序，少长敦睦。子侄二十余人，皆服儒业。[194]

颜家在如此艰困的时局里，仍能坚守礼法、遵循先业持家。颜诩更躬身作则，连对待族中幼童也"冠带尽礼"。在此门风、家学陶冶下，颜氏昆仲的二十余名子侄也很自然地"皆服儒业"，成为士人群体的一分子。相较前述几位自行力学的士子，颜氏子弟的就学显然要容易许多，这正是家学的一大优势。

有些具有教育热忱的士人，则能在顾好家族教育之余，同时对有就学需求的族外士人进行讲学。曾在徐知诰辅吴时应辟入仕，然不久便弃官返家的九江士人江梦孙就是个好例子。《江南野史》载：

> 梦孙少传先业，颇蕴艺学，旁贯诸经，籍茂声誉，远近崇

194　马令：《南唐书》，卷15，《颜诩传》，第5363页。按：内文本作"徙居木川"，然江西唯有"禾川"，当系抄写之误。

> 仰，诸生弟子不远数郡而至者百人。春诵夏弦，以时讲闻，鼓
> 箧函丈，庠序常盈。……既还家，门生弟子复至……力操耒耜
> 耦耕，暮而归，易衣侍膳毕，然后就庠序，集门生弟子，说释
> 经义如故。……时号为"搢绅先生"。一门百口，敦睦如一。
> 子孙学业，各授一经，《孝》《礼》兼持，江左称之为最。……
> 其后门人弟子仕显达者大半。[195]

江梦孙在出仕以前便已吸引百余名"不远数郡而至"的士子从其
就学。虽然这群门生在梦孙为宦期间曾一度四散，然在他归隐后
又自动云集，人数看来也不下百人，乃一规模可观的私学。另一
方面，梦孙在持家方面也毫不含糊，在他悉心操持之下，"一门百
口"的江家无论是门风或家学都极为特出，是以博得"江左之最"
的美誉。江梦孙内外兼顾、有教无类的教学方针，一方面作育出
许多优秀的政治人才，另一方面也大大推进了当地的文化发展。

此外，在南唐先主朝以"五世同居"闻名，因而获得免除繇役
之优奖的江州陈氏家族，[196] 则将家学与私人讲学这两类私学作了某
种程度的结合。徐锴《陈氏书堂记》曰：

> 我唐烈祖中兴之际，诏复除而表揭之，旌其义也。（陈）
> 衮以为族既庶矣，居既睦矣，当礼乐以固之，诗书以文之。遂
> 于居之左二十里曰东佳，因胜据奇，是卜是筑，为书楼堂庑数

---

195 《江南野史》，卷8，《江梦孙传》，第5210—5211页。
196 马令：《南唐书》，卷1，《先主书》，第5262页。

十间，聚书数千卷，田二十顷，以为游学之资，子弟之秀者，弱

冠以上皆就学焉……四方游学者，自是宦成而名立，盖有之。[197]

陈衮活动于吴唐之际，在南唐先主朝出任江州曹掾。单从内文，
很容易以为陈氏要到此时方建立家学。然据学者研究，陈氏自唐
末以来便是江州望族，且在昭宗时便设有层级不同的家学供族内
子弟就读。[198] 所以较准确的说法应是：陈衮是在既有家学基础上，
另行置地、别立书堂，让族人拥有更充裕的文化资源，再进一步
向族外学子开放。另据《湘山野录》，陈氏还"延四方学者"至书
堂进行教学，并按时给予生活资助（"伏腊皆资"）。[199] 就此看来，
文中所言的二十顷田地，可能便是用来支付此类开销的"学田"。
也因为陈氏家学如此建置井然，又愿意与族外学子分享受教机会，
遂得以培养出许多"宦成而名立"的优秀人才。

由以上的丰富事例，当可略为窥见吴唐之际江淮社会的昌盛
学风。这既有承袭自唐末以来的传统，亦有徐知诰父子崇文偃武、
休养生息方针的推波。在此良好环境下，江淮一带的士人群体遂
得以稳定、蓬勃地发展。

（二）吴唐之际士人的入仕渠道与选择

由于吴、唐之际江淮局势安定，政府、社会又给予文教相当的

197　徐锴：《陈氏书堂记》，《全唐文》，卷888，第9279—9280页。
198　参见许怀林：《"江州义门"与陈氏家法》，收入邓广铭、漆侠编：《宋史研究
　　　论文集》（石家庄：河北教育出版社，1989），第387—400页。
199　（宋）释文莹：《湘山野录》（北京：中华书局，1991），卷上，第16页。

重视，是以一方面能稳定培养在地士子，另一方面又可持续吸纳来自各方的避难与习业士人，从而使得江淮士人群体规模日趋庞大。为了充分且有效地汲引这股力量，江淮政府势必得搭建起各种常规与非常规的入仕渠道。前文屡次提及的射策与科举，便是吴、唐之际常见的选人制度，此不赘述。以下要谈的是辟署、上书献文与荐举这几种方式。

上章已提及州镇辟署在杨吴前期发挥的重要功效；尽管至吴唐之际，由于选举制度的日益完善，辟署已不再是杨吴政权举才的首要选项，然它仍保存着一定的作用，以下略举数例。首先是在南唐中主朝任至兵部尚书的贾潭（881—948）。他是景福二年（893）的明经，曾历任京兆府参军事与秘书郎，后因其父调任江南，而"侍从南迁"。天祐四年（907），其父过世，由于贾潭"服丧过哀，宗党称孝"，遂使得他成为江淮州郡争相辟署的对象。据称：

> 楚、泗郡守，宣城廉使，虚左交辟，三府驰名。……艺祖武帝，创基分陕，侧席求才，素与公周旋，即加礼命。奏记书檄，一以委之……霸功光赫，公有力焉。十有余年，任用无间。[200]

文中的"艺祖武帝"便是徐温。从"创基分陕"之语看来，徐温

200《徐铉集校注》，卷15，《大唐故中散大夫检校司徒使持节泰州诸军事兼泰州刺史御史大夫洛阳县开国子贾宣公墓志铭》，第723页。

积极与贾潭接洽，最终成功辟其为幕僚的时间，极可能发生在天祐十二年（915）徐温出镇润州之后。[201] 此后贾潭便转仕江淮政权，后在南唐任至高层文官。

徐知诰抚政时期，亦有部分士人经由辟署渠道入仕。如在唐末因乱南返，隐于云阳山的洪州诗人沈彬，便在此时为徐知诰所"辟致"。[202] 此外，还有南唐大儒徐铉（916—991），据称他"年十六，遇李氏先主霸有南土，辟命累至"，遂以校书郎释褐，自此成为江淮政权一员。[203] 前文提到的江梦孙，亦因"博综经史、儒行高洁"，为徐知诰所闻，而被"以币帛聘之数四"。由于盛情难拒，梦孙只好勉为其难地短暂出仕。[204] 除了藩府由上而下的礼聘，士人也可主动至藩州幕府求辟。同样出现在前文的周彬，便是听闻镇抚金陵的徐知诰正在"招辟儒生"，方携文而往。[205] 另外，太和二年（930）自北方来奔的常梦锡，则在渡淮后直接至广陵入谒徐知诰，并成功为其"辟致门下，荐为大理司直"。[206] 值得注意的是，杨吴后期的辟署事例，多发生在徐温父子所镇之幕，鲜有各地州长自行征辟的史料，与前期形成强烈对比，反映出徐氏父子强化

---

201 关于"分陕"的意涵及在中古政治史中发挥的作用，详见赵立新：《西晋末年至东晋时期的"分陕"政治——分权化现象下的朝廷与州镇》（台北：花木兰文化出版社，2009）。

202 马令：《南唐书》，卷15，《沈彬传》，第5360页；亦见《唐才子传校笺》四，卷10，《沈彬》，第446—456页。

203 李昉：《大宋故静难军节度行军司马检校工部尚书东海徐公墓志铭》，收入《徐铉集校注》，附录一，第1335页。

204 江梦孙事例，参见《江南野史》，卷8，《江梦孙》，第5211页；马令：《南唐书》，卷15，《江梦孙传》，第5359—5360页。

205 马令：《南唐书》，卷14，《周彬传》，第5357页。

206 马令：《南唐书》，卷10，《常梦锡传》，第5329—5330页。

中央的成效。

及至南唐，仍可见到辟署事例，不过倒不是在州郡藩镇，而是在宰相府。徐铉的《乔公墓志铭》载：

> 公少好学，善属文，弱冠游京都，词藻典丽，容止都雅。烈祖辅政，见而器之，补秘书省正字。丞相宋楚公初获进用，位望日崇，闻君之名，辟置门下。每为文赋诗咏，辄加称赏。由是名誉日洽……[207]

"乔公"指的是乔匡舜（898—972），他在弱冠之年便至江都游历，想来也是在入谒徐知诰时蒙其赏识，得补秘书省正字。志文接着提及匡舜为宰相宋齐丘所辟一事。关于此事的时间点，志文没有交代，然据陆游《南唐书》，当在徐知诰代吴之后。[208] 至于宋齐丘虽在杨吴天祚三年（937）九月任相，不过一直要到升元二年（938）七月才被授以具议政权力的"平章事"头衔。[209] 文中既言齐丘"初获进用"，那么辟署乔匡舜一事，大抵发生在此前后。乔氏在齐丘幕一待便是十余年，还随其出镇洪州。其后宋齐丘受谴，匡舜也"以故吏为累"，可见辟署至其时仍带有浓重的私属性。然整体而言，南唐先主朝的辟署事例要较其前少得多。

---

207 《徐铉集校注》，卷16，《唐故朝请大夫守尚书刑部侍郎柱国赐紫金鱼袋乔公墓志铭并序》，第756页。

208 陆游：《南唐书》，卷8，《乔匡舜传》，第5530页。其文曰："开国，宋齐丘辟置幕中十余年。"

209 陆游：《南唐书》，卷1，《烈祖本纪》，第5466页。

其次是上书论事与献诗文，此举与入谒求辟性质有些相似，皆展现出士人求宦时的主动性。杨吴时期以上书言事留名者，首推汪台符。马氏《南唐书》载：

> 汪台符，歙州人也。能文章，通古今，有王佐才。闻烈祖移镇金陵，台符上书陈民间利害十余条，大率以富国阜民为务。烈祖善之……升元中，限民田物畜高下为三等，科其均输，以为定制。又使民入米请盐，货鬻有征税，舟行有力胜，皆用台符之言。[210]

知诰移驻金陵时在太和三年（931）十一月，汪台符当在其后不久便即上书。《江南野史》称"建康有处士汪台符，上书陈九患利害之说"，看来台符其时可能已移居于金陵。[211] 据引文可知，台符所上的"九患利害之说"大抵偏于财税管理一类，亦即所谓"以富国阜民为务"。知诰对其言极为称善，也频频向其请益。想来是锋芒太露，台符似乎未及授官，便被忌妒其才的宋齐丘所害，没有机会一展长才。另外，还有"诣阙上书，累官至郎省"的鄱阳士人周继诸，然囿于史料，今日已无法知悉上书内容。[212]

---

210 马令：《南唐书》，卷14，《汪台符传》，第5354页。

211 唯据《续唐书》与《十国春秋》，台符似曾为陶雅幕客，若然，则当于离幕后转居金陵。见（清）陈鳣：《续唐书》，收入《二十四史订补》册九（北京：书目文献出版社，1996影印道光四年刻本），卷60，《汪台符传》，第1168页；《十国春秋》，卷10，《汪台符传》，第142—143页。

212 《江南余载》，卷7，第5120页。文中并没确载周继诸上书时间，仅知他在南唐中主朝时便已告老归乡，召而不起。就此回推，至晚应是在先主朝。不过他既能"累官至郎省"，当也出仕了一段时间，所以笔者认为较有可能在杨吴后期。

献诗文者则有沈彬。不过他是在应辟时顺道献上，与主动进献仍有些微差别。《江南野史》云：

> 先主移镇金陵，旁罗隐逸、名儒、宿老，命郡县起之。彬赴辟命，知其欲取杨氏，因献《观画山水图诗》："须知手笔安排定，不怕山河整顿难。"先主夙闻其名，览之而喜，遂授秘书郎。[213]

沈彬本以善诗闻名，应辟时又能揣摩、迎合上位者心理，遂得顺利获拔用。由此可知，士人在谒见求宦时，除以举止谈吐博取执政好感外，拿出自己得意之作进献，有时亦可发挥加分效果。然就现有史料看来，吴唐之际借由献诗文入仕的例子并不多，要至南唐中、后主时期方日益普及，相当程度上体现了三主对文学取士的不同态度。

最后要提的是荐举。荐举乃唐代选官制度中的一条重要渠道，大体可分为公荐与私荐两大类。公荐历经了一个长期发展的过程，在中晚唐逐步制度化，诸如举人自代、中央要员与县令荐举，以及冬荐等制，皆在此时期形成。[214] 不过随着唐帝国的崩溃，制度化的公荐不复可行，因而吴唐之际所见的荐举，基本上都得通过政治权要作为中介，带有较强的私荐性质。在吴唐之际通过荐举入

213《江南野史》，卷6，《沈彬传》，第5198页。

214 唐代荐举制的概括介绍，可见宁欣：《论唐代荐举》，《历史研究》1995年第4期（北京），第125—134页；张辉：《略论唐代荐举》（首都师范大学硕士论文，2009）。

仕的士人中，宋齐丘是最为知名者。他大约在天祐九年（912）前后，为"素好士"的淮扬骑将姚洞天举荐给徐知诰，知诰大赏其才，遂署其为升州推官。[215] 宋齐丘由是成为知诰幕下的首席谋臣。齐丘得势后，也常以荐举方式提拔自己欣赏的士人，例如：

> 陈觉，宋齐丘之客也。齐丘荐为楚王景迁教授……
>
> 魏岑，字景山，郓州人也。……避乱淮南，署郡从事，久不得志。数以计策干宋齐丘，荐授校书郎。
>
> 查文徽，不知何许人也。用宋齐丘荐，授元帅府掌书记，迁秘书郎。[216]

由于宋齐丘的关系，陈觉、魏岑等人彼此也有所往来，因此他们入仕后，便很自然地集结成一个以齐丘为中心的士人集团。除宋齐丘以外，亦可见到其他大臣的荐才之举，例如常梦锡便曾向先主举荐不满朝廷以法律、经义取士，以致"杜门不求仕进"的徐锴，可惜未及登用李昇就溘然而逝。[217] 李昇自己也曾要求大臣举荐可为朝廷所用的人才。陆游记云：

> 烈祖……尝诏公卿举可亲民者，意齐丘且举（乔）匡舜。

---

215 见（宋）陶岳：《五代史补》，卷2，《宋齐丘投姚洞天》，第2493页。该书收入傅璇琮主编：《五代史书汇编》伍（杭州：杭州出版社，2004）。诸葛计对于宋齐丘受举一事有很详尽的整理，见《南唐先主李昇年谱》，第40—42页。
216 上引三例出自马令：《南唐书》，卷21，《党与传下》，第5392、5397页。
217 陆游：《南唐书》，卷5，《徐锴传》，第5501—5502页。

奏上，烈祖喟然谓常梦锡曰："吾不意其舍匡舜也。"[218]

可以留意的是，其时乔匡舜业已入仕，所以对他而言，举荐效果应是在超次拔升，而非提供出仕机会。唯就此诏文字看来，只要符合"亲民"条件者，皆有被举荐的资格，是以范围应不仅限于官员，而有助于南唐政府吸纳在野士人。

附带一提，吴唐之际（909—942）仍有一定数量的东南士人排除万难，北上应举。据《登科记考补正》，自唐亡至南唐先主时期，北朝的登科东南士人计有12名——进士10名、明经2名——占此时期所有登第知名者的16%（12/76）。[219]与唐末科场相比，东南士子显然要沉寂许多。这12人中，6名出自福建，2名出自浙东，仅4人出自幅员最大的江淮，分布颇不平均。就此看来，北朝科举对于江淮政权治下的士人吸引力不是很大。不过，由于史料性质关系，此处不宜太过看重这些数字的意义。[220]比较好的方式还是从信息较多的个案切入。

从某些事例看来，北方科第对部分南士仍颇具吸引力。如曾

---

218 陆游：《南唐书》，卷8，《乔匡舜传》，第5530页。

219 根据孟二冬《登科记考补正》，908至942年间共录取了418名进士，其中只有83人留下名姓，比例不及二成；明经录取人数不详，知姓名者亦仅有3名。

220 这12条资料，2条出自明清地方志，3条出自族谱，可信度较低。例如引自《浯田程氏宗谱》的"程大雅"条，便记载他是由"淮南杨太傅荐之梁朝"，乾化三年（913）登第后南归，转仕南唐。不过杨吴奉唐正朔，并不向后梁称臣，不太可能像吴越那般举贡人才至北朝，就此看来，此条史料相当可疑。此条材料见《登科记考补正》，卷25，《乾化三年》，第1062页。吴唐之际东南举子的基本信息，请参见本文附录九"杨吴后期至南唐时期北上应举的东南士人表"。

至庐山向陈沆习诗、自号"九华山人"的江南文士熊皦，据闻便留下许多下第诗，颇有"老于场屋"的味道，后终在后唐清泰二年（935）考取进士第；[221] 再如泉州士人黄仁颖，他不仅多次应举，更先后在后梁贞明四年（918）及后唐天成二年（927）考中明经与进士，传为州里佳话。[222] 至于登第之后，固有部分士人就此留仕北朝（如熊皦、陈保极[223]），但亦有因各种考量而归乡或转仕他方者（如江文蔚、张纬），就此看来，至北朝应试的东南士人不见得就对北方政权抱有较高认同，他们有时可能仅是冲着科第的社会、文化价值而往，是以目标达成后自也无意羁留北境。

（三）吴唐之际江淮政权中的士人构成

接着要来检视自杨吴后期至南唐先主时期（908—943），江淮政权里的士人构成状况。笔者从现有史料爬梳出八十余名活动于此期间的江淮文臣，制成"吴唐之际江淮文臣列表"，置于文末，以下分析便是以此表为依据。然有几点得先加以说明。第一，此表包含部分杨吴前期文臣，因为只要他们没有太早过世或转仕，我们泰半能在吴唐之际见到其踪影。其次，并非所有列于表中的文臣皆可称作士人，亦有少部分欠缺经史或文学涵养的"文吏"

---

221 陈振孙评熊氏《屠龙集》曰："集中多下第诗，盖老于场屋者。"见（宋）陈振孙：《直斋书录解题》，卷19，《诗集类上》，第581页；熊皦生平，见《唐才子传校笺》四，卷10，《熊皦》，第505—509页。

222 《太平广记》，卷407，《草木二·异木·登第皂荚》，第3295页。

223 陈保极在《旧五代史》与《续唐书》中有截然不同的记载，前者称他在天福年间卒于北朝，后者则称他与弟元亮并仕南唐，以才学显，被后主誉为"二英"。笔者此处从《旧五代史》。分见《旧五代史》，卷96，《陈保极传》，第1272页；《续唐书》，卷56，《陈保极传》，第1150页。

型人才，他们基本上不被纳入讨论范围。[224] 最后，下文虽就表中特定信息进行统计，但并不意味这些数字具有太多统计学意涵。这一方面是因为列于表中者绝大多数属于中上层文官，难以反映基层情况，另一方面则是样本数过低，误差范围自然也大。但若不拘泥数字本身，而着眼于大体结构，笔者相信相关统计仍有助于辨识出一些重要的历史趋势。

所谓"士人构成"状况，在此主要指阶层与地域两项。先来看阶层分布。若把仅活动于杨吴前期者，及被归于"文史"者扣除，那么便剩下81名有效样本。其中出身士族者约9人，小姓者30人，余下皆为出身寒素或身份不详者。以比例看，士族约占一成、小姓四成，寒素或出身不明者则有五成强。小姓犹有可说，在这30人中，有15名是杨吴集团的第二代或第三代，其中文臣后代11名，武臣后代4名。至于祖上曾任唐臣者约只有10名，其余5名则为在唐末世乱中崛起的"新兴阶层"。[225] 上述阶层分布有何历史意义呢？当我们拿首章对唐末中央枢要官员的阶层分析，与其进行对比，便可以清楚看到此间差异：过去为士族大姓牢牢垄断的政治场域，在吴唐之际已大幅向小姓、寒素敞开。于是乎，在唐末备受压抑的寒素士人，遂拥有远较过去为多的政治实践机会。

接着来看地域分布。以下是80名士人的籍贯分布状况：

---

224 当然，此分类并非绝对，其间仍存在着模糊地带，不过笔者认为这可提醒我们意识到"文臣集团"的内在复杂性，所以仍尽可能依据史料作出基本分判。

225 参见附录七"吴唐之际的江淮文臣表"中出身栏的统计。杨吴集团后代者的编号分别为13、27、39、43、44、46、59、60、62、63、64、65、66、71、74；祖上曾出任唐臣者的编号则为15、29、32、50、49、52、54、55、70、72、73。

表3-2 吴唐之际江淮政权中的士人籍贯分布

籍贯 时间	北 方				南 方				江南东			江淮	不明	总计
	京畿	都畿	河北	河南	北人	淮南	福建	江南西	宣歙	浙西	浙东			
杨吴前期	2	1	1	0	4	4	1	4	2	4	1	0	0	24
吴唐之际	3	1	4	6	1	13	4	12	6	1	0	1	5	57
总计	5	2	5	6	5	17	5	16	8	5	1	1	5	81

就整体结构看来，出身江淮政权辖区中——淮南、宣歙、浙西、江西——的士人无疑占最大宗，比例约有 57%（46/81），前后期分别为 58% 与 56%，相去不远。其中，杨吴政权发源地淮南与主要扩张区江西，乃江淮政权最主要的士人来源地，前者集中在扬州，后者较为分散。两浙士人则多在杨吴前期加入，后期可见者只有出身金陵的张居咏。这当与两浙士人因地缘关系而多选择向吴越辐辏有关。值得注意的是，吴唐之际开始有部分福建士人主动前往淮南政权寻求发展，如福州人潘承祐（？—962）与建州人廖居素，此显示江淮政权对闽士具有一定的吸引力。

另一方面，北士在江淮政权亦占有相当比例：杨吴前期约为33%（8/24），吴唐之际则有27%（15/56）。就大致结构看来，比例还算稳定。这些北士多为唐末时期来南方避难者及其后裔，至于在吴唐之际从北方政权来奔者有6例（韩熙载、孙晟、常梦锡、张易、高越、江文蔚）。若就出身言，北士的士族有8名，小姓9

名，寒素4名，1人不明，这与南方士人的出身结构相比（士族1
名，小姓21名，寒素31名，不明4名），差异极为显著。[226] 前者凭
借其官僚经验，还有对典章制度的熟稔，为江淮政权提供许多政
治正当性基础，杨吴前期李俨的"承制"之举如此，吴唐之际常
梦锡、江文蔚对礼制创建的贡献亦然；相对地，东南士人则源源不
绝地提供给江淮政权所需的各类文职人才，进一步巩固此在地政
权的社会基础。

由此可知，江淮政权创立的最大受惠者无疑是广大东南寒素士
子——特别是杨吴、南唐治下的江淮地域，他们通过前述各种入
仕渠道，在吴唐之际打入江淮政权，并构成其中的文臣主体。但
我们也不能忽视江淮政权中的北方士人，尽管他们人数较少，然
其丰厚的政治经验恰为东南士人所欠缺，发挥了甚为重要的补充
作用。

（四）吴唐之际士人的政治认同与理想

最后，笔者要对吴唐之际的士人政治认同问题，及其抱持的政
治想望，进行一些讨论。大体说来，活动于吴唐之际江淮一带的
士人多颇认同该地政权，因为相较其他势力，徐温父子治下的杨
吴与南唐可说是对士人最友善的政权之一，是以只要能顺利入仕，
多数士人都会选择长期待在此政权中；即便是对政治较不热衷的不
仕或弃官士人，也愿意留在其境从事相关文化活动。就笔者所见，
于这段时期转仕他方的士人，仅有福建士人潘承祐。关于潘承祐

---

226 亦请参见附录七"吴唐之际的江淮文臣表"。

的转仕经历，可见其子潘慎修（937—1005）的墓志：

> 烈考承祐……尝事吴为蕲州法曹掾，郡守以非法致死罪，抗议不夺，投手版而归。王延政据建安，且欲倚以为相。[227]

潘承祐出任杨吴"蕲州法曹掾"的时间不确，然据《资治通鉴》，王延政出任建州刺史的时间是后唐长兴二年（931），直到天福五年（940）至六年（941）延政引兵与其兄王曦相攻时，潘承祐已在其幕中，可以推知他是在此期间为延政所揽。据此回推承祐事吴时间，极有可能落在徐氏父子主政的杨吴后期。由于不满地方官员执法失当，承祐弃官返闽，而得到王延政重用。不过在王延政于保大三年（945）被中主攻灭之后，承祐又再次回到江淮政权怀抱，直至终老。

　　在此期间，唯一对士人政治认同带来较大冲击者，是吴唐禅代一事。尽管自徐知诰专政以来，吴人已尽知杨氏之祚早晚将移，多数士人也都抱持着静观其变乃至乐观其成的心态，然而，还是可以发现有"人情尚怀彼此，一二不乐"的记载。[228] 甚至可以看到几则尽忠杨氏的案例。如徐知诰的其中一名幕僚徐融便是如此。史称徐融"刚方率直，少所曲徇，身处齐幕，而实乃心杨氏"[229]，

---

227 杨亿：《武夷新集》，卷9，《宋故翰林侍读学士朝奉大夫右谏议大夫骑都尉赐紫金鱼袋荥阳潘公墓志铭》，第18—19页。此外，马令《南唐书》与《唐余纪传》亦有载，然内容较简略。
228《南唐近事》，卷2，第5056页。
229《十国春秋》，卷10，《徐融传》，第141—142页。

常作诗讽谏，结果惹来知诰大怒，被沉入江中而亡。[230] 曾"入辅吴世子琏于东宫"的沈彬虽没采取如此激烈的手段，不过在"禅代之后"，也"绝不求进"，仅靠同乡士人周济过活。[231] 此外，同样对杨氏不离不弃者，还有刘鄩（908—966）。他年少时即因母亲的裙带关系，被送入宫中侍奉杨溥。杨溥即位后，刘鄩也随之被任命为殿前承旨、检校礼部尚书充崇贤殿使等职。正因他与杨溥的关系如此紧密，所以他始终无法认同徐氏代杨行径。其墓志写道：

> 及转俯代谢，众或将迎，君侃然正色，有死无二，游说之词不能入，权利之势不能动。于是阉竖希旨，以飞语中之，坐除名流池阳郡。明年，有唐受禅，烈祖嘉君尽忠，亟召之还，除常州长史，悉还其官阶田宅。未几，又改和州长史，听归广陵旧居。[232]

由志文可知，禅代前夕有许多人先后对刘鄩威逼利诱，然他都不为所动，最后遂被流言中伤，被流放至池州。李唐建立后，先主非但没有责怪他，反倒将其召还，先后除授他为常、和二州长史，

---

230 徐融作诗讽谏事例有二。一见《诗话总龟》："南唐徐融《夜宿金山诗》云：'维船分蚁照，江市聚蝇声。'烈祖性严忌，宋齐丘谮之，以竹笼沉于京口。"二见《五代史补》，卷3，《李昪得江南》："初，昪既畜异志，且欲讽动僚属。雪天大会，酒酣出一令，须借雪取古人名，仍词理通贯。时齐丘、徐融在坐，昪举杯为今曰：'雪下纷纷，便是白起。'齐丘曰：'着屐过街，必须雍齿。'融意欲挫昪等，遽曰：'来朝日出，争奈萧何？'昪大怒，是夜收融投于江。"据此看来，徐融可能不是初犯，才会惹得徐知诰大发雷霆。

231 马令：《南唐书》，卷15，《沈彬传》，第5360页。

232 《徐铉集校注》，卷16，《唐故常州团练判官检校尚书左仆射刘君墓志铭》，第777页。

以褒奖其赤诚。然刘鄩皆坚决不受，毅然决然地归返广陵旧居，自此"闭门却扫，高谢人间"，至中主朝时亦如是。据说其行止深获士林赞许，为其撰写志文的徐铉更认为此"足以激扬薄俗，垂示将来"。不过整体看来，前述事例究属少数，泰半吴唐之际的士子对江淮政权大抵仍抱有颇高的政治认同。

最后，让我们把焦点转到政治理想这个议题上。身处此一分裂的动荡时代，吴唐之际的士人对于政治究竟抱持着什么样的期待与想望？这是个非常值得探究的课题，可惜与此相关的史料不多，难以进行深入讨论，于此仅能拈出几条值得注意的线索。

首先要提及的，是产生于此期间的一本重要政论著作——《化书》。《化书》作者向有道士谭峭与宋齐丘二说，实情为何今日已难知晓，不过既传与宋齐丘有关，大抵可视为吴唐之际江淮一带的思想产物。这本书过去虽没有引起学界太多关注，然相关研究其实所论颇深。最具代表性的要属萧公权与John C. Didier（狄·约翰）二人，前者在《中国政治思想史》中曾对此书进行全面且深入的综论；后者则由文献学、思想史等视角，对《化书》的作者问题、内在编次及历史地位等课题作出极为细致的文本研究。[233] 笔者拟在萧氏基础上略作衍伸。《化书》共分六卷，内容分

---

233 分见萧公权：《中国政治思想史》上（台北：中国文化大学出版部，1988），第十三章第五节，《谭峭》，第440—446页；John C. Didier, *Way Transformation: Universal Unity in Warring States through Sung China. The "Book of Transformation" ("Hua Shu") and the Renewal of Metaphysics in the Tenth century*（Ph. D. dissertation, Princeton University, 1998）。关于《化书》作者问题，见John C. Didier, "Messrs. T'an, Chancellor Sung, and the Book of Transformation（Hua shu）: Texts and the Transformations of Traditions", *Asia Major* 11,（1998）。

别为道、术、德、仁、食、俭六化，旨在说明因应世变而生的六项治化之术。萧公权认为，《化书》虽以道家之无为作为治术的最高理想，然真正的侧重点实在食、俭二化。简言之，此二化认为为政者当使天下足食，并奉己以俭，如此方有推行仁义礼乐的可能。这显是针对唐末五代的征战乱离、民不聊生之惨境而发，萧氏对此大赞"真仁者之言"也。[234]

有意思的是，我们似乎可从李昇的某些施政举措上，看到《化书》主张的影子。例如他在辅佐吴政之初，便采纳宋齐丘建议，尽蠲按亩缴纳的丁口钱，余下税收改征谷帛等实物，此举对于过去深受"钱重物轻"所苦的广大农民们无疑是一大福音，所以尽管州县因此"岁失钱亿万"，却使得"江、淮间旷土尽辟，桑柘满野，国以富强"，颇与"食化"之旨相合。[235]此外，李昇又是个以俭省闻名的统治者，《资治通鉴》称他"性节俭，常蹑蒲屦，盥颒用铁益，暑则寝于青葛，左右使令惟老丑宫人，服饰粗略"[236]。陆游亦载：

> 建国始，即金陵治所为宫，惟加鸱尾、设栏槛而已，终不改作。元宗为太子，欲得杉木作板障，有司以闻，帝曰："杉木固有之，但欲作战舰，以竹作障，可也。"[237]

---

234 这段概括主要参考萧公权：《中国政治思想史》上，第442—445页。
235 《资治通鉴》，卷270，后梁均王贞明四年（918）七月，第8832页。
236 《资治通鉴》，卷282，后晋高祖天福六年（941）十一月，第9230页。
237 陆游：《南唐书》，卷1，《烈祖本纪》，第5470页。

李昇的寡欲止奢行径，深契"俭化"所倡。这很可能不是单纯的巧合。从史籍看来，李昇本具强烈的道教信仰，且他不仅为求一己之福，更曾向道士王栖霞询问治国之道，可见他颇有意援引道家政论至政治场域。[238] 既然如此，他自可能通过宋齐丘或相关道士得知《化书》一书或与其相近的思想，进而影响其施政。若然，则南唐先主朝的政治，或可视为道家政治理想的部分实现。

另一方面，随着江淮地域承平日久、国力日厚，在士人群中也开始出现一些开疆扩土的言论。其中既有劝其北伐者，亦有力主征越者，这在前文皆已提及，此处再引一段《钓矶立谈》中的文字，以阐明其时主战派的具体主张：

> 唐祚中兴，大臣议广土宇，往往皆以为当自潭越始。烈祖不以为是，一旦，召宋齐丘、冯延巳等数人俱入……冯延巳越次而对曰："河山居中，以制四极，诚如圣旨。然臣愚以谓……陛下抚封境之内，共己静默，所以自守者足矣。如将有所志，必从跬步始。今王潮余孽，负固闽徼，井蛙跳梁，人不堪命。钱塘君臣，孱弱不能自立，而又刮地重敛，下户毙踣。荆楚之君，国小而夸。以法论之，皆将肇乱，故其壤接地连，风马相及，臣愚以为兴王之功，当先事于三国。"[239]

238《江南余载》载"烈祖夜坐南薰阁，召见道士王栖霞，问何术可致太平。栖霞对曰：'治身治心乃治家国之本，今陛下饥嗔饱喜，尚不能节，何以福及苍生？'是时元宗母宋后在帘中听之，叹为至语。"见是书，卷上，第5106页；至于李昇的道教信仰，参见《资治通鉴》，卷283，后晋齐王天福八年（943）二月，第9244—9245页。

239《钓矶立谈》，第5010—5011页。

在延巳发言之前，李昪已先在群臣面前申明他之所以"不能躬执干戈，为士卒先者"，乃因南唐地势不便，难以在此四战之地脱颖而出，是以不如自守静待时机。对于先主之策，冯延巳觉得过于保守，他建议先主不妨先从与唐比邻的闽、吴越、马楚等三国图起，循序渐进，以兴王业。接着他更缕析三国内政之失，欲说服李昪改变对外政策。然坚持寝兵的李昪，最后仍以"我之存三国，乃外以为蔽障者也"为由，否决了主战派的用兵之请。是以终先主朝，南唐皆不曾主动发起扩张行动，遂使江淮居民得以享有一段"耕织遂滋、文物彬焕"的美好时光。[240] 但另一方面，主战派论述并没有因为先主的压抑而就此噤声，反倒成为一道伏流，静静等待着爆发时刻。

小结

本章花费颇长篇幅，说明吴唐之际江淮政权转向文治，与徐氏父子意欲摆脱杨吴前期藩镇体制下州长专政之旧习，以巩固己身统治地位的意图有极密切的关系。为达成前述目的，他们推行一系列创建中央集权体制的举措，至于贯穿其间的精神，可以"崇文偃武"加以概括，诸如加强州镇掌控、修缮礼制与法典、重用文职人才、完善选举制度、推动文教建设、励行息兵政策等，皆可放在此脉络下理解。其结果是：吴唐之际的江淮政权逐渐摆脱前期浓厚的武质色彩，转为一个由文臣集团主导国策方针的政体。

240《钓矶立谈》，第5007页。

与此同时，也要留意这个转向不单只是政治力的推动使然，更有一定的社会、文化基础，这可以从非文臣集团的"文质化""士人化"看出端倪。另一方面，江淮私学之昌盛，也让该地得以培养出颇具规模的士人群体。正因有这样的人力资本，江淮政权的文治转向方有落实可能。

与此同时，吴唐之际江淮政权的取士渠道亦日趋多元。既有延续自前期的藩镇辟署，还有逐步完善的荫补与科举，此外，非常规性的上书言事、进献诗文、要臣荐举也相当常见。在政府大力延揽下，以寒素为主体的东南士子遂拥有远较此前为多的入仕机会。在境内士人外，徐知诰也极为留心避难北士的动态，更遣专员进行有计划的搜罗，是以此时期亦有相当比例的北士为江淮政权吸纳。相较于在地士人，北士多半具有官僚背景与从政经验，是以其加入极有助于江淮政权的科层化进程。随着江淮政权文治程度的提升，士人的政治实践空间也益发扩大，诸如制度的创设与维系、教育事业、司法审判、地方行政等，皆成为士人所需担负的政治职司，这在南唐朝尤为明显。这便使得吴唐之际的士人多对江淮政权抱持着颇为高度的认同与期许。

值得留意的是，尽管李昪在政治上大举拨用士人，在态度上更极尽优容之能事，[241] 但与此同时，他也很有意识地将日趋成为政治

---

241 李昪对于文臣的优容，可从他对待宋齐丘的方式窥见一二。李昪曾言："吾少时与宋子嵩论议，好相诘难，或吾舍子嵩还家，或子嵩拂衣而起。子嵩携衣笥望秦淮门欲去者数矣，吾常戒门者止之。"后来宋齐丘因宦途不如预期，而屡出怨怼之言，然李昪仍以礼相待。分见《资治通鉴》，卷279，后唐潞王清泰二年（935）三月，第9129页；卷281，后晋高祖天福二年（937）十月，第9183页。

主体的士人，置于可掌控的范围内，而不愿让他们享有过于庞大且牢固的权力，这反映在他架空宋齐丘，以及在升元五年（941）罢黜"执政岁久"的李建勋等事上。据《资治通鉴》，此乃李昇"自以专权取吴，尤忌宰相权重"所衍生出的防备心理。[242] 然而，这样的危机意识，却没有被自幼养尊处优，并为文人雅士围绕的中主李璟继承，是以自中主登基后，文臣集团的权力迅速膨胀，南唐政权也因而迈向"文官政治"的巅峰。

242《资治通鉴》，卷282，后晋齐王天福六年（941），第9219页。罢黜李建勋的
诏文今日犹可见得，文称建勋"幸处台司，且联戚里，靡循纪律，敢黩彝
章，其罢归私第"。见《全唐文》，卷128，《罢李建勋诏》，第1279页。

第四章

南唐二主时期的"文官政治"与士人发展

在后唐同光四年（926）南奔的北海名士韩熙载（902—970），可说是南唐二主时期最为活跃的士人官僚。尽管他在奔吴之初因"放荡嬉戏、不拘名检",[1] 长期为执政所抑，使他迟迟没有机会带领吴国"长驱以定中原",[2] 然凭借其过人才学，熙载还是在吴唐禅代之际蒙先主所征，以秘书郎身份出掌东宫文翰。也因身处太子李璟左近，是以李璟即位（943）后，熙载旋以东宫旧人之故，受拜为虞部员外郎、史馆修撰。历经十余年的沉潜，熙载终于得到一展长才的良机。[3]

韩熙载首先运用他丰厚的典章知识，对南唐朝仪中"吉凶礼仪

1　马令:《南唐书》,卷13,《韩熙载传》,第5347页。

2　《资治通鉴》,卷275,后唐明宗天成元年（926）八月,第8992页。

3　史称他自此"始数言朝廷事所当施行者，展尽无索回隐"。见陆游:《南唐书》,卷12,《韩熙载传》,第5559页。

不如式者"[4] 加以举正，其后又在议定李昪庙号时，协助判太常事的江文蔚总理相关事宜，据称"凡书疏论难，皆成于公手。由是庙号尊谥，定于一言"，熙载也因而为士林誉为"真博士"。[5] 先主下葬后，中主再命熙载权任知制诰，起草朝廷诰命，这使得他益发接近政权核心。为回报中主的知遇之恩，熙载开始更积极地参与国事，徐铉追述道：

> 〔韩熙载〕未及听政，章疏相属，或驳正失礼，或指摘时病，由是大为权要所嫉，竟罢其职。[6]

文中的"权要"，大抵便是后世所称的宋齐丘党人，这在下文还会谈及；至于熙载罢职之因，据说是因其"性懒，朝直多阙"，而被宋党人士冯延巳奏劾。[7] 为缓和朝臣内部的对立，中主只好罢去熙载知制诰一职。这约莫是发生在保大元年或二年（943、944）的事。

在现存史料中，看不到韩熙载在保大二年至四年（944—946）间的任何记录，而其时恰好是南唐致力向外扩张的发端。保大二年（944）三月，闽国大乱，南唐中主一改先主保境自守的国策，派兵入闽，并在保大三年（945）先后取下建、泉、漳、汀诸州，

4　马令：《南唐书》，卷13，《韩熙载传》，第5347页。
5　《徐铉集校注》，卷16，《唐故中书侍郎光政殿学士承旨昌黎韩公墓铭》，第750页。
6　同上。
7　马令：《南唐书》，卷13，《韩熙载传》，第5348页。

然因福州坚不肯降，而使战事迟迟无法终结。就在南唐疲兵闽地之际，北方王朝陷入大乱。保大四年（946）十二月，契丹攻灭后晋，耶律德光入主中原。隔年（947）正月，密州刺史皇甫晖、棣州刺史王建率众南奔，淮北诸地贼帅则先后向南唐求援。值此之际，韩熙载的身影又出现在史籍当中。他向中主上疏道：

> 陛下恢复祖业，今也其时。若虏主北归，中原有主，则未易图也。[8]

揆诸北方局势，此刻确是发兵中原的大好时机。然其时南唐大军方陷于福州战场，根本无暇北顾，熙载所言无论如何有理，皆无施行可能。南唐只能坐失良机，白白看着契丹北归、后汉建立。

更惨的是，耗费南唐国本极巨的征闽战争，[9] 最终因诸将间的争功，导致全面性溃败，无缘尽获闽地。[10] 中主本欲问斩擅自发兵

8　《资治通鉴》，卷275，后汉高祖天福十二年（947）正月，第9338页。

9　《资治通鉴》载："唐主以江州观察使杜昌业为吏部尚书，判省事。先是昌业自兵部尚书判省事，出江州，及还，阅簿籍，抚案叹曰：'未数年，而所耗者半，其能久乎！'"此事系于唐师围攻福州不下的保大四年（946）十一月。胡三省亦注云："史言唐之府库，耗于用兵。"可见南唐征闽对于国本之影响。至于建州之役，据载"唐兵死者二万余人，委弃军资器械数十万，府库为之耗竭"。以上两段分见《资治通鉴》，卷285、286，后汉高祖天福十一年（946）十一月、天福十二年（947）三月，第9338、9350页。

10　尽管如此，征闽之役仍让南唐国境东界推展至建、汀、漳、泉诸州。不过，泉、漳在保大五年（947）之后复落入在地军阀留从效之手，虽然名义上仍为南唐属地，然并不受其节制，形同独立。留从效的自立，参见《资治通鉴》，卷286，后汉高祖天福十二年（947）十一月，第9350页。

的陈觉，以及为吴越援军所败的冯延鲁二人，不过在国老宋齐丘、宰相冯延巳调解下，中主决定将罪责改为流徙。此时，韩熙载再度上言：

> 臣观觉等罪不容诛，但齐丘、延巳内为陈请，所以得全。且擅兴者不罪，则疆场生事；丧师者获存，则行阵解体。请行显戮，以重军威。[11]

无奈中主心志已坚，熙载之言非但不为所用，反而因此再度得罪宋党，后被诬以"嗜酒猖狂"之罪，左迁为和州司事参军。此后数年，熙载一直在地方上迁转，直到保大九年（951）前后方被征还朝廷，复任虞部员外郎。

另一方面，尽管中主在闽地丧师后，于保大八年（950）正月颁布一道悔兵之诏，表达他对"兵连闽越""务为穷黩"之事的反省，[12]不过中主与其亲信依然没有打消扩张企图。是年六月，马楚内乱，中主旋应楚王之兄马希萼之请，发兵楚地，助其夺得政权。然而，马希萼的统治失御，引发部将与国人强烈不满，保大九年（951）九月，楚将徐威等人起事，囚禁希萼，改立其弟希崇。然希崇亦感地位可危，暗向南唐请兵。中主遂令湖州安抚使边镐将兵万人直捣长沙。十月，镐入潭州，马楚遂亡。伐楚的成功，让

---

11 马令：《南唐书》，卷2，《嗣主书》，第5272页。
12 马令：《南唐书》，卷3，《嗣主书》，第5275页。《全唐文》将此诏定名为《恤民诏》，见卷128，第1279页。

中主备感振奋，大大增添他对外用兵的信心。[13]

　　凑巧的是，北方政局再度于南唐对外起衅时生变。保大九年（951），后周初建，曾与后周太祖郭威兵戎相见的泰宁节度使慕容彦超内不自安，遂于隔年（952）正月起兵兖州，同时向南唐乞师，中主立即发军五千，北上赴援，结果为周师大败于徐州，死者千余。尽管如此，仍有朝臣认为此乃天赐良机，应乘势进取中原，然而，向来支持北伐的韩熙载却在此时跳了出来，断然反对此议，他上言道："郭氏有国虽浅，为治已固，我兵轻动，必有害无益。"[14]熙载前后立场的转变，充分展现他审时度势的敏锐洞察力。

　　中主其后果真没有与后周为敌，不过这不完全是熙载一席话使然，更重要的原因在于，其时南唐正致力与南汉争夺楚国南方旧地。为支持南线作战，中主听从冯延巳建议，大举征用楚地资源，结果引发楚民强烈反感。所以当楚国旧将刘言在保大十年（952）十月于朗州起事后，很快便得到楚民响应，不到一个月时间便"尽复马氏岭北故地"，没有兴复成功的郴州与连州则落入南汉之手。[15]换言之，南唐的征楚除了劳民伤财外，可说一无所获。经闽、楚二役，南唐国势大衰，再无对外启衅之力。

　　相对于南唐的内缩，北方后周则蠢蠢欲动起来。保大十二年

13　其时曾有礼官请中主亲行郊祀之礼，中主则以"俟天下一家，然后告谢"，显见他对扩张一事抱有颇高的期待与信心。《资治通鉴》，卷290，后周太祖广顺元年（951）十月，第9466—9467页。

14　《资治通鉴》，卷290，后周太祖广顺二年（952）二月，第9475页。

15　《资治通鉴》，卷291，后周太祖广顺二年（952）十月，第9484页。

（954），后周世宗即位，开始积极拓疆，而与其"接境几二千里"[16]
的南唐，自然成为首要攻取目标。保大十三年（955）十一月，后
周正式南侵。隔年，双方便于淮南一带展开激烈攻防。周师在上半
年势如破竹，几乎席卷淮南全境，仅剩寿州勉力孤守；然因管理失
当，淮民相率起义，唐师也乘机收复淮南诸州。就在此形势一片大
好之际，监军使陈觉却挟私怨，意欲夺取北方降臣朱元的兵权，致
使朱元愤而降周，唐师由是全面败溃。至保元十五年（957）年底，
淮南诸州又多落回周师手中。欲振乏力的中主，只好在次年（958）
三月尽献江北郡县以求和，南唐自此沦为奉北朝正朔的附庸之国。

淮南战事爆发之初，韩熙载便曾上言监军使一职之不便，然终
不敌中主对陈觉的宠信，以致酿成南唐大祸；[17]战败后，中主幡然
悔悟，先后清算了宋齐丘、陈觉等"宋党"人士，也让素与其不
协的韩熙载有了更多议政空间。显德六年（959），熙载被中主拜
为户部侍郎充铸钱使，让他负责总理因岁时贡奉过巨导致的财政
问题。[18]经过数年筹备，熙载终在后主即位后四年（964）推行新
币制，据说成效斐然。[19]或因如此，后主格外看重熙载，甚至抛却
因朱元之叛而对北人蒙生的防备心理，屡欲拜其为相。[20]然碍于熙

---

16 后周比部郎中王朴语，见《资治通鉴》，卷292，后周世宗显德二年（955）
四月，第9526页。

17 陆游：《南唐书》，卷12，《韩熙载传》，第5559页；《资治通鉴》，卷293，后
周世宗显德三年（956）三月，第9551页。

18 《资治通鉴》，卷294，后周世宗显德六年（959）七月，第9603页。

19 见《徐铉集校注》，卷16，《唐故中书侍郎光政殿学士承旨昌黎韩公墓铭》，
第750页。

20 《钓矶立谈》："后主即位，适会朱元反叛，颇有疑北客之意，惟待熙载不衰。"
第5028页；又见《江南野史》，《集外逸文》，第5237页。

载私生活的放荡，始终未能如愿。韩熙载纵情声色的形象，在后世因《韩熙载夜宴图》的关系深植人心，以致其政治作为多被忽略。不过事实上，即便是在国势日衰的后主朝，熙载仍颇为活跃：他曾数度被赋予交聘重任，为南唐在外交场合争取颜面；[21] 此外，还曾上呈自己撰写的《皇极要览》，"极陈时政，论古今之得失"[22]。显见他在尽情享受绚烂生活之余，仍不忘政事。[23]

韩熙载最终在开宝三年（970）过世，没能陪伴南唐走到国祚的尽头，不过通过其宦场经历，我们不仅可大略把握南唐二主时期的重要政治走势，还可领会南唐士人在此间发挥的显著作用——不论是正面也好，负面也罢。接下来，笔者拟仔细分析南唐二主时期士人的政治职司、地位与实践，进而评估由其主导的"文官政治"之特色，乃至对南唐社会带来的影响。

一、"文官政治"的高峰：中主时期（943—961）

与历经长年政争、千辛万苦才得登大位的李昪不同，中主李璟自幼便生长在儒雅的环境里，这相当程度得归功先主对子嗣教

---

21 详见本章第二节。

22 马令：《南唐书》，卷13，《韩熙载传》，第5349页。

23 马氏《南唐书》对此有较多刻画，然在陆氏《南唐书》，韩熙载则被描述为一个欲借放荡生活"自污"，以"避入相"的政治人物。其间差异颇值得注意。Johannes L. Kurz 曾留意到这个现象，见 "Han Xizai（902-970）: An Eccentric Life in Exiciting Times," in Peter Lorge ed., *The Five Dynasties and Ten Kingdoms*（Hong Kong: Chinese University Press，2011），p.86。

育的重视。[24] 据《钓矶立谈》所言，李璟"天性雅好古道，被服朴素，宛同儒者"，是以在年轻时便吸引诸如沈彬、冯延巳、冯延鲁等善文之士从游；[25] 南唐立国后，先主更命韩熙载"事元宗于东宫"[26]。在这些文人、儒生环绕下，李璟也耳濡目染地养成"多才艺、好读书"[27] 的深厚士人素质。出于对士人文化、文学文化的浸染与认同，李璟登基后既能"动循礼法"，展现士人应有风范，又能礼敬文臣，大力拔擢能文之士。[28] 是以在李璟领导下，南唐的"文官政治"迈向了前所未有的高峰。以下便来看看身处中主朝的士人，究竟在这段时间扮演着什么样的角色。

（一）中主朝的续建唐制以及国策转向

首先要提及的，是中主朝士人官僚在国制建设上的贡献。前章

---

24 李昪对子嗣教育的重视，可从他命陈觉教授其次子景迁，及命韩熙载辅佐李璟二事看出，见《资治通鉴》，卷279，《后唐潞王・清泰二年》，第9129—9130页；陆游：《南唐书》，卷12，《韩熙载传》，第5558页。而除李璟之外，景迁、景遂、景逷等先主诸子也都具有相当深厚的士人素质，分见马令：《南唐书》，卷7，《宗室传》，第5309—5312页。

25 分见马令：《南唐书》，卷21，《冯延巳传》，第5393—5395页；陆游：《南唐书》，卷7、11、12，《沈彬传》《冯延鲁传》《韩熙载传》，第5520—5521页、第5551—5553页、第5558—5560页。

26 陆游：《南唐书》，卷12，《韩熙载传》，第5558页。

27 陆游：《南唐书》，卷2，《元宗本纪》，第5484页。

28 李璟对文臣集团的礼敬，以及他对能文士人的提拔，可见下面两段史料。《南唐近事》："〔元宗〕天性谦谨，每接臣下，恭慎威仪，动循礼法，虽布素僚友无以加也。夏日御小殿，欲道服见诸学士，必先遣中使数宣谕，或诉以小苦，巾裹不及冠褐可乎？常目宋齐丘为子嵩，李建勋为史馆，皆不名。"见卷1，第5050页。《资治通鉴》，《后周太祖・广顺二年》："唐主好文学，故熙载与冯延巳、延鲁、江文蔚、潘佑、徐铉之徒皆至美官。"见卷290，第9475页。

已看到先主为了强化合法性，如何有意识地"追绍唐统"、模仿唐制，在他的努力下，南唐国制很快被创建起来。然而，直迄先主过世，南唐国制仍难称完备，这一方面与战乱过后典章散亡，限制了恢复工程的成果有关；另一方面，也与先主对国制怀抱的务实态度有关。由于李昪看重礼制的装饰性、功能性作用，所以他多半只求"粗具"，至于在施行细则方面，则常掺入一己偏好，因此才会有在七庙中供奉非李氏的徐温、在四月举行郊祀礼等违背唐制的情况发生。典章制度上的不足与缺失，遂成为中主朝知礼士人得以着力之处。

中主即位之初，南唐君臣立即面临一项礼制创建上的考验：为先主李昪定庙号。唐代礼学家咸认为，"祖有功而宗有德"虽为三代古制，然后世沿革不一，并无定法；他们则本于周礼之意，"祖神尧（李渊）而宗太宗（李世民）"，李治以下"但称宗，谓之尊名"而已。[29] 就此而言，对外宣称自己承唐统绪的南唐，自当也应尊李昪为宗才是。不过，当此事提至议程，朝臣中却出现另一股声音。陆氏《南唐书》载：

> 江文蔚、韩熙载典太常礼仪，议烈祖称宗。俨独建言："帝王己失之，己得之，谓之反正。非己失之，自己复之，谓之中兴。中兴之君，庙宜称祖。先帝兴已坠之业，不应屈而称宗。"[30]

---

29 见（宋）王溥：《唐会要》（上海：上海古籍出版社，2012［2006］），卷15，《庙议上》，第382—383页。
30 陆游：《南唐书》，卷15，《萧俨传》，第5582页。

萧俨在此将李昪定位为复兴唐室"已坠之业"的"中兴之君"，与李唐诸帝有别，"不应屈而称宗"。萧俨此言得到判太常事的江文蔚认可，后在韩熙载协助下，最终将李昪庙号定为"烈祖"。[31] 论者多以为此决定与"承唐统绪"理念颇有矛盾，因为这显然拉开先主与李唐皇帝谱系的距离。[32] 就单一事件看来，中主的决定确实颇为可议，不过，若结合中主朝其他国政发展方向一并观之，便会发现此一违和称号背后，似乎还存在着弦外之音。

相较于李昪不时在"追绍唐统"行动中透露出的务实态度，李璟则对"李唐后人"这个身份怀有更多发自内心的认同，这可从他屡以"唐后""唐子孙"示人，甚至慨然担负起"定中原、复旧都"之重任等行径看出端倪。[33] 中主既怀抱强烈的"经营四方之志"[34]，又大力提拔积极倡议用兵的新进后生冯延巳、冯延鲁等人，[35] 群臣自然也"多为大言，以迎合主意"[36]，这也使得朝廷的外交舆论很快便从先主时期的保境自守，倒向对外扩张。考量到这层因素，

---

31 《徐铉集校注》，卷16，《唐故中书侍郎光政殿学士承旨昌黎韩公墓铭》，第750页。

32 《十国典制考》，第一章，《十国礼仪制度考》，第27页；Johannes L. Kurz, "Han Xizai（902—970）: An Eccentric Life in Exiciting Times"，p.83。

33 陆游：《南唐书》，卷6、15，《柴克用传》《魏岑传》，第5508、5586页。

34 马令：《南唐书》，卷4，《嗣主书》注引徐铉言，第5286页。

35 《钓矶立谈》有言："元宗之初，尚守先训，改元保大，盖有止戈之旨。三四年间，皆以为守文之良主。会元老去位，新进后生用事，争以事业自许，以谓荡定天下，可以指日而就。"点出中主朝主战派多为"新进后生"，这与他们较缺乏战争经验与记忆当有干系。见《钓矶立谈》，第5007页。然文中谓中主朝头三四年尚能遵守"止戈"之训，并非实录，因为中主即位隔年（944）年底便出兵闽地，打破先主的偃武方针。

36 陆游：《南唐书》，卷6，《柴克用传》，第5508页。

再回头看议定庙号一事，就会隐然给人一种感觉：李璟之所以选用"祖"字而非"宗"字作为先主庙号，其着眼之处可能正在于"中兴"二字。换言之，李璟的选择暗示着他不再自满于依附"唐统"之骥，他更想用实际作为恢复李唐过往荣光，至于实践之法，便是军事扩张。就此而言，中主对于李唐王朝的认同，应当要较先主强烈许多。

与此同时，部分中主时期的士人官僚也开始检讨某些不合礼意的典章，此处可以众文臣上书请求改正太庙昭穆顺序一事为例。保大初，给事中朱巩与著作郎徐铉奏引秦汉故事，请求将义祖徐温、吴王恪以及李昪曾祖超、祖父志、父亲荣的神主迁出太庙，于他处别造新祠祀之；至于空出来的位子，则改由"昭宗已上未祧迁神主祔之"。[37]此议一时未被中主采纳，因此向以熟谙典章闻名的泉州士人陈致雍，又在前述基础上提出《改正太庙迁祔神主议》。该文主张，南唐太庙中的"不迁之主"当以唐高祖、唐太宗与南唐烈祖李昪三者当之，非李氏中人的义祖徐温虽仍得享有"不祧之庙"的旧仪，但其神主应被迁出太庙之外。吴王恪、李超、李志、李荣四人，则因"位匪君临，地非正统"，不宜列于太庙昭穆之中。如此一来，便有三庙出现空缺，对此，陈致雍认为应改由"地未当迁"的懿宗、僖宗、昭宗祔之。[38]

37　陈致雍：《改正太庙迁祔神主议·四亲及义祖神主合出太庙》，《全唐文》，第9142页。

38　详见陈致雍《太祖之庙及不迁之主》《四亲及义祖神主合出太庙》《懿宗已下合祔太庙》诸文，见《全唐文》，卷874，第9142—9143页。关于陈致雍此议内容，王美华有颇为精要的整理，见《十国典制考》，第一章，《十国礼仪制度考》，第23—25页。

可以看到，前述文臣皆站在"李唐王朝"立场，对南唐宗庙制度进行理顺。是以产生异议的焦点，自然就集中在非李唐血脉的徐温，以及未曾登过帝位的吴王恪与李昇父祖之上；至于取代方案，则是将唐末几个皇帝——主要是懿、僖、昭三宗——编入南唐的昭穆谱系之中。这就使得南唐烈祖与李唐诸帝的关系顿时拉近许多，无须再通过斧凿甚深、疑窦重重的家世去攀附三百年前之久的太宗了。此议是否被执政采纳施行，史籍无征，不过这显然不是一则孤立的个案，因为除了此议外，陈致雍还留下为数可观的议礼文字，内容涉及五礼中的吉、军、嘉、凶诸礼，[39] 可见礼制的施行与修缮在中主朝应颇为频繁。这既反映中主对制度的重视，亦可看到知礼士人如何运用相关知识完善南唐典章，使之更贴近唐统。[40]

总之，到了中主朝，我们可以感受到南唐君臣上下都开始更有意识地扮演起李唐后继者的角色，中主更因此萌生强烈的恢复"旧业"企图，这就给予早在先主朝便已存在的主战派更多发挥空间，南唐由是步入四处征伐的不归路。不过，即便武事益兴，南唐政权的"文官政治"特色依旧极为突出，以下对此略作讨论。

---

39 详见《十国典制考》，第一章，《十国礼仪制度考》。

40 例如陈致雍便经常援引《开元礼》作为礼议的依据，这散见于他所写的《奏蕃国使朝见仪状》《祖宗配郊位议》《祸牙祭议》《定虞祭议》《婚礼婿见外舅姑仪议》等文，参见《全唐文》，卷873、874、第9134、9136、9138—9139、9140页。

（二）中主朝枢要官员组成与"党争"现象

首先可以注意，中主朝的中央枢要官员，仍清一色由文臣出任。以下为笔者根据万斯同《南唐将相大臣年表》整理出的中主朝中央枢要官员列表：

表4-1　南唐中主朝中央枢要官员

编号	姓名	枢要职官	入仕渠道	出生地	阶层
1	宋齐丘	宰相（943，946—947，958）	荐举	江西·吉州	小姓·官宦子弟
2	徐玠	宰相（943）	来奔	彭城	寒素
3	张居咏	宰相（943—946）	？	浙西·金陵？	寒素？
4	李建勋	宰相（946—952）	荫任？	淮南·扬州	小姓·武臣二代
5	周宗	宰相（943—946）枢密使（943）	？	淮南·扬州	寒素
6	杜业	宰相（946—949）	？	？	寒素？
7	冯延巳	宰相（946，952—958）翰林学士（943—944）	？	？	寒素？
8	常梦锡	宰相（951—952）翰林学士（944，957—958）	930来奔	京畿·京兆	小姓·父祖文官
9	孙晟	宰相（952）	927来奔	河南·密州	寒素？

265

编号	姓名	枢要职官	入仕渠道	出生地	阶层
10	严续	宰相（953—958）	荫任	淮南·扬州	小姓·文官三代
11	游简言	宰相（955—959）翰林学士（943—944）	荫任？	福建·建安	小姓·文臣二代
12	钟谟	宰相（959）	？	浙西·金陵	寒素？
13	陈觉	枢密使（943）枢密副使（945—958）	？	淮南·扬州	寒素
14	殷崇义	枢密使（955—961）	荫任（吴）、科举（南唐）	宣歙·池州	小姓·文臣二代
15	魏岑	枢密副使（943—947，959—961）	荐举	河南·郓州	寒素
16	查文徽	枢密副使（943—944）	辟署	宣歙·歙州	寒素
17	李徵古	枢密副使（956—958）[41]	科举	江西·袁周	寒素？
18	唐镐	枢密副使（959—961）	？	？	？

41《资治通鉴》载为枢密使，见卷293，后周世宗显德三年（956）三月，第9549—9550页。

这18名官员中，前6人为先主朝枢要文臣，我们在上章已作过初步分析。[42] 至于余下12名，亦尽属文臣，且除"少贵倦学"[43] 的严续之外，多具有深厚的士人素养：对南唐礼制创设贡献良多的北士常梦锡，以及因文辞出众而被先主赋予撰写诰命大任的孙晟自不待言，其余诸人则或可在《全唐诗》《全唐文》《全唐五代词》中找到文学作品，或可从传记资料中看到其笃学善文的记载。[44] 也就是说，至中主时期，中央枢要职官已几乎被士人官僚垄断。

不过，位居枢要职位者不必然掌控大权，所以有必要再对中主朝的实权集团稍作分析，笔者在此拟从中主朝激烈的"党争"现象切入。"党争"是中主朝突出的政治现象，卷入其中者多为中主朝要臣，是以影响国政甚深。马令《南唐书·党与传》小序对参与党争者有颇完整的说明：

> 南唐之士，亦各有党，智者观之，君子小人见矣。或曰：宋齐丘、陈觉、李徵古、冯延巳、延鲁、魏岑、查文徽为一党，孙晟、常梦锡、萧俨、韩熙载、江文蔚、钟谟、李德明为一党。[45]

42　参见第139—140页。

43　马令：《南唐书》，卷10，《严续传》，第5330页。

44　钟谟、李徵古在《全唐诗》《全唐文》中皆收有作品。冯延巳、查文徽、唐镐仅见于《全唐诗》，陈觉与殷崇义则仅见于《全唐文》。至于游简言与魏岑，虽无诗文作品传世，不过前者曾在保大七年（949）元日奉中主之命和御制诗，马令则称后者"笃学强识，而拙于属文"。显见两人仍具相当的文化涵养。分见《徐铉集校注》，卷18，《御制春雪诗序》，第811—813页；马令：《南唐书》，卷21，《魏岑传》，第5397页。

45　马令：《南唐书》，卷20，《党与传》小序，第5387页。

后世学者多根据此段史料，将"南唐党争"视为以宋齐丘为核心的"宋党"，及以孙晟为首脑的"孙党"间的斗争，至于两党人物则略有增减。关于此课题，过去已有不少研究。最早提出宏观性解说的是日本学者西川正夫。西川氏指出，尽管两党在出身上颇为有别——宋党以江南士人为主，孙党则多来自华北，然在权力基础与行事风格上，皆呈现出高度依赖皇权的"寄生官僚"特质。[46]中国学者任爽亦同意两党士人具有地域与阶级上的区别，不过他更进一步将此联系到双方的政治态度差异上。相对于前两位学者，杜文玉则认为两党分歧很大程度仅是集团习气与意见上的相左，并不蕴含地域或阶层的不同。[47]晚近，Johannes Kurz（约翰内斯·克尔兹）则主张所谓的"南唐党争"实是宋人逐步建构而成，与事实当有不小出入。[48]上述见解容或有别，不过笔者于此只想通过相关人物分析，展示中主朝"文官政治"的发达，是以诸说之异权且从略。

关于中主朝党争的内容与历程，杜文玉与 Johannes Kurz（约翰内斯·克尔兹）已作过全面整理。[49]我们可将宋党视为中主最为亲信的士人集团，孙党的关系则稍疏远。以下先将《党与传》小序提及的两党人士列表于下：

---

46 西川正夫：《吴·南唐两朝の国家权力の性格》，第131—133页。

47 任爽：《南唐党争试探》，《求是学刊》1985年第5期（哈尔滨），第79—85页；杜文玉：《南唐党争评述——与任爽同志商榷》，《渭南师专学报（综合版）》1：2（渭南，1991），第54—61页。

48 Johannes L. Kurz, "The Invention of a Faction in Song Historical Writings on the Southern Tang," *Journal of Sung Yuan Studies* 28（1998），pp.1–35.

49 杜文玉：《南唐史略》（西安：陕西人民教育出版社，2001），第135—148页；Johannes L. Kurz, *China's Southern Tang Dynasty（937–976）*（London：Routledge，2011），ch. 3。

表4-2　宋党主要人物列表

姓名	生卒	出身	籍贯	入仕渠道	中主时期的重要官宦[50]
*宋齐丘	887—959	文臣之后	庐陵	荐举	宰相（943，946—947，958）
*陈觉	？—958	寒素？	扬州	不详	枢密使（943）、枢密副使（945—958）
*李徵古	？—958	寒素？	袁州	科举（进士）	枢密副使（956—958）
*魏岑	不详	寒素？	郓州	荐举	枢密副使（943—947，959—961）
*冯延巳	903？—960	文臣二代	广陵	谒见授官	翰林学士（943—944）、宰相（946，952—958）
冯延鲁	不详	文臣二代	广陵	不详	中书舍人、勤政殿学士（944）—南面监军使—少府监—诸州巡抚使（953）—中书舍人—工部侍郎—东都副留守（956）—太府卿—给事中—刑部侍郎—户部尚书
*查文徽	885—954	寒素	歙州	辟署	枢密副使（943—944）

50 打*者表示见于万斯同《南唐将相大臣年表》及本章表4-1，是以不再列出详细官宦；其他人士仅列出中主朝的仕宦历程，更完整的资料请参见附录七、八。

表4-3　孙党主要人物列表

姓名	生卒	出身	籍贯	入仕渠道	中主时期的重要官宦
*孙晟	？—956	寒素	密州	927来奔	*宰相（保大10）
韩熙载	902—970	官僚子弟	北海	926来奔	虞部员外郎、史馆修撰、太常博士（元宗）—知制诰—和州司马—宣州节度推官—虞部郎中、史馆修撰—中书舍人—户部侍郎充铸钱使
*常梦锡	898—958	父祖文官	京兆	930来奔	*翰林学士（944，957—958）、宰相（951—952）
萧俨	不详	寒素	庐陵	科举（童子）	马书：大理司直（南唐）—刑部郎中—大理卿兼给事中—南昌令陆书：大理司直、刑部郎中（烈祖）—舒州副使（中主）
江文蔚	901—952	寒素	建州	933来奔	给事中判太常卿（943）—御史中丞—江州司士参军（947）—江州营田副使—卫尉卿（948）—右谏议大夫—翰林学士权知贡举（952）
*钟谟	？—960	寒素	会稽→建康	不详	宰相（959）
李德明	？—956	寒素	不详	不详	尚书郎（保大中）—工部侍郎、文理院学士

由以上二表可知，除冯延鲁外，宋党人士皆为中主朝的中央枢要文官，且尤以陈觉、魏岑、冯延巳等人掌权最久；至于被视为党魁的宋齐丘，反倒在国政上没有太大影响力。其中，冯延巳、冯延

鲁、查文徽、魏岑等人在李璟即位前，便已在其元帅府中担任幕僚，是以他们很快便以东宫旧人的关系，被拔擢至枢要职位。另一方面，冯延巳亦早与宋齐丘、陈觉相交，是以用事后，彼此便热切地相互汲引，进而交结为朝中的一股主导势力。[51]

相较之下，孙党权势就要逊色许多，不但所职官位较低，且在位时间多不长。再者，他们彼此的联系亦不甚紧密，就史籍所见，大概仅有韩熙载与常梦锡曾被并举为厌憎宋党之代表，[52] 其余则多以个人身份、针对个别事件进行上言。例如于升元末"表称陈觉奸回乱政"的萧俨，以及在中主即位后"恐冯延巳等用事，欲称遗诏令太后临朝称制"的孙晟皆然。[53] 类似情形，也延续至保大兵兴之后。[54] 就此而言，"孙党"究竟是否具有"党"的意涵，实在大为可疑。[55] 此外，马令将钟谟与李德明归于"孙党"，更属无据。《资治通鉴》载：

<hr />

51　冯延巳与宋、陈相结，以及宋党人士相互汲引事。分见《资治通鉴》，第283，后晋齐王天福八年（943）二月、三月，第9244、9248页。

52　徐铉：《乔公墓志铭》载："常公及中书侍郎韩公熙载嫉楚公如仇，而与公（乔匡舜）善，尝相谓曰：'宋公误识亚元，正可怪也。'"见《徐铉集校注》卷16，第757页。

53　萧俨、孙晟事见《资治通鉴》，第283页，后晋齐王天福八年（943）二月，第9245页。

54　例如在兵败福州之后，上书弹奏宋齐丘、冯延巳、魏岑的江文蔚与韩熙载，见《资治通鉴》，卷286，后汉高祖天福十二年（947）四月，第9355—9356页。

55　马令载有一事颇可反映反宋党人士关系之松散："严续……元宗即位，改礼部尚书、中书侍郎。方宋齐丘用事，续常守正，不为党附。常梦锡屡言齐丘奸党，元宗谓梦锡曰：'吾观大臣中，唯严续能中立，虽然，无与援者，卿可助之。'梦锡因喻旨于续，续亦善遇之，不尽用其言也。及梦锡罢宣政院，续亦出为池州刺史。"见马令：《南唐书》，卷10，《严续传》，第5330页；亦可参见陆游：《南唐书》，卷13，《严续传》，第5567页。

〔乾祐二年七月〕唐主复进用魏岑；吏部郎中会稽钟谟、尚书员外郎李德明始以辩慧得幸，参预国政。二人皆恃恩轻躁，虽不与岑为党，而国人皆恶之。[56]

是年为保大七年（949），魏岑于前年因福州之役被黜，此年复被起用。钟、李则至本年方得幸用事，可知相较其他孙党人士，他们二人要属后起之秀，彼此交集不深。尤有甚者，保大十年（952）大理卿萧俨"坐失入人死罪"，身为"同党"的钟、李非但没有为其辩护，还"必欲杀之"，最后为其祈请宽贷者，反倒是屡为萧俨所疏的"宋党"人士冯延巳。[57]至于其后钟、李与"宋党"的相攻，亦不见有其他孙党人士协助。从这些关系看来，宋、孙两党的分野很可能不若宋代士人设想得这般鲜明，有必要针对事件进行个别检讨。[58]

尽管过去对"南唐党争"的认知有修正必要，不过其"文官政治"色彩之突出倒是毋庸置疑。只要对参与者构成稍事分析，便可以轻易发现他们无一不是文官，且若非能文之士，便是经术修明的儒生。[59]换言之，参与党争者不仅是"文臣"，更是"士人"。

56 《资治通鉴》，第288，后汉隐帝乾祐二年（949）七月，第9412页。

57 《资治通鉴》，第290，后周太祖广顺二年（952）三月，第9476页。相关史料参见夏承焘：《五代南唐冯延巳先生正中年谱》（台北：台湾商务印书馆，1980），第26页。

58 即便在"宋党"内部，亦有毁谤中伤的情况发生，例如魏岑便曾于陈觉母丧期间，"暴扬觉过恶"，并"摈斥之"。《资治通鉴》，第283，后晋齐王天福八年（943）三月，第9249页。

59 已列入中央枢要官员表的成员，其士人素质已如前述，至于余下五名分别为"少负才名"的冯延鲁、"才高气逸"的韩熙载、"有高才，与韩熙载名相上下"的常梦锡、与"韩熙载、江文蔚同定礼仪、谥法"的萧俨、"有才辩"的李德明，皆具有明显的士人素质。分见陆游：《南唐书》，卷11，（转下页）

其中，怀有强烈立功之心的宋党士人长期占据中主朝枢要职官，并屡劝中主对外用兵，由是兴起伐闽、征楚之役。反对宋党者尽管在权势与地位方面皆难与之相抗，然其所任也多为中、高层文官，对朝政仍有一定影响力。就此而言，我们可以说“南唐党争”乃是中主朝文臣集团内部——无论究竟有没有壁垒分明的两党——的冲突。[60]

　　前述分析反映的是：南唐中主朝的国势走向，很大程度是由以士人为主体的文臣集团所主导，这无疑是“文官政治”的最佳展现。与此同时，中主朝的“文官政治”还走向另一个发展的极端，那便是文臣对武臣权力的掣肘，这清楚体现在中主朝的文武关系上。

（三）文武关系之一：压抑武臣

　　由于战事在中主朝被频繁挑起，武臣终于有了用武之地。然而，经过江淮执政长达数十年的“偃武”政策洗礼，南唐武臣的职权与地位早已较杨吴前期大为退缩，即便是在战场上，其决策

　　（接上页）《冯延鲁传》，第5551页；马令：《南唐书》，卷13，《韩熙载传》，第5349页；马令：《南唐书》，卷13，《常梦锡传》，第5350页；马令：《南唐书》卷22，《萧俨传》，第5400页；《唐余纪传》，卷10，《李德明传》，第5703页。

60　张兴武拿“南唐党争”与唐、宋代党争相较，认为其内涵变迁侧面地透露出中国历史文化从中古向近世的转变。见张兴武：《南唐党争：唐宋党争史发展的中介》，《漳州师范学院学报（哲学社会科学版）》42（2002，漳州），第68—74页；同样从唐宋社会、文化变迁视角切入探讨南唐党争的还有何剑明，见氏著《南唐国党争与唐宋之交的社会转型》，《苏州大学学报（哲学社会科学版）》2005年第6期（苏州），第95—99页。由于本文较关注“文官政治”的面相，是以较没有涉及前述议题，权列此处，供读者参考。

权也逐渐为文臣集团袭夺。这可说是南唐中主时期文臣用事的一个显著表征。以下先就朝廷节制武臣集团的面向进行讨论。

上章提到，在徐知诰掌政时期地方州镇长的行政官僚化——诸如例行性调遣、取消辟署权等，已让武臣日益失去主导地方施政的种种权力；而至中主时期，前述方针仍持续为执政贯彻与深化。李璟将"世典濠梁"的刘家移镇至寿州便是一则显例。《资治通鉴》载：

> 唐烈祖置定远军于濠州，以（刘）崇俊为节度使。会清淮节度使姚景卒。崇俊厚赂权要，求兼领寿州。唐主阳为不知其意，徙崇俊为清淮节度使，以楚州刺史刘彦贞为濠州观察使，驰往代之；崇俊悔之。[61]

此事系于保大二年（944），亦即中主继位隔年。刘崇俊乃将门世家，祖父刘金乃杨吴开国元勋，于昭宗乾宁二年（895）被派任为濠州刺史，其后子孙相代，至崇俊时，刘家治濠已近半世纪。刘家所以能长期在镇，最主要原因在于他们与徐知诰为姻亲，是以深受信赖。[62] 然而，即便是这样一个历时悠久的势家，仍因请求"兼领"他州触动中主的敏感神经，被处罚性地调遣至寿州。此举无疑是将刘崇俊拔出其家经营已久的地盘，自要使他"悔之"不已。

至于代为定远军节度使的刘彦贞，同样也是功臣子弟——其

---

61 《资治通鉴》，卷284，后晋齐王开运元年（944）八月，第9275—9276页。
62 刘崇俊之子刘节尚中主之女太宁公主，见马令：《南唐书》，卷11，《刘仁规传》，第5339页。也因为这层关系，他方能长期在镇。见《资治通鉴》，卷284，后唐明宗天成四年（929）八月，第9031页。

父便是上章屡次提及的杨吴骁将刘信。但是这样的出身，并没有为彦贞换来太多特权，因为他仅接管濠州两年，便又被调为寿州节度使。或许是不想再被频繁迁调，所以彦贞调任寿州后，就开始广赂中朝权要，以邀声誉，还不惜制造出边境不安的假象，让朝廷不敢轻易改任，方使他得以长镇此地（944—955）。[63] 不过至保大十三年（955），他还是被朝廷征为神武统军、侍卫诸军都指挥史。[64] 由上述两例可知，武臣在中主朝基本上已高度"官僚化"，与地方再难有深厚联结。若想长期留镇，只得像刘彦贞那样采取不法手段。颇富意味的是，最积极为之打通关节者，乃中主亲信文臣、宋党人士魏岑，通过他在中央的大肆称扬，刘彦贞被塑造成"用兵如韩、彭，理民如龚、黄，倚之若长城"[65] 的可靠守将。堂堂名将之后，却得通过文臣为之沽誉，其间的权力关系不言而喻。

除州镇长官任期常规化外，中央也开始派遣专使至地方进行督察，甚至袭夺部分地方管理权，例如监军使或通判。关于此课题，日本学者清木场东已有细致讨论，笔者仅拟在其基础上稍作申说。[66] 监军使的设置可溯源至唐代后期，主要任务为节制藩镇，南唐因之，唯唐代监军使多为宦官，南唐则多由中央文官担任。[67] 在

63　马令：《南唐书》，卷17，《刘彦贞传》，第5372—5373页；陆游：《南唐书》，卷9，《刘彦贞传》，第5533—5534页。

64　马令：《南唐书》，卷3，《嗣主书》，第5279页。

65　马令：《南唐书》，卷17，《刘彦贞传》，第5373页。

66　详见清木场东：《吴·南唐の地方行政の変遷と特徴》，第176—210页。

67　关于唐代监军使的研究，可见矢野主税：《唐代监军使制の確立について》，《西日本史学》4（福冈，1953），第16—32页、《唐末监军使制について》，《社会科学论丛》7（长崎，1957），第17—25页；张国刚：《唐代监军制度考论》，《中国史研究》1981年第2期（北京），第120—133页。

先主朝，便可见到两则监军使的记载，分别是出任鄂、宣州监军使的甄庭坚与公孙圭，然实际职掌不详。中主时期增至六例，其中较能看出监军使与州镇长权力关系的，是在保大十三、十四年（955、956）先后出任寿州监军的吴廷绍与周廷构二人。前者见于马氏《南唐书》：

> 先是，每岁淮水浅涸，分兵屯守，谓之"把浅"。监军吴廷绍以为境上无事，虚费粮用，悉罢之。仁赡以为不可，未及报而周师猥至。[68]

由此例可知，南唐监军使对于州镇军事当有一定的决断权，是以吴廷绍方能未经刘仁赡许可便擅罢军粮。不过从仁赡"以为不可，未及报"的反应看来，节度使仍具备相当程度的否决权，而非全然受其指挥。关于此点，载于陆氏《南唐书》的周廷构一例可作旁证：

> 寿州之围独不解。……仁赡因请乘世宗之归，以边镐守城，自出决战。景达畏懦，又方任陈觉，固不许。仁赡愤郁得疾，少子崇谏夜泛小舟渡淮，谋纾家祸，为军校所执，仁赡命腰斩之。监军使、文德殿使周廷构哭于中门，又求救于仁赡妻薛氏。薛氏曰："崇谏幼子，固所不忍，然贷其死，则刘氏为

68　马令：《南唐书》，卷16，《刘仁赡传》，第5366页。

不忠之门！"促命斩之，然后成丧，闻者皆为出涕。[69]

此事发生在保大十四年（956）二月前后，在前一年底，南唐军好不容易才扭转局势，陆续夺回先前落入周军的淮南诸州，仅剩寿州之围未解。中主因此特命皇弟齐王景达统领数万大军赴援，却因陈觉用事，致使援军迟迟没有行动。寿州节度使刘仁赡因而"愤郁得疾"，遂酿成其子崇谏欲代父出降而被斩的人伦悲剧。从引文可以清楚看到，其时出任寿州监军使的周廷构虽有心阻止此事，却无相应权力，只好私下找刘夫人说情。此事反映出南唐监军使节制州镇长的限度。值得注意的是，南唐监军使除了清木场东所言的监督地方功能外，在战场上亦扮演着重要角色，此点下文还会提到，这里先转至通判。

　　"通判"在宋代乃一固定职称，过往学者往往引《宋史·职官志》对此职的说明，"以京朝官充。乾德初，诸州置通判，统治军、州之政，事得专达"，[70]推断"通判"之制始于宋乾德元年（963），借以加强中央集权。[71]不过，晚近学者发现，以中央官通判军州事的情形，早在五代十国时期便已出现，且南唐即是一重要渊源。[72]例如在南唐中主时期"以水部员外郎通判歙州"[73]的张

69　陆游：《南唐书》，卷13，《刘仁赡传》，第5563页。

70　《宋史》，卷166，《职官志六·次府》，第3946页。

71　参见苗书梅：《宋代通判及其主要职能》，《河北学刊》2，（石家庄，1990），第83—89页；较新研究见张智玮：《北宋通判制度之研究》，（中正大学历史研究所硕士论文，2004）。

72　严耕望：《通判不始于宋说》，收于《严耕望史学论文集》下册，第805—807页；清木场东：《吴·南唐の地方行政の变迁と特征》，第57—59页。

73　陆游：《南唐书》，卷13，《张易传》，第5568页。

易，以及先以"大理司直通判蕲州军州事"，隔年又以"检校水部员外郎充建州观察推官、通判军府事"[74]的赵宣辅，皆是如此。唐人的"通判"本作动词用，有"参理"或"共领"之意，[75]是以杨吴、南唐以中央官员"通判"地方"军府"或"军州"事，显有借此掣肘地方、以防其坐大之意，[76]在此情况下，地方武官的职权难免要受到"通判官"的侵蚀。

除了"监军"与"通判"外，我们还可在中主时期看到几则从中央遣至地方进行督察的特使案例。比如曾"监诸侯之典者十"的周廷构、[77]奉中主之命前往泰州鞫治刺史褚仁规的陈觉、[78]"乘传巡抚"楚州并奏罢在地屯田的徐铉，[79]皆是如此。而从陆氏《南唐

---

[74]《徐铉集校注》，卷15，《唐故奉化军节度判官通判吉州军州事朝议大夫检校尚书主客郎中骁骑尉赐紫金鱼袋赵君墓志铭》，第745页。

[75] 需要特别说明的是，唐人的"通判"在使用上，通常限定在四等官制中的副贰长官。所谓的唐代"四等官制"，指的是各政府机构皆由"长官""次官＝通判官""判官""主典"四个级别的官员构成。其中，"长官"理事称为"总判"，次官理事则称"通判"，是以在《通典·职官》中，经常可见到对举情形，如"太常卿"条："卿一人，掌礼仪祭祀，总判寺事；少卿二人，通判"，第693页；"少府监"条："监一人，总判。少监二人，通判"，第759页。此点要特别感谢梁庚尧老师与匿名审查人的提示。

[76] 附带一提，虽无"通判"二字，然在徐知诰主掌吴政时期，以"工部郎中、判江州"的张延翰，和南唐中主朝"以本官（将作少监）判江宁府事"的周廷构，当也带有以中央官身份节制地方之意涵，与"通判"功能近似，分见马令：《南唐书》，卷10，《张延翰传》，第5510页；《徐铉集校注》，卷15，《唐故客省使寿昌殿承宣金紫光禄大夫检校太保持节筠州诸军事筠州刺史本州团练使汝南县开国男周君墓志铭》，第737页。

[77]《徐铉集校注》，卷15，《周公墓志铭》，第737页。

[78] 陆游：《南唐书》，卷9，《陈觉传》，第5536—5537页。然《资治通鉴》将此事系于升元四年（940），与陆游所载有别，何者为是当再考之。《资治通鉴》之说见卷282，后晋高祖天福五年，第9218页。

[79]《宋史》，卷441，《徐铉传》，第13045页。

书》中载有"元宗择廷臣为巡抚使分按诸州"[80] 一事看来，此类由
中央文官担任使臣，按察地方诸州的事例应当不少。尽管这些中
央特使没有固定职称，然其运作原理大抵与监军、通判相合：皆是
以强化中央对地方的掌控为宗旨。

　　其次，中主对于身处朝廷的武臣集团极为忌惮，以至于他不希
望握有兵权者擅自议论国政，此态度清楚展现在他赐死王建封一
事上。王建封，升州上元人，自少从军，以骁勇闻名，在伐闽之
役立下大功，受拜信州刺史。[81] 然在保大五年（947）围讨福州时，
因不满陈觉之专横，擅自退兵，为唐军带来莫大损伤。[82] 中主虽对
建封不满，又怕他惧罪造反，遂将他召回中央出任天威军都虞候，
以宽其心，即便王建封"恃恩而骄，无复顾惮"，中主仍姑息待
之。然当保大七年（949）建封受其友人户部员外郎范冲敏所托，
上书诋毁魏岑、钟谟、李德明等中主亲信文臣，进而请求"更用
正人"时，却彻底激怒了中主。《资治通鉴》载：

　　　　唐主谓建封武臣典兵，不当干预国政，大怒，流建封于池
　　州，未至，杀之，（范）冲敏弃市。[83]

王建封在当时还是以"宠任"出名的武臣，其"干预国政"的下

80　陆游：《南唐书》，卷11，《冯延鲁传》，第5552页。
81　王建封生平，参见马令：《南唐书》，卷19，《王建封传》，第5382页；陆
　　游：《南唐书》，卷8，《王建封传》，第5525—5526页。
82　《资治通鉴》，卷286，后汉高祖天福十二年（947）三月，第9349—9350页。
83　《资治通鉴》，卷288，后汉隐帝乾祐二年（949）七月，第9412页。并参两
　　《南唐书》本传。

场尚且如此，其余武臣自不待言。由此可见，中主希望尽可能将武臣排除在决策集团之外，相对地，只要他们服从命令，不轻易议政，仍可享有颇为优容的待遇。

（四）文武关系之二：文臣监军

中主不仅致力限缩武臣的政治舞台，即便是在武臣专擅的军事领域，他也没有打算赋予他们太多决策权力，反而将其委托给从中央派遣至前线督察乃至统领的文臣，这就形成五代十国时期极为特殊的"文臣监军"现象。[84] 以下便举中主朝几次征战为例。保大初年（943），循州地方宗教领袖张遇贤为南汉所败，率众越岭进入南唐西南境虔州，大肆剽掠，州兵不敌，只得闭门自守。中主遂遣洪州营屯都虞候严恩将兵征讨，同时又从中央派出通事舍人边镐至虔州监军。[85] 边镐系金陵人，据闻自幼"聪敏好文字，尽若凤诵"，在先主朝出任通事舍人，中主继位后，因"爱其博雅"而屡擢用之。[86] 无论是所任职官，抑或自身素质，边镐皆可谓是一

---

84 事实上，文臣预与军事的现象在唐代后期颇为普遍，这与中央政府企图强化兵权的掌控有关，只是随着唐末大乱，朝廷权威尽失，军权也就此落入各地军阀手中。详见方震华：《才兼文武的追求——唐代后期士人的军事参与》，《台大历史学报》50（2012，台北），第1—31页。若由此角度理解，南唐的"文臣监军"可说相当程度体现了中央权威的增长，同时也反映了南唐"官僚化""文官化"转向的成功。

85 此事始末参见《资治通鉴》，卷283，后晋齐王天福八年（943）七月、十月，第9252、9255页。

86 关于边镐的生平，参见（宋）江少虞：《新雕皇朝类苑》，收入域外汉籍珍本文库编纂出版委员会编：《域外汉籍珍本文库·第二辑·子部10》（重庆：西南师范大学出版社，2011），卷46，《边镐传》，第649页；陆游：《南唐书》，卷5，《边镐传》，第5504—5505页。

标准文臣，而这样一名文臣，却被赋予至前线监兵的任务。且据
《资治通鉴》，唐兵之所以能大败张遇贤，便是靠边镐援引熟悉当
地情况的州人白昌裕为谋主而致，显见边镐在前线确实握有颇高
的决策权。这是中主朝"文臣监军"的首例。

　　由中央文臣担任军队监军的情况，也见于保大四年（946）和
五年（947）的征闽战役，以及保大十五年（957）的淮南战争。
保大四年（946），枢密使陈觉自请说降仅愿向南唐称藩的福州李
弘义，却因任务失败、自耻无功，在回程路上矫诏擅发汀、建、
抚、信数州之兵攻福州，此举虽令中主大为震怒，然因群臣多以
为"兵业行，不可止"[87]，只好"以永安节度使王崇文为东南面都招
讨使，以漳泉安抚使、谏议大夫魏岑为东面监军使，（冯）延鲁为
南面监军使，会兵攻福州"[88]，其后又遣信州刺史王建封、泉州刺史
留从效助之，以期一劳永逸。在讨福大军中，武将王崇文虽为名
义上的元帅，然实际用事者，却是中主的亲信文臣陈觉、魏岑与
冯延鲁三人。在他们的争功下，诸军各行其是、互不相应，最终
落得大败收场。[89]

　　尽管遭逢此厄，中主仍没学到教训，是以他在十年后的淮南
战役中复又采取"文臣监军"的方式。保大十四年（956），中主
命齐王景达率兵数万救援为周军所困的寿州，同时又任命亲信陈

87　马令：《南唐书》，卷2，《嗣主书》，第5271页。两《南唐书》与《资治通鉴》
　　对此事发生时间的记载略有出入，笔者权从《资治通鉴》。
88　《资治通鉴》，卷285，后晋齐王开运三年（946）八月，第9309页。
89　唐兵讨伐福州的过程，详见《资治通鉴》，卷285，后晋齐王开运三年（946）
　　八月、九月、十月、十一月，第9309、9310、9312、9314页。

觉、边镐出任监军使和应援都军使。时任中书舍人的韩熙载立即
上言："信莫信于亲王，重莫重于元帅，安用监军使为！"[90] 明确指
出监军使的设置将会导致权责不明的窘境，却不为中主所纳。其
后，唐军的统辖大权果如熙载所料尽入陈觉之手，此发展为南唐
带来致命性的打击。保大十五年（957）三月，陈觉怀挟私怨意欲
夺取北方降臣朱元的兵权，朱元一怒之下举寨降周，南唐大军因
此气夺，而为周军彻底击溃，再也无力与北朝抗衡。值得注意的
是，此事的关键人物——陈觉与朱元——皆属士人官僚，却分别
在淮南战争中担负起监军与统军职司，[91] 再次证明中主试图扩大文
臣在军事领域的影响力，借以限制武臣用事的空间。[92]

　　监军使之外，战场上的武臣还得听命中央机构枢密院的调度。
据李全德研究，南唐枢密院在中主朝前期还具有较强的内廷性质，
主要职司为充当皇帝耳目、保存文书、联系中外等等，不过已渐
有向外朝拓展的倾向；淮南战事兴起后，枢密院的权力急遽膨胀，

90《资治通鉴》，卷293，后周世宗显德三年（956）三月，第9551页。

91 陆游载朱元"少倜傥，通《左氏春秋》"，留事南唐后也以"驾部员外郎待诏
文理院"，显见他在经学、文学方面皆有一定的造诣。见陆游：《南唐书》，卷
12，《朱元传》，第5560页。

92 文臣的专权与内斗，使武臣难以在作战中发挥预期作用，可从以下这则记事
看出："贾崇自统军拜使相，镇江都。周师未及境，尽焚其井邑，弃垒而渡。
元宗引见于便殿，责其奔溃之由，且曰：'朝野谓卿为贾尉迟，朕甚赖卿，一
旦敌兵未至，弃甲宵遁，何施面目至此耶？'崇叩首具陈：'舒元既叛，大军
失律，城孤气寡，无数旅之兵以御要害。虽真尉迟，亦无所施其勇。臣当孥
戮，惟陛下裁之。'以忤旨释罪，长流抚州。"贾崇之言固有为己开脱的用意，
不过在"文臣监军"政策的限制下，南唐武臣确实没有太多戮力挽狂澜的能力。
此事见《南唐近事》，卷1，第5049—5050页。

且开始掌管军政方面的事务。[93] 这在保大十四年（956）正月，南
唐调遣援兵抵御乘机来袭的吴越兵一事上可清楚看到。《资治通
鉴》载：

> 唐主乃以（柴）克宏为右武卫将军，使将兵会袁州刺史
> 陆孟俊救常州。时唐精兵悉在江北，克宏所将数千人皆赢老，
> 枢密使李徵古复以铠仗之朽蠹者给之。克宏诉于徵古，徵古
> 谩骂之，众皆愤恚，克宏怡然。至润州，徵古遣使召还，以
> 神卫统军朱匡业代之。……克宏引兵径趋常州，徵古复遣使
> 召之，克宏曰："吾计日破贼，汝来召吾，必奸人也！"命斩
> 之。使者曰："受李枢密命而来。"克宏曰："李枢密来，吾亦
> 斩之！"[94]

柴克宏乃杨吴前期名将柴再用之子，然虽"以父荫为郎将"，并累
迁至禁军都虞候，平时却"常与宾客博弈，以声酒为务"，且"未
尝言兵，时皆以为非才"，颇能体现偃兵政策下武臣的无奈。[95] 不
过淮南战事一起，克宏随即上书祈请效死行阵，中主善之，遂命
其将兵赴援常州。然从引文可知，此时无论是作战用的甲仗，抑
或军将之任免，都得通过枢密院许可。克宏此举实为抗命，所幸
此役大捷，遂得免于惩处。

---

93 李全德：《唐宋变革期枢密院研究》，第六章，《吴、南唐枢密院的演变》，第
　216—222页。
94 《资治通鉴》，卷293，后周世宗显德三年（956）三月，第9549—9550页。
95 以上叙述参见马令：《南唐书》，卷11，《柴克宏传》，第5538—5539页。

总之，武臣集团在战事频仍的中主朝依旧没有太多发挥余地。在地方上，他们得受到中央派遣的特使节制；在朝廷中，则被剥夺了议政之权；即便是在战场上，他们也经常无法主导战事走向，而沦为监军文臣的棋子。综合前述讨论，可知中主一方面以恢复唐室为号召，不断寻求对外扩张，另一方面则给予亲信文臣极高的决策权力，结果不但在朝堂内引发激烈党争，在战场上也屡因争功夺权种下败因，最终赔上江北诸州，致使南唐国势一蹶不振。而后主就在这风雨飘摇的时刻，登上了南唐皇位。

二、"文官政治"的调整：后主时期（961—975）

后周显德五年（958）三月，中主遣陈觉奉表尽献江北诸州，并请划江为界，蒙后周世宗所许，中主遂于五月下令去帝号，改称国主，并奉周正朔，南唐自此沦为北朝藩属。[96] 战后，中主忧心首都金陵与敌境仅隔一水，地势不佳，因而萌生迁都洪州之心。建隆二年（961），中主不顾群臣反对，毅然留下太子从嘉于金陵监国，自己则率群臣舟行南迁；然至洪州，才发现宫府营署远比想象迫隘，中主深感懊悔，不久便染上重疾，于是年六月过世。[97] 七月，从嘉在金陵即位，更名煜，是为南唐后主。

96《资治通鉴》，卷294，后周世宗显德五年（958）三月、五月，第9580、9583页。
97 参见马令：《南唐书》，卷4，《嗣主书》，第5286页；陆游：《南唐书》，卷2，《元宗本纪》，第5480页。

后主自幼即接受完整的士人教育，加之“天纵多能”[98]，长成后不仅“姿仪风雅，举止儒措，宛若士人”[99]，更在儒学、诗词、书画、音律诸领域中取得极高成就。[100] 据《江南别录》，后主向“以典籍自娱，未尝干预时政”[101]，却因诸兄早亡而成为太子。他在东宫时，便曾开崇文馆广招贤士；[102] 继位后，亦能怀抱儒家“经国化民”[103] 的理想。只是，后主虽有心振作，然他继承的却是背负着沉重岁贡的半壁江山，光是应付国内的经济问题都备感吃力，遑论想生聚教训、伺机恢复故土。相较国力大衰的南唐，代周而起的赵宋则蒸蒸日上，先后攻灭荆南、马楚余部（963年）、后蜀（965年）与南汉（971年）诸国，并时时觊觎着南唐。职是之故，后主只能不断自损仪制、遣使修贡，以讨好北朝，力求延续国祚。在此艰困时局下，南唐的“文官政治”也呈现出与此前不同的样貌。

（一）文臣集团权力的限缩

在后主时期，南唐的政治中枢发生了权力上的移转，亦即：枢密院取代三省宰相，成为掌管“百司政事”的最高决策机构，[104] 然

98《徐铉集校注》，卷29，《大宋左千牛卫上将军追封吴王陇西公墓志铭》，第1227页。

99《江南野史》，卷3，《后主》，第5175页。

100 参见夏承焘：《南唐二主年谱》（台北：世界书局，1965），第4—13页。

101《江南别录》，第5138页。

102 陆游：《南唐书》，卷13，《潘佑传》，第5565页。

103《徐铉集校注》，卷29，《大宋左千牛卫上将军追封吴王陇西公墓志铭》，第1226页。

104 见李全德：《唐宋变革期枢密院研究》，第六章，《吴、南唐枢密院的演变》，第228—231页。

由于出任枢密使与枢密副使者，仍皆为文官，是以单就枢要官员组成看来，后主时期"文官政治"的特色依旧十分显著。[105]另一方面，尽管三省宰相权力日低，然后主在乾德五年（967）时，仍特命"两省侍郎、谏议大夫、给事中、中书舍人、集贤勤政殿学士分夕于光政殿宿直"，且时常与他们相谈至深夜，可见其资政功能尚在。[106]据此可知，由文臣垄断的南唐中央枢要官员，在后主朝仍对国政具有颇高影响力，但若与中主时期相较，还是可以发现文臣集团的权势有着限缩倾向，这与后主朝文武关系之调整，以及益发显著的内朝政治二现象，有着密切关联。

先论后主朝的文武关系。上节提到在中主朝，武臣集团在许多方面都受到朝廷有意识的限制与打压，使得他们在政治上很难与文官抗衡。然至后主时期，前述情形开始转变。或许是鉴于前朝"文臣监军"酿成的大祸，后主特意给予武臣较多发挥空间，特别是在军事方面。值得注意的有两项。其一是中央禁军统辖权的委任。自南唐立国以来，能够调遣中央禁军的"诸道兵马元帅"或"诸道兵马副元帅"二职便牢牢掌握在皇室手里，或由皇帝出任，或由皇子、皇弟出任。后主在位前期亦延续此传统，将诸道兵马副元帅一职委给其弟韩王从善。[107]然至开宝四年（971），听闻南汉被灭、宋军又开始于汉阳集结的后主备感恐惧，特命从善入觐北

---

105 据万斯同《南唐将相大臣年表》，可知后主朝出任枢密使者有殷崇义、陈乔，任枢密副使者有魏岑、唐镐、陈乔、张洎，第494—495页。其中除唐镐无传外，其余诸人皆为具有明显士人素养的文臣。

106 （宋）李焘：《续资治通鉴长编》（北京：中华书局，2004），卷8，太祖乾德五年（967）三月，第192页。

107 马令：《南唐书》，卷5，《后主书》，第5289页。

朝，结果却为宋太祖扣留，遂使得南唐禁军统辖权顿生空缺。[108] 有感于情势之紧张，后主遂不再依循皇室出任旧惯，转向武臣集团寻求可用之材，最终，他选择把禁军兵权委给前朝名将皇甫晖之子：皇甫继勋。遗憾的是，以后见之明看来，这是个要命的决定。《续资治通鉴长编》载：

> 神卫统军都指挥使皇甫继勋者……国主委以兵柄。继勋素贵骄，初无效死意，但欲国主速降而口不敢发……偏裨有慕敢死士欲夜出营邀王师者，继勋必鞭其背，拘囚之，由是众情愤怒。又托以军中多务，罕入朝谒。国主召之，亦不时至。是月，国主自出巡城，见王师列寨城外，旌旗满野，知为左右所蔽，始惊惧，乃收继勋付狱。[109]

军情无由上达，固非皇甫继勋单方面所能为，还得靠后主周遭亲信配合才行，不过这仍相当程度上反映后主对武臣的信任，是以他才不像中主那般积极派遣亲信监督军情，即便皇甫继勋"托以军中多务，罕入朝谒"，后主也毫不起疑。这自然予以武臣更多发挥空间，尽管结果不尽如人意。[110]

　　其次，则是军事要镇统辖权之委任。南都洪州便是一显例。

---

108 万斯同《南唐将相大臣年表》将从善入贡于宋一事系于开宝五年（972），当误，第494页。

109《续资治通鉴长编》，卷8，太祖开宝八年（975）五月，第341页。

110 万斯同《南唐将相大臣年表》称皇甫继勋于开宝七年（974）任副元帅，当误，第495页。

乾德三年（965），武臣林仁肇出为洪州节度使，时任枢密副使的陈乔闻讯大喜道："令仁肇将外，吾掌机务，国虽破蹙，未易图也。"[111] 从此言看来，后主时期的中央枢要文臣对于自己与武臣间的分际怀有清楚的体认：文臣居中处理国事机要，武臣则在外担负起保护国土的职任。如此明确的分工，在文臣明显凌驾于武臣的中主朝是极罕见的。洪州的兵力也确实相当可观，当南唐君臣在开宝八年（975）被宋师围于金陵时，南都援军乃是城中的唯一寄托。[112] 时任洪州节度使的武臣朱令赟也果真率领"水陆一十五万"往赴金陵，尽管后来在虎蹲洲为宋师大败，"自是金陵绝无外援，以至于亡"[113]，由此仍可窥见洪州雄厚的军事实力。再如润州。在开宝七年（974）宋廷举兵之初，南唐群臣多言润州为江南要害，请求后主派遣良将守之。后主亦没有选择朝中大臣出任，而是拔擢其藩府旧将、侍卫都虞候刘澄作为润州留守。可惜刘澄早怀向背，不仅无心率领将士作战，更主动于隔年（975）九月开城向乘机进犯的吴越兵请降，加速了南唐的崩解。[114] 不过，撇开后主所任非人不论，可以发现，他基本上倾向以武臣出任军事重镇主事，同时给予他们颇大的决策权力。这便使得后主朝的文武关系要较中主时期来得平衡。

---

111 马令：《南唐书》，卷12，《林仁肇传》，第5345页。

112《续资治通鉴长编》载本年后主命徐铉厚贡方物以求缓兵，临行时特别叮嘱徐铉道："汝既行，即当止上江援兵，勿令东下。"徐铉则回曰："臣此行，未必能排解纷纭，城中所恃者援兵耳，奈何止之！"因而极力坚持继续求援，由是可知金陵君臣对于洪州援军的企盼。此事见《续资治通鉴长编》，卷8，太祖开宝八年（975）十月，第347页。

113 马令：《南唐书》，卷17，《朱令赟传》，第5374页。

114《续资治通鉴长编》，卷8，太祖开宝八年（975）九月，第345—346页。

除了受到武臣集团重新活跃的排挤，内朝政治的兴起也削弱了文臣集团原有的影响力。在中主时期，尽管得获大用者亦多属李璟亲信，不过诸如冯延巳、陈觉、魏岑等人，皆是以枢要官员身份，合法预政。然至后主朝，却出现破坏原有官僚体系运作的内廷机构——澄心堂。《江表志》载：

> 北苑水心西有清辉殿，署学士事太子少傅徐邈、太子太保文安郡公徐游，别置一院于后，谓之澄心堂。以皇侄元榍、元机、元榆、元枢为员外郎及秘书郎，皆在其内，出入内庭，密画中旨多出其间，中书、密院皆同散地。[115]

关于澄心堂的实际设置时间，史无确载，杜文玉认为当在开宝五年（972）后主贬损仪制之后。[116]要言之，澄心堂乃特殊情势下设置的临时中枢机构，其间成员固有像张洎这样的文士，然绝大多数仍为后主亲族，这便使得此机构带有鲜明的皇帝私属色彩。[117]澄心堂设立后，袭夺了原来外廷机构的职权，及皇甫继勋被诛，兵

---

115 （宋）郑文宝：《江表志》，收入《五代史书汇编》玖，卷下，第5093页。

116 杜文玉：《南唐史略》，第184页。

117 《续资治通鉴长编》载："（张）洎时为清辉殿学士，参预机密，恩宠莫二。清辉殿在后苑中，国主不欲洎远离左右，故授以此职。洎与太子太傅临汝郡公徐辽、太子太保文安郡公徐游别居澄心堂，密画中旨，多自澄心堂出，游从子元榍等出入宣行之。"唯其中可见文士似乎仅此一例，至于徐辽、徐游则为后主从叔，元榍、元机、元榆、元枢为后主再从兄弟，皆属皇亲国戚。张洎例参见《续资治通鉴长编》，卷14，太祖开宝六年（973）十月，第310页；徐辽、徐游例见马令：《南唐书》，卷8，《义养传》，第5321页。

机处分更"皆自澄心堂宣出"[118]。在此非常体制下，为枢要文臣构成的三省、密院遂沦为"散地"，再难左右朝政走向。[119]

综上所言，可知受到文武关系的重新调整，以及内廷政治兴起的影响，后主朝文臣集团的预政程度大大低于中主时期，这在国难关头尤其明显。不过后主朝文臣虽因前述原因丧失了监兵之权，又在非常时刻被屏除于决策核心之外，然在国势相对稳定的时期，他们还是拥有不少发挥舞台，特别是在内政与外交这两大领域。

（二）后主朝文臣集团的政治舞台之一：内政

后主时期国势的大衰，使得文臣集团再无余裕怀抱向外扩张、恢复旧宇的理想，取而代之的是，将主要精力放在改善内政上。是以这个时期出现许多上书议政事例。例如后主即位之初（961），句容尉广陵张佖便上书列陈治国十项纲要：举简要、略繁小、明赏罚、重名器、择贤良、均赋役、纳谏诤、究毁誉、节用、屈己，并力荐后主"审取与之机，济宽猛之政；进经学之士，退搐克之吏"。[120] 后主甚嘉其言，将其擢为监察御史。这样的进言，较偏于原则性建议，本不会引起太多异议，加上时机合宜，自然容易得到执政褒奖，借以展现新主"广纳众言"的决心与诚意。

---

118 《续资治通鉴长编》，卷16，太祖开宝八年（975）五月，第341页。
119 陆游亦载其事，且在"中书、密院乃同散地"后续云："兵兴之际，降御札，移易将帅，大臣无知者。皇甫继勋诛死之后，夜出万人斫营，招讨使但署牒遣兵，竟不知何往，盖皆澄心堂直承宣命也。"由是可知澄心堂在后主朝末期的地位。参见陆游：《南唐书》，卷3，《后主本纪》，第5493页。
120 张佖所陈十事，见《续资治通鉴长编》，卷2，太祖建隆二年（961）七月，第51页。关于其上书的完整内容，可见《江表志》，卷下，第5094—5096页。

另外，针对后主具体施政或作为上言者亦不少。例如开宝三年（970）冬天，后主在青龙山校猎完毕，休憩于途中的大理寺时，忽然心血来潮亲录囚徒，且多所原宥。对此，中书侍郎韩熙载立即奏劾道：

> 狱讼必申有司，囹圄之中非车驾所宜至，请省司罚内帑钱三百万充军资库用。[121]

后主从之，并大赞曰："绳愆纠缪，其熙载之谓乎！"[122] 再如陈乔。开宝年间，宋太祖遣使至江南召后主入朝，后主本欲听命，陈乔却力阻道：

> 陛下与臣俱受先帝顾命，委以社稷大计，今往而见留，则国非己有，悔将何及？臣虽死，实觍面于先帝。[123]

其言辞之恳切，打动了后主之心，"由是连年拒命"，直至金陵城破，方随宋军北归。[124] 这些都是借上书影响施政的成功案例。

不过，上书言事不尽然都能收到良好成效，不为主上采纳的情

---

121 《江南野史》，卷3，《后主》，第5172页。
122 马令：《南唐书》，卷5，《后主书》，第5292页。李焘系此事于开宝二年（969），见《续资治通鉴长编》卷10，太祖开宝二年（969）十一月，第236页。
123 马令：《南唐书》，卷17，《陈乔传》，第5372页。
124 李焘将此事系于开宝七年（974），不过由于南唐隔年便为宋所灭，并无"连年拒命"的可能，是以笔者于此采马令"开宝中"的说法。李说见《续资治通鉴长编》，卷15，太祖开宝七年（974）九月，第323页。

形亦所在多有，有时还会招来责罚。南唐臣子切谏后主奉佛逾常之事便是如此，《容斋随笔》记云：

> 南唐后主淫于浮图氏，二人继踵而谏，一获徒一获流。歙人汪焕为第三谏，极言请死，云："梁武事佛，刺血写佛经，散发与僧践，舍身为佛奴，屈膝礼和尚，及其终也，饿死于台城。今陛下事佛，未见刺血、践发、舍身、屈膝，臣恐他日犹不得如梁武之事。"后主览书，赦而官之。[125]

后主事佛之热切，自来有名，其"崇塔庙，度僧尼，不可胜算"[126]，流风所及，百官士庶亦"则而效之"[127]，单单金陵一城，便聚有近万僧徒。[128] 这在国家全体主义或儒家中心意识较强的士人眼里，自易兴起一种"国事日非"之感，遂有"继踵而谏"的情况发生。[129] 在汪焕之前，上书极谏者已有二人，一被判徒刑，一被判流刑，下场都颇为凄惨。汪焕自己也作好"死谏"准备，是以为文不再保留，直接援引梁武事佛丧国之事讽谏后主，结果反倒博

---

125 《容斋续笔》，卷16，《忠臣名不传》，第423页。

126 陆游，《南唐书》，卷3，《后主本纪》，第5493页。

127 《江南野史》，卷3，《后主》，第5175页。

128 事实上，不仅后主以奉佛闻名，先主、中主亦然，这在南唐史中可说是极为突出的现象。奉佛的南唐士人也很多，唯因南唐佛教与政治的关系较浅，所以本文没有太多涉及，相关研究可见塚本俊孝：《五代南唐の王室と仏教》，《佛教文化研究》3（东京，1953），第81—88页；陈葆真：《李后主和他的时代：南唐艺术与历史》第四章，《南唐三主与佛教信仰》。

129 "国家全体主义"与"儒家中心主义"，乃中国中古时期常见的两种排佛立场与论述，相关定义与分析见陈弱水：《排佛思潮与六、七世纪中国的思想状态》，收入氏著《唐代文士与中国思想的转型》，第140—151页。

得"敢死之士"之誉，而被拔擢为校书郎，只是其言终未获用。[130]由前述事例可以看出，后主朝确实有部分士人官僚通过上书言事一途，积极参与时政。

当上书所言顺利为后主所纳，就有可能被赋予主政机会，这里可举韩熙载的货币改革及潘佑的经济改革二事为例。南唐的货币改革，起自显德六年（959），其时由于淮上用兵、割让江北，加上臣事北朝所负担的巨额岁时贡奉，致使铜钱存量大减，礼部侍郎钟谟与中书舍人韩熙载于是各自提出改革方案：前者请铸可当旧币五十的大钱，后者请铸铁钱。原先不肯答应的中主，在钟谟的不断劝说下，终于让步，并下令改铸可当旧币十文的"永通泉货"，以及可当旧币二文的"唐国通宝"，使之与旧钱并行。[131]然而，新铸的大钱仅流通几个月，便因钟谟获罪诛死而废，南唐旋又面临货币不足的危机，于是，曾请朝廷铸铁钱的韩熙载遂顺势递补钟谟之位，受拜为户部侍郎充铸钱使。经过数年筹备，熙载终在后主四年（964）推行此法，据闻"大济经费"，熙载也因而获得二百万钱的赏赐。[132]

---

130 汪焕为后主所誉，及被擢为校书郎之事，见《唐余纪传》，卷11，《汪焕传》，第5712页。

131 《资治通鉴》，卷294，后周世宗显德六年（959）七月，第9603页。

132 见《徐铉集校注》，卷16，《唐故中书侍郎光政殿学士承旨昌黎韩公墓铭》，第750页。不过这可能是指此法的短期成效，因为据马氏《南唐书》，此法推行后，"民间但以铁钱贸易。物价增涌，民复盗铸，颇多芒刺，不及官场圆净。虽重其法，犯者益众。至末年铜钱一当铁钱十"，币制混乱至极，让熙载"颇亦自悔"。看来志文当有"为死者讳"的成分。另外，《资治通鉴》后周显德五年（958）三月条有云："唐自淮上用兵及割江北，臣事于周，岁时贡献，府藏空竭，钱益少，物价腾贵。"笔者怀疑可能是史家将其后铁钱泛滥致使通货膨胀的情况，混入货币改革之前一并陈述，才产生（转下页）

潘佑的经济改革，则发生在开宝六年（973）。潘佑（938—973）乃李煜东宫旧人，后主即位后，他也连带被拔擢为虞部员外郎、史馆修撰，后迁为知制诰、中书舍人，并得在开宝年间用事。其时，南唐土地兼并之风极盛，使得向来坚信"富国之本，在厚农桑"的潘佑备感忧心，遂于开宝六年向后主提出一系列的改革措施：

> 〔潘佑〕请复井田之法，深抑兼并，有买贫者田，皆令归之。又依《周礼》造民籍，复造牛籍，使尽辟旷土以种桑，荐（李）平判司农寺以督之。[133]

据《湘山野录》，可知其时连"民间舟车、碓硙、箱箧、镮钏"等物也被政府列为需造籍登记的项目，堪称是一范围广泛的经济管制政策。只是因为改革推行过切，"命行于下，急如星火，州县吏胥因此为奸"[134]，致使百姓大扰，遂为后主所罢。潘佑满心以为自己为奸人所陷，于是屡次上书，历诋执政，结果触怒后主，而被收系狱中，最后自刎而亡。所以尽管此次改革对后世具有些许示范作用，然其时所收成效可说是微乎其微。[135]

（接上页）"钱少"却"物贵"这般不合乎货币原理的记载，不当简单据为实录。关于南唐货币的相关研究，参见加藤繁：《中国货币史研究》（东京：东洋文库，1991），第230—238页；彭信威：《中国货币史》（上海：上海人民出版社，2007），第261页。

133 《续资治通鉴长编》，卷14，太祖开宝六年（973）十月，第309页。

134 马令：《南唐书》，卷19，《李平传》，第5386页。

135 潘佑改革对后人的启发，见李祥俊：《潘佑变法及其对李觏、王安石学术思想的影响》，《赣南师范学院学报》2006年第1期（赣州），第93—96页。至于此改革之性质，相关讨论也不少。日本学者普遍认为这是个（转下页）

整体说来，后主朝因言事获谴的案例并不多，即便所言之事不获后主采纳，亦可能会得到一定程度的褒赏或提拔，这便赋予了后主朝文臣官僚一个良好的政治参与渠道。

（三）后主朝文臣集团的政治舞台之二：交聘

自杨吴后期开始，与他国的交聘便是江淮政权文臣集团的职司之一。[136] 不过，自兵败淮南之后，南唐使臣又多了项重要任务，即想方设法阻止北朝兴起用兵江南的念头。

这首见于北宋初建的建隆元年（960）。是年正月，后周爆发陈桥兵变，赵匡胤被拥立为帝，周太祖郭威之甥、淮南节度使李重进自以"前朝近亲，恐不得全"，于七月起兵反，同时向南唐求援。然起事仅三个月，重进之乱就被宋太祖弭平。南唐中主闻讯，特地于十一月派遣左仆射严续与户部尚书冯延鲁北上犒师。在宴席上，太祖刻意向冯延鲁提起宋将纷请乘胜渡江事，以此征询延鲁意见。对此尖锐提问，延鲁正色答道：

（接上页）带有均产倾向的国有集权政策，其打击对象乃是日益盛行的地主—佃户制度。见西川正夫：《吳·南唐兩王朝の國家權力の性格》，第161—162页；佐竹靖彦：《唐宋變革の地域的研究》（京都：同朋舍，1990），第二章第三节，《南唐朝の土地政策をめぐって——潘佑と徐鉉おわりに》，第347—353页。较完整的回顾，见伊藤宏明：《吳·南唐政権の諸問題》，《名古屋大学文学部研究论集（史学）》34，（名古屋，1988），第359—361页。

136 关于杨吴后期的交聘事例颇多，有遣使北朝者，如卢蘋使后唐，见《资治通鉴》，卷272，后唐庄宗同光元年（923）十二月甲申，第8909页；有与吴越交聘者，见《江南余载》，卷上、下，第5106、5115页；亦有与契丹往来者，见《江南余载》，卷1，第5156页。

> 陛下神武，御六师以临小国，蕞尔江南，安敢抗天威？然
> 国主有侍卫数万，皆先主亲兵，誓同生死，陛下能弃数万之众
> 与之血战，则可矣。且大江风涛，苟进未克城，退乏粮道，亦
> 大国之忧也。[137]

冯延鲁不卑不亢的态度，使太祖大感敬佩，因而"厚赐遣延鲁归"。[138]

至后主时期，由于岁贡所需，朝贡北朝更成为例行公事，在外交场合的折冲樽俎也益加频繁起来。[139] 开宝二年（969），后主派遣其弟吉王从谦北上朝贡，同时命水部员外郎查元方任副使，为其掌管笺奏。宋廷则令知制诰卢多逊前往位于滑州胙城县的行馆接待南唐使团。其间，卢多逊忽然向查元方问道："江南毕竟如何？"元方闻言，立即敛容答曰："江南事天朝二十余年，君臣礼分极矣，复以如何为问耶？"卢多逊为之深感惭愧，随即向其致歉，并叹道："勿谓江南无人！"就在短短数语中，卢多逊打探敌情的意图，便被查元方以"君臣礼分"为由消解于无形之中。[140]

也因为后主时期南唐再不可能以军事抗衡北朝，通过辞令在外交场合争胜，就成为他们少数能抒发胸中抑郁的方式。马令《南

137《续资治通鉴长编》，卷1，太祖建隆元年（960）十一月，第28—29页。

138 陆游：《南唐书》，卷11，《冯延鲁传》，第5552页。

139 陈葆真对于后主时期的岁贡金额，及出任交聘特使者有相当详尽的整理，参见氏著：《李后主和他的时代：南唐艺术与历史》，第三章，《艺术帝王李后主》，第99—102页。

140 此事见于《江南余载》，卷上，第5107—5108页。亦见《续资治通鉴长编》，卷10，太祖开宝二年（969）六月，第227页。

唐书》便载有韩熙载假冒中原使者之父旧识，而诓得对方一拜的事迹。[141] 不过除去此种巧诈之计外，南唐使臣更常借由他们出色的文化能力，揶揄北朝使臣，以至于宋廷往往要大费周章地寻找合适人选与之应对。《桯史》有一段极有意思的记载：

> 国初三徐，名著江左，皆以博洽闻中朝，而骑省铉又其白眉者也。会修述职之贡，骑省实来，及境，例差官押伴。朝臣皆以辞令不及为惮，宰相亦艰其选，请于艺祖。玉音曰："姑退朝，朕自择之。"有顷，左珰传宣殿前司，具殿侍中不识字者十人，以名入。宸笔点其中一人，曰："此人可。"在廷皆惊。中书不敢请，趣使行，殿侍者慌不知所由，薄弗获已，竟往渡江。始宴，骑省词锋如云，旁观骇愕。其人不能答，徒唯唯；骑省叵测，强聒而与之言。居数日，既无与之酬复者，亦倦且默矣。[142]

所谓的"三徐"，指的是徐延休与其二子徐铉、徐锴，因徐铉入宋

---

141 马令《南唐书》云："中原使至，熙载接伴，绐曰：'老夫窃观吾子，音容气貌一若先德，况忝世旧，故不可跪。'使者因拜之。"见卷13，《韩熙载传》，第5348页。

142 （宋）岳珂：《桯史》（北京：中华书局，1981），卷3，《徐铉入聘》，第3页。值得注意的是，另有版本将此事系于徐铉入朝请求北宋暂缓南征的开宝八年（975），文曰："太祖皇帝出兵平江南，李煜遣其臣徐铉来，以口舌胜，赵普屡言择馆伴，及又请，乃中批差三班院下名使臣以往。铉反复问之，其人声喏，言不识字而已，铉无如之何也。"见（宋）陈长方：《步里客谈》，收入《丛书集成初编》（北京：中华书局，1991），卷上，第1页。

后官至右散骑常侍，是以被宋人称为"徐骑省"。[143] 从引文可见，当宋朝闻知南唐派遣徐铉前来职贡，群臣皆因"辞令不及"大感恐慌。没想到太祖一反其道，竟点选一名目不识丁的殿侍中前往接待，因此不论徐铉如何"词锋如云"，这名接待也始终如鸭子听雷般不置可否，无人与之酬对的徐铉只好莫可奈何地放弃炫技。尽管《桯史》作者岳珂大赞此乃太祖"不战而屈人之兵"的妙策。然这终究只是一种策略性应对，若论实质上的文化发展，北朝无疑是居于下风。

南唐君臣对此亦知之甚深，所以常选择在交接场合举行诗文应对，借以展现南国文化之盛，同时让北朝使臣难堪。不过，偶尔也有踢到铁板的窘境，陆游《入蜀记》载有以下事例：

> 南唐后主时，朝廷遣武人魏丕来使。南唐意其不能文，即宴于是阁，因求赋诗。丕揽笔成篇，末句云："莫教雷雨损基扃。"后主君臣皆失色。[144]

据陆氏《南唐书》，此事发生在乾德二年（964），时任作坊副使的魏丕代表北朝南下参与南唐国后的丧礼。[145] 南唐君臣眼见北宋使臣竟为一介武夫，自不肯轻易放过折辱对方的机会，所以便在国宴

---

143 徐延休是否曾出仕南唐，以及至宋初是否还在世，史籍皆无载。不过他既是唐末乾符年间（874—879）进士，即便年仅二十便登第，至宋初也已将近百岁，有点难以想象。就此看来，引文所称的"国初三徐"大为可疑。不过徐铉、徐锴的享誉北朝倒是毋庸置疑。

144 （宋）陆游：《入蜀记》（兰州：兰州大学出版社，2003），卷2，第17页。

145 陆游：《南唐书》，卷3，《后主本纪》，第5486页。

上请求魏丕赋诗。万万没想到魏丕本"好歌诗"[146]，随即揽笔成章，且还语带嘲讽，让"后主君臣皆失色"。不过，这想来应属不可多得的鲜例。

无论如何，外交场合的口舌争胜，终究只能图得一时之快，实际成效甚为有限。是以当北朝真的打定主意要遂行一统之战时，南唐使臣根本没有扭转情势的可能。《续资治通鉴长编》记述徐铉于开宝八年（975）奉使北朝，请求缓兵一事最能体现南唐文臣之无奈：

> 铉言李煜事大之礼甚恭，徒以被病，未任朝谒，非敢拒诏也，乞缓兵以全一邦之命。其言甚切至，上与反复数四，铉声气愈厉。上怒，因按剑谓铉曰："不须多言，江南亦有何罪，但天下一家，卧榻之侧，岂容他人鼾睡乎！"铉惶恐而退。[147]

关于此事，欧阳修亦曾听家乡故老回忆，据闻徐铉在事前便已"日夜计谋"，审慎地对各种可能情境进行应对模拟。[148] 是以在太祖面前，徐铉也果能口若悬河地历陈南唐事大之恭谨，然而辞理难胜的太祖，最终选择仗势凌人，以"卧榻之侧，岂容他人鼾睡"这个赤裸裸的理由，拒绝了缓师之请。是年十一月，金陵城陷，有国三十八年的南唐于焉灭亡。

总的来看，后主朝的文臣集团仍是国家机器的主要操手，但

146（元）脱脱：《宋史》（台北：鼎文书局，1980），卷270，《魏丕传》，第9277页。
147《续资治通鉴长编》，卷16，太祖开宝八年（975）十一月，第350页。
148《新五代史》，卷62，《南唐世家》，第779—780页。

他们的空间发挥已较中主朝狭仄许多，转而集中在内政与外交二者上。内政方面，主要针对各种不当施政上陈建言，并设法补救日趋颓败的政经状况；在外交场合，则努力展现南唐威武不屈的姿态，间或以其文化软实力还以北朝颜色。然而，受限于南北国力之悬殊，前述作为收益甚微，终究无法带领南唐走出逆境，扭转亡国的命运。

三、南唐二主时期的士人发展与政治实践

以上两节主要从政治史的角度，择要勾勒南唐二主时期以士人为主体的文臣集团，在政治领域的地位与作用。本节则将视角拉回南唐士人群体自身——无论是已仕或未仕者，观察二主时期南唐境内士人的各种活动与发展，及与政权的互动。先由习业风气论起。

（一）习业风气的昌盛与官、私学的发展

南唐二主时期，江淮一带的习业风气仍极为昌盛，且不论是私学或官学都非常发达，甚至有较此前更进一步的发展。以私学而论，在吴、唐之际便已出现的私人讲学、自修、家学等类型，在南唐二主时期亦可得见。夏宝松便是当时江淮一带有名的私人教授。马氏《南唐书》载：

> 夏宝松，庐陵吉阳人也。少学诗于建阳江为。……晚进儒

> 生求为师事者，多赍金帛，不远数百里，辐辏其门。[149]

江为在第二章曾出现过，不过那时他还只是个前来庐山向闽人陈
觊学诗的习业士子；而在此处，江为则以夏宝松之师的形象出现。
换言之，这是一个三代传承的诗学谱系，至于"不远数百里"来
从夏宝松问学者，则可称为第四代。此例清楚地展现出江淮私学
旺盛的赓续力。与此同时，也应注意尽管教学、习业的场所坐落
于江淮，然其间的参与者却有许多来自他方的士人，其中尤以闽
地为多，他们的涌入，自然使得南唐境内的士人群体益趋纷杂与
庞大。

值得一提的，还有洪州奉新县罗仁杰、罗仁俭兄弟所创的私家
讲学机构，据《万历新修南昌府志》：

> （罗氏）兄弟以理学教授乡里，筑精舍梧桐山下，学者益
> 众。李氏有江南，国相、郡守交辟不能致，独与徐铉为密游，
> 以布衣终焉。著书十四卷，号《宗孟集》。门人私谥仁节曰
> "中庸先生"，仁俭曰"诚明先生"。[150]

由于罗氏兄弟的教学精舍筑于梧桐山下，后世多以"梧桐书院"
称之。从引文看来，此书院当在杨吴后期便已设置，不过罗氏兄

---

149 马令：《南唐书》，卷14，《夏宝松传》，第5357—5358页。

150（明）范涞修，章潢纂：《新修南昌府志》，收入《日本藏中国罕见地方志
丛刊》12（北京：书目文献，1992影印明万历十六年刻本），卷18，《人物
传》，第370页。

弟既与徐铉为"密游"，则活动时间很可能一直延续至二主时代。
罗氏兄弟虽没有强烈的出仕心，却很愿意在乡里讲学、传播学术
种子，遂使梧桐书院成为江西一大私学中心。[151] 另外，此时期还可
见到一些较小型的私家讲学事例。[152]

除了教导具有一定知识、文化素养的年轻士子，亦有部分士人
从事更为基础的童蒙教育。这里可以来看一段李建勋的经历：

> 李建勋罢相江南，出镇豫章。一日与宾僚游东山……忽平
> 田间一茅舍，有儿童诵书声，相君携策就之，乃一老叟教数村
> 童。叟惊悚离席，改容趋谢，而翔雅有体，气调潇洒。丞相爱
> 之，遂觞于其庐，置之客右……[153]

这条资料可能有些问题，因为据《五代十国方镇年表》，李建勋从

---

151 有意思的是，文中称罗氏兄弟以"理学教授乡里"，且著书名为"宗孟"、私
　　谥号曰"中庸""诚明"，或可推测他们颇为重视《中庸》《孟子》二书，这
　　在唐宋之际可说极为特出。此段记述当本于南宋徐应云为梧桐书院所撰写的
　　记文，见（清）吕懋先、帅方蔚编：《江西省奉新县志》，收入《中国方志丛
　　书·华中地方》，第785号（台北：成文书局，1989影印清同治十年刊本），
　　卷2，《学校志》，第48页。李才栋认为，徐氏撰记时间为理学大昌盛时，当
　　有所附会，不宜将之视为理学派书院，此语固差，不过若书名、谥号皆无误
　　载，这仍不妨碍我们将罗氏兄弟视为理学先声。李才栋的分析，见氏著《江
　　西古代书院研究》（南昌：江西教育出版社，1993），第一章，第32—33页。
152 规模较小者如王审知从子王延嗣，他在闽亡后，便"改姓唐，隐居延平，
　　以五经教授生徒"。见（清）陆心源：《唐文拾遗》，收入《全唐文》，卷3，
　　《王延嗣》小传，第10755页。又如马令载有同于庐山从事教学活动的"虔
　　人刘元亨"，唯这名士人并没有留下太多资料。参见马令：《南唐书》，卷
　　23，《黄载传》，第5410—5411页。
153 《湘山野录》卷上，第12—13页。

未出镇洪州，他唯一的出镇经历，是在升元七年（943）至保大三年（945）出任抚州的昭武军节度使，是以此条记载地点可能有误。[154] 但无论如何，这终究是在江淮域内的私学，并不妨碍此处讨论。观引文可知，这个私学规模颇小，且较近于童蒙教育。不过这不表示此名老叟学问有限，因为后文随即记载他向众人解惑，而深获建勋拜服之事。[155] 可见即便从事童蒙教育者，亦可能是学养丰富的不仕士人。

自学之例亦有之。例如自少"闭门读书，不营赀产"[156] 的文官二代潘佑、"建山斋为习业之所"[157] 的虔州人钟辐，以及"少以畜产为事，弱冠始读书"[158] 的农家子丘旭皆是如此。尽管三人出身大不相同，但想来家境应当都很不错，才能支持此类"不营赀产"的活动。有心栽培子弟读书的家族，有时还会自行延聘教师至家中进行教学，例如王审知族孙王继勋（912—956）便在闽亡入唐后，于其家"招礼耆儒，宏广经义，通方之训，隆诸子弟"[159]。又

154　见《五代十国方镇年表》，《洪州》《抚州》，第440—461页。

155《湘山野录》："李以晚渴，连食数梨，宾僚有曰：'此不宜多食，号为五脏刀斧。'叟窃笑，丞相曰：'先生之哂，必有异闻。'叟……问说者曰：'敢问刀斧之说有稽乎？'曰：'举世尽云，必有其稽。'叟曰：'见《鹖冠子》所谓五脏刀斧者，非所食之梨，乃离别之离尔。盖言人之别离，戕伐胸怀，甚若刀斧。'遂就架取一小策，振拂以呈丞相，乃《鹖冠子》也。检之，如其说，李特加重。"见卷上，第12—13页。

156　马令：《南唐书》，卷19，《潘佑传》，第5383页。

157《唐摭言》，卷8，《梦》，第84页。钟辐生卒年不详，入宋方亡。不过他既为南唐十人樊若水（943—994）女婿，则其习业可能正值南唐后主时期。

158　马令：《南唐书》，卷23，《丘旭传》，第5410页。

159　陈致雍：《左威卫大将军琅琊太尉侍中王府君墓志铭》，《全唐文》，卷875，第9155页。

如在后主朝出任秘书郎的刁衎（945—1013），曾招来当时的易学
大师周惟简向其弟妹讲学。[160] 更具规模者，则有洪州胡氏。徐铉的
《洪州华山胡氏书堂记》载：

> 君名仲尧，字光辅，奕叶儒学，蝉联簪绂……先人少好
> 《左氏春秋》之学，研几索隐，儒者宗焉。及君之长，克扬其
> 业……君以为上古之风，可以驯致；由六经之旨，可以化成也。
> 乃即别墅华林山阳玄秀峰下，构书堂焉，筑室百区，聚书五千卷，
> 子弟及远方之士肄学者常数十人，岁时讨论，讲席无绝。[161]

华山书堂建造者胡仲尧，出身自"奕叶儒学"的书香世家，其父
亦以通《左传》而为"儒者宗焉"。仲尧则在此家学基础上，进
一步建起"室百区""书五千卷"的华林书堂，供子弟习业。不
过就像江州陈氏的东家书院一样，胡氏书堂亦不限自家人士使
用，反倒向四方学者开放，供他们读书讨论。这就让胡氏书堂超
越了家学格局，而近似于书院。以上便是二主时期私学的各种
类型。

　　至于官学部分，最突出者便是地方州县学的设置与恢复。据李
全德研究，南唐州县学的建设主要集中在中主保大年间，如建于
保大八年（950）的歙州新安县学，以及建于保大十年（952）的

160《江南余载》，卷下，第5117页。周惟简生平，参见陆游：《南唐书》，卷15，
　《周惟简传》，第5578页。
161《徐铉集校注》，卷28，《洪州华山胡氏书堂记》，第1205页。

如皋县儒学等;[162] 重建者则有新造于保大四至五年（946—947）间的宣州泾县县学，以及在保大十年为刺史李徵古移至"郡治之西南三十步"的袁州县学等。[163] 尽管留下史料不多，然从徐铉所撰的《宣州泾县文宣王庙记》中，还是得以一窥其时州县学的建置情形：

> 尚书郎吴君光辅，奉诏佐廉部，兼理于泾。既莅事，乃被儒服，谒先师，辟荆榛，历堤垣，以造于茅茨之间，仰瞻俯观，喟然而叹。于是奉开元之成制，采泮宫之旧章，经之营之，是卜是筑。维新秘殿，俨饰睟容。……于是青衿雾服之子，有从师观艺之场；鲵齿鲐背之徒，识养老慈幼之节。欣欣然其化之大者欤![164]

记文系年为"太岁丁未冬十月九日"，即保大五年（947）。文中的吴光辅，史籍无载，仅能从内文得知他是朝廷在保大四年特别挑选出来，派遣至宣州幕辅佐中主叔父徐知证，并兼治理泾县的人选。从吴氏甫到任便即"被儒服，谒先师"的行径看来，他当是位怀抱着高度儒家认同的士人，然而，映入其眼帘的，却是年久失修、埋没在荆榛茅茨中的孔庙。这样的场景，让他不禁喟然长

---

162 详见《十国典制考》，第三章，《十国学校制度考》。至于史料来源，分见（宋）赵不悔修，罗愿纂：《新安志》，收入中华书局编辑部编：《宋元方志丛刊》8（北京：中华书局，1990），卷3，《城社》，第7634页；《嘉靖惟扬志》，收入《天一阁藏明代方志选刊》12，卷37，《如皋县改建文庙儒学记》，第30—31页。

163《徐铉集校注》，卷13，《宣州泾县文宣王庙记》，第651—652页；《正德袁州府志》，收入《天一阁藏明代方志选刊》37，卷4，《学校》，第6页。

164《徐铉集校注》，卷13，《宣州泾县文宣王庙记》，第651—652页。

叹，并兴起新建孔庙的念头。在吴氏主持下，宣州孔庙果真依照"开元之成制"重新营造起来，而与文庙紧密联结的县学功能也随之恢复。[165] 正是在朝廷的大力倡导，以及吴光辅此类有心州县长的建设下，南唐逐步成为"所统州县，往往有学"[166] 的国度。

而在先主朝便已建成的庐山国学，则在二主时期针对过往学风进行整顿。在庐山国学创建之初，由于生源广泛，难免有龙蛇杂处的情况发生，甚至出现时常找诸生麻烦的"庐山三害"[167]。职是之故，朝廷特意挑选"举明经第一"而获授国子助教的建州人朱弼，出掌庐山国学。他到任后，旋即补治扰乱学校秩序的几名祸首，同时"一切绳以礼法，每升堂讲说，座下肃然"，大幅改善庐山国学的学习环境，习业士人因而"数倍平时"。[168] 此外，亦可以注意，随着南唐国境的拓展，庐山国学也吸引来越来越多的他方士人就学，如来自福建建州的孟贯、李寅、杨徽之，以及岭南连州的孟归唐等。[169]

至于国子监，虽没有太多可供讨论的资料，然在后主时期，曾发生一件国子监生击伤都城守卫的事件，对此，后主非但没有惩处犯禁诸生，反倒罢免了被殴武官，并以下述话语斥责之：

---

165 关于唐代庙学的制度化，参见高明士：《中国教育制度史论》第一章，《从"学"到"庙学"的教育》，第50—54页。

166 马令：《南唐书》，卷23，《朱弼传赞》，第5406页。

167 分别是卢绛、蒯鳌、诸葛涛三人。见马令：《南唐书》，卷14，《卢绛传》，第5574页。

168 马令：《南唐书》，卷23，《朱弼传》，第5406页。

169 见李全德：《庐山国学师生考》，《文献》2003年第2期（北京），第79—90页。

> 国子监，先帝教育贤材之地，孤亦赖此辈与之共治。汝斗
> 监前，是必越分陵辱士人，既为戎帅，不能自扦，宜其见殴。[170]

其中，"孤亦赖此辈与之共治"一语最堪玩味。在官学中习业的士
子，若成功步入宦途，无疑会以文职为任，后主既言"与之共治"
者正在此辈，不许武臣随意"越分陵辱"，这自然表示，"文官政
治"在后主心中具有崇高的理想性。也正因为唐主将官学定位为
文官培养所，他才愿意给予诸生如此高规格的礼遇。

　　值得注意的是，尽管庐山其时已建有国学，然私家讲学风气仍
盛。因为在大量习业士子聚集的情况下，教学市场自也相应膨胀，
这便引来一些生计有困难的不仕士人至此地讲学谋生。马令《南
唐书》载：

> 毛炳，丰城人也。好学不能自给，因随里人入庐山，每与
> 诸生曲讲，苟获赀锱，即市酒尽醉。时彭会好茶，而炳好酒，
> 或嘲之曰："彭生说赋茶三斤，毛氏传经酒半升。"炳闻之，小
> 哂而已。[171]

毛炳显然是一好学的不仕士子，因没有稳定收入，只好随着乡人
一同前往习业圣地庐山闯荡。果不其然，毛炳在庐山寻得许多赚
取束脩的机会，只是他往往都把这些钱拿去买醉，因而博得"毛

170　马令：《南唐书》，卷23，《卢郢传》，第5409页。
171　马令：《南唐书》，卷15，《毛炳传》，第5362页。

氏传经酒半升"的传言。至于与其相提并论的南昌人彭会，同样也是在庐山寻求教学机会的不仕士子，只是两人的专长与喜好颇为不同——毛炳是"传经"与"嗜酒"，彭会则是"说赋"而"好茶"。由此亦可见，士子兴趣广泛，无论是儒家经典抑或词章诗赋，皆拥有一定的市场。

最后，笔者拟引列名"庐山三害"的卢绛其求学历程，展现其时江淮士子习业选择之多元。卢绛为袁州宜春人，自称晚唐进士卢肇之后，虽不知是否属实，然他自少便"读书略通大指，喜论当世利病"，举进士不第，还能顺利出任家乡邻近的吉州郡吏，想来应出自具有一定文化素养的地方土豪。其后，卢绛因盗取库金被通缉，遂"更儒服"，展开逃亡之旅。陆氏《南唐书》载：

> 〔卢绛〕至新淦，客于土豪陈氏，与其子弟共学。绛好纵横兵书，日夜读之。陈氏察其非士流，谓曰："朝廷方求贤豪，吾子其可久留此乎?"因厚具装遣行。绛将还宜春，中途饮博，尽费其装，比至家，母及兄弟皆鄙诮之。绛乃入庐山白鹿洞书院。[172]

新淦为吉州境内的东北属县，离袁州不远，卢绛应是在返乡路上"客于"当地土豪陈氏。陈氏属于士人认同较强的人家，也很重视子嗣教育，是以卢绛便在作客期间"与其子弟共学"。不过，较喜

---

172 陆游：《南唐书》，卷14，《卢绛传》，第5574页。

阅读纵横家及军事类书籍的卢绛，很快便被陈氏察觉他不似士流中人。在陈氏一番劝勉下，卢绛离开陈家，返回宜春，不久转入庐山国学，成为著名的问题学生。单由此例，便可见到自学、家学、官学三种不同类型的习业方式，可说细微地体现出江淮学风之昌盛。也因如此，南唐方得以孕生出广大的士人群体，作为其文官政治的坚实基盘。

（二）入仕渠道：礼聘、荐举、上书、献诗文

接着讨论二主时期南唐士人的入仕渠道。南唐二主治下的士人，大抵可经由礼聘、荐举、上书、献诗文或应科举几种渠道入仕，与此前最大不同处在于，他们失去了经由地方官长辟署的机会，是以此时期的欲仕士人皆得直接与朝廷接触，即便先为地方官长所知，也得通过贡士或荐举方式，至中央除授职官。以下分项论之。

在选举制度已较此前大备的二主时期，礼聘仍是常见的取士之道，这又可分为唐主亲聘或地方官长礼聘二类。前者事例较多，像是中主亲聘"隐于庐山四十年"的闽士陈贶、"隐于蕲州山"的蜀士陈曙、"善地理家言"的袁州士人何浦，以及后主亲聘"明《易》"的鄱阳隐士周惟简，皆属此类。[173] 这些诏聘对象或能诗、或通经、或具特殊专长，然多无强烈的仕宦意图，所以只能通过朝廷主动礼聘，才有署用他们的可能。不过在这四例中，愿意受聘

分见陆游：《南唐书》，卷7，《陈贶传》，第5521页；《江南余载》，卷下，第5120页；《十国春秋》，卷29，《何浦传》，第421页；陆游：《南唐书》，卷15，《周惟简传》，第5578页。

者只有何浦与周惟简，至于陈贶与陈曙则一"固辞"、一"不应"，看来成功概率不算太高。至于地方官长的礼聘，笔者所见唯有查文徽攻下建州后，"礼致"曾任杨吴光州参军、后弃官返闽的潘承祐一例。[174] 不过此事多少带点战时收买人心的用意，且受聘者又是江淮政权旧臣，性质与前述诸例稍有不同，是否能视为地方官长的普遍作为，有待考虑。总之，二主时期的礼聘史料，多属皇帝亲行的诏聘，且因对象多为隐士，所以常有屡征不起的情形。若以之与唐末、杨吴时期相较，此时期的礼聘可说只发挥一种补充性的取士效果，更重要的，可能还在借此彰显执政对于士人的重视。

荐举发挥的取士作用，则要较礼聘为高。上章曾经提到，吴唐之际的荐举主要通过当权者身旁的权要、亲信进行，带有较强的私荐性质；至南唐二主时期，这样的特色仍颇为显著。像是在中主末期，掌政的钟谟"荐其所知阎式为太子司议郎"，致使"百司关启，多由之"，[175] 以及后主十三年（973）中书舍人潘佑举荐"与亲善"的李平先后判司农事、知尚书省，而使得"群议纷纷"，[176] 皆可说是此类事例。不过，亦可见到不少秉持公心举荐之例，譬如严续推荐"性方言直"的寿春人刘奂出任监察御史、起居舍人，便为"时论善之"。[177] 另外，像韩熙载与陈乔共荐"敏于议论，时

174 马令：《南唐书》，卷10，《潘承祐传》，第5331页。
175 马令：《南唐书》，卷19，《钟谟传》，第5385页。
176 马令：《南唐书》，卷19，《李平传》，第5386页。
177 马令：《南唐书》，卷10，《严续传》，第5330页。

誉霭然"的潘佑，[178] 以及潘承祐对闽地人士的多方举荐，[179] 也都收到很不错的成效。更重要的是，二主时期的荐举皆没有造就出"宋党"这样的利益团体，是以尽管无法确认此时期的荐举是否具有更制度化的发展，但就实际结果看来，似要较此前健全。

上书言事与进献诗文，则是当时颇为普及的入仕方式，事例也很多。上书言事者有：在中主朝诣阙呈请朝廷更换潭州节度使边镐的吉州士人欧阳广，后主时先后上书议政、其后分别获授校书郎及录事参军的许逊、魏羽、何蒙等人。[180] 而从庐山国学逃出的卢绛，在历经一番波折后，也在后主朝抵达金陵、上疏进言，"陈京口至壁涧数处要冲之地，宜立栅屯戍、广设备御，并条利害数十事"，不过由于朝廷数日不报，卢绛遂转去拜谒当时的权要——光政使[181]陈乔，结果大获其赏，而得表署为光政院承旨使。[182] 至于进献诗文作品的事例，则多集中在后主时期，例如于后主即位之初"诣金陵献诗百篇"的庐陵人刘洞、"喜读书，善文章，献书后主"的江宁人洪庆元皆属之，不过两人命运大为不同。刘洞因其篇首《石城怀古》诗有"几许六朝事，不禁江水流"之句，引起后主不

---

178 马令：《南唐书》，卷19，《潘佑传》，第5385页。

179 潘承祐重新出仕江淮政权之后，被元宗"委以南方之事，升降人物、制置郡县，多用其言，荐陈海、林仁肇，皆著功效"。参见马令：《南唐书》，卷10，《潘承祐传》，第5331页。

180 分见陆游：《南唐书》，卷10，《欧阳广传》，第5548页；（宋）王安石：《临川集》，收入《景印摛藻堂四库全书荟要·集部·别集类》，第376—377号（台北：世界书局，1986），卷71，《许氏世谱》，第6—10页；《十国春秋》，卷29、31，《许逊传》《魏羽传》，第424、451页；《宋史》，卷277，《何蒙》，第9444页。

181 亦即枢密使，因后主降制，更名为光政使。

182 《江南野史》，卷10，《卢绛传》，第5224—5227页。并参陆游：《南唐书》，卷14，《卢绛传》，第5574—5575页。

快，由是没能得到任用；洪庆元则顺利获"授奉礼郎，补新喻令"，踏入仕途。[183]另外，也有投诗献文给朝中或地方要员者，像是"以所学献于吏部侍郎韩熙载"的宣城人舒雅，以及"以诗投"虔州观察使陈德诚的泉州人康仁节。前者得到韩熙载"馆给之"，后者则为陈德诚推荐给执政，而得就仕。[184]

前述事例结果大多不错，不过这应当只是少数成功事例。实际上，想通过进献所学或上书言事求得理想仕宦，可能没这么简单，庐陵人郭昭庆的经历即是例证。马氏《南唐书》云：

> 昭庆博通经史，拟《元经》作《唐春秋》三十卷，著《治书》五十篇，皆引古以励今。献之，为左右所沮，俾就举进士。昭庆不平，复上书曰："臣所述皆先圣之遗旨，以惩劝褒贬为任，其余摘裂章句，补缀雕虫，臣自少耻而不为。"因得召对，补扬子尉，不受，复归禾川。……复走金陵，再献经国治民论各十余篇，大抵皆指述池州采石堤要害备御之处，及东海隅可以拓之之略。后主览而悦之，遂署为著作郎。[185]

郭昭庆之父郭鹏，为保大初年进士，官至大理司直，后因宋齐丘获罪遭受牵连被免官。昭庆虽为进士之子，却不想走文章取士之途，而选择在保大年间献其所撰《唐春秋》与《治书》二书，以

183　马令：《南唐书》，卷14，《刘洞传》，第5353页；《十国春秋》，卷31，《洪庆元传》，第452页。

184　马令：《南唐书》，卷14、22，《康仁杰传》《舒雅传》，第5356、5401页。

185　马令：《南唐书》，卷14，《郭昭庆传》，第5355页。

期能为执政所赏。[186]《唐春秋》所拟之《元经》，传为隋代大儒王
通所作，共十卷，内容是以春秋经传体例与笔法，撰写西晋太熙
元年（290）至唐武德元年（618）之间史事。[187]昭庆的《唐春秋》
既仿其书法，自然也有寓褒贬于过往，以激励当下的用意。至于
《治书》由篇名推测，应是阐发为政之道的著作。然而，昭庆献书
结果却是"为左右所沮"，并换来劝其"举进士"的建议。此事相
当程度反映出执政对于献书内容的偏好：他们对于华美辞章的喜爱
大抵要胜过"以惩劝褒贬为任"的经世文字。这使得昭庆大为不
满，一怒之下遂归返家乡，迄后主朝才又"复走金陵"，献经国治
民之论，终于得署为著作郎。不过，文中称昭庆此时所献大抵偏
向守备、防御与拓境等实务对策，看来他应对内容进行过一番调
整，使之更投上位者所好。由是可知，此途亦有其难处。而从郭
昭庆之例，亦可看到科举至中主时期，已成为南唐士人主要的入
仕选项，此部分内容较多，是以专辟小节论之。

（三）入仕渠道：科举

关于南唐中主以降的科举施行概况，诸如伍伯常、周腊生、陈

---

186 昭庆于"保大间"献书，见陆游：《南唐书》，卷15，《郭绍庆传》，第5581页。
187 据《四库全书总目提要》，晁公武《郡斋读书志》与陈振孙《直斋书录解题》
二书皆称宋初之前的书志并无王通撰《元经》的说法，是以他们皆疑此书乃
注者阮逸（北宋年间时人）所伪。四库馆臣也举出一些文本内部问题，认为
此书作伪的可能性极高。不过若马令所载属实，则《元经》即便为后人所伪，
其年代必要早于南唐中主以前，而不会晚至北宋。见（清）永瑢等：《四库全
书总目提要》，收入《万有文库》，第一二集简编五百种，第004—043号（长
沙：长沙商务出版社，1939），卷47，《史部三·编年类·元经》，第56—57页。

秀宏等学者皆已作过详尽梳理，[188] 此节仅拟在前述基础上略作补充。学者过去常引《资治通鉴》广顺二年（952）——即南唐保大十年——中主"始命翰林学士江文蔚知贡举"[189] 的记载，证明南唐要迟至此时方置科举。然从前章讨论可知，这应是错误的，事实上，早在先主升元年间，便已有士人登科的记录。只不过，保大十年以前的资料极为零散，且榜数与施行年份亦皆无记载，是以笔者推测，在中主保大十年以前，南唐科第的给予可能带有某种随机性或任意性，而非通过礼部主持的例行性贡举，是所谓"言事遇合，即随材进用，不复设礼部贡举"[190]，一直要至保大十年，才在中主的吩咐下，将礼部试重新确立为年年施行的定制。[191]

据《续资治通鉴长编》，南唐自保大十年迄至亡国，这二十四年间"凡十七榜，放进士及第者九十三人，九经一人"[192]。其中，中主朝从保大十年到十二年（952—954）皆有明确放榜记载，保大十三年（955）后可能因淮南战事爆发而中止；后主朝则只有即位之年停举，余下十四年皆按时召开。考试时间延续唐制，以秋发解、冬集礼部、隔年春试为主。[193] 科种除进士外，尚有明经、三礼、

188 伍伯常：《南唐进士科考述》，《汉学研究》15：1，第133—149页；周腊生：《南唐贡举考略》，《文献》2001年第2期（北京），第15—24页；陈秀宏：《十国科举制度考》，《十国典制考》，第四章，《十国科举制度考》（陈秀宏主笔），第177—207页。

189 《资治通鉴》，卷290，后周太祖广顺二年（952）二月，第9475页。

190 陆游：《南唐书》，卷10，《江文蔚传》，第5547页。

191 详见第三章第三节的讨论，第323—324页。又，南唐进士名录与登科年份，见孟二冬：《南唐登科考》。亦可参见本书附录十"南唐进士登第人物表"。

192 《续资治通鉴长编》，卷16，太祖开宝八年（975）二月，第336页。

193 参见《十国典制考》，第四章，《十国科举制度考》，第193—196页。

童子、明法之设置。至于录取名额，唯有进士科拥有较完整的记录，亦即上文所引资料。不过，《长编》特别在此段文字注明开宝八年（975）一口气放了三十人，是以扣除此榜，余下十六榜共放六十三名，每榜平均仅四人。[194]

　　笔者以孟二冬《南唐登科考》为本，佐以其他相关文献与研究，搜集到58位进士与11位诸科登第者，制成"南唐进士登第人物表"及"南唐诸科登第人物表"。[195]这些登第人物不排除有后世编造的可能，然整体看来宋人记载仍多，当有一定可信度。扣除先主时期的4名（汪焕、陈起、李徵古、郭鹏），余下65名登第士人中，知籍贯者有42名，约占总数的六成五。以下是地域分布：

表4-4　南唐二主时期登第士人的地域分布

时间 ＼ 地域	淮南	江西	宣歙	浙西	湖南	福建	江左	岭南	总计
中主朝进士	2	1	2	3	0	0	0	0	8
后主朝进士	1	4	2	2	0	0	1	0	10
时间不确进士	1	3	2	2	0	3	0	1	13
诸科登第者	0	5	2	2	1	2	0	0	11
总计	4	13	8	9	1	5	1	1	42

194　关于此榜所放人数，诸书所载有些出入，陆游载"三十八人"，《唐余纪传》则称"二十八人"，总之，相较其余诸榜，开宝八年榜的进士名额数量特多。分见陆游：《南唐书》，卷3，《后主本纪》，第5493页；《唐余纪传》，卷18，《志略》，第5773页。论者以为，这当是"后主为笼络人心而采取的一次特例"，见《十国典制考》，第四章，《十国科举制度考》，第199页。

195　见附录十与附录十一。

由此表可知，南唐二主时期的登第进士绝大多数来自东南区域，其中以江西比例最高，约占三成；其次是浙西与宣歙，各占两成左右；福建与淮南则在一成上下。这些地区多位在南唐辖境。仅有两个来自东南以外者，分别为从岭南前来应进士科的孟曒，及自湖南来应五经举的吴仲举——后者亦身处南唐治下的鄂州。换言之，应南唐科举者几乎都属该国士人，对他国人士吸引力有限。

再从这些知籍士人的阶层观察。明确记载出自官宦家庭者有14人，约占三成五，余下诸人则多为身家不显的寒素。不过所谓官宦家庭，多属唐宋之际兴起的新兴官僚，祖上曾任唐臣者，唯有金陵印氏与建安崔氏两家，且都仅任至基层文官，是以至多只能将他们归为小姓。[196] 而在唐末科场极为活跃的士族，在南唐举场中完全失去了踪影。这一方面固与东南士人本以寒素为主有关，但多少仍反映士族阶层在唐末五代大动乱中所蒙受的巨大冲击。[197] 综合占籍与阶层分布来看，我们可以说：南唐科举的最大受益者

---

196 印家祖上在唐末以明经擢第，释褐太子校书，然旋因唐末丧乱而南返；崔宪祖父崔亿则为建阳县令，同样因世乱定居福建。关于两家家世，见《徐铉集校注》，卷16，《唐故印府君墓志》，第781—782页；卷30，《故唐朝散大夫尚书水部郎中崔君墓志铭》，第1256—1258页。

197 详见第一章分析。此处要说明的是，士族、小姓与寒素之区别，乃因袭中古时期的社会分类架构，以此标准观察门第急速消融的唐末五代，自会有许多士人被归为寒素阶层。不过，出身寒素者，不代表其家族财富状况必为贫寒，仅是说在家世背景与社会声望方面，他们难与带有世袭性格的士族、小姓比拟，至于其实际社会影响力，还有再评估的必要。关于唐末五代的社会变迁，见孙国栋：《唐宋之际社会门第之消融》，收入氏著《唐宋史论丛》（香港：龙门书店，1980），第211—308页；Nicolas Tackett, *The Destruction of the Medieval Chinese Aristocracy*（Cambridge：Harvard University Asia Center, 2014）。

当属东南区域的寒素士人。或许正因如此,即便南唐科举的录取人数远不能和唐代后期相比,其带来的社会影响力依旧颇为可观,以下略举事例说明。

南唐自保大十年(952)恢复岁举后,便很有意识地在维系运作上的公平性。当是年主试江文蔚被中主问到其取士标准与北朝有何差别时,文蔚回曰:"北朝公荐私谒相半,臣一以至公取才。"此言惹来早先在后唐应顺元年(934)于北朝登第的中书舍人张纬不快,遂联合部分权要诋毁此制,遂有短暂的罢举风波。[198] 所幸在徐铉力阻下,科举旋又恢复。[199] 其后,徐铉亦被授命知掌贡举,据称:

> 其掌贡举也,至公取人,不受私谒。先策问而后词赋,进德行而黜浮华,当时举场号为得士。公弟内史舍人锴,每主文柄,亦以直道自持,故江表后进力学未至者,闻"二徐"为春官,多望风引退。其精鉴无私也如此。[200]

在这里可以看到,唐末广大东南举子勠力追求的理想取士准则——"至公",在此先后为南唐主试标举出来。他们企图清扫唐代、北朝科场常见的私谒风气,纯就士子才学表现作为选取依据。这对

---

198 陆游:《南唐书》,卷10,《江文蔚传》,第5547页。
199《徐铉集校注》,附录一,《宋金紫光禄大夫左散骑常侍上柱国东海县开国伯食邑七百户责授静难军节度行军司马徐公年七十六行状》,第1329页。
200 李昉:《大宋故静难军节度行军司马检校工部尚书东海徐公墓志铭》,收入《徐铉集校注》,附录一,第1335—1336页。

没有太多人脉资源的寒素士子来说，无疑是一大福音。

除了主试者的自我期许与坚持，皇帝或举子有时也会通过不同手段影响考试结果，使其更符合士子期盼。比如"雅好文事，虽当末运，犹留意于科第"[201]的后主，便曾分别在乾德二年（964）与开宝五年（972）于放榜后针对录取者与落榜者进行复试；[202]又曾于主试排定举子名次后，亲自复核，拉拔其欣赏考生的顺位。[203]至于没有任何实质权力的应举士子，则常诉诸舆论压力，或者采取诸如钉脚、拜殿喊冤等极端手段，吸引执政注意，以求他们能更加审慎、公平地对举子进行评定。[204]所以尽管南唐科举尚未发展出如后世那般严密的防弊措施，然在具体成效上，它大抵要比唐代科举更能符合应试举子对于"至公"之期盼，是以南唐科举方能吸引为数可观的布衣投身科场、应举不辍。[205]

不过，亦有部分士人对于专重文章的进士科产生反感。前面提到的郭昭庆便是一例。南闽僧人应之则因应举被黜，不愿再"以

<hr />

201《十国春秋》，卷30，《张佖传》，第435页。

202 乾德二年（964）事见《南唐近事》，卷1，第5051页；《唐余纪传》，卷3，《国纪三·后主》，第5652页；开宝五年（972）事则见陆游，《南唐书》，卷3，《后主本纪》，第5490页。

203《十国春秋》，卷31，《罗颖传》，第450页。

204 诉诸舆论压力者，如乔匡舜知贡举多放久滞名场者，结果被青年举子谑称为"陈橘皮榜"，见陆游：《南唐书》，卷8，《乔匡舜传》，第5531页；钉脚、拜殿喊冤等手段，可见《江表志》，卷下，第5094页；《江南余载》，卷上，第5111页。

205 譬如"五举犹为白丁"的潘贲、"凡九举，而曳白者六七，然自励弥笃，不以为耻"的丘旭、"两策科名皆非正榜"而欲使"子孙雪之"的陈度、"六上不第"的彭利用等。分见马令：《南唐书》，卷23，《潘贲》《丘旭》，第5408、5410页；《江南野史》，《集外逸文》，第5236页；《十国春秋》，卷32，《彭利用》，第462—463页。关于南唐科举的社会影响，见伍伯常：《南唐进士科考述》，第145—146页。

区区章句，取程于庸人"，愤而出家。[206] 江夏人黄载也在落第后，发出类似感叹：

> 士之贱也久矣，规模于寒浅之文，去取于有司之手，其于造道，不亦远乎？

黄载自是不复进取，仅在家乡从事教学活动。[207] 此二例尚可说是科场失意者的自省，另有某些喜好有别流俗的士人——例如"颇通迁、固、寿、晔之书"的好学士人刘素——就更直接地"不事科举"，[208] 或对南唐文坛因应文章取士而兴起的唯美文风进行强烈批判。宣城士人蒯鳌如此说道：

> 夫文章者，所以达道德之本，发才智之蕴，使旨胜于辞，理过于文，为得之矣。其余摘裂章句，钩校属耦，绮丽悦目，清新汩耳，则吾不知也。[209]

蒯鳌认为文章主要是用来"达道德之本，发才智之蕴"，因此相较表面的"文""辞"，其内在之"旨""理"具有更为根本的地位。据传蒯鳌文风确实也展现"不事华藻，以理趣为本"的特质。[210] 这

---

206 马令：《南唐书》，卷26，《僧应之传》，第5425页。
207 马令：《南唐书》，卷23，《黄载传》，第5410页。
208 《江南野史》，《集外逸文》，第5236页。
209 马令：《南唐书》，卷23，《蒯鳌传》，第5408页。
210 陆游：《南唐书》，卷14，《蒯鳌传》，第5575页。

或可说是科举文化、文学文化所引发的反潮流。[211]

此外，亦有部分受挫于科场的南唐士人，就此萌生转效他国之意。《江南余载》载有这样的事例：

> 赵绮困于场屋，将自三山北渡，以归梁京，为逻者所得，遂下廷尉。从狱中上书曰："初至江干，觉天网之难漏；及归棘寺，知狱吏之可尊。"后主览之，批其末曰："陵虽孤恩，汉亦负德。"乃释其罪。明年，绮状元及第。[212]

赵绮身家不详，仅知他因应举不顺，而欲转投北朝，结果为边境巡佐所获。所幸他靠着出众诗才，得蒙后主特赦，隔年如愿登第。相较之下，同样"屡为有司黜"而"怏怏不能自已"，遂勾结乡人意图叛逃至吴越的建阳士人江为就没这么幸运，他被同谋告发后，随即被捕诛死，再无用世机会。[213] 不过，也不是没有越境成功的例子，像是"累举进士不第"的江南士人樊若水，便于开宝三年（970）成功渡江奔宋，上书言南唐可取之策，而获北朝所用；[214]

---

211 有意思的是，当我们将蒯鳌对"道德""理"的重视，和前文黄载对"道"的呼吁联系在一起时，就很容易联想到由部分中唐文士所发起的"古文运动"。据陈弱水研究，中晚唐五代的福建文士颇有继承此波新思潮者，而本文所举之例，是否也说明江淮一带亦存在着类似情况？值得再加留意。古文运动对于中晚唐五代福建士人的影响，参见陈弱水：《中晚唐五代福建士人阶层兴起的几点观察》，第489—493页。

212 《江南余载》，卷上，第5111页。

213 《江南野史》，卷8，《江为传》，第5215页。

214 《江南别录》，第5139页；《续资治通鉴长编》，卷15，太祖开宝七年（974）七月，第321页。樊若水生平，见《宋史》，卷176，《樊知古传》，第9393—9397页。

另外，在开宝八年（975）因"试不中格"而从南唐间道归宋的林进、雷说，也顺利转效北朝。[215]

与此同时，还有少数东南士人不愿屈就于南唐，宁可千里迢迢地北上应举。建州人杨徽之便是如此。司马光《涑水记闻》载：

> 杨徽之，建州浦城人，少好学，善属文，有志节。是时福建属江南，江南亦置进士科，以延士大夫。徽之耻之，乃间道诣中朝应举。[216]

杨徽之为后周显德二年（955）进士，[217]亦即淮南战争爆发的前一年。就此时点看来，徽之所以北走后周，可能与南北形势渐转有关。据笔者所见，杨徽之为现存资料中唯一在中主朝北上应举的南唐之士；后主继位后事例转多，例如建隆二年（961）的福建士人杨澈、建隆三年（962）的江西士人马适等。不过总体来看，数量犹不及杨吴后期与南唐先主朝，[218]看来南唐科举在保大十年（953）后的全面常规化，确实颇为有效地发挥了维系境内士人的作用。

215《续资治通鉴长编》，卷16，太祖开宝八年（975）二月，第336页。

216（宋）司马光：《涑水记闻》（北京：中华书局，1989），卷2，"杨徽之"条，第31页。更详整的记载，见（宋）杨亿：《武夷新集》，收入《四库全书珍本》八集，第361—370号（台北：台湾商务印书馆，1978），卷11，《故翰林侍读学士正奉大夫尚书兵部侍郎兼秘书监上柱国江陵郡开国侯食邑一千三百户食实封三百户赐紫金鱼袋赠兵部尚书杨公行状》，第17—23页。

217 见《登科记考补正》下，卷26，第1136页。

218 参见附录九"杨吴后期至南唐时期北上应举的东南士人"。需要说明的是，此表虽列有23名于二主时期北上应举的东南士人，然其中仅有5名出自宋代史料，较之杨吴后期、南唐先主朝的7名要少。

（四）南唐二主时期新进士人的构成

接着要来检视二主时期新进士人的构成。之所以聚焦在"新进士人"，主要目的是想借此观察南唐二主时期文臣集团的主要补充来源，进而与吴唐之际作比较。笔者尽可能地对现存史料进行梳理，制成"南唐二主时期新进文臣表"。该表共搜罗了64位人物，扣除两名文吏性质较强者（李德柔与褚仁规），有62名新进士人官僚。以下是他们的地域分布：

表4-5　南唐二主时期新进士人籍贯分布

籍贯 时间	北方		南　　方							不明	总计
	北人	外国	淮南	福建	江西	宣歙	浙西	岭南	湖南		
中主	2	1	4	4	6	2	5	1	0	5	30
后主	0	0	0	7	4	8	7	1	1	4	32
总计	2	1	4	11	10	10	12	2	1	9	62

据表可知，二主时期的士人官僚主要还是来自境内。然与此前相较，淮南所占比重大幅降低，而为浙西、宣歙超过，江西则大体维持着稳定输出。事实上，前述趋势在中主时期尚不明显，出身淮南者在新进士人中犹占13.3%（4/30），要到淮南战争丧师、江北之地尽入北朝后，淮南士人才真正在南唐政权中消失。也就是说，这是外在局势改变导致的现象，而非当地文运升降之反映。还可注意，浙西士人数量的回升，与南唐都城金陵的发展关系甚密——在12名浙西士人中，

有8人来自升州，乃传统文化重镇常州的两倍多，且其中有4人是南唐官僚之后（徐游、刁衎、洪庆元、潘佑），一人在金陵国子监就学（卢郢），此显示金陵士人阶层的扩大，带有颇强的政治因素。

相对于淮南重要性的日减，福建新进士人则稳健增长。此前，江淮政权虽也有福建士人的踪影，然比例不及一成；及至中主朝，福建士人就突破了这个关口，到后主时期更迎头赶上浙西、宣歙与江西，成为南唐新晋士人的前四发源地。此现象当与中主时期南唐疆域成功拓展至福建有关，也由于过去据有福建的割据势力王闽被南唐攻灭，仅存的准自立政权——雄踞泉州的留从效——名义上又臣属南唐，遂使得欲求仕宦的福建士人多往南唐集中。当然，亦有部分士人选择往他国发展，如前文提到的杨徽之。不过即便徽之在政治上对南唐没有认同之感，然从他早年习业于庐山国学一事看来，徽之在文化上仍受到南唐不少滋养。总之，固有疆界的破除，使得福建士人无论在政治或文化上，都与南唐有了较此前更多的互动与交流。

除去上述几地，其余诸区所占比例皆不高。出身岭南道的两人，乃孟宾于与孟归唐父子。孟宾于本仕马楚，楚国被灭后至金陵应举，成功登第，此后遂转仕南唐，其子也因而被名为"归唐"。由此观之，归唐当是在南唐境内出生，只是确切位址不明，是以学者多以其父本贯系之，本文姑且从之。值得注意的是，在孟宾于之外，看不到太多马楚遗臣转仕南唐的事例，[219] 这极可能是

---

219 事实上，就笔者所见，唯有廖偃、廖凝二例，其他至多仅移居至南唐境内，不仕而终，如"徙居金陵，高尚不仕"的朱遵度、"奔江南不愿仕"的萧处钧，见《十国春秋》，卷75，《朱遵度传》及附传，第1031页。

因为此境很快又被马楚余部恢复，从而提供给马楚遗臣就近发展的机会，身处马楚境内的湖南士人自也连带受益，而无须如福建士人那般，在亡国之后转向南唐政权集中。[220]

北方新进士人的骤减，可说是本时期最为突出的现象。据上章统计，在南唐先主朝以前，江淮政权大约有三成左右的北方士人，然至此时期，文献上可见的新进北士仅有二例，亦即：在保大五年（947）奉起兵反汉的河中节度使李守贞之命、南来乞师的朱元与李平二人，后主朝则全然不见。后主时期南唐国势萎缩，难以吸引境外士人流入自可想见；至于中主朝，即便实际情形可能较文献稍多，然当与大体趋势相去不远。因为在中主时期，北方统治集团渐趋稳定，虽历经后晋、后汉、后周、宋四朝之更迭，但这基本上只是国号与最高领导核心的代换，就集团成员看来，四朝仍具有极高的一贯性，是以北方士人的南流远不如梁、唐相争时期频繁，这也致使南唐无法再像吴唐之际那样大量吸纳流亡北士。[221]

此外，后主有意识地打压北士，应也对北士南来的意愿带来负面影响。这导源于淮南战争期间，北士朱元因不满监军使陈觉意欲夺其兵权，怒而举寨降周，致使唐师全面败溃。此事在后主心中烙下极大阴影，由是"颇疑北客，往往赐死"，部分朝中北士为求避祸，只好走上纵情声色、远离政事之途。[222] 在北士人数、比例

---

220 至于唯一在二主时期通过科举、参与南唐政权的湖南士人吴仲举，前文已提过他出自南唐治下鄂州。

221 参见毛汉光：《五代之政治延续与政权转移》，《中国中古政治史论》（台北：联经出版公司，1990），第391—445页。

222 韩熙载据说便是如此，见《江南野史》，《集外逸文》，第5237页；《钓矶立谈》，第5028页。

与地位皆降的情况下，在地东南士人群体自然有了更多发展空间。是以至后主朝，出身东南者已成为南唐新进士人官僚的绝对多数（24/30）。

在出身方面，62名新进士人有18名明确来自官宦家庭，比例接近三成，只是他们多数仍采科举或献书方式入仕，通过荫任渠道者比例甚微。其余七成则以寒素士子为主，渠道亦以科举为大宗。从这些资料看来，南唐政权所提供的各项入仕渠道确能促进一定的社会流动，从而防止统治集团进一步阶层化。

（五）南唐二主时期的政坛文化与士人

由于二主时期的南唐是个士人化程度极深、又以士人作为执政主力的政权，是以其政坛文化，时常便是士人文化的一种展现，甚至还会借着从上而下的政治影响力，形塑当地的士人文化。关于这些课题，前辈学者已有不少讨论，例如陈葆真便曾针对二主时期的各类文化建设——诸如游宴、词曲、书画、乐舞等——及其社会影响，作过广泛且深入的研究。[223] 是以这些部分，笔者不再赘述。本小节主要想针对此时期颇为特殊的两项政坛文化现象进行探讨。

首先值得留意的，是南唐士人官僚对于"隐逸"的向往。中国传统士人的隐逸风气源远流长，唐代亦极昌盛，更在"真隐"外，发展出隐于宦场的"吏隐""禄隐"和为博取名声以便求取利禄

223　见陈葆真：《李后主和他的时代：南唐艺术与历史》，第二章、第三章，《南唐中主的政绩与文化建设》《艺术帝王李后主》，第30—83、86—206页。

的"假隐"等新隐逸形式。[224] 而在南唐时期，前述"隐逸"类型皆可得见。先论"假隐"。南唐士人中，最常采取"假隐"手段以图仕进者，要属宋齐丘。他早在杨吴太和三年（931）便用过此法。是年，徐知诰欲任其为相，然齐丘"自以资望素浅，欲以退让为高"，遂在返回洪州葬父后，顺道入九华山隐居。吴主、知诰屡征不至，最后还由时任大将军的李璟亲自出马，才将其请回，齐丘因而名正言顺地当上宰相。[225] 中主保大元年（943），齐丘受其党人陈觉牵连，被出为镇海节度使，忿忿不已的他决定重施故智，希望借此让中主回心转意。不意中主识破其意图，随即应允，并赐以"九华先生"之号，宋齐丘只好不情不愿地回到池州青阳隐居，直到保大三年（945）年底方被召回。[226] 经此教训，齐丘便不复求隐了。

对于宋齐丘的"假隐"行径，据称时论多"薄之"[227]，可见南唐士人于归隐一事抱有相当的理想，也确有不少官员身体力行。前章提到曾于吴唐之际短暂出仕的沈彬和江梦孙便是如此。而在中主朝，以"善地理家言"被诏起为国子祭酒的何溥，以及楚亡后

---

224 关于唐代的隐逸风气与类型，可参见刘翔飞：《唐人隐逸风气及其影响》（台湾大学中国文学研究所硕士论文，1978）；胡山林：《唐代隐逸士人の類型と分析："逍遥自適"の理念を中心として》，《九州中国学会报》37（福冈，1999），第56—73页。

225 《资治通鉴》，卷277，后唐明宗长兴二年（931）二月，第9056—9057页；马令：《南唐书》，卷20，《宋齐丘传》，第5387—5391页。

226 齐丘奉命归隐，及其被诏还二事，分见《资治通鉴》，卷283，后晋齐王天福八年（943）十二月，第9257页；卷285，后晋齐王开运二年（945）十二月，第9301页。

227 马令：《南唐书》，卷10，《李建勋传》，第5328—5329页。

为中主所聘的廖凝，同样皆在仕宦不久后归隐山林。[228] 流风所及，连部分"锐于仕进"的士人，也喜"言高退事"以抬高自己的身价。[229] 不过，亦有部分士人的退隐，系源自宦场的失意，例如李建勋。建勋虽在先主朝任至宰相，却在保大初年（943）为宋党人士中伤，被调任抚州节度使。[230] 此事可能让他大受打击，是以在保大四年（946）征还朝廷后，便开始"营亭榭于钟山"，并"累表乞骸骨"，终得以司徒致仕。其时建勋正值壮年，又颇具时望，许多人对他的退隐诚意大表怀疑，以为他欲重施宋齐丘以退为进的故技。面对质疑的建勋如此回应：

> 平生常笑宋公轻出处，吾岂敢违素心，自知非寿考者，欲求数年闲适尔。

更写下"桃花流水须相信，不学刘郎去又来"的诗句，以明己志之坚。[231] 其后建勋果然不再参与政事，直至保大十年（953）逝世。

有些士人则因见国事日非，尝试通过一些非常之举远离政事，达到近乎"吏隐"的成效。如因"畜妓四十辈，纵其出，与客杂居"而大为时论非难的韩熙载，据传便曾对其友人解释道："吾为此以自污，避入相尔。老矣！不能为千古笑端。"此举果然成功阻

---

228 《十国春秋》，卷29，《廖凝传》《何溥传》，第420—421页。

229 曾向中主乞求玄武湖作为自己致仕居所的冯延鲁便是一例，见陆游：《南唐书》，卷11，《冯延鲁传》，第5553页。

230 《资治通鉴》，卷283，后晋齐王天福八年（943）四月，第9250页。

231 马令：《南唐书》，卷10，《李建勋传》，第5328页。

绝后主屡欲拜其为相的意图。[232] 当然，此事真伪犹有可议，不过多少折射出其时部分士人官僚的逃避心理。前述情况还是就出仕士人而言，在他们之外，南唐境内还存在许多无心仕进、志在方外的隐士。就此看来，"隐逸"对于南唐士人而言，实有不亚于"仕宦"的实践价值。这看在"以天下为己任"的宋代士大夫眼中，自显得格外碍眼，陆游便在李建勋本传后评道：

> 李建勋非不智也……然其智独施之一己，故生则保富贵，死则能全其骸于地下。……视覆军亡国、君父忧辱，若己无与者。[233]

且不论这样的批评是否适切，我们确实可从中瞥见南唐政坛文化与宋代的差异。

接着要讨论的，是二主时期持续于政坛扩散的"士人化"现象。在上章中，笔者已举过许多文吏、武臣及其后代的士人化案例，而类似情况在"崇文"之风最为高涨的二主时期更形普遍。文吏方面，最值得注意的是严可求之子严续。他自少便借父荫踏入宦途，又因政治联姻关系，娶得李昪之女，跃升为当朝显贵，其后步步高升，后在中主朝任至宰相。尽管身家不凡，严续却因"少贵倦学"颇见轻于同侪，政治影响力也因此大减。如此境遇，使得严续大感悔悟，由是格外留意子嗣教育，"命群从子弟皆砺以

---

232 陆游：《南唐书》，卷12，《韩熙载传》，第5559页。

233 陆游：《南唐书》，卷9，《李建勋传》附论，第5540页。

儒业",在他的鞭策下,其"诸子及孙举进士者十余人",俨然成为一标准士人家庭。[234]

武臣子弟转型的例子更多。像是被先主戏称为"西班学士"的武臣刁彦能,便顺利将其子刁衎培养成一名善文之士,更以"文翰见知"于后主,而得在机要文房清辉殿内检阅中外奏章。[235]在淮南之战中因"大小百余战,身披五十余创"而获授使相的福建骁将郑彦华,也没有让其子文宝继承其业,反倒命他师事江左大儒徐铉,[236]其后遂以文学选为李煜之子仲寓的掌书记。即便是继续出任武职的武臣子弟,也感受到习文之必要,像是濠州观察使郭全义之子郭廷谓,便自"幼好学,善书札"[237];福建观察使陈诲之子陈德诚,更是人所公认的"才兼文武,有能诗名",并与江淮诗人夏宝松、刘洞、康仁杰等交通往来。[238]

受此"士人化"风气影响,部分文化素养较低的文史与武臣也有意跟进,只是有时也会因此闹出笑话。《清异录》载有这样的事例:

> 南唐王建封,不识文义,族子有《动植疏》,俾吏录之。其载鸽事,以传写讹谬,分一字为三,变而为人日鸟矣。建封

---

234 参见马令:《南唐书》,卷10,《严续传》,第5330页;陆游:《南唐书》,卷13,《严续传》,第5567—5568页。

235 陆游:《南唐书》,卷6,《刁彦能传(附子衎)》,第5512页。

236 郑文宝与徐铉的师生关系,见(宋)蔡絛:《铁围山丛谈》(北京:中华书局,1983),卷3,第46页。

237 陆游:《南唐书》,卷14,《郭廷谓传》,第5571页。

238 《江南野史》,卷5,《陈海子德诚》,第5191页。至于德诚与众诗人的往来,参见马令:《南唐书》,卷14,《康仁杰传》《夏宝松传》,第5356—5358页。

> 信之，每人日开筵，必首进此味。[239]

引文中的王建封，便是在中主朝因议政被诛的武臣。文中提到他虽"不识文义"，然见其族子撰有《动植疏》一书，便命小吏抄来传读。想来这名小吏也只粗通文墨，竟将一"鸽"字分写为"人日鸟"三字，王建封读来竟毫不起疑，还满心以为这是需在正月人日（初七）食用的禽鸟，是以"每人日开筵，必首进此味"。此外，"本无学术"的文吏李德柔，亦喜以博学自居，每每毫无依据地"呼马为韩卢，乐工为伶伦，谄佞为謇谔"，结果沦为识者笑柄。[240]

文化素养本难速成，所以对既有基础不好的武臣而言，礼敬士人无疑是更为稳当的选择。如保大元年（943），常梦锡因宋党人士构陷，而被贬为池州判官，节度使王彦俦"待之尽礼"，因而大获时人称赏。[241] 再如于杨吴天祚二年（936）南奔、仕至中主时期才过世的北朝故将卢文进，亦"礼接文士，谦谦若不足"，所谈则仅限于"近代朝廷仪制、台阁故事"，从未言及军旅之事，其举诚有晦迹以安主君之心的用意，不过其中当也有迎合南唐政坛气候的考量。另外，出身乡里贼盗、后于中主时期加

---

239 （宋）陶穀：《清异录》（北京：中华书局，1991），卷2，《禽·人日鸟》，第1560页。

240 《南唐近事》，卷2，第5061—5062页。

241 见马令：《南唐书》，卷12，《王彦俦传》，第5343—5344页。不过《资治通鉴》宣称此乃常梦锡的特别待遇，因为对于其他的池州迁客，王彦俦管制甚严，使得他们"几不聊生"，是以胡注评道："王彦俦岂知敬常梦锡哉！以其事唐主于齐府，贬非其罪，必将复召用，故敬之耳。"两位史家书法迥然有别，是以笔者两存之。参见《资治通鉴》，卷283，后晋齐王天福八年（943）三月，第9248页。

入官兵漂白成功的武夫刘茂忠，在接待士人时，竟也能"不惮儒术，皆揖让周昈，询访时务，无不尽礼"[242]。这些事例，在在显示原本就存在于江淮社会的"文人化"倾向，至此时已与政坛的"重文"风气高度合流，并对身处其中的非士人群体带来庞大压力，因此无论个人或家族转型是否成功，在行为上都得表现出崇文重士的模样。这自然又回过头来强化了南唐政权的"文治"特质。

（六）二主时期士人的政治认同

节末，笔者拟对二主时期南唐士人的政治认同进行考察。上文提到，由于吴唐禅代是个相对和平的过程，除了历阳公杨蒙意欲联络旧臣抵抗而被杀外，基本上没有发生什么流血事件。[243] 所以尽管有少数尽忠杨氏者，以拒绝仕宦的方式践履着无言的抵抗，然绝大多数士人仍抱持乐观其成的态度。南唐建立后，历任三主又皆能秉持"文治"原则礼优士人，并给予他们许多政治实践的机会与空间，职是之故，二主时期的士人多对南唐政府抱持着极高的认同，即便是在国步日艰的中主朝晚期与后主朝亦如是。

正所谓板荡见忠臣，在淮南战事逐渐吃紧，南唐败象已现之际，我们还是可以见到不少宁死不屈的南唐士人。最令人动容的，要属孙党领袖孙晟。他在淮南之战初起的保大十四年（956）三月，奉唐主之命使周，请求缓兵。临行时，孙晟便已预知此行去无回，

242《江南野史》，卷10，《刘茂忠传》，第5230页。

243 杨蒙被弒始末，见《资治通鉴》，卷281，后晋齐王天福二年（937）八月，第9181页。

然他仍坚定地向同行的王崇质说道："吾行必不免，然吾终不忍负永陵一抔土。"北行之后，孙晟果为后周所留。起初世宗尚待之颇厚，然至年末，周师屡于淮南兵败，所得诸州也尽数丢失，使得世宗备感烦忧，遂召来孙晟询问江南之事。然而，孙晟却坚守沉默，一语不发，惹得世宗勃然大怒，于是"召侍卫军虞候韩通收晟下狱，及其从者二百余人皆杀之"。临刑前，世宗特遣近臣慰问，据传：

> 晟终不对，神色怡然，正其衣冠，南望而拜曰："臣以死报国。"乃就刑。

此举连世宗也深感敬佩，而颇"悔杀之"。[244]

此外，还有鄱阳士人李延邹。保大十五年（957）年末，南唐兵败如山倒，苦守濠州的节度使郭廷谓心知大势已去，决定向周师请降，于是命录事参军李延邹起草降表，延邹不从，并"责以忠义"，郭廷谓虽于心有愧，但已骑虎难下，只好"以兵胁之"。李延邹坚决不屈，索性投笔骂道："大丈夫终不负国为叛臣作降表。"结果便为郭廷谓所害。中主闻之，特别召见其子，并授以职

---

244 以上叙述皆出自马令：《南唐书》，卷16，《孙晟传》，第5368页。此外，《资治通鉴》还记载世宗命孙晟招降坚守寿州的刘仁赡事，录之如下："上遣中使以孙晟诣寿春城下，且招谕之。仁赡见晟，戎服拜于城上。晟谓仁赡曰：'君受国厚恩，不可开门纳寇。'上闻之，甚怒，晟曰：'臣为宰相，岂可教节度使外叛邪！'上乃释之。"类似记载亦见《江南野史》、陆游《南唐书》，唯二书系年略有出入。分见《资治通鉴》，卷293，后周世宗显德三年（956）三月丙午，第9547—9548页；《江南野史》，卷5，《孙忌传》，第5188页；陆游：《南唐书》，卷11，《孙忌传》，第5554页。

官，褒奖延邹的忠心。[245] 再如前文提到于北宋建隆元年（960）出使北朝的冯延鲁，面对太祖以军威相逼时，也能凛然以"江南士庶眷恋主恩，各有必死之志"回应，以示其不降之心。[246] 由此可见，尽管中主朝文臣集团内部颇有冲突与矛盾，但在面临外侮时，多还是能展现出不负家国的姿态。[247]

　　淮南战争后，中主削去帝号与年号，改奉中原正朔，南唐政权自此沦为北方藩属。此举令南唐士大夫深以为耻，是以其后他们在撰写碑记时，多不题年号，仅系以干支。[248] 虽然他们也深刻意识到南北国力之悬殊，因而出现称北方政权为"大朝"，自以为"小朝"的说法，[249] 然而多数士人仍对南唐怀抱着高度认同。他们其中有小部分人，选择采取激烈手段表达其充沛情感。如在后主朝任至检校太保、判三司的福建士人廖居素，便常对后主"慷慨骤谏"，然所言多不见用，最后留下"吾之死，不忍见国破也"的手

---

245 事见《资治通鉴》，卷293，后周世宗显德四年（957）十二月，第9575页；陆游：《南唐书》，卷14，《郭廷谓传》，第5572页。

246《钓矶立谈》，第5014页。此书记延鲁为延巳，当误。

247 相较于文臣集团，南唐武臣在淮南之战中反倒显得投机许多，弃城遁逃者有之，以城降者有之，据夏承焘整理，战死者仅刘彦贞、周宏祚、张彦卿、郑昭业四人。这或许和中主朝的"崇文偃武"政策有关。淮南战争中南唐军纪败坏的情形，参见《南唐二主年谱》，第32—33页。

248 （宋）马永卿：《懒真子》（台北：台湾商务印书馆，1965—1966）："南唐自显德五年用中原正朔，然南唐士大夫以为耻。故江南寺观中碑多不题年号，后但书甲子而已。后戊辰七年岁次乙亥，遂收江南。"见卷1，《画像纪年》，第1页。

249 马令：《南唐书》："割地之后，公卿在座有言及大朝者，梦锡笑曰：'群公常欲致君为尧舜，何故今日自为小朝耶？'座皆失色。每公集，往往暗呜大咤，以故不为士大夫景慕。然其循公忘私，固亦古之遗直也。"见卷10，《常梦锡传》，第5329—5330页。

书，身着朝服，投井而死。[250] 而在金陵陷落之际，亦可见不少以身殉国事例，像是自缢身亡的庐陵士人陈乔、"从容更衣仰药死"的福建士人廖澄、"朝服坐于家"且"举族就死不去"的江西士人钟蒨等。[251]

南唐亡国后，则有不少人选择采取"不仕"方式，进行柔性反抗。如在亡国后"守义不辱，挈家遁居祁门"的会稽人谢铨、"随煜至京师，得复补吏"却"弃去不顾"的吴举。[252] 即便是转仕者，也常通过各种温和手段，表达他们对南唐的眷恋。如归宋后获补供奉官的江左士人刘吉，在题僧壁驿亭之时皆自称"江南人"，以"示不忘本"；又如奉太宗之命为后主撰写碑文的徐铉，也因心"存故主之义"，而仅"言历数已尽，天命有归"，无丝毫不敬之语。[253] 这些行径在在显示南唐遗民对故国怀抱的温情与敬意，相较北方五代"全节之士"与"死事之臣"的稀寡，南唐士人展现的节操与风骨，实可谓是唐宋之际的特殊景致。[254]

---

250 陆游：《南唐书》，卷9，《廖居素传》，第5541页。

251 马令：《南唐书》，卷17，《陈乔传》，第5372页；《唐余纪传》，卷15，《廖澄》《钟蒨》，第5747、5748页。

252 《十国春秋》，卷29，《谢铨传》，第421页；《欧阳修全集·居士集》，卷35，《零陵县令赠都官员外郎吴君（举）墓志铭》，第250页。

253 （宋）江少虞：《新雕皇朝事实类苑》。收入《和刻本中国古逸书丛刊》，第26—29号（南京：凤凰出版社，2012影印日本国立国会图书馆所藏元和七年（812）古活字本），卷36，第7—8页；丁传靖辑：《宋人轶事汇编》（北京：中华书局，1981），卷4，《徐铉》，第138—139页。

254 五代"全节之士"与"死事之臣"稀寡之说，出自欧阳修：《新五代史》，卷33，《死事传·小序》，第355页。需注意的是，对南唐抱有高度认同的并非只有士人群体，武臣也有类似表现，见马令：《南唐书》，卷16、17，《义死传》。而在官僚集团外，庶民百姓亦颇忠于南唐，例如《江表志》追述金陵被围惨况时，提到尽管"斗米数千，死者相籍"，城中之人仍多（转下页）

小结

本章针对南唐二主朝的"文官政治",及其与士人的多方互动,进行了择要式的梳理。在中主朝,由于国策转向之故,南唐进入一个频繁用武的时代,即便如此,此时期的"文官政治"征象仍极为明显。在中央,文臣集团仍旧垄断绝大多数的枢要职官,武臣集团则不能随意论政,以致参与其时党争活动的成员,皆属文臣集团;在地方,武臣一方面得受到中央派遣的各种特使节制,在战场上也得听命枢密院、监军使的调遣,没有太多自主空间。不过,中主的任用非人,使得其扩张政策不仅没有获得预期斩获,反倒严重动摇国本,从而给予北朝大好的进犯良机。在此国难当头之际,南唐文臣仍旧为了一己私怨相争内斗,最后致使朱元倒戈、南唐溃败。中主为求偷安,只好割让淮南诸州,并允诺担负巨额岁贡。自此,南唐便退守至大江以南,勉力图存。或许是鉴于中主的前车之覆,后主特意扩大武臣——无论是在中央或地方——的统领权,以降低文官在军事上的影响力;再加上内朝政治的兴起,遂让后主朝文臣集团的发挥空间大为限缩,转而集中在内政与外交二领域。

尽管在政治上,二主时期的南唐历经一个由盛转衰的过程,但其文化仍保持着稳健的发展。在文教方面,民间私学依旧昌盛,

（接上页）"死无叛心";《江南别录》亦言"后主至汴京二岁殂,南人闻之,巷哭设斋"。由此可见南唐确实是个甚得臣民之心的政权。后两段记载分见《江表志》,卷下,第5049页;《江南别录》,第5140页。

较具规模的书院组织也渐增；与此同时，政府也积极建设州县学、改革中央官学，并给予官学生高度礼遇。在受教机会普及的环境下，士人群体遂获得了可观的成长。而对于辖下丰厚的人力资本，南唐政府也逐步完善取士渠道，其中尤以科举的重建最为重要。在二主时期以前，尽管已可见科第的授予，然资料非常零散，反映其时很可能尚无按时举行的定制；中主保大十年之后（953），岁举基本被确立，除了非常时刻，大抵皆能如期召开。且从恢复之初，主试便有意识地秉持"至公"原则取士，且得到执政大力支持。这使得南唐科举更有利于寒素举子，而不会沦为权贵禁脔。这些取士机制，相当程度地确保了南唐文臣集团的补充与更新。

从二主时期新进士人构成看来，可以发现此时期加入南唐政权者多属境内的东南寒素士人，在中主朝被并入大半的福建，更日益成为南唐士人的重要供给地；相对于此的是北方新进士人的骤减，这既与北方政治环境的渐趋稳定有关，亦有南北国力消长的影响。在此情势下，南唐境内士人自然获得更多发展机会。只是，随着南唐国势的日衰，士人集团里也开始有人萌生起转投他国的意图，甚至出现如樊若水那般主动向北朝进献取唐计策者。在北宋的逐步侵逼下，南唐首都金陵终在开宝八年（975）十一月为北军所陷，出城奉表归降的后主，随后便连同李氏族人与四十五名朝官被送往汴京。据闻舟船将发之际，"号泣之声溢于水陆"[255]。只是，再多的泪水，也唤不回逝去的故国，南唐士子终究得以大宋臣民这个崭新身份，度完余生。

255《江南野史》，卷3，《后主》，第5174页。

结　语

从沉抑到奋起
——唐宋之际东南士人的发展与意义

　　五代之乱也，礼乐崩坏，文献俱亡，而儒衣书服，盛于
南唐。岂斯文之未丧，而天将有所寓欤？不然，则圣王之大
典，扫地尽矣。南唐累世好儒，而儒者之盛，见于载籍，灿然
可观。如韩熙载之不羁，江文蔚之高才，徐锴之典赡，高越之
华藻，潘佑之清逸，皆能擅价于一时，而徐铉、汤悦、张洎
之徒，又足以争名于天下。其余落落不可胜数。故曰："江左
三十年间，文物有元和之风。"岂虚言乎？[1]

（宋）马令《儒者传》

　　上面这段文字，出自宋人马令《南唐书·儒者传》小序，旨
在对南唐的儒学成就进行评述。然虽系名为"儒者"之传，只要
稍加浏览传内人物，即可发现马令认知的"儒者"，似乎要比我们

1　马令：《南唐书》，卷13，《儒者传》，第5347页。

习谙的稍广：其中固不乏经术昌明的儒生，然亦有许多勠力追求诗文技艺的文士。换言之，马氏所论，实不限于狭义的儒学畛域，而已涉及南唐士人群体的整体文化表现。在引文中，马氏援引许多江左人物，以资证明南唐士人文化之"灿然可观"，不过我们也万不可忽略此论断的重要对照——"礼乐崩坏""文献俱亡"的五代。

单就字面看，文中的"五代"似乎较偏向时段代称，亦即用来指涉钳夹在唐、宋二朝间的半个多世纪，但实际上，"礼乐崩坏""文献俱亡"这样的形容，并非全然适用于此时段内的各个分立诸国，因为除了"儒衣书服"最盛的南唐外，占有四川的蜀国，及雄踞两浙的吴越，其文物亦皆有特出之处；至于被南唐所灭的王闽与马楚，也各有一段文士济济的美好时光。是以尽管文中的"五代"可能仅是时间泛称，但若将前述的负面历史印象纳入考量，我们大抵还是能断言，在文中作为南唐主要参照对象的，还是武夫横行的北方"五代"王朝。[2]

当然，这绝不是说士人群体在北方几无生存与发展的机会。邓小南早已指出，在武人政治盛行的五代时期，文臣集团参预议政、决策的空间确实大受挤压，然因政治上对文书运行、财赋管理、司法审判等文职事仍有庞大需求，是以文臣集团依旧拥有存在的迫切必要。为迎合政府所需，北方士人群体开始对自身能力结构进行调适与改造，借以扩大其发挥领域，这也使得执政更愿意给

2　杜文玉曾用"武夫的天堂"一语形容北方五代王朝。见杜文玉：《夜宴图：浮华背后的五代十国》（台北：联经出版公司，2007），第78页。

予士人群体施为的机会。是以至后周时，士人已在北朝拥有相当的力量。[3] 方震华则从五代政府对于文治的态度切入，探讨此时期文武关系的变化。他认为，在梁、晋相争之际，由于双方皆有追求正统性的需要，所以皆能给予文事一定程度的重视，后唐庄宗李存勖时期（923—926）更达到前所未见的高峰。然因庄宗在位时间过短，继任的明宗李嗣源又对"唐统"或"文治"缺乏认同与热情，是以北朝很快又落入武事急遽扩张的失序时代，一直要至后周建立，文事地位方有稳定的回升。[4] 前述的曲折发展，自然也深刻地左右着北士在五代政权中的地位与作用。

　　相较于五代北士求存之不易，南唐士人则大大受惠于执政的扶植、汲引与重用，而得以稳定地茁壮成长。于是，南北士人的文化差距，就在前述的分流发展、此消彼长情势下益形扩大，及至北宋，南唐的文化成就业已远远凌驾于北方。[5] 所以尽管南唐在政治上为北宋所灭，然其遗民却凭借着"未丧之斯文"，在文化领域回过头来征服北宋，进而缔造"宋初文物江南来"的荣景。与此同时，我们也要意识到，东南士人之所以能握有如此雄厚的文化资本，绝非南

3　邓小南：《祖宗之法——北宋前期政治述略》，第二章，《走出五代》，第103—148页。

4　参见 Fang Cheng-Hua（方震华），"The Price of Orthodoxy: Issues of Legitimacy in the Later Liang and Later Tang," *Historical Inquiry*（台大历史学报）35（2005, Taipei），pp.55-84；亦见《权力结构与文化认同》，第二章，《武人权势的扩张（875—950）》，第46—80页。

5　关于此点，伍伯常的论文有颇完整的整理，见 "The Continuity of Chinese Cultural Heritage in the T'ang-Sung Era: the Sociopolitical Significance and Cultural Impact of the Civil Administration of the Southern T'ang（937-975），" pp.226-252。

唐短短三十八年国祚所能达致，事实上，这个文化积累的历程，早自唐代后期便已开始，其后又为杨吴统治者继承、深化，最后才将此文化火炬转交给南唐。此段历程，正是本书的关怀所在。文末，就让笔者根据前文讨论，对本研究作一个提要式的总结。

沉抑：唐末的东南士人

自唐代中期以降，伴随着中国经济、文化重心的南移，东南士人群体的规模也日渐壮大。及至唐末，可以看到东南士人不仅在进士科考中占有极高的登第比例，在文坛里也极为活跃，以致产生"东南多才子"的美誉，相当程度展现了唐末东南士人聚积的雄厚文化实力。然而，若对东南进士的仕宦表现，以及唐末统治集团构成进行分析，便会发现东南士人并不能有效将其文化资本转换为政治成就。其间的最大阻碍在于，东南士人多为寒素出身，当他们投身为世家大族把持的唐末科场或宦场时，常得面临种种有形无形的阻碍。不过，从唐末东南士人的现存诗文看来，尽管他们多已意识到考场、宦场形势之险峻，但他们仍对"至公"理想抱持着强烈信念，因此无论是屡试屡败也好，宦途不遂也罢，他们基本上仍对唐廷怀有强度不一的正向观感与认同。

前述情形，至黄巢起义爆发后开始发生变化。首先可以注意的是，东南士人的政治实践方式渐趋多元。其中固然有士人依循旧惯，将入朝为宦奉为最高政治理想，但也有不少人放弃至京师应举或出仕的机会，归返故里。他们或者就此隐居不仕，或者转往邻近的藩镇州郡发展，甚至还有些人走上"弃文从武"的道路。而在僖宗中和年间（881—885），地方上兴起一股州镇自立的风潮，江淮一带也不例外。这些新兴的江淮自立政权为了巩固自身基础，特别着重笼络在地势力，与其拥有深厚地缘关系的东南士人，也就自然成为这些政权的招揽目标。在第二章中，可以看到不论是发迹庐州的杨行密，坐拥两浙的钱镠，分立江西的钟传、彭玕，皆甚为重视治下的士人群体，并通过各种手段将其吸纳至自己的政权中。这一方面使得这些新兴政权沾染上鲜明的地域色彩，另一方面也让许多东南士人就此系于地方，不再往中央发展。

发迹：杨吴政权下的东南士人

作为本书考察重点之一的杨吴政权，正是从此波自立浪潮中崛起。该政权从中和二年（882）的一个州级势力逐步扩张，至天复二年（902）杨行密被唐廷册封为吴王之时，已成为地跨江淮的庞大势力。二主杨渥于天祐二年（905）继位后，又成功将疆域拓展至江西。在此阶段，军事力量无疑是杨吴领导者最迫切的需求，是以在吸纳成员时，大抵也以军事人才作为首要考量，仅具文职才干者，在杨吴前期很难打进集团核心。尽管如此，杨吴士人仍能保有一定的政治发展空间。这是因为杨吴前期的人事任用权犹未集中于王府，而是因袭唐末以来藩镇自辟的旧习，是以在取才标准上，往往呈现出因州镇而异的情形。而在杨吴前期，颇可见到重文崇儒、礼遇士人的州长——诸如田頵、陶雅、周本等——

这多少冲淡了其时王府的"重武"倾向，而得吸引部分士人前来投效。另一方面，即便杨吴政权与士人的关系不深，其对士人发展仍具有重大意义：正因为它在那战火焚空的乱世，开辟出一片相对安定的广袤土壤，四方之士方得在其辖下安居、教学，乃至习业。也因如此，杨吴士人不仅没有因为动荡时局耗损，反倒稳健地扩大规模、聚积能量。

杨吴的政权性格至天祐五年（908）以降出现明显转折。该年，二主杨渥为近臣所弑，国政自此落入徐温之手；翌年，杨吴军队击败危全讽势力，将江西大半土地纳为己有，奠定杨吴政权的基本版图。此后，徐温便暂缓对外扩张脚步，转将重心放在强化内部支配上。他首先运用软硬兼施的方式，对态度或顺或逆的大镇藩帅进行奖惩，以树立王府威信，再通过各种名目，介入地方行政。其次，在人事任用上，徐温远较杨吴前期统治者重视文职僚佐的作用，不但让他们参与各种政策拟定与决策，更通过相对完备的取士制度，汲引士人进入政权，相当程度上开启了杨吴集团的"文质化"进程。前述的改革大方向，为徐温义子徐知诰继承。他自天祐九年（912）出任升州刺史以来，便倾身下士，致力延揽士人。在天祐十五年（918）被委以杨吴辅政后，徐知诰更将这套作法扩大为基本国策，从而加速了杨吴后期的文治转向。

奋起：南唐政权下的东南士人

代吴之后，徐知诰以李唐继承人自居，不但改姓易名、转宗李氏，在朝仪、制度等方面，也以恢复唐制为号召。在此建设过程中，身怀雄厚礼律知识的士人便成为李唐先主重要的取资对象；在地方行政上，先主也开始任用士人担任官长，推动行政文职化。这些政治需求，让士人在南唐初期有了更多发挥专长的机会。此外，社会对于士人文化的憧憬，以及官私、教育事业的推动、普及，则成为吴唐之际文治转向源源不绝的动力来源。

由南唐先主建立起的文官政治，在中主时代迎来其最高峰，这与中主本人的素质与习性有很深关系。与深谙军务、权谋的先主不同，中主自幼便接受典型的士人教育，围绕身旁的也尽是一些才学出众的儒生文士，是以很自然地养成崇文抑武的倾向。中主继位后，文官集团很快便成为左右朝政走向的主导力量。相对地，武臣权力则被日益架空。最为显著的现象，便是藩帅权势的限缩。藩帅一方面得接受例行性调派，以防与在地军团及社会势力有所联系，另一方面又要受到中央派遣的监军、通判监督与节制，在此情势下，武臣若想维系自己在地方上的权势，便得通过贿赂朝廷要员等非法手段。总之，文武关系的逆转，使得文官掌政成为中主朝最突出的政治现象。然而，由于国策意见的不同、背景才性的差异，使得各种矛盾充斥于此时代的文官集团中，激烈的党争缘此而生，甚至还从朝堂蔓延至战场，导致几次重大的军事挫败。中主朝的国势因而由盛转衰，最终在后周的侵逼下，于显德五年（958）被迫割让江北诸州。此后，南唐仅能固守在江南一隅，于北方王朝的威胁下残喘度日。

尽管南唐二主时期国运渐危，然在文化发展面仍有不少值得一书之处。首先可以留意的是，闽地士人在王闽为南唐攻灭后，开始有向江淮集中的趋势，大幅扩大了南唐士人的规模，也让各地的学术文化拥有更多交流可能。其次，进士科在中主朝的完整重建，带动南唐科举文化的兴起，社会上崇文兴学之风更炽。受到政治、社会上的右文风气影响，原本较不具备士人素质的武臣与文吏群体，也日益重视文化养成，甚至鼓励子嗣求取科第功名，是以至二主时期，颇可见到才兼文武的将帅和武臣家族士人化、文质化的事例。正因二主时期"文官政治"的高张，赋予南唐士人前所未有的发展机运与崇高地位，是以他们多对南唐政府抱持着极为正向的观感，即便亡国后犹然。此种对旧主故国满怀温情与敬意的态度，罕见于他国遗民，反映出南唐政治与士人关系之融洽。

唐宋之际东南士人发展的历史意义

经过前文的扼要概括，我们可以看到唐宋之际的东南士人如何在唐末既有的文化基础上持续发展，以及杨吴、南唐政权在其间发挥的直接、间接作用。这两股力量相辅相成，共同缔造出唐宋之际东南士人的文化盛况。这个漫长的历史积累，并没有随着南唐亡国而逝，反倒以一种文化遗产的样态，寄托在宋初东南士人身上，通过其中介与传衍，最终对北宋士人文化发挥出重大的引领作用。也正是靠着这股雄厚的文化基底，东南士子方得以突破宋初统治者"重北轻南"的取士方针，大举涌入仕途，逐步扭转宋代统治阶层的组成结构。[6] 及至北宋末，东南士人无论在科场或宦场上都明显压过北方士大夫，迫使后者不禁发出"沉抑之叹"[7]。换言之，经过两百余年的尝试与努力，东南士人终于成功将其充沛的文化能量转换为璀璨的政治成就。

东南士人在北宋政坛的崛起，在中国历史上有着极特殊的意涵。此项转变意味着：传统中国总算挥别历时数百年的政治阶层化与贵族化时代，转向一个流动性较高的社会。这个趋势其实在唐宋之际就已十分明显，本书讨论的杨吴与南唐，即可说是由新兴官僚与寒素人士所组成的政权。北宋统一中国后，执政者也没有励行保障征服集团的政策，反而通过科举制度向全国士人群体开放。更值得注意的是，相较于唐代科举，宋代科举的录取名额不仅大幅扩增，取士标准亦逐渐转向考试至上，使得各地寒素举子可以各凭本事争取仕宦机会，如此一来，东南地区所积累的庞大文化潜能终得彻底释放。也由于宦途大开，北宋东南士人遂得迅速涌入官僚体系、进占枢要职官，及至北宋晚期，东南士人已成为宋代统治集团中最为庞大的势力，这不仅标志着中国南方士人

6　事实上，东南士子——特别是南唐遗臣——在宋初受到统治集团有意识的打压，所以尽管在文化界拥有崇高的地位，然在政治上却没有太多的影响力，一直要到真宗、仁宗朝以后才渐有转变。东南士子在宋代初年的境遇，可参见伍伯常：《北宋选任陪臣的原则：论猜防政策下的南唐陪臣》、林煌达：《宋初政权与南方诸国降臣的互动关系》。至于较长期的转变，可见丁俊屏：《北宋时期"南人"与"北人"地位的转化》，南昌：《江西行政院学报》3：3（南昌，2001），第64—66页；张维玲：《宋初南北文士的互动与南方文士的崛起——聚焦于徐铉及其后学的考察》。

7　语见陆游：《渭南文集》，收入《四部丛刊初编·集部》，第258—259号（台北：台湾商务印书馆，1965影印上海商务印书馆缩印江南图书馆藏明华氏活字印本），卷3，《论选用西北士大夫札子》，第46页。

发展自此进入一个崭新阶段，[8] 也意味着东南地区自此确立起在近世中国的主导地位。[9]

除了从长时段的后设视角，纵观唐宋之际东南士人发展的历史影响外，此进程本身亦有不容忽视的意义。从本研究可以清楚看到，东南士人之所以能在北宋大放异彩，与其百年间的历史际遇有着密不可分的关联。若非仰仗杨吴集团迅速平定江淮乱世，此区即便在唐末拥有再多的文化能量，只怕都要被消耗殆尽；若非徐温父子在掌权后，为了巩固、提升自己的政治地位与权势，逐步改造杨吴政权体质、援引文职人才，即便此地文化能持续发展，士人与政治的关系仍可能处于极度疏离的状态；又若非南唐二主对士人文化怀抱着如此深切的认同与热情，南唐士人能否成为左右国策走向的主导力量，亦属未定之天。这种种偶然因素，使我们深刻意识到，北宋东南士人的兴起现象绝不能简单地用"文化重心南移"这样的大论述加以概括，而应代之以更细密的实证研究，建构更为具体的图像。东南士人如此，他地士人亦然，若能对唐宋之际各区士人的发展情状作一系统且完整的爬梳，定能让我们更深刻地把握北宋士人文化之所由，之后便可以此为基础，进一步思索他们究竟是在哪些层面或领域，作出了真正重要的突破。

8　相关分析见程民生：《宋代地域文化》，第二章第四节，《人材的地域分布》，第131—157页。

9　关于中国南北重心转移的综述性文章，可参见 Robert M. Hartwell, "Demographic, Political, and Social Transformations of China, 750–1550," *Harvard Journal of Asiatic Studies* 42：2（1982），pp.365–442.

唐宋两朝间的巨大变化，实有许多珍贵线索埋藏在其间的五代十国，值得好好探微发掘，这正是本书所欲尝试的，不足及待商榷、开展之处固然所在多有，但若能多少呈现出唐宋之际的多元样貌，稍稍补强既有认识上的空缺，甚至推进人们对于唐宋变革此一重大课题的理解，笔者便已无憾。最后，期望本书能吸引更多关注此课题的同好，并以更好的研究，点亮这个重要的转折时代。

附录一

唐末（860—904）知登第年进士表

编号	年份	姓名	籍贯	郡望	出身	出处	备注
1	860 咸通元	刘蒙	不详		？	谈荟2	状元
2	咸通元	翁彦枢	浙西·苏州		寒素	玉泉子	
3	咸通元	刘虚白	山南东·复州		寒素	摭言4、北梦6	
4	咸通元	令狐滈	京畿·京兆华原	燉煌	士族	旧书172、册府650	祖令狐楚（贞元7）、父令狐绹（大和4）
5	咸通元	郑羲	河南·郑州荣泽	荣阳北	士族	旧书172	祖郑瀚（贞元10）、父郑处海（大和8、侍部侍郎）
6	咸通元	裴弘余（裴弘）	河北·怀州济源	河东东眷	士族	旧书172、语林6	父裴休

349

编号	年份	姓名	籍贯	郡望	出身	出处	备注
7	咸通元	魏笋	不详		士族	旧书172	父魏扶
8	咸通元	崔渎	河北·定州	清河	士族	旧书177	父崔球、伯父崔珙
9	咸通元	陈汀	不详		寒素	册府651、汇编〔咸通010〕	
10	咸通元	刘邺	浙西·润州		小姓	旧书177、新书183	父刘三复任至给事中
*	咸通元	胡学	浙东·歙州婺源		寒素	安徽通志154	
*	咸通元	余初杨	浙东·歙州婺源		寒素	安徽通志154	
*	咸通元	陶史	浙东·婺州		小姓	浙江通志240、光绪金华县志6	祖陶乔（长庆1）
11	861咸通二	裴延鲁	河北·孟州济源	河东东眷	士族	才子8	状元。父侍（江西观察使）、从父休（长庆2）、俅（宝历2）
12	咸通二	于渍	京畿·京兆长安		小姓	直斋19、才子8	从父于頔（宪宗相）
13	咸通二	牛徽	关内·泾州灵台	安定	士族	纪事53、新表75上	祖牛僧孺（贞元21）、父牛蔚（此时约任郎中）

编号	年份	姓名	籍贯	郡望	出身	出处	备注
14	咸通二	李蔿	不详	陇西？	？	广记183	
15	咸通二	孔绚	河南·兖州	下博	士族	新表75下、阙里28	祖孔戡、父孔温质
16	咸通二	孔纶	河南·兖州	下博	士族	新表75下、阙里28	祖孔戡、父孔温质
17	咸通二	王季文	宣歙·池州		寒素	舆地22	
18	咸通二	叶（华）京	福建·建州建安		寒素	摭言9、嘉靖建宁府志、闽书	建宁府志："州人登第至京始。"
19	咸通二	周慎辞	不详		？	新书60、汇编续〔咸通009〕	
20	862咸通三	薛迈	不详		？	三山26、谈荟2	状元
21	咸通三	萧廪	京畿·长安	南兰陵	士族	旧书172	父萧俶（大和1）
22	咸通三	王棨	福建·福州福唐		寒素？	黄璞《王郎中传》	
23	咸通三	薛承裕	福建·福州闽		寒素？	三山26	
24	咸通三	徐仁嗣	河南·郑州新郑		士族	文苑185、新表75下	父商（懿宗相）、兄彦若（昭宗相）

编号	年份	姓名	籍贯	郡望	出身	出处	备注
25	咸通三	卢征	不详		？	文苑185	
26	咸通三	郑薲	不详	荥阳北祖	士族	文苑185、新表75上	父郑鲁，弟郑莙、荐、蔼（广明1）
27	咸通三	陈翚	不详		寒素？	黄璞《王郎中传》	王棨妻舅
28	咸通三	崔镇	不详，疑两京	博陵	士族	崔钜《崔府君（镇）墓志铭并序》	王洪军、许有根补。祖儆（尚书左丞）、父元式（门下侍郎平章事）
29	863咸通四	柳告	河东（当生于柳州）	河东	小姓	萧倣《与浙东郑商绰大夫雪门生薛扶状》	父柳宗元。见韩愈《柳子厚墓志》注
30	咸通四	韩绾	河南	昌黎	小姓	萧倣《与浙东郑商绰大夫雪门生薛扶状》、新表73上	祖韩愈（贞元8）、父昶（长庆4）、弟衮（咸通7）
31	咸通四	武瓘	宣歙·宣州		寒素	纪事63	
32	咸通四	李昌符	不详		寒素？	北梦10、纪事70、才子8	与郑谷、许棠等并称"咸通十哲"

续　表

编号	年份	姓名	籍贯	郡望	出身	出处	备注
33	咸通四	伊璠（播）	江西·袁州宜春？		寒素	纪事70、宜春、广记158	《及第后寄梁烛处士诗》："十年辛苦一枝桂，二月艳阳千树花。"
34	咸通四	薛扶	岭南		寒素？	萧倣《与浙东郑商绰大夫雪门生薛扶状》	时人谣传其从兄为薛谓，见《雪门生薛扶状》
35	咸通四	孔振	河南·兖州曲阜	下博	士族	萧倣《与浙东郑商绰大夫雪门生薛扶状》	孔子四十代孙
36	咸通四	苏□	不详		小姓	萧倣《与浙东郑商绰大夫雪门生薛扶状》	
37	864 咸通五	韦保衡	京畿·京兆	西眷	士族	旧书177、新表74上	父韦悫（大和1）
38	咸通五	萧遘	不详，疑两京	兰陵	士族	旧书179	祖萧湛、父萧寘
39	咸通五	卢隐	不详	范阳	士族	语林7	从兄卢携
40	咸通五	李峭	不详		？	语林7	
41	咸通五	裴偓（渥）	不详，疑两京	东眷	士族	通鉴252	父裴俅（谏议大夫）

353

编号	年份	姓名	籍贯	郡望	出身	出处	备注
42	咸通五	王愔	不详	太原	士族	卢光济《太原王府君墓志铭》	
43	865咸通六	刘崇龟	河南·滑州胙（一说洛阳）		士族	旧书179、新书90、新表71上	父刘符、弟崇望（乾符1）、崇鲁（广明1）、崇谟（中和3）
44	咸通六	袁皓	江西·袁州		寒素	旧书25、纪事67	
45	咸通六	常修	山南东·江陵		寒素？	广记271、南部新书4	
46	咸通六	翁绶	不详		？	才子8、纪事66	
47	咸通六	崔凝	不详	博陵	士族	汇编续〔乾宁003〕	
48	咸通六	卢文秀	江西·袁州宜春		小姓	正德袁州府志7、嘉靖袁州府志7、光绪江西通志21	父卢肇（843）
49	866咸通七	韩衮（绲）	河南	昌黎	小姓	摭言12、困学纪闻14	状元。祖愈（贞元8）、父昶（长庆4）、兄琯（咸通4）

编号	年份	姓名	籍贯	郡望	出身	出处	备注
50	咸通七	蒋泳	浙西·常州义兴		士族	摭言3、世表5下	江左旧族（乐安）。高祖将明（国子司业、集贤殿学士），祖义（秘书监），父伸（宣、懿宗相）。
51	咸通七	欧阳琳	福建·福州闽县		小姓	三山26、闽中、汇编〔咸通065〕	父衮（侍御史，进士），弟𠅤（869）。
52	咸通七	杜裔休	不详，疑为两京	襄阳	士族	语林6、云溪友议7	曾祖佑、祖式方（桂管观察使）、父悰（武懿宗相）、从叔牧
53	咸通七	沈光	浙西·湖州		小姓	才子8	江左旧姓
54	咸通七	汪遵	宣歙·宣州		寒素	才子8	
55	咸通七	崔璐	浙西·苏州		士族	纪事64、世表2下	山东旧族（清河大房）。曾祖崔回任至大理评事，父祖无仕宦纪录。
56	866 咸通七	孔㽅	河南·兖州曲阜	下博	士族	新表75下、阙里28	父孔温业（长庆1）

续　表

编号	年份	姓名	籍贯	郡望	出身	出处	备注
*	咸通七	骆竞	浙西·杭州		寒素？	乾隆杭州府志67	
57	咸通七	孙备	河东·潞州		小姓	汇编〔会昌004〕	父孙景商（天平军节度使）[1]
58	867 咸通八	郑洪业	不详	荥阳	士族	纪事56	状元
59	咸通八	牛徽	关内·泾州灵台	安定	士族	旧书172	祖僧孺（贞元21）、父蔚（大和9）
60	咸通八	韦昭度	京畿·京兆	京兆	士族	旧书179	
61	咸通八	韦承贻	京畿·京兆	逍遥公房	士族	纪事56、摭言15、世表4上	父韦博（昭义军节度使）
62	咸通八	崔昭符	河南·齐州	清河南	士族	玉泉子	弟崔昭纬（昭宗相）
63	咸通八	皮日休	山南东·襄阳		寒素	琐言2、玉泉子、直斋16	
64	咸通八	宋□	不详		？	皮日休《登第后寒食杏园有宴因寄录事宋垂文同年》	

1　按：《汇编》〔会昌004〕本无墓主名，孟二冬系据《汇编》〔大中120〕中资料所补，且认为此志应系于懿宗咸通十二年（871）。详见《登科记考补正》，第953页。

续　表

编号	年份	姓名	籍贯	郡望	出身	出处	备注
*	咸通八	范元超	福建·福州	河中	小姓	乾隆延平府志31、福建通志53	父？范希朝（朔方节度使）
65	868咸通九	赵峻	京畿·京兆奉天		？	三山26	状元
66	咸通九	羊昭业	浙西·苏州		寒素	苏州府志	
67	咸通九	连总	福建·福州		寒素？	闽中、三山26	
68	咸通九	孔纾	河南·兖州曲阜	下博	士族	郑仁表《左拾遗鲁国孔府君墓志铭》、世表15下	父孔温裕（太常卿）
69	咸通九	郑仁表	河南·郑州荥阳	荥阳	士族	郑仁表《左拾遗鲁国孔府君墓志铭》、旧书176、语林3	祖郑肃（进士、文宗相）、父郑泊（至州刺史）
70	咸通九	颜□	不详		？	颜萱《送羊振文归觐桂阳诗》注	

357

续　表

编号	年份	姓名	籍贯	郡望	出身	出处	备注
*	咸通九	胡学	浙东·歙州婺源		寒素	嘉靖徽州府志17、新安名族志	父胡瞳，以御黄巢功授宣歙节度讨击使
71	869 咸通十	归仁绍	浙西·苏州吴县		士族	苏州府志	祖归登（772明经），父归融（812进士）。兄弟仁晦（838）、仁翰、仁宪、仁泽（874）皆进士
72	咸通十	司空图	河东·河中		小姓	旧书190下、才子8	
73	咸通十	欧阳玭	福建·福州闽县		小姓	三山26	父衮（侍御史），兄琳（咸通7）
74	咸通十	林慎思	福建·福州		寒素	三山26	子林徽似亦进士（乾符2）
75	咸通十	虞鼎	浙东·越州会稽		小姓	杨钜《唐御史里行虞鼎墓志铭》	曾祖江州刺史，祖宜春令，父东鲁别驾
*	咸通十	余镐	福建·建州建阳		寒素	福建通志33、闽诗录甲集	

358

续　表

编号	年份	姓名	籍贯	郡望	出身	出处	备注
76	871 咸通 十二	李筠	不详		？	才子9	状元
77	咸通 十二	裴枢	河东·绛州闻喜	河东	士族	旧书113、世表11上	曾祖裴遵庆（代宗相）、祖裴向（门荫、大理寺卿）、父裴寅（进士、御史大夫）
78	咸通 十二	许棠	宣歙·宣州泾县		寒素	纪事70、才子9	
79	咸通 十二	刘希	浙西·润州句容		士族	世表1上	祖刘三复（御史中丞）、父刘邺（860，懿、僖宗相）、弟刘覃（877）
80	咸通 十二	李拯	陇右	陇西姑臧房	士族	旧书190下、世表12上	祖李益（秘书少监）、父李当（刑部尚书）
81	咸通 十二	公乘亿	河北·魏州魏县		寒素	才子9、摭言8	
82	咸通 十二	聂夷中	河南·郓州（一说蒲州）		寒素	琐言2、才子9、广记183	广记："聂夷中，少贫苦。"
83	咸通 十二	曾繇	江西·袁州		寒素？	宜春	

359

编号	年份	姓名	籍贯	郡望	出身	出处	备注
84	咸通十二	韦保义	京畿·京兆	西眷	士族	旧书177、摭言9	兄韦保衡（懿宗相）
*	咸通十二	孔晦	河南·兖州曲阜	下博	士族	孔氏宗谱	王洪军补
85	872咸通十三	郑昌图（符）	河南·汴州开封	北祖	士族	谈荟2、广记183、才子8	状元。父郑涓（太原节度使）、从兄郑弘业（咸通8状元）
86	咸通十三	周繇	宣歙·池州		寒素	才子8	
87	咸通十三	张演	岭南·韶州曲江？	始兴？	士族？	才子9、世表2下	祖张幼挺（陈许节度副使）、父张复鲁（度支郎中）
88	咸通十三	韦庠	京畿·京兆	逍遥公房	士族	广卓异记19	祖韦贯之、父潏、兄弟庾、序、雍、郊（乾宁1）皆登进士第
89	咸通十三	裴贽	不详	河东中眷	士族	新书182、广卓异记7	族父裴坦（大和8）
90	咸通十三	郑延昌	河南·郑州荥泽	荥阳北	士族	广卓异记7、世表5上	父郑猗（抚州刺史）

续 表

编号	年份	姓名	籍贯	郡望	出身	出处	备注
91	咸通十三	赵崇	京畿·京兆奉天	新安	小姓？	广卓异记7、世表3下	祖赵植（岭南节度使）、从兄赵蒙（大中9状元）
92	咸通十三	邹希回	不详		寒素	摭言3	
93	873咸通十四	孔纁	河南·兖州曲阜	下博	士族	广卓异记19	状元。从兄弟纬（大中13）、缄（乾符3）
94	咸通十四	唐彦谦	河东·并州晋阳		小姓	郑贻《鹿门诗集叙》、旧书190下、新书89、才子9	祖唐次（建中初）、父唐持（元和15）、孙陶谷。应进士，十余年不第；广明元年后，避乱迁居汉南
95	咸通十四	杜让能	京畿·京兆长安	京兆	士族	旧书177、世表2上、语林7	父杜审权（懿宗相）、弟杜彦林（乾符5）、杜弘徽（乾符6）
96	咸通十四	李渥	河南·郑州管城	姑臧	士族	旧书178、世表2上	父李蔚（开成5、懿宗相）

361

编号	年份	姓名	籍贯	郡望	出身	出处	备注
97	咸通十四	曹希干	河南?	河南	小姓	摭言3、纪事53	祖曹景伯（贞元19）、父汾（开成4，忠武节度使）
98	咸通十四	韦昭范	京畿·京兆	京兆	士族	摭言3	弟韦贻范（昭宗相）
以上懿宗朝							
99	874乾符元	归仁泽	浙西·苏州吴县		士族	苏州府志、广卓异记19	祖归登（772明经），父归融（812进士）。兄弟仁晦（838）、仁绍（869）、仁翰、仁宪皆进士
100	乾符元	刘崇望	河南·滑州胙（一说洛阳）	河南	士族	旧书179、新书90、世表11上、金华子下	父刘符，兄崇龟（咸通6）、弟崇鲁（广明1）、崇谟（中和3）
101	乾符元	夏侯泽	河南·亳州谯县	谯	小姓	世表5下	祖夏侯审封（驾部郎中）、父夏侯孜（宝历2，宣、懿宗相）
102	乾符元	崔致远	新罗国·庆州		?	三国史记	

362

续　表

编号	年份	姓名	籍贯	郡望	出身	出处	备注
103	乾符元	顾云	宣歙·池州秋浦		寒素	摭言12、纪事67、池州府志	盐商出身
104	乾符元	蒋曙	浙西·常州义兴		士族	新书132	江左旧族（乐安）。祖蒋乂（秘书监），父蒋系（东都留守）
105	乾符元	杨环	岭南·广州南海		寒素	嘉靖惠州府志12、粤大记24、广州人物传3	
106	875 乾符二	郑合敬	都畿·郑州	荥阳北祖	士族	谈荟2、世表5上、三山26	状元。从兄郑弘业、宗兄郑昌图（咸通13）皆状元。弟郑延休
107	乾符二	张文蔚	河北·瀛州河间	始兴	小姓	旧书178、旧五代18	祖张君卿（元和进士）、父张裼（会昌4）
108	乾符二	崔胤（彻、敬本）	河南·齐州历城	清河南	士族	旧书177	祖崔从（贞元1）、父崔慎由（大和1、宣宗相）
109	乾符二	崔潆	不详	清河小房	士族	语林7、南部新书6、世表2下	

续　表

编号	年份	姓名	籍贯	郡望	出身	出处	备注
110	乾符二	杨涉	浙西·苏州	弘农越公房	士族	新五代史35、苏州府志	伯父杨发（大和4）、假（开成5）、收（会昌1）、父杨严（844）
111	乾符二	林嵩	福建·福州长溪		寒素？	才子9、三山26	
112	乾符二	孟启	不详		寒素？	摭言4	出入场屋三十余年
113	乾符二	郑隐	岭南·循州		寒素	摭言9、三山26	
114	乾符二	陈谠	福建·福州闽县		小姓	三山26、唐文拾遗29·陈府君（谠）墓志铭	曾祖以下皆中低层士职
*	乾符二	林徽	福建·福州长乐		小姓	闽书77	父林慎思（咸通10）
*	乾符二	陈万言	岭南·封州封川		寒素？	乾隆广东通志31	陶易补
115	876乾符三	孔缄	河北·冀州曲阜	下博	士族	广卓异记19、才子9	状元。祖孔戣（礼部侍郎）、兄纬（大中13）
116	乾符三	高蟾	河朔间人		寒素	才子9	

续　表

编号	年份	姓名	籍贯	郡望	出身	出处	备注
117	乾符三	苗廷义	河东·潞州壶关	上党	小姓	孟二冬《上当苗氏世系订补》	父苗恽（大和5）
118	877乾符四	刘覃	浙西·润州句容		士族	摭言3	祖刘三复（御史中丞）、父刘邺（860，懿、僖宗相）、兄刘希（871）
119	乾符四	郑賨	浙西·苏州吴县		小姓？	北里志	丈人裴瓒（刑部尚书），賨因其力登进士第
120	乾符四	邵安石	岭南·连州		寒素	摭言9	
121	乾符四	章碣	浙西·睦州桐庐		寒素	纪事61、乾隆杭州府志107	父章孝标（819，基层官）
*	乾符四	张昭远	岭南·循州		？	广东通志31	陶易补
122	878乾符五	孙偓	河东·潞州涉县	武邑	小姓	摭言8、新书183	状元。父孙景商（天平军节度使）
123	乾符五	牛峤	陇右·陇西狄道	安定	士族	才子9、纪事71	祖牛僧孺（贞元21）、父牛蔚、兄？牛徽（咸通2）

编号	年份	姓名	籍贯	郡望	出身	出处	备注
124	乾符五	侯潜	不详		?	北里志	
125	乾符五	杜彦林（彦殊）	京畿·京兆长安	京兆	士族	北里志、世表2上、旧书177	父杜审权（懿宗相）、兄杜让能（咸通14）、弟杜弘徽（乾符6）
126	乾符五	崔昭愿	河南·齐州历城	南祖	士族	北里志、世表2下	弟崔昭纬（中和3，昭宗相）、崔昭矩（大顺2）
127	乾符五	卢择	京畿·京兆醴泉?		?	北里志、薛廷珪《卢择并充史馆修撰制》	或即仕杨吴之卢择
128	乾符五	李茂勋	不详		?	北里志	兄李茂蔼
129	乾符五	李深之	不详		?	北里志、语林7	
130	乾符五	卢嗣业	河东·蒲州	范阳	士族	旧书163、世表3上	祖卢纶、父卢简辞（元和6）
131	乾符五	康轺（骈）	宣歙·池州		寒素	郡斋3下、池州府志	
132	乾符五	陈蜀	福建·福州闽县		寒素	闽中	

编号	年份	姓名	籍贯	郡望	出身	出处	备注
133	乾符五	赵光逢	京畿·京兆奉天	新安	士族	旧书128、新书182、旧五代58、新五代35	父赵隐（大中3）、弟赵光裔（光启3）、光胤（大顺2）
*	乾符五	王玟	福建·泉州		寒素	福建通志33	
134	乾符五	蒋子友	浙西·湖州吴兴		小姓	嘉泰吴兴志13	江左郡姓
135	乾符五	邓承勖	岭南·广州南海		寒素？	旧书115、万姓109、粤大记4	
136	879 乾符六	杜弘徽	京畿·京兆长安	京兆	士族	旧书177、世表2上	父杜审权（懿宗相）、兄杜让能（咸通14）、杜彦林（乾符5）
137	乾符六	李袭吉	都畿·洛阳		小姓	旧五代60、新五代28	未明言登第，姑存之。自言李林甫之后，父李图（洛阳令）
138	乾符六	骆用锡	宣歙·宣州南陵		寒素？	郑谷《贺进士骆用锡登第》	
139	880 广明元	郑蔼	不详	荥阳北祖	士族	才子9、世表75上	状元。父鲁，兄尧（咸通3）、荐

编号	年份	姓名	籍贯	郡望	出身	出处	备注
140	广明元	刘崇鲁	河南·滑州胙（一说洛阳）	河南	士族	旧书179、新书90、新表71上	父刘符，兄崇龟（咸通6）、崇望（乾符1）、崇谟（中和3）
141	广明元	何迎	江西·袁州		寒素？	宜春志	
142	广明元	钱翊	浙西·湖州		士族	才子9	曾祖钱起，祖徽（785）
143	广明元	杨钜	浙西·苏州	弘农越公房	士族	苏州府志	伯父杨发（大和4）、假（开成5）、父杨收（会昌1），叔父严（844）
144	广明元	裴筠	不详，疑两京	河东	士族	裴皞《河东裴公（筠）墓志铭并序》	王洪军、许有根补。祖移直（左散骑常侍）、父虔余（兵部侍郎）
145	881中和元	于棁	河南	京兆高陵	士族	摭言9	祖父敖（贞元进士，宣歙观察使），父球，叔父珪（大中3）、瑰（大中7）、琼（大中12）

续 表

编号	年份	姓名	籍贯	郡望	出身	出处	备注
146	中和元	黄郁	浙东·衢州		寒素？	摭言9	受知于田令孜擢第
147	中和元	李端	岭南·韶州曲江		寒素？	摭言9	受知于田令孜擢第
148	中和元	王彦昌	不详	太原	士族	摭言9	续赐。摭言："太原人，家世簪冕。"
149	中和元	杜升	不详		寒素	摭言9、语林4	续赐、赐绯进士，非常制
150	882中和二	杨注	浙西·苏州	弘农越公房	士族	苏州府志	伯父发（大和4）、假（开成5）、收（会昌1）、父严（844）、兄涉（875）
151	中和二	卢尚卿	不详	范阳	士族	纪事59	登第于蜀
152	中和二	程贺	剑南·眉州？		寒素	北梦11、纪事67	初任眉州厅仆，为崔亚所荐
153	中和二	秦韬玉	湖南（或京兆）		寒素？	纪事63、才子9	芳林十哲、父亲左军军将
154	中和二	于邺（武陵）	京畿·京兆杜曲		寒素	纪事63、才子8	
*	中和二	孔拯	河南·兖州曲阜	下博	士族	阙里28	

编号	年份	姓名	籍贯	郡望	出身	出处	备注
155	883 中和三	崔昭纬	河南·齐州历城	清河南	士族	摭言11、旧书179、广卓异记7、世表2下	状元。兄崔昭愿（乾符5）弟崔昭矩（大顺2）
156	中和三	刘崇谟（謩）	河南·滑州胙（一说洛阳）		士族	旧书179、新表71上、旧五代史68	父刘符、兄刘崇龟（咸通6）、刘崇望（乾符1）
157	885 光启元	许祐孙	福建		寒素	三山26、玉芝堂谈荟	状元
158	光启元	倪曙	福建·福州侯官		寒素	闽中、三山26	历官太学博士，后避乱归乡
159	光启元	裴廷裕	河东·绛州闻喜		小姓？	摭言3、新书58	蜀中登第
160	886 光启二	陆扆	河南·陕州陕县	吴郡侍郎枝	士族	旧书179、新书183	状元。旧传："吴郡人。徙家于陕，今为陕州人。"
161	光启二	顾在镕（熔）	浙西·苏州吴县		小姓	苏州府志	江左郡姓
162	光启二	苏鹗	京畿·京兆		？	新书59、郡斋3下、直斋10	著有《杜阳杂编》

续　表

编号	年份	姓名	籍贯	郡望	出身	出处	备注
163	887 光启三	赵昌翰	京畿·京兆奉	新安	小姓	广卓异记 19	状元。父赵蒙（大中9）、在从兄弟赵光裔（同年）
164	光启三	郑谷	江西·袁州宜春		小姓	祖无择《郑都官墓志铭》、宜春志	父郑史（839）、从父郑诚（842）
165	光启三	李峤（兴）²	浙西·苏州吴县（生于南海）		小姓?	郑谷《荆渚八月十五夜值雨寄同年李峤诗》	父李郢（大中10）
166	光启三	赵光裔	京畿·京兆奉天	新安	士族	旧书128、旧五代58	父赵隐（大中3）、兄赵光逢（乾符5）、光胤（大顺2）

---

2 按：周祖譔编《中国文学家大辞典》载李峤为"长安人，生于南海"，不过实际上，其父李郢已为苏州吴人，长安仅是其祖籍。又，李郢为大中十年（856）进士，历任湖州、淮州、睦州、信州从事，入为侍御史后，复出为越州从事，卒于任。未详何时于南海生子，本书权将李郢归为东南进士。李郢与李峤分见《中国文学家大辞典》，第298、275页。关于李郢生平更细致的考察，见傅璇琮编：《唐才子传校笺》三，卷8，《李郢》，第401—406页。

续　表

编号	年份	姓名	籍贯	郡望	出身	出处	备注
167	光启三	郑徽	不详		寒素？	郑谷《驻跸华下同年司封员外从翁许共游西溪久违前契戏成寄赠》	从子郑谷
168	光启三	黄匪躬	岭南·连州		寒素	广东通志31、十国75	
169	光启三	翁洮	浙西·睦州		寒素？	万历严州府志11	
170	888文德元	郑贻矩	河南·郑州荥阳		？	才子9	状元
171	文德元	崔涂	浙西·睦州桐庐		寒素	才子9	
*	文德元	谢翛	福建·漳州龙溪（一曰泉州晋江）		寒素	万姓105、闽书90、乾隆泉州府志33	
172	文德元	陈峤	福建·泉州莆田		小姓	黄滔《司直陈公墓志铭》《祭陈侍御》	父陈齐（大理评事）。释褐摄京兆府参军，后归闽，事王潮
以上僖宗朝							

372

编号	年份	姓名	籍贯	郡望	出身	出处	备注
173	889 龙纪元	李瀚	不详		？	才子9	
174	龙纪元	温宪	河东·太原		小姓	旧书190下、才子9、纪事70	咸通十哲之一。父温庭筠
175	龙纪元	吴融	浙东·越州		寒素	新书203、才子9	
176	龙纪元	韩偓	京畿·京兆万年		小姓	纪事65、郡斋4中、才子9	父韩瞻（开成2）、姑丈李商隐（开成2）
177	龙纪元	唐备	不详		寒素？	才子9	
178	龙纪元	崔远	河北·深州安平	博陵	士族	旧书177、宣和书谱4	祖崔玙（长庆1）、父崔澹（大中13）。于白马驿遇害
179	龙纪元	李冉	不详	姑臧大房	士族	世表2上	
*	龙纪元	程忠	宣歙·歙州		寒素？	浯田程氏宗谱2	宗谱云："昭宗龙纪二年……擢进士第，授蓝田尉。世难还家。"
*	龙纪元	骆均	浙西·杭州临安	临安	寒素？	浙江通志123	

编号	年份	姓名	籍贯	郡望	出身	出处	备注
180	890 大顺元	杨赞禹	河南·虢州弘农	弘农	士族	黄滔《与杨状头书》	状元。祖杨虞卿（元和5）、父知退（开成5）、弟赞图（乾符4）。唐亡后与兄入闽依王审知
181	大顺元	王驾	河东·河中		小姓？	纪事63、才子9	《与台丞书》："又有王驾者，勋休之后，于诗颇工，于道颇固。"
182	大顺元	戴思颜	不详		？	才子10	
183	大顺元	王虬	福建·泉州		寒素？	新书60	
184	大顺元	张莹	福建·福州		寒素？	三山26	
185	大顺元	林裒	福建·福州		寒素？	三山26	
186	大顺元	张乔	宣歙·池州		寒素	新书60	
187	891 大顺二	崔昭矩	河南·齐州历城	南祖	士族	摭言8、世表2下	兄崔昭愿（乾符5）、崔昭纬（中和3状元，昭宗相）

374

续　表

编号	年份	姓名	籍贯	郡望	出身	出处	备注
188	大顺二	陈鼎	福建·福州福清		寒素？	三山26、黄滔《祭陈先辈》	
189	大顺二	黄璞	福建·泉州莆田		寒素？	三山26、莆阳比事2、直斋7	从兄黄滔（895）
190	大顺二	杜荀鹤	宣歙·池州石埭		寒素	才子9	
191	大顺二	王涣	河南·睢阳	太原二房	士族	摭言3、纪事66、才子10	
192	大顺二	李德邻	不详		？	摭言3、纪事66	
193	大顺二	王拯	不详		？	摭言3、纪事66	
194	大顺二	赵光胤	京畿·京兆奉天	新安	士族	旧书128、旧五代58、摭言3、纪事66	父赵隐（大中3），兄赵光逢（乾符5）、赵光裔（光启3）
195	大顺二	张曙	山南东·邓州		小姓	摭言11、才子10	父张裼（吏部侍郎）
196	大顺二	吴仁璧	浙西·苏州		寒素	苏州府志	
197	大顺二	蒋肱	江西·袁州宜春		寒素？	摭言1、宜春、正德袁州府志7	

编号	年份	姓名	籍贯	郡望	出身	出处	备注
198	大顺二	罗衮（袞）	剑南·邛州		寒素	临邛续志	后事梁，官至礼部员外郎
199	大顺二	吴蜕	浙东·越州		寒素	吴越备史4	
200	大顺二	王翃	不详		？	新书60	
*	大顺二	汪极	宣歙·歙州		不详	弘治徽州府志6、全唐诗690	
*	大顺二	邓颜福	江西·洪州高安		寒素？	江西通志49	陶易补
201	892景福元	归黯	浙西·苏州吴县		士族	广卓异记19	父仁泽（874），弟霭（893）
202	景福元	崔舣	不详	清河	士族	岑仲勉补考《唐故右拾遗崔君与郑氏夫人合祔志》	
203	893景福二	崔胶	不详	清河小房	士族	世表2下	状元。从父崔彦昭（僖宗相）
204	景福二	易标	江西·袁州		小姓？	宜春志	族祖父易重（845）
205	景福二	张鼎	不详		？	才子10	

续　表

编号	年份	姓名	籍贯	郡望	出身	出处	备注
206	景福二	归蔼	浙西·苏州吴		士族	苏州府志	父仁泽（874），兄黯（892）
207	景福二	卢玄晖	京畿·京兆？	范阳	士族	摭言4	舅郑愚、外兄郑续。少长于外家
208	景福二	张道古	河南·青州（一说沧州）		？	鉴戒录2、纪事71、蜀梼杌上	
209	景福二	杜晏	剑南·眉州	京兆	小姓	查篇《杜御史莘老行状》	祖杜礼（明经，僖宗谏官）
210	景福二	曹愚	福建·福州		寒素	三山26	
*	景福二	孔闰	岭南·广州？		寒素？	嘉靖南雄府志、南雄志	
211	景福二	卢汝弼	河东·蒲州	范阳	士族	新书177、世表3上	祖父卢纶
212	景福二	崔承祐	新罗国			纯白《新罗国石南山故国师碑铭后记》	
*	景福二	卢逊	江西·袁州宜春		寒素？	江西通志21	王洪军补

编号	年份	姓名	籍贯	郡望	出身	出处	备注
213	894 乾宁元	苏检	浙西·苏州吴县？	武功	小姓？	广记279	状元。广记："苏检登第。归吴省家。"天复二年位至宰相
214	乾宁元	韦庄	京畿·京兆杜陵	逍遥公房	士族	才子10、直斋19	高祖韦应物。少孤贫力学，屡试不第，辗转各地达十年之久
215	乾宁元	徐寅（夤）	福建·泉州		寒素？	才子10、黄滔《司直陈公墓志铭》	后归闽
216	乾宁元	卢仁炯	不详		？	徐夤《寄卢端公同年仁炯诗》	
217	乾宁元	王偁	不详	琅琊	士族	世表2中、徐夤《赠垂光同年诗》	父王抟（昭宗相）
218	乾宁元	陈乘	福建·泉州仙游		寒素	徐锴《陈氏书堂记》	陈崇族子，官秘书郎，乱后归乡
219	乾宁元	唐禀（廪）	江西·袁州萍乡		寒素？	齐己《寄萍乡唐禀正字》、艺文4	

续 表

编号	年份	姓名	籍贯	郡望	出身	出处	备注
220	乾宁元	孔昌庶	河南·曲阜	下博	士族	世表5下、阙里28	祖父孔戢（库部员外郎）、父孔炅（莱州刺史）
221	乾宁元	李德休	不详·疑两京	赵郡	士族	杨凝式《唐故礼部侍郎致仕赠太子少保赵郡李公墓志铭并序》	祖赵绛（山南西道节度使）、父赵璋（宣州观察使）
222	乾宁元	韦郊	京畿·京兆	逍遥公房	士族	韦庄《和同年韦学士华下途中见寄》	祖韦贯之，父韦澂，兄韦庚、庠（咸通13）、序、雍皆登进士第
223	895乾宁二	赵观文	岭南·桂州		寒素	昭宗实录、纪事59	
224	乾宁二	程晏	不详		寒素	新书60、郡斋4中	工古文，尤长于议论小品
225	乾宁二	崔赏	不详	清河大房	士族	昭宗实录、世表2下	
226	乾宁二	崔仁宝	不详	博陵二房	士族	昭宗实录、世表	祖崔珙（武宗相）、父崔涓（大中1，御史大夫）

编号	年份	姓名	籍贯	郡望	出身	出处	备注
227	乾宁二	卢瞻（瞻？）	不详		士族？	昭宗实录、黄滔《寄同年卢员外》？、世表3上？	
228	乾宁二	韦说	京畿·京兆万年		士族	昭宗实录、旧五代	祖韦丹（江西观察使）、韦岫（福建观察使）
229	乾宁二	封渭	河南·渤海蓚		小姓	昭宗实录	从祖封敖
230	乾宁二	韦希震	不详		？	昭宗实录	
231	乾宁二	张蟾	宣歙·池州		寒素	纪事70、郡斋4中、才子10	初以出身寒素，累举不第
232	乾宁二	黄滔	福建·泉州莆田		寒素	洪迈《唐黄御史集序》	困于举场二十余年。光化中任四门博士，天复元年仕于闽
233	乾宁二	卢鼎	不详		士族？	世表3上？	
234	乾宁二	王贞白	江西·信州永丰		寒素	摭言7、纪事67、直斋19、郡斋5下	登第后七年始调校书郎，后因世乱，不复仕进

续　表

编号	年份	姓名	籍贯	郡望	出身	出处	备注
235	乾宁二	沈崧	福建·福州闽县		寒素	吴越备史3	登第归闽，途经杭州为钱镠所辟
236	乾宁二	陈晓	不详		？	昭宗实录	
237	乾宁二	李龟祯	京畿·京兆		？	昭宗实录	后仕前蜀
238	896乾宁三	崔谔	不详	清河	士族	谈荟2、莆阳志、王权《清河崔公（詹）墓志铭并序》	状元。兄崔詹（中书舍人）
239	乾宁三	杨鏻	浙西·苏州	弘农越公房	士族	苏州府志	父杨收（841）
240	乾宁三	翁承赞	福建·福州福唐	博学宏词	小姓	纪事63、三山26、才子10	曾祖何（检校右散骑常侍）、祖则（大理司直）、父巨隅（少府监）、弟承裕（900）、承检皆进士
241	乾宁三	王权	不详	太原	士族	王权《清河崔公（詹）墓志铭并序》、旧五代92	曾祖王起、父王堯。历仕梁、唐、晋

编号	年份	姓名	籍贯	郡望	出身	出处	备注
*	乾宁三	王国才	岭南·封州封川		寒素？	广东通志31	陶易补
242	897乾宁四	杨赞图	河南·虢州弘农	弘农	士族	广卓异记19、纪事67	状元。祖杨虞卿（元和5）、父知退（开成5）、兄赞禹（大顺1）。唐亡后与兄入闽依王审知
243	乾宁四	韦彖	宣歙·池州贵池		寒素	摭言5、旧五代史9、池州府志	乾宁四
244	乾宁四	卓云	福建·福州长溪		寒素？	三山26、嘉靖福宁州志	
245	乾宁四	孙郃	浙东·明州		寒素	郡斋4中	
246	乾宁四	刘纂	湖南·长沙		小姓	摭言2	父刘蜕（大中4）。后入蜀事王建
247	乾宁四	何□	不详		？	徐寅《辇下赠屯田何员外》	王洪军补
248	898光化元	羊绍素	浙东？		寒素？	摭言5、吴越备史	状元，后为明州刺史黄晟所辟。表兄吴融

续 表

编号	年份	姓名	籍贯	郡望	出身	出处	备注
249	光化元	殷文圭	宣歙·池州青阳		寒素	才子10	
250	光化元	刘咸	不详		？	殷文圭诗	
251	光化元	王毂	江西·袁州宜春		寒素	才子10、纪事70、直斋19	
252	光化元	褚载	不详		寒素	才子10、纪事59、摭言11、新书60	才子："家贫，客梁、宋间。困甚，以诗投襄阳节度使……"
253	光化元	孔邈	河南·曲阜	下博	士族	旧五代68、册府729	孔子四十一代孙。舅独孤损
254	光化元	陈炯	江西·袁州		寒素？	宜春志	
255	光化元	何幼孙	江西·袁州		寒素？	宜春志	
256	光化元	贾泳	不详		寒素	摭言11	父贾修。曾为晋州副将
257	光化元	卢肃	京畿·京兆	范阳	士族	摭言3、世表3上	祖卢钧（元和4）、父卢邺
258	光化元	路德延	河北·魏州冠氏		士族	广记175、世表5下	父岳（给事中）、从父岩（懿宗相）
259	光化元	伍唐珪	宣歙·池州		寒素？	宜春志	

续　表

编号	年份	姓名	籍贯	郡望	出身	出处	备注
260	光化元	张荷	不详，疑两京	南阳	士族	张准《南阳张府君墓志铭并序》	王洪军补
*	光化元	何胜德	宣歙·池州秋浦		寒素？	安徽通志154	王洪军补
261	899 光化二	卢文焕	不详，疑在两京	范阳	士族	摭言3	状元。曾祖卢纶、祖卢简辞（元和6）、父卢贻殷（光禄少卿）
262	光化二	柳璨	京畿·京兆	河东	士族	摭言15、旧书179	
*	光化二	黄叔宏	宣歙·歙州祁门		寒素？	安徽通志154	王洪军补
263	900 光化三	裴格	河东·绛州闻喜	河东中眷	士族	才子10、世表1上、韵语阳秋19	状元。父裴寅（御史大夫）、弟裴枢（昭宗相）
264	光化三	卢延让（逊）	河北·范阳		寒素？	郡斋4中、才子10、韵语阳秋19	后入蜀依王建
265	光化三	裴皞	河东	河东中眷	士族	旧五代92、新五代57	旧五代："世居河东为望族。"
266	光化三	王定保	江西·洪州南昌		寒素	直斋11、摭言3散序	丈人吴融。后为南汉相

编号	年份	姓名	籍贯	郡望	出身	出处	备注
267	光化三	崔籍若	不详		？	摭言3散序	
268	光化三	郑珏	不详		小姓	旧五代58、新五代54、通鉴考异29	旧五代："昭宗朝宰相綮之侄孙。父徽，河南尹张全义判官。"
269	光化三	吴霭	岭南·连州		寒素？	全唐诗795、同治连州志4	后为朱全忠幕僚
270	光化三	孔昌明	河南·曲阜	下博	士族	阙里28	孔子四十一代孙
271	光化三	翁承裕	福建·福州		小姓	万历福州府志16	兄翁承赞（乾宁3）
272	光化三	林用谦	福建？		寒素	黄滔《祭林先辈用谦文》	《祭林先辈用谦文》："果契至公。克升上第。既己东堂得意。南国言旋。"
273	901天复元	归佾（修）	浙西·苏州吴县		士族	谈荟2	父归仁绍（869）、弟归系（905）
274	天复元	陈光问	不详		寒素？	容斋三笔8	
275	天复元	曹松	淮南·舒州		寒素	容斋三笔8、安庆府图经	五老榜

编号	年份	姓名	籍贯	郡望	出身	出处	备注
276	天复元	王希羽	宣歙·歙州		寒素	摭言8、容斋三笔8	五老榜。后为田頵客
277	天复元	欧阳持	江西·洪州		寒素？	瑞阳志	天祐间辞官归洪州
278	天复元	刘象	京畿·京兆		寒素	摭言8、容斋8、纪事61	五老榜
279	天复元	柯崇	福建·福州闽		寒素	摭言8、容斋三笔8	五老榜。后归闽卒
280	天复元	郑希颜	福建·福州闽		寒素	摭言8、容斋三笔8	五老榜
281	天复元	沈颜	浙西·苏州吴		士族	郡斋4中	曾祖既济、祖传师（805）
282	天复元	裴□	不详		？	曹松诗	
283	天复元	颜□	不详		？	曹松诗	
284	天复元	李□	不详		？	曹松诗	
285	904 天祐元	李旭	江西·袁州宜春		？	纪事71、宜春志	
*	天祐元	董全祯	江西·饶州		寒素？	江西通志49、明一统志50、万姓68	江西通志称其死于黄巢之乱，与登第年不合，存疑

编号	年份	姓名	籍贯	郡望	出身	出处	备注
286	天祐元	许昼	河南·宋州睢阳		？	摭言3	与吴融、独孤损为知己
287	天祐元	卢程	不详，疑在两京	范阳	士族	旧五代67	祖卢懿、父卢蕴皆历显官
288	天祐元	刘岳	都畿·洛阳		士族	旧五代68、新五代55、邵氏见闻录16	祖刘符，父刘崇珪，从父崇龟（咸通6）、崇望（乾符1，僖宗相）
289	天祐元	王澣	不详		？	尹河南先生文集4	
*	天祐元	陈用拙	岭南·连州		寒素	嘉靖广东通志	
290	天祐元	陈咏	剑南·眉州		寒素	琐言7、纪事71	与韦庄善，登第后旋归蜀
291	天祐元	姚颙	京畿·京兆长安		小姓	旧书20上、新五代55	丈人司空图
292	天祐元	赵颀	不详		？	旧书20上	后唐时官至户部侍郎
293	天祐元	刘明济	不详		？	旧书20上	
294	天祐元	窦专	京畿·同州		？	旧书20上	事后唐

续 表

编号	年份	姓名	籍贯	郡望	出身	出处	备注
295	天祐元	李慎（谨）微	岭南·广州？	赵郡东祖	士族	世表2上、嘉靖德庆州志15、万历粤大记25、乾隆广东通志31	祖李绛（贞元8、宪宗相）、父李璋（大中2、宣歙观察使）
*	天祐元	胡□	江西·奉新		寒素？	江西通志49	陶易补
*	天祐元	万硕	江西·洪州		寒素？	江西通志49	陶易补
以上昭宗朝							

说明：

一、本表依据孟二冬《登科记考补正》(2002)、陶易《唐代进士录》(2010)、王洪军《登科记考再补正》(2010)、许友根《〈登科记考补正〉考补》(2011)诸书制成。为节省篇幅，笔者仅引用最关键史料出处，相关内文请参见诸书。

二、“籍贯”系指出生地。凡籍贯在本书定义的“东南”范围以内者，则加灰底标明。

三、“备注”栏用以补充栏主的生平背景信息。父祖、兄弟、子侄后方若标有年份，则表示其进士登第年。

四、“编号”栏中出现“*”者，表示此栏信息源自清代史料，可信度相对较低，因此暂不列入计算。

五、“史料”栏简称说明：

旧书:《旧唐书》 新书:《新唐书》 世表:《新唐书·宰相世系表》 旧五代:《旧五代史》 新五代:《新五代史》 通鉴:《资治通鉴》 文苑:《文苑英华》 册府:《册府元龟》 北梦:《北梦琐言》 摭言:《唐摭言》 广记:《太平广记》 才子:《唐才子传》 语林:《唐语林》 容斋:《容斋三笔》 万姓:《万姓统谱》 直斋:《直斋书录解题》 郡斋:《郡斋读书志》 纪事:《唐诗纪事》 舆地:《舆地纪胜》 三山:《淳熙三山志》 阙里:《阙里文献考》 汇编:《唐代墓志汇编》

附录二

唐末东南进士仕宦统计表（知登第年者）

编号	年份	姓名	出身	最高官别	仕　宦
1	860咸通元	翁彦枢	寒素	仕宦不详	仕宦不详
2	咸通元	刘邺	小姓	宰相	镇国幕府吏—秘书省校书郎—左拾遗兼翰林学士—尚书郎中知制诰、翰林学士—中书舍人兼翰林学士—户部侍郎兼翰林学士—翰林学士承旨—户部侍郎—诸道盐铁转运使—兵部侍郎—礼部尚书同中书门下平章事、判度支—中书侍郎—吏部尚书—太清宫使—弘文馆大学士—左仆射同平章事—淮南节度使—左仆射（879）
3	861咸通二	王季文	寒素	基层·京官	授秘书郎，寻谢病归九华
4	咸通二	叶京	寒素	学官	太常博士

续　表

编号	年份	姓名	出身	最高官别	仕　宦
5	862 咸通三	王棨	寒素？	中层· 京官	福建观察使杜宣猷团练巡官—江西观察使李团练判官（868）—大理司直—太常博士—水部郎中—右司马（880）—盐铁出使巡官—知丹阳监事
6	咸通三	薛承裕	寒素？	学官	？—国子、四门博士
7	863 咸通四	武瓘	寒素	中层·州县官	益阳县令
8	咸通四	伊璠 （播）	寒素	中层·州县官	泾阳县令
9	865 咸通六	袁皓	寒素	中层·京官、州县官	佐幕府—监察御史—当阳县令—仓部员外郎—虞部员外郎（881）—集贤殿图书使（889）
10	咸通六	卢文秀	小姓	中层·京官？	？—弘文馆学士[1]
11	866 咸通七	蒋泳	士族	仕宦不详	仕宦不详
12	咸通七	欧阳琳	小姓	中层·京官	秘书省正字—侍御史
13	咸通七	沈光	小姓	中层·京官	监察御史—福建观察使韦岫从事（878）—侍御史

1　赖瑞和研究中未列入弘文馆学士，《新唐书·百官志二》注云："武德后，五品以上曰学士，六品已下曰直学士，又有文学直馆，皆它官领之。"（卷47，第1209页）可知品秩颇高，唯查两《唐书》，领弘文馆学士者固有中书舍人、谏议大夫、侍郎等高官，但也可见以郎中身份领者，案赖瑞和的分类，中层至高层京官皆有领事可能，保守起见，于此暂估为中层京官。

续　表

编号	年份	姓名	出身	最高官别	仕　宦
14	咸通七	汪遵	寒素	仕宦不详	仕宦不详
15	咸通七	崔璐	士族	仕宦不详	仕宦不详
16	868 咸通九	羊昭业	寒素	中层·京官	拾遗—？
17	咸通九	连总	寒素？	基层·州县官	？—峰阳尉
18	869 咸通十	归仁绍	士族	高层·京官	侍御史—度支郎中—御史中丞—礼部侍郎（882）—兵部尚书
19	咸通十	欧阳玭	小姓	基层·幕府官	幕府掌书记
20	咸通十	林慎思	寒素	中层·京官、州县官	秘书省校书郎—兴平尉—水部郎中—万年令
21	咸通十	虞鼎	小姓	高层·州县官	校书郎—御史里行—饶州刺史
22	871 咸通十二	许棠	寒素	基层·州县官	淮南馆驿官—泾县尉—虔州从事—江宁丞
23	咸通十二	刘希	士族	仕宦不详	仕宦不详
24	咸通十二	曾繇	寒素？	仕宦不详	仕宦不详
25	872 咸通十三	周繇	寒素	中层·州县官	从事（登第前）—校书郎—福昌县尉—建德县令

续　表

编号	年份	姓名	出身	最高官别	仕　宦
26	874 乾符元	归仁泽	士族	仕宦不详	仕宦不详
27	乾符元	顾云	寒素	中层·京官	秘书省校书郎—行营都招讨判官—太常博士（大顺中）—虞部员外郎
28	乾符元	蒋曙	士族	中层·京官、幕府官	鄂岳团练判官—虞、工部员外—起居郎。（黄巢入长安，阖家遇难而绝意仕进，隐居不出，中和二年表请为道士）
29	875 乾符二	杨涉	士族	宰相	吏部郎中—礼、刑、吏三部侍郎—吏部尚书—宰相
30	乾符二	林嵩	寒素？	高层·州县官	秘书省正字—团炼巡官—度支使—毛诗博士—金州刺史
31	乾符二	陈谠	小姓	高层·州县官	春州刺史—韶州刺史
32	877 乾符四	刘覃	士族	仕宦不详	死于黄巢乱中
33	乾符四	郑賨	小姓？	中层·州县官	西京留守判官（905）
34	乾符四	章碣	寒素	仕宦不详	流落不知所终
35	878 乾符五	康轺（骈）	寒素	基层·京官、幕府官	崇文馆校书郎—宣州田頵幕府
36	乾符五	陈蜀	寒素	仕宦不详	仕宦不详
37	乾符五	蒋子友	小姓	仕宦不详	仕宦不详

编号	年份	姓名	出身	最高官别	仕　宦
38	879 乾符六	骆用锡	寒素？	仕宦不详	仕宦不详
39	880 广明元	何迎	寒素？	中层·京官	水部郎中（昭宗时）
40	广明元	钱翊	士族	高层·京官	太常博士—京兆府参军（昭宗时）—蓝田尉—集贤校理—膳部郎中知制诰—中书舍人—抚州司马（900）
41	广明元	杨钜	士族	高层·京官	尚书郎知制诰、翰林学士—中书舍人—户部侍郎—左散骑常侍
42	881 中和元	黄郁	不详	中层·京官	尚书郎中
43	882 中和二	杨注	士族	高层·京官	考工员外郎—刑部郎中—知制诰—中书舍人—户部侍郎兼翰林学士—？
44	885 光启元	许祐孙	寒素	仕宦不详	仕宦不详
45	光启元	倪曙	寒素	基层·幕府官？	太学博士—幕从事？（后于南汉任至宰相）
46	886 光启二	顾在镕	小姓	仕宦不详	仕宦不详
47	887 光启三	郑谷	小姓	中层·京官	京兆府鄠县尉（893）—府署（894）—右拾遗—补阙（896）—都官郎中（897）
48	光启三	李屿（兴）	小姓？	仕宦不详	仕宦不详
49	光启三	翁洮	寒素？	中层·京官	主客员外郎，后辞官归隐

续　表

编号	年份	姓名	出身	最高官别	仕　宦
50	888 光启四	崔涂	寒素	仕宦不详	仕宦不详
51	光启四	陈峤	小姓	中层· 京官	京兆府参军—从事—大理评 事—监察御史—大理司直（乾 宁末）—殿中侍御史（乾宁末）
52	889 龙纪元	吴融	寒素	高层· 京官	掌书记—侍御史—左补阙— 礼部郎中兼翰林学士—中书 舍人—户部侍郎—翰林学士 （903）—翰林承旨学士
53	890 大顺元	王虬	寒素？	仕宦不详	仕宦不详
54	大顺元	张莹	寒素？	高层· 京官、州 县官	？—礼部尚书、知延州（按： 此距唐亡仅一十六年，便自登 第升至礼部尚书，若属实，则 当属非常时刻的升迁）
55	大顺元	林衮	寒素？	基层· 京官	？—秘书校书郎
56	大顺元	张乔	寒素	仕宦不详	仕宦不详
57	891 大顺二	陈鼎	寒素？	基层·州 县官	明州刺史黄晟从事
58	大顺二	黄璞	寒素	基层· 京官	？—崇文馆校书郎
59	大顺二	杜荀鹤	寒素	基层·幕 府官	从事—朱全忠幕（903）
60	大顺二	吴仁璧	寒素	仕宦不详	镠沉之于江

编号	年份	姓名	出身	最高官别	仕　宦
61	大顺二	蒋肱	寒素？	基层·幕府官	荆南节度使成汭幕
62	大顺二	吴蜕	寒素	基层·幕府官	镇东军节度掌书记（授右拾遗）
63	892 景福元	归黯	士族	无	及第不久过世
64	景福二	易标	小姓？	仕宦不详	仕宦不详
65	景福二	归蔼	士族	高层·京官	侍御史—登州司户—尚书右丞—刑、户部二侍郎—太子宾客
66	景福二	曹愚	寒素	高层·州县官	歙州刺史
67	894 乾宁元	苏检	小姓？	宰相	中书舍人—宰相
68	乾宁元	徐寅（夤）	寒素？	基层·京官、幕府官	秘书省正字—掌书记（闽）
69	乾宁元	陈乘	寒素	基层·京官	秘书郎
70	乾宁元	唐禀（廪）	寒素？	基层·京官	秘书省正字
71	895 乾宁二	张蟆	寒素	中层·京官	校书郎—栎阳尉—犀浦令—膳部员外郎（后于前蜀任至金堂令）
72	乾宁二	黄滔	寒素	中层·京官	四门博士—监察御史里行（901）—威武军节度推官（901）
73	乾宁二	王贞白	寒素	基层·京官	校书郎（902）

编号	年份	姓名	出身	最高官别	仕　宦
74	乾宁二	沈崧	寒素	中层·幕府官？	静海军掌书记—浙西营田副使（按：后于吴越任至宰相）
75	896 乾宁三	杨镣	士族	中层·京官	集贤校理—蓝田尉—尚书郎
76	乾宁三	翁承赞	小姓	中层·京官	京兆府参军—右拾遗（900）—册礼使（904）—员外郎（后于后梁任至御史大夫）
77	897 乾宁四	韦蔼	寒素	中层·京官	右拾遗〔—给事中（后梁）—太常少卿—右谏议大夫〕
78	乾宁四	卓云	寒素？	仕宦不详	仕宦不详
79	乾宁四	孙郃	寒素	中层·京官	校书郎—河南府文学—左拾遗（唐末）
80	898 光化元	羊绍素	寒素	基层·州县官	明州刺史黄晟从事
81	光化元	殷文圭	寒素	中层·幕府官	宣谕判官—田頵幕客—淮南节度掌书记（903）
82	光化元	王毂	寒素	中层·京官	国子博士—郎官
83	光化元	陈炯	寒素？	仕宦不详	仕宦不详
84	光化元	何幼孙	寒素？	仕宦不详	仕宦不详
85	光化元	伍唐珪	寒素？	仕宦不详	仕宦不详
86	900 光化三	王定保	寒素	基层·州县官	容管节度巡官（后于南汉任至宰相）

396

续　表

编号	年份	姓名	出身	最高官别	仕　宦
87	光化三	翁承裕	小姓	中层·京官？	员外郎？
88	光化三	林用谦	寒素	仕宦不详	仕宦不详
89	901 天复元	归佾（修）	士族	仕宦不详	仕宦不详
90	天复元	王希羽	寒素	基层·京官	秘书省正字
91	天复元	欧阳持	寒素？	学官	太常博士（后于杨吴任至左拾遗）
92	天复元	柯崇	寒素	基层·京官	太子校书
93	天复元	郑希颜	寒素	基层·京官	太子校书
94	天复元	沈颜	士族	基层·京官	校书郎（后仕李唐累仕至中层·京官）
95	904 天祐元	李旭	？	仕宦不详	仕宦不详

说明：

一、关于本表人物的更详细资讯，请参见附表一。

二、本文"最高官宦"的判别，主要依照赖瑞和《唐代中层文官》的界定。

基层京官：校书郎、正字等。

基层州县官：州参军、列曹参军、县尉、主簿、县丞等。

基层幕府官：巡官、推官、掌书记。

中层文官：监察御史、殿中侍御史、侍御史、拾遗、补阙、员外郎、郎中。

中层州县官：县令、司禄或录事参军。

中层幕府官：判官、节度使参谋等。

高层京官：御史中丞、御史大夫、中书舍人、谏议大夫、给事中、侍郎、尚书、仆射。

高层州县官：州长史、州别驾、刺史、都督、都护。

高层幕府官：观察、节度、盐铁、转运等使。

附录三

《唐才子传》末三卷传主表

编号	卷数	姓名	生卒	籍　贯	郡望	阶层
1	八	皮日休	834?—883?	山南东·复州竟陵		
2	八	纪唐夫	不详	不详		
3	八	李昌符	不详	不详		
4	八	赵牧	不详	不详		
5	八	翁绶	不详	不详		寒素
6	八	刘光远	不详	不详		
7	八	周繇	不详	江南西·池州至德		寒素
8	八	胡曾	不详	江南西·邵州邵阳		寒素
9	八	汪遵	不详	江南西·宣州泾县		寒素
10	八	来鹏	?	江南西·洪州豫章		寒素

编号	卷数	姓名	生卒	籍　贯	郡望	阶层
11	八	郑巢	不详	江南东·杭州钱塘		寒素
12	八	沈光	不详	江南东·湖州吴兴		
13	八	陈陶	803?— 879?	江南东·福州剑浦		
14	八	储嗣宗	不详	江南东·润州延陵		寒素
15	八	李郢	不详	江南东·苏州吴县		
16	八	陆龟蒙	?— 881?	江南东·苏州吴县	吴郡太尉支	士族
17	八	罗邺	不详	江南东·苏州吴县		寒素
18	八	于武陵	不详	京畿道·京兆杜曲		
19	八	于渍	不详	京畿道·京兆长安		
20	八	温庭筠	812?— 870?	京畿道·京兆鄠县		
21	八	司空图	837— 908	河东道·河中虞乡		小姓
22	八	刘沧	不详	河南道·青州临朐		
23	八	李山甫	不详	剑南道·巴蜀?		
24	八	曹唐	不详	岭南道·桂州桂林		
25	八	张演	不详	岭南道·韶州曲江	始兴	小姓
26	八	邵谒	不详	岭南道·韶州翁源		
—	八	栖蟾	不详	江南西·岳州洞庭		僧人
—	八	僧虚中	不详	江南西·袁州宜春		僧人

编号	卷数	姓名	生卒	籍　贯	郡望	阶层
一	八	鱼玄机	844?—868	京畿道·京兆长安		女冠
27	九	崔道融	?—907?	山南东·江陵荆州	博陵	旧士族
28	九	张曙	不详	山南东·邓州南阳		
29	九	唐备	不详	不详		寒素?
30	九	戴司颜	不详	不详		
31	九	李栖远	不详	不详		
32	九	崔珏	不详	不详，寄寓荆州	清河	士族
33	九	杜荀鹤	846—904?	江南西·池州石埭		寒素
34	九	许棠	822—?	江南西·宣州泾县		寒素
35	九	任涛	不详	江南西·洪州高安		寒素
36	九	崔鲁（橹）	不详	江南西·荆南		寒素
37	九	郑谷	851?—?	江南西·袁州宜春		小姓
38	九	秦韬玉	不详	江南西·湖南		武官家庭
39	九	罗虬	?—881?	江南东·台州（或杭州）		小姓?
40	九	罗隐	833—910	江南东·杭州新城		小姓
41	九	钱翊	不详	江南东·湖州吴兴		士族

编号	卷数	姓名	生卒	籍　贯	郡望	阶层
42	九	吴融	？—903	江南东·越州山阴		寒素
43	九	喻坦之	不详	江南东·睦州		寒素
44	九	周朴	？—879	江南东·睦州桐庐		寒素
45	九	崔涂	850？—？	江南东·睦州桐庐		寒素
46	九	章碣	不详	江南东·睦州桐庐		寒素
47	九	林嵩	不详	江南东·福州长溪		寒素？
48	九	于濆	不详	京畿道·京兆		
49	九	李洞	？—897？	京畿道·京兆	陇西	宗室之后
50	九	赵光远	不详	京畿道·京兆奉天		士族
51	九	韩偓	842—914？	京畿道·京兆万年		小姓
52	九	高骈	821—887	河北道·幽州		武官
53	九	孙棨	不详	河北道·博州武水		士族
54	九	公乘亿	不详	河北道·魏州		寒素
55	九	温宪	842？—？	河东道·太原祁		
56	九	唐彦谦	？—893？	河东道·并州晋阳		士族
57	九	王驾	不详	河东道·河中		

编号	卷数	姓名	生卒	籍　贯	郡望	阶层
58	九	卢（汝）弼	不详	河东道·河中蒲州	范阳	士族
59	九	聂夷中	不详	河南道·郓州中都		寒素
60	九	高蟾	不详	河北道（河朔间人）		寒素
61	九	牛峤	不详	陇右道·临州狄道	陇西	士族
—	九	齐己	864—943?	江南西·潭州长沙		僧人
62	十	王涣	859—901	不详	太原	士族
63	十	苏拯	光化中人	不详		
64	十	张鼎	不详	不详		
65	十	赵抟	不详	不详		
66	十	谢蟠隐	不详	不详		
67	十	褚载	不详	不详		寒素
68	十	郑准	?—904?	不详	荥阳	
69	十	张乔	不详	江南西·池州		寒素
70	十	张蠙	不详	江南西·池州	清河	寒素
71	十	殷文圭	不详	江南西·池州青阳		
72	十	王贞白	不详	江南西·信州永丰		

编号	卷数	姓名	生卒	籍　贯	郡望	阶层
73	十	孙鲂	不详	江南西·洪州南昌	乐安?	寒素
74	十	沈彬	864?—961	江南西·洪州高安		寒素
75	十	廖匡图	不详	江南西·虔州虔化		小姓
76	十	李咸用	不详（唐末）	江南西·袁州	陇西	
77	十	王毂	不详	江南西·袁州宜春		
78	十	杨夔	不详	江南西·袁州宜春	弘农	
79	十	张为	不详	江南西·袁州宜春		
80	十	吴罕	不详	江南西·袁州宜春		
81	十	郑良士	856—93	江南东·泉州仙游		寒素
82	十	徐寅	不详	江南东·泉州莆田		
83	十	许彬	不详	江南东·睦州		
84	十	翁承赞	不详	江南东·福州福唐		
85	十	王希羽	829—?	江南东·歙州		寒素
86	十	刘象	832—?	京畿道·京兆		寒素
87	十	韦庄	836?—910	京畿道·京兆杜陵	京兆南皮公房	士族
88	十	韦蔼	不详	京畿道·京兆杜陵	京兆南皮公房	士族
89	十	卢延让	不详	河北道·幽州范阳		寒素?

续　表

编号	卷数	姓名	生卒	籍　贯	郡望	阶层
90	十	剧燕	不详	河东道·河中蒲坂		
91	十	张瀛	不详	河南道·徐州符离？		
92	十	司马札	大中时人	南方人		
93	十	李建勋	873？—952	淮南道·扬州广陵		
94	十	曹松	830？—902？	淮南道·舒州		寒素
95	十	唐求	不详	剑南道·蜀州青城		隐士
96	十	裴说	不详	岭南道·桂州		
97	十	裴谐	不详	岭南道·桂州		
—	十	吕岩	疑宋人编造	×	×	×
—	十	王周	当为宋人	×	×	×
—	十	刘兼	五代入宋	×	×	×
—	十	李中	五代入宋	江南西·江州九江		
—	十	熊皎（皦）	五代时人？	江南西·池州青阳		
—	十	沈廷瑞	？—985	江南西·洪州高安		道士
—	十	江为	五代时人？	江南东·建州建阳		
—	十	孟贯	五代时人？	江南东·建州建阳		

续　表

编号	卷数	姓名	生卒	籍　贯	郡望	阶层
一	十	贯休	832—912	江南东·婺州兰溪		僧人
一	十	陈抟	五代入宋者	潼川府路·普州	×	×
一	十	孟宾于	唐末入五代	岭南道·连州		×

说明：

一、本表据傅璇琮编《唐才子传校笺》、周祖譔编《中国文学家大辞典》制成。

二、凡出生于五代以后，或身份为僧人、道士、女冠、隐士者，不列入表格统计。

三、凡籍贯位于本文界定之“东南”者，以灰底标示。

附录四

唐末（860—905）中央枢要官员人物表

1. 宰相

编号	任职年	姓名	入仕	籍贯	郡望	阶层	备注
1	860	蒋伸*	进士	常州义兴	乐安	士族	
2	860	白敏中*	进士	太原		小姓	
3	860	杜审权*	进士	京兆杜陵		小姓	
4	860	夏侯孜*	进士	亳州谯		寒素？	
5	860	毕诚	进士	郓州须昌		寒素？	
6	861	杜悰	门荫	京兆万年	襄阳	士族	
7	863	曹确	进士	河南		小姓？	父曹景伯（贞元19）

编号	任职年	姓名	入仕	籍贯	郡望	阶层	备注
8	863	杨收	进士	苏州吴	弘农越公房	小姓	
9	864	萧寘	？	京兆长安	南兰陵	士族	
10	864	路岩	进士	魏州冠氏		士族	父路群（翰林学士）
11	865	徐商	进士	郑州郑新	下邳	小姓	《唐摭言·起自寒苦》
12	865	高璩	进士	渤海		小姓	父高元裕（吏部尚书）
13	867	于琮	进士	河南		士族	曾祖于休烈、父于敖
14	869	刘瞻	进士	桂阳	彭城	寒素	
15	870	王铎	进士	河东太原	中山	士族	
16	870	韦保衡	进士	京兆	西眷	士族	
17	871	刘邺	进士	润州句容	丹阳	小姓	父刘三复
18	872	赵隐	进士	京兆奉天		小姓	祖植（岭南东道节度观察）、父存约（方镇从事）
19	873	萧倣	进士	京兆长安	南兰陵	士族	
20	874	崔彦昭	进士	不详	清河	士族	

续 表

编号	任职年	姓名	入仕	籍贯	郡望	阶层	备注
21	874	郑畋	进士	不详	荥阳	士族	四世进士
22	874	卢携	进士	不详	范阳	士族	
23	874	裴坦	进士	不详	中眷	士族？	
24	875	李蔚	进士	郑州管城	姑臧房	士族	
25	878	崔沆	进士	不详	博陵大房	士族	父崔炫（武、宣宗相）
26	878	郑从谠	进士	郑州荥泽	荥阳北祖	士族	祖余庆（德宗相、大历12）、父瀚（贞元10）、兄茂休（开成2）、处海（大和8）
27	878	豆卢瑑	进士	河南		小姓	祖豆卢愿，父豆卢籍，弟豆卢瓒、豆卢璨皆进士
28	880	王徽	进士	京兆杜陵	京兆	士族	旧传："曾祖择从兄易从，天后朝登进士第……王氏自易从已降，至大中朝登进士科者一十八人，登台省，历牧守、宾佐者三十余人。"
29	880	裴澈	进士	孟州济源	东眷	士族	

续　表

编号	任职年	姓名	入仕	籍贯	郡望	阶层	备注
30	881	萧遘	进士	京兆长安	南兰陵	士族	父萧寘
31	881	韦昭度	进士	京兆	京兆	寒素	
32	886	孔纬	进士	曲阜	下博	士族	祖孔戣（给事中）
33	886	杜让能	进士	京兆长安		士族	咸通十四年（783）进士
34	887	张濬	荐举	河间	河间	小姓	祖仲素（中书舍人）
35	889	刘崇望	进士	滑州胙（或洛阳）	河南	士族	乾符元年（874）进士
36	891	崔昭纬	进士	齐州历城	南祖	士族	
37	891	徐彦若	进士	郑州郑新	下邳	小姓	父徐商（懿宗相）
38	892	郑延昌	进士	郑州荥泽	荥阳北祖	士族	父郑猗（刺史）
39	893	崔胤	进士	齐州历城	清河南	士族	祖从（贞元1）、父慎由（大和1、宣宗相）
40	894	郑綮	进士	不详		不详	
41	894	王抟	进士	雍州咸阳	琅琊	士族	祖屿（肃宗相）、父及（中书舍人）
42	894	李磎	进士	江都	赵郡江夏	士族	祖鄘（大历进士、宪宗相）、父柱（浙东观察使）

编号	任职年	姓名	入仕	籍贯	郡望	阶层	备注
43	895	李知柔	门荫	不详	陇西	士族	唐宗室
44	895	陆希声	荐举？	苏州吴	吴郡太尉枝	士族	
45	896	朱朴	三史	襄州襄阳		寒素？	
46	896	崔远	进士	深州安平	博陵	士族	祖珙（长庆1）、父澹（大中13）
47	896	陆扆	进士	陕州陕县	吴郡侍郎枝	士族	
48	896	孙偓	进士	武邑		小姓	父景商（天平军节度使）
49	900	裴贽	进士	不详	河东中眷	士族	族父坦（大和8、僖宗相）
50	901	王溥	进士	不详	太原大房	士族	
51	901	裴枢	进士	绛州闻喜	河东	士族	曾祖遵庆、祖向（门荫、大理寺卿）、父寅（进士、御史大夫）
52	901	卢光启	进士	不详	范阳	士族？	祖上不见仕宦，然收入宰相世系
53	902	韦贻范	？	京兆	京兆	士族	
54	902	苏检	？	苏州吴县？	武功	小姓	乾宁元年（894）进士

续　表

编号	任职年	姓名	入仕	籍贯	郡望	阶层	备注
55	903	独孤损	？	河南洛阳		士族	祖密（云州刺史）、父云（吏部侍郎）
56	904	柳璨	进士	京兆华原	河东西眷	士族	光化二年（899）进士
57	905	杨涉	？	苏州吴	弘农越公房	士族	从父杨收（懿宗相）、子杨凝式
58	905	张文蔚	进士	不详	始兴	小姓	

2. 吏部侍郎

编号	任职年	姓名	入仕	籍贯	郡望	阶层	备注
1	860	郑薰*	进士	不详		不详	
2	861	韦澳	进士	京兆	逍遥公房	士族	
3	861	萧倣	进士	京兆长安	南兰陵	士族	
4	862	郑处海	进士	郑州荥泽	荥阳北祖	士族	祖余庆（大历12、德宗相）、父澣（贞元10、兴元节度使）
5	863	郑从谠	进士	郑州荥泽	荥阳北祖	士族	
6	864	王铎	进士	河东太原	中山	士族	
7	867	卢匡	不详	不详	不详	不详	

412

编号	任职年	姓名	入仕	籍贯	郡望	阶层	备注
8	867	李蔚	进士	不详	姑臧房	士族	
9	868	韦荷	不详	京兆？	逍遥公房	士族	
10	869	于德孙	不详	京兆万年		士族	从父于尹躬（中书舍人）
11	869	杨知温	进士	虢州弘农	弘农越公房	士族	父杨汝士（元和4）
12	870	李当	不详	郑州	陇西姑臧大房	士族	
13	871	归仁晦	进士	苏州吴县		士族	
14	872	王讽	不详	不详		不详	
15	872	独孤云	不详	河南洛阳		士族	父独孤密（云州刺史）
16	874	郑畋	进士	不详	荥阳	士族	四世进士
17	875	裴坦	进士	不详	中眷	士族？	
18	875	张裼	进士	河间	河间	小姓	父君卿（元和中举进士）、子文蔚（乾符2）、济美、贻宪
19	876	孔晦	不详	不详	下博	士族	从祖戣（给事中）、祖戢（明经、御史大夫）、父温业（进士）

413

编号	任职年	姓名	入仕	籍贯	郡望	阶层	备注
20	876	崔荛	进士	不详		小姓	父崔蠡（进士、户部侍郎）
21	877	崔沆	进士	不详	博陵大房	士族	父崔铉（武、宣宗相）
22	879	孔纬	进士	曲阜	下博	士族	祖孔戣（给事中）
23	879	崔澹	进士	深州安平	博陵第二房	士族	
24	880	孙纬	不详	潞州涉县	乐安	士族	父孙范（监察御史）、从父孙简（吏尚）
25	880	裴瓒	不详	不详	南来吴	小姓	
26	883	卢告	进士	不详	范阳	士族	父卢弘宣（太子少傅、固安县伯）
27	884	张读	进士	深州陆泽→江左	？	小姓	祖荐、父希复（进士）、外祖牛僧孺。曾祖不忒，官扬州天长县令，家于邗沟，后寓居江左
28	889	柳玭	明经	京兆华原	河东西眷	士族	祖柳公绰、父柳仲郢
29	889	徐彦若	进士	郑州郑新	下邳	小姓	父徐商（懿宗相）

编号	任职年	姓名	入仕	籍贯	郡望	阶层	备注
30	891	张祎	进士	南阳		士族	祖正甫（吏部尚书）、父毅夫（中书舍人）。
31	892	崔胤	进士	齐州历城	清河南	士族	祖从（贞元1）、父慎由（大和1、宣宗相）
32	893	赵崇	不详	京兆奉天	新安	小姓	
33	897	杨涉	不详	冯翊→苏州	弘农越公房	士族	从父杨收（懿宗相）、子杨凝式
34	899	裴枢	进士	绛州闻喜	河东	士族	曾祖遵庆、祖向（门荫、大理寺卿）、父寅（进士、御史大夫）
35	900	独孤损	不详	河南洛阳		士族	祖密（云州刺史）、父云（吏部侍郎）
36	901	杨钜	不详	冯翊→苏州	越公房	士族	父杨收（懿宗相）
37	902	卢光启	进士	不详	范阳	士族？	祖上不见仕宦，然收入宰相世系
38	904	薛贻矩	进士	河东闻喜	河东南祖	士族	祖薛存、父薛廷望
39	904	赵光逢	进士	京兆奉天	新安	小姓	父赵隐（懿僖相）
40	905	薛廷珪	进士	蒲州河东		小姓	父薛逢（秘书监）

3. 度支、盐运使

编号	任职年	姓名	入仕	籍贯	郡望	阶层	备注
1	860	毕诚*	进士	郓州须昌		寒素？	
2	860	杜悰*	门荫	京兆万年	襄阳	士族	
3	862	徐商	进士	郑州郑新	下邳	小姓	
4	862	曹确	进士	河南		小姓？	父曹景伯（贞元19）
5	862	李福	进士	？	陇西	士族	唐宗室。李神符五世孙，兄李石（元和13，文宗相）
6	864	刘邺	进士	润州句容	丹阳	小姓	父刘三复
7	865	于琮	进士	河南		士族	曾祖于休烈、父于敖
8	866	王铎	进士	河东太原	中山	士族	
9	867	崔彦昭	进士	不详	清河	士族	
10	869	萧倣	进士	京兆长安	南兰陵	士族	
11	872	高湜	进士	不详		小姓	父钺（中书舍人），从父铢、锴皆进士
12	873	曹汾	进士	河南		小姓？	兄曹确（懿宗相）

416

编号	任职年	姓名	入仕	籍贯	郡望	阶层	备注
13	874	王凝	两经	不详	太原大房	士族	太原大房、舅郑肃
14	877	高骈	武官	幽州		小姓	祖崇文（南平郡王）、父崇明（神策虞候）
15	878	杨严	进士	冯翊→苏州	越公房	小姓	父遗直（录事参军），兄收、发
16	881	李都	进士	不详		不详	
17	881	萧遘	进士	京兆长安	南兰陵	士族	父萧寘
18	882	郑绍业	不详	不降	荥阳北祖	士族	父郑涯（户尚）
19	882	周宝	门荫	平州卢龙		小姓	祖光济（平卢节度使牙将）、父怀义（天德西城防御使）
20	882	韦昭度	进士	京兆	京兆	寒素	
21	883	西门思恭	武官	不详		不详	
22	883	王徽	进士	京兆杜陵	京兆	士族	
23	884	郑昌图	进士		荥阳北祖	士族	
24	884	秦韬玉	进士	湖南		小姓	父左军军将
25	885	张濬	荐举	河间	河间	小姓	祖张仲素（中书舍人）

编号	任职年	姓名	入仕	籍贯	郡望	阶层	备注
26	887	孔纬	进士	曲阜	下博	士族	祖孔戣（给事中）
27	888	杜让能	进士	京兆长安		士族	咸通十四年（783）进士
28	891	刘崇望	进士	滑州胙（一说洛阳）	河南	士族	乾符元年（874）进士
29	892	郑延昌	进士	郑州荥泽	荥阳北祖	士族	父郑猗（刺史）
30	894	李磎	进士	江都	赵郡江夏	士族	
31	894	崔昭纬	进士	齐州历城	南祖	士族	
32	895	王抟	进士	雍州咸阳	琅琊	士族	祖王屿（肃宗相）、父王及（中书舍人）
33	895	徐彦若	进士	郑州郑新	下邳	小姓	父徐商（懿宗相）
34	895	李知柔	门荫	不详	陇西	士族	唐宗室
35	896	崔胤	进士	齐州历城	清河南	士族	祖崔从（贞元1）、父崔慎由（大和1、宣宗相）
36	896	孙偓	进士	武邑		小姓	父孙景商（天平军节度使）
37	901	卢光启	进士	不详	范阳	士族？	被帝赐死。祖上不见仕宦，然收入新表

续 表

编号	任职年	姓名	入仕	籍贯	郡望	阶层	备注
38	902	韦贻范	不详	京兆	京兆	士族	
39	904	裴枢	进士	绛州闻喜	河东	士族	曾祖裴遵庆、祖裴向（门荫、大理寺卿）、父裴寅（进士、御史大夫）
40	904	独孤损	不详	洛阳		士族	祖独孤密（云州刺史）、父独孤云（吏部侍郎）
41	905	柳璨	进士	京兆华原	河东西眷	士族	光化二年（899）进士
42	905	张文蔚	进士	不详	始兴	小姓	

4. 礼部侍郎

编号	任职年	姓名	入仕	籍贯	郡望	阶层	备注
1	860	裴坦*	进士	不详	中眷	士族?	
2	861	薛耽	不详	不详		士族?	《世系》河东西祖中有"耽字敬交，东川节度使"，或即此人？
3	862	郑从谠	进士	郑州荥泽	荥阳北祖	士族	
4	862	萧倣	进士	京兆长安	南兰陵	士族	

419

编号	任职年	姓名	入仕	籍贯	郡望	阶层	备注
5	863	王铎	进士	河东太原	中山	士族	
6	864	李蔚	进士	不详	姑臧房	士族	
7	865	赵隲	进士	京兆奉天		小姓	兄赵隐（懿僖相）
8	867	刘允章	进士	洺州广平		士族	父刘宽夫（濠州刺史）、祖刘伯刍（刑侍）、高祖刘廼（殿中侍御史）
9	867	郑愚	进士	广州		寒素？	
10	868	王凝	两经	不详	太原大房	士族	太原大房、舅郑肃
11	870	郑颢	进士		荥阳南祖	士族	《世系》
12	870	高湜	进士	不详		小姓	父高钶（中书舍人），从父高铢、高锴皆进士
13	871	崔瑾	进士	贝州清河	清河小房	士族	祖崔倕（吏侍、御史中丞）、父崔郿（礼侍、中舍）。《新书》："倕，三世一爨，当时言治家者推其法。"
14	873	郑薰	进士	不详		不详	

编号	任职年	姓名	入仕	籍贯	郡望	阶层	备注
15	873	裴瓒	不详	不详	南来吴	小姓	
16	874	崔沆	进士	不详	博陵大房	士族	父崔炫（武、宣宗相）
17	876	高湘	进士	不详		小姓	父高锴（鄂岳观察使）、从父高钛（同州刺史）。《旧书》："钛少时孤贫，洁己力行，与弟铢、锴皆以检静自立，致位崇显，居家友睦，为搢绅所重。"
18	877	崔澹	进士	深州安平	博陵第二房	士族	
19	878	张读	进士	深州陆泽	?	小姓	
20	880	卢渥	进士	范阳	范阳	士族	
21	880	崔厚	不详			士族?	《世系》博陵大房有"厚字致之，司勋郎中"，不知是否即其人
22	881	韦昭度	进士	京兆	京兆	寒素	
23	882	归仁绍	进士	苏州吴县		士族	咸通十年（869）进士
24	882	夏侯潭	进士	亳州谯		小姓	父夏侯孜（宣懿相）

编号	任职年	姓名	入仕	籍贯	郡望	阶层	备注
25	883	薛?	不详	不详		不详	
26	884	归仁泽	进士	苏州吴县		士族	乾符元年（874）进士
27	886	郑损	不详	郑州荥阳	荥阳南祖	士族	祖郑絪（德宗相）
28	887	柳玭	明经	京兆华原	河东西眷	士族	祖柳公绰、父柳仲郢
29	887	郑延昌	进士	郑州荥泽	荥阳北祖	士族	父郑犄（刺史）
30	889	赵崇	不详	京兆奉天	新安	小姓	
31	890	裴贽	进士	不详	河东中眷	士族	族父裴坦（大和8、僖宗相）
32	892	蒋咏（泳）	进士	常州义兴	义兴	士族	父伸（宣宗、懿宗相）、祖蒋义（秘书监）
33	893	杨涉	不详	冯翊→苏州	弘农越公房	士族	乾符二年（875）进士
34	894	李择	不详	不详		士族？	《世系》赵郡东祖有"李择"，父"珂，泽州刺史"，或即此人？
35	894	郑繁	进士	不详		不详	
36	895	崔凝	不详	不详		不详	
37	896	独孤损	不详	河南洛阳		士族	祖独孤密（云州刺史）、父独孤云（吏部侍郎）

编号	任职年	姓名	入仕	籍贯	郡望	阶层	备注
38	896	薛昭纬	进士	河中宝鼎	河东西祖	士族	祖薛廷老（给事中）、父薛保逊（给事中）
39	898	赵光逢	进士	京兆奉天	新安	小姓	父赵隐（懿僖相）
40	899	李浧	进士	郑州管城	姑臧房	士族	父李蔚（僖宗相）
41	901	杜德祥	不详	京兆万年	襄阳	士族	高祖杜佑（德、顺、宪相）、祖杜从郁（驾部员外郎）、父杜牧（中书舍人）
42	905	张文蔚	进士	不详	始兴	小姓	
43	906	于兢	不详	河南		士族	曾祖于肃（给事中）、祖于敖（户侍）、从父于琮（懿宗相）
44	906	薛廷珪	进士	蒲州河东		小姓	父薛逢（秘书监）

5. 左右丞

编号	任职年	姓名	入仕	籍贯	郡望	阶层	备注
1	860	郑宪*	不详	不详	荥阳南祖？	士族？	子郑颀
2	861	郑薰	进士	不详		不详	

编号	任职年	姓名	入仕	籍贯	郡望	阶层	备注
3	863	杨知温	进士	虢州弘农	弘农越公房	士族	父杨汝士（元和4）
4	865	李蔚	进士	不详	姑臧房	士族	
5	866	裴坦	进士	不详	中眷	士族？	
6	868	独孤庠	进士	河南洛阳		士族	父独孤郁（秘书少监）、祖独孤及（常州刺史）
7	871	李当	不详	郑州	陇西姑臧大房	士族	
8	872	孔温裕	不详	兖州曲阜	下博	士族	父孔戣（给事中）
9	872	李璋	进士	赵郡赞皇	赵郡东祖	士族	父李绛（宪宗相）
10	873	郑延休	不详	不详	荥阳北祖？	士族	《世系》有载，或级此人
11	875	李景温	进士	太原文水		小姓	曾祖憕（赠太尉，死于安史之乱，家道遂中落）、祖彭（县令）、兄景让（吏尚）、弟景庄
12	876	崔沆	进士	不详	博陵大房	士族	父崔炫（武、宣宗相）
13	876	崔蕘	进士	不详		小姓	父崔蠡（进士、户部侍郎）

编号	任职年	姓名	入仕	籍贯	郡望	阶层	备注
14	878	李景庄	进士	太原文水		小姓	兄李景温
15	879	韦蟾	进士	下杜		小姓	父韦表微（户侍）
16	879	张读	进士	深州陆泽	？	小姓	
17	880	王徽	进士	京兆杜陵	京兆	士族	
18	881	崔厚	不详			士族？	《世系》博陵大房有"厚字致之，司勋郎中"，或即其人
19	882	张祎	进士	南阳		士族	
20	884	卢渥	进士	范阳	范阳	士族	
21	885	杨希古	不详	虢州弘农	弘农越公房	士族	从父杨汝士、杨虞卿
22	887	李藻	不详	郑州	姑臧房	士族	父当（刑尚）、祖益（秘书少监）
23	887	柳玭	明经	京兆华原	河东西眷	士族	祖柳公绰、父柳仲郢
24	889	卢知猷	进士		范阳	士族	祖纶（大历十才子）、父简能（凤翔节度使）
25	891	崔汪	不详		博陵第二房	士族	

编号	任职年	姓名	入仕	籍贯	郡望	阶层	备注
26	895	崔泽	不详			士族？	《世系》博陵大房与三房各有一位崔泽，不知是否为其人
27	895	赵光逢	进士	京兆奉天	新安	小姓	父赵隐（懿僖相）
28	896	陆扆	进士	陕州陕县	吴郡侍郎枝	士族	
29	897	狄归昌	不详			不详	与郑谷善
30	897	郑璘	不详		荥阳北祖	士族	父从谠（僖宗相）
31	898	李择	不详	不详		士族？	《世系》赵郡东祖有"李择"，父"珂，泽州刺史"，或即其人
32	902	杜德祥	不详	京兆万年	襄阳	士族	高祖佑（德、顺、宪相）、祖从郁（驾部员外郎）、父牧（中书舍人）
33	904	杨涉	不详	冯翊→苏州	弘农越公房	士族	乾符二年（875）进士
34	906	薛廷珪	进士	蒲州河东		小姓	父薛逢（秘书监）

6. 翰林学士

编号	任职年	姓名	入仕	籍贯	郡望	阶层	备注
1	860	张道符	不详			不详	见《郎官考》5
2	861	路岩	进士	魏州冠氏		士族	父路群（翰林学士）
3	861	赵隐	进士	京兆奉天		小姓	兄赵隐（懿僖相）
4	861	杨收	进士	郓州须昌		寒素？	
5	862	刘允章	进士	洺州广平		士族	高祖逎（殿中侍御史）、祖伯刍（刑侍）、父宽夫（濠州刺史）
6	862	独孤霖	不详	河南		士族	父独孤密（云州刺史）
7	863	于琮	进士	河南		士族	曾祖于休烈、父于敖
8	863	李瓒	进士		小郑王房	士族	唐宗室。父李宗闵（文宗相）
9	864	侯备	不详	不详		不详	
10	864	裴璩	不详			不详	见《郎官考》11
11	865	郑言	不详	不详		不详	见《郎官考》19
12	865	刘瞻	进士	桂阳	彭城	寒素	
13	866	卢深	不详	不详		不详	见《郎官考》11
14	866	李隝	不详	陇西成纪	姑臧	士族	崔晔《亡室姑臧李室墓志铭并序》之志主即李隝之女

编号	任职年	姓名	入仕	籍贯	郡望	阶层	备注
15	867	崔佩	不详		清河小房	士族	父崔郾（礼侍）。《世系》将崔佩系为崔郜子
16	868	崔充	进士？	贝州武城	清河	士族	父崔群（吏尚）。《旧书》称充"亦以文学进。"
17	868	张祎	进士	南阳		士族	
18	868	郑畋	进士	不详	荥阳	士族	四世进士
19	869	韦保衡	进士	京兆	西眷	士族	
20	869	韦蟾	进士	下杜		小姓	父韦表微（户侍）
21	870	杜裔休	不详	京兆万年	襄阳	士族	父杜悰（宣、懿相）
22	870	郑延休	不详		北祖	士族	父涯（宣宗相）。见《郎官考》5
23	870	薛调	不详		西祖	士族	祖苹（浙西观察使）、父膺（婺州刺史）
24	871	韦保乂	进士	京兆	京兆西眷	士族	兄保衡（懿宗相）、父兄皆进士
25	873	崔湜	不详	不详		不详	
26	873	卢携	进士	不详	范阳	士族	
27	873	刘承雍	进士	洛阳		小姓	父刘禹锡（礼尚）
28	懿宗朝？	李溥	不详	不详		不详	

编号	任职年	姓名	入仕	籍贯	郡望	阶层	备注
29	懿宗朝？	崔璆	不详		清河小房	士族	父崔郾（礼侍）
30	懿宗朝？	豆卢瑑	进士	河南		小姓	祖愿，父籍，弟瓒、璨皆进士
31	874	孔温裕	不详	兖州曲阜	下博	士族	父孔戣（给事中）
32	874	孔纬	进士	曲阜	下博	士族	祖孔戣（给事中）
33	874	王徽	进士	京兆杜陵	京兆	士族	
34	874	崔澹	进士	深州安平	博陵第二房	士族	父崔屿
35	874	徐仁嗣	进士	郑州新郑		小姓	父商（懿宗相）、兄彦若（昭宗相）
36	876	萧遘	进士	京兆长安	南兰陵	士族	父萧寘
37	乾符时	郑縠	不详	不详		小姓	父郑薰（吏侍）
38	乾符中	张祎2	进士	南阳		士族	
39	乾符末	徐彦若	进士	郑州郑新	下邳	小姓	父徐商（懿宗相）
40	乾符末	韦昭度	进士	京兆	京兆	寒素	
41	881	乐朋龟	进士	不详		寒素？	
42	881	柳璧	进士	京兆华原	西眷	士族	祖公绰（兵尚）、父仲郢（天平节度使）

编号	任职年	姓名	入仕	籍贯	郡望	阶层	备注
43	882	侯（曾羽）	不详	不详		不详	
44	882	杜让能	进士	京兆长安		士族	咸通十四年（783）进士
45	中和间	崔凝	不详	不详		士族？	
46	中和间	沈仁伟	进士	湖州武康		士族	岑仲勉据制文"三代丝纶，一门冠盖，不坠其业者，伊文伟有之"，判定此人即"沈仁卫"。曾祖父既济（礼部员外郎）、沈传师（吏侍）、父询（户侍）
47	886	刘崇望	进士	滑州胙（一说洛阳）	河南	士族	乾符元年（874）进士
48	光启初	郑延昌	进士	郑州荥泽	荥阳北祖	士族	父郑猗（刺史）
49	光启末	李磎	进士	江都	赵郡江夏	士族	
50	僖宗？	裴澈	进士	孟州济源	东眷	士族	
51	888	崔昭纬	进士	齐州历城	南祖	士族	
52	891	陆扆	进士	陕州陕县	吴郡侍郎枝	士族	

编号	任职年	姓名	入仕	籍贯	郡望	阶层	备注
53	891	李昌远	不详	不详		不详	
54	大顺初	崔远	进士	齐州历城	清河南	士族	祖崔从（贞元1）、父崔慎由（大和1、宣宗相）
55	大顺中	崔汪	不详		博陵第二房	士族	
56	大顺中	崔涓	进士	深洲安平	博陵第二房	士族	父崔珙（武宗相）。《旧书》："（崔氏）大中以来盛族，时推甲等。"
57	大顺中	李磎2	进士	江都	赵郡江夏	士族	
58	景福中	赵光逢	进士	京兆奉天	新安	小姓	父赵隐（懿僖相）
59	895	王彦昌	进士	不详	太原	士族	《广记》："太原人。家世簪冕，推于鼎甲。广明岁驾幸西蜀，敕赐及第。"
60	896	张玄晏	进士	不详		不详	
61	896	吴融	进士	越州山殷		寒素	
62	乾宁初	薛贻矩	进士	河东闻喜	河东南祖	士族	祖薛存、父薛廷望
63	乾宁初	杨钜	进士	冯翊→苏州	越公房	小姓	父杨收（懿宗相）

编号	任职年	姓名	入仕	籍贯	郡望	阶层	备注
64	乾宁中	裴庭（廷）裕	进士	绛州闻喜	东眷？	小姓	
65	乾宁中	郑璘	不详		荥阳北祖	士族	父郑从谠（僖宗相），黄巢乱中依泉州刺史王审邽
66	乾宁中	韩仪	进士	京兆万年		小姓	父韩瞻（开成2）、姑丈李商隐（开成2）、弟韩偓
67	乾宁末	卢说	不详			士族	《文苑英华》收有钱珝的《翰林学士兵部侍郎卢说妻博陵郡君崔氏进封博陵郡夫人制》，据此可判断卢当为士族子弟
68	乾宁末？	薛贻矩2	进士	河东闻喜	河东南祖	士族	祖薛存、父薛廷望
69	光化中	韩偓	进士	京兆万年		小姓	父韩瞻（开成2）、姑丈李商隐（开成2）
70	光化末	张文蔚	进士	不详	始兴	小姓	
71	901	王溥	进士	不详	太原大房	士族	
72	901	令狐涣	不详	京兆华原	燉煌	士族	父令狐绹（宣宗相）、祖令狐楚（宪宗相）

续　表

编号	任职年	姓名	入仕	籍贯	郡望	阶层	备注
73	902	姚洎	不详	不详		不详	
74	天复中	柳璨	进士	京兆华原	河东西眷	士族	光化二年（899）进士
75	904	杜晓	不详	京兆长安		士族	祖杜审权、父杜让能
76	904	沈栖远	不详			小姓	见《元和姓纂》
77	904	杨注	不详	冯翊→苏州	越公房	小姓	父杨收（懿宗相）
78	904	杜荀鹤	进士	池州石埭	襄阳	寒素	
79	天祐初	封渭	进士	渤海蓨		小姓	从祖封敖
80	昭宗末	韦郊	进士	京兆	逍遥公房	士族	父韦庾、祖韦澳（新表与旧书世系有出入，此处从旧书）

说明：

一、宰相、吏部侍郎、度支盐运、礼部侍郎、左右丞诸表，主要参考严耕望《唐仆尚丞郎表》制成；翰林学士则参考岑仲勉《翰林学士壁记注补》与《补唐代翰林两记》。

二、凡在姓名后面有加＊号者，表示其实际出任年在本表注记的"出任年"以前。

三、表中若有同一人次在唐末出任同一官职，则第二次出任的记名为"某某2"，然在统计时不列入。

四、"备注"栏用以补充栏主的生平背景信息。父祖、兄弟、子侄后方若标有年份，则表示其进士登第年。

五、凡籍贯在本文定义的"东南"范围以内者，则以灰底标明。

附录五

唐末（879—907）江淮藩镇文职僚佐表

1. 淮南藩镇文职僚佐

编号	姓名	籍贯	出身	阶层	入仕时间	出　处
1	顾云	宣歙·池州	进士	庶姓	879—887	新书艺文4、纪事67、直斋16、桂苑7、11《请转官从事状》《答江西王尚书》
2	崔致远	新罗	进士	？	879—887	新书艺文4、拾遗34小传
3	宋绚		文士？	庶姓	879—887	桂苑4《奏请从事官状》
4	高彦休	不详	文士？	庶姓	879—887	桂苑4、13《奏请从事官状》《请高彦休少府充盐铁巡官》
5	诸葛殷	不详	？	庶姓	879—887	桂苑13《诸葛殷知榷酒务》

435

编号	姓名	籍贯	出身	阶层	入仕时间	出　　处
6	诸葛成	不详	？	庶姓	879—887	桂苑5《奏招降福建道草贼状》
7	薛砺	不详	？	？	879—887	桂苑7《请转官从事状》
8	郑俶	不详	进士？	？	879—887	桂苑7《请转官从事状》
9	李绾	不详	？	？	879—887	桂苑13《请节度判官李绾大夫充副使》
10	许权	不详	文吏？	？	879—887	桂苑13《许权摄观察衙推充洪泽巡官》
11	王棨	福建·福州	进士	庶姓	879—887	麟角集1《王郎中传》、桂苑13《王棨端公摄右司马》《右司马王棨端公摄盐铁出使巡官》等
12	臧浣	不详	？	庶姓	879—887	桂苑13《臧瀚知盐城监事》
13	邵宗	不详	？	庶姓	879—887	桂苑18《谢示延和阁记碑状》
14	卢说	不详		？	879—887	新书224、册府223
15	吕用之	江西·饶州	道士	庶姓	879—887	新书224
16	郑杞	不详	？	？	879—887	通鉴256
17	毕师铎	河南·曹州	武人	庶姓	879—887	通鉴256

续　表

编号	姓名	籍贯	出身	阶层	入仕时间	出　处
18	卫某	江淮	士人？	郡姓	879—887	汇编〔光启001〕
19	杨行密	淮南·庐州	武人	庶姓	887—888	通鉴257
20	李瑶	不详	武人	庶姓？	887—888	通鉴257
21	高俞	不详	？	庶姓	887—888	旧书162、通鉴257
22	冯弘铎	河南·泗州	武人	庶姓	892—905	通鉴263
23	李承嗣	河东·代州	武人	庶姓	892—905	通鉴261
24	陆洎	江南	士人？	门阀	892—905	广记279
25	骆知祥	淮南·庐州	文吏	郡姓	892—905	通鉴264
26	沈文昌	浙西·湖州	文士	郡姓	892—905	通鉴264
27	周隐	淮南·舒州	武人	郡姓	892—905	通鉴265
28	田光嗣	不详	文士？	庶姓	892—905	文苑413、全唐文832《授摄淮南观察支使田光嗣检校郎中充职》
29	高勖	淮南·庐州	士人？	庶姓	892—905	通鉴259、新书188
30	于涛	河南	士人	郡姓	892—905	吴郡志40、广记44

续　表

编号	姓名	籍贯	出身	阶层	入仕时间	出　　处
31	李神福	洺州	武人	庶姓	892—905	通鉴263
32	王绾	淮南·庐州	武人	庶姓	892—905	通鉴261

2. 浙西藩镇文职僚佐

编号	姓名	籍贯	出身	阶层	入仕时间	出　　处
1	张咸乂	不详	乡贡明经	庶族？	879—887	崔致远《前浙西馆驿巡官乡贡三传张咸乂摄山阳县丞》
2	薛朗	不详	？	？	879—887	通鉴257、明镇江志14
3	崔绾	不详	？	庶族？	879—887	南部9、明镇江志14
4	田佩	不详	？	庶姓？	879—887	南部9、明镇江志14
5	陆谔	不详	？	庶姓？	879—887	南部9、明镇江志14
6	皮光业	浙西·苏州	处士	庶姓	893—907	备史3、郡斋13、十国8
7	徐某	不详	？	？	893—907	拾遗52小传
8	罗隐	浙西·杭州	乡贡进士	庶姓	893	沈崧《罗给事墓志》、备史2

3. 浙东藩镇文职僚佐

编号	姓名	籍贯	出身	阶层	入仕时间	出　　处
1	吴瑶	不详	？	？	887—890	通鉴259
2	黄碣	福建·福州	武人	庶姓	887—890	旧书193、通鉴260
3	李韬	不详	？	？	887—890	南部3
4	施从实	不详	？	？	887—890	南部3
5	窦郢	不详	？	？	887—890	南部3
6	高测	剑南·彭州	处士	庶姓？	887—890	锁言5
7	黄晟	浙东·明州	武人	庶姓	887—890	四明志1、九国志6
8	李敬义	京畿·洛阳	士族	门阀	896—907	册府729、895
9	杜棱	浙西·杭州	武人	庶姓	896—907	通鉴261、临安志64、十国84
10	沈崧	福建·福州	进士	庶姓	896—907	摭言10、三山志26
11	马绰	浙西·杭州	武人	庶姓	896—907	临安志64、十国84
12	成及	浙西·钱塘	武人	庶姓	896—907	通鉴262、十国84

续　表

编号	姓名	籍贯	出身	阶层	入仕时间	出　　　处
13	王景仁	淮南·庐州	武人	庶姓	896—907	通鉴265
14	吴蜕	浙东·越州	进士	庶姓	896—907	十国87
15	罗隐	浙西·杭州	乡贡进士	庶姓	896—907	沈崧《罗给事墓志》、备史2
16	罗塞翁	浙西·杭州	文官二代	庶姓	896—907	临安志64

4. 江西藩镇文职僚佐

编号	姓名	籍贯	出身	阶层	入仕时间	出　　　处
1	陈岳	江西·吉州	乡贡进士	庶姓	882—906	新书艺文1、摭言10、直斋3
2	印崇粲	浙西·建康	明经	庶姓	882—906	徐铉《唐故印府君墓志铭》
3	杨镳	浙西·苏州	士族	门阀	882—906	北梦12
4	孔知让	江西	吏	庶姓？	882—906	广记145
5	陈象	江西·袁州	县吏	庶姓	882—906	摭言10
6	汤篔	浙西·润州	乡贡进士	庶姓	882—906	摭言10
7	黄匪躬	岭南·连州	进士	庶姓	882—906	十国75

440

续　表

编号	姓名	籍贯	出身	阶层	入仕时间	出　　处
8	黄台	不详	？	？	882—906	新书艺文60
9	王毂	江西·袁州	进士	庶姓	882—906	贯休《送王毂及第后归江西》

说明：

一、本表依据戴伟华《唐方镇文职僚佐考》（桂林：广西师范大学出版社，2007）制成。

二、"阶层"栏的分类与其他表不同，依据的是渡边孝在《唐後半期の藩鎮辟召制についての再檢討》中的分类。郡姓的断定主要参照 Nicolas Tackett 根据现存氏族志与墓志整理，见其"The Transformation of Medieval Chineseelites（850-1000 C.E.），" p.102.

三、"出处"栏简称说明：

旧书：《旧唐书》　新书：《新唐书》　新书艺文：《新唐书·艺文志》　北梦：《北梦琐言》　摭言：《唐摭言》　广记：《太平广记》　南部：《南部新书》　直斋：《直斋书录解题》　桂苑：《桂苑笔耕集》　三山：《淳熙三山志》　汇编：《唐代墓志汇编》　拾遗：《唐文拾遗》

441

附录六

杨吴、南唐重要藩镇州长表

年份	扬	楚	庐	舒	濠	寿	光	宣	池	歙	升	润	鄂	江	洪	抚	虔	建	泉
882																			
883																			
884																			
885																			
886																			
887																			
888																			
889																			
890																			
891																			

续　表

年份	扬	楚	庐	舒	濠	寿	光	宣	池	歙	升	润	鄂	江	洪	抚	虔	建	泉
892																			
893			李神福																
894			马珣																
895																			
896								田頵											
897	杨行密	台蒙									诸方竞夺	安仁义							
898																			
899			刘威			朱延寿													
900				刘存															
901					刘金	柴再用				陶雅									
902																			
903								台蒙											
904								杨渥											
905		柴再用						王茂章						王茂章	刘存				
906	杨渥	李简		刘仁规		贾公铎								李德诚	秦裴	钟延规	秦裴		
907			张崇					李遇									刘威		

444

续　表

年份	扬	楚	庐	舒	濠	寿	光	宣	池	歙	升	润	鄂	江	洪	抚	虔	建	泉
908																			
909																			
910																周本			
911													秦裴						
912								王坛								刘信			
913												徐温			刘威				
914																			
915																			
916																			
917			张崇	刘仁规							徐知诰								
918					崔太初														
919															李德诚				
920										徐温			李简	刘信					
921																	王绾		
922																			
923																			
924														张延翰					
925										王稹					徐知海				
926																	李德诚		

续　表

年份	扬	楚	庐	舒	濠	寿	光	宣	池	歙	升	润	鄂	江	洪	抚	虔	建	泉
927						王稔					徐知询	李简		张延翰	刘信				
928			张崇			王稔					徐知询	李简		徐知诰	郑璠		李德诚		
929			张崇						徐知询					徐知谏	杨蒙		李德诚		
930						王舆			徐知询			柴再用	杨澈	徐知谏	杨蒙		李德诚		
931						周本			徐知询			柴再用	杨澈	徐知询	杨蒙		李德诚		
932						周本	徐知诰		徐知询				杨澈	徐知询			李德诚		
933			柴再用	刘崇俊		周本	徐知诰												
934			柴再用	刘崇俊							徐景通								
935			周本	刘崇俊							徐景通						李章		
936			周本	刘崇俊													李章		
937				刘崇俊							徐知谔		张宣	徐知证	李德诚				
938			李章			高审思	徐玠			杨琪	徐知谔		张宣	徐知证	李德诚		王安		
939			李章			高审思	徐玠			杨琏	马仁裕			徐知证		周弘祚	王安		
940			马仁裕											王舆	周宗	徐玠			
941			马仁裕								卢文进			王舆	周宗	宋齐丘		贾匡浩	
942							徐知证	王彦俦								宋齐丘	李建勋		
943			周邺			姚景								杜昌业	李建勋		李建勋	李翱	

续　表

年份	扬	楚	庐	舒	濠	寿	光	宣	池	歙	升	润	鄂	江	洪	抚	虔	建	泉
944			刘彦贞	刘崇俊				徐知证	王彦俦		张居咏	韦建		杜昌业	李建勋			王崇文	
945															周宗				
946			周邺	郭全义				严续			徐运		刘仁赡	贾崇		宋齐丘	查文徽		王崇文
947								王继勋											
948			周邺	郭全义				周宗			李金全								
949						刘彦贞											冯延巳		查文徽
950			王崇文					王继勋			李弘冀		严续						
951															马希萼				
952																			
953																	刁彦能	陈海	留从效
954				何敬洙															
955			孙汉威											皇甫晖	何敬洙				
956						刘仁赡											朱匡业		
957			赵匡赞					刘仁赡											

年份	扬	楚	庐	舒	濠	寿	光	宣	池	歙	升	润	鄂	江	洪	抚	虔	建	泉
958			赵匡赞										何敬洙	孙汉威	李景遂		李景达		留从效
959								朱业					林仁肇	王崇文	何敬洙		李景达	陈诲	留从效
960								朱业					林仁肇	王崇文	何敬洙		李景达	陈诲	留从效
961													黄延谦	何敬洙			李景达	陈诲	
962								林仁肇				尚全恭	黄延谦	朱业	李从益		李景遢		张汉思
963								林仁肇				尚全恭	黄延谦	朱业	李从益		李景遢	陈谦	
964													林仁肇	林仁肇			李景遢	陈谦	
965								朱业					严续	柴克贞	林仁肇		李景遢	陈谦	陈洪进
966								朱业					严续	杨守忠	林仁肇		李景遢	陈谦	陈洪进
967								陈谦						杨守忠				陈谦	陈洪进
968																			陈洪进
969													殷崇义		林仁肇	陈德诚	李景达	张昭	陈洪进
970													殷崇义	杨守忠	林仁肇	陈德诚	李景达	张昭	陈洪进
971								李从益					郑彦华	李从谦	李景达	陈德诚			陈洪进
972								李从益					郑彦华	李从谦	朱令赟			尚全恭	陈洪进
973								李从益					郑彦华	李从谦	朱令赟	郭再兴		尚全恭	陈洪进
974								李从益								郭再兴		尚全恭	陈洪进
975													刘澄				柴克贞		查文方

说明：

一、本表据郁贤浩《唐刺史考全编》与朱玉龙《五代十国方镇年表》制成。

二、灰色表格表示该地不属于杨吴或南唐政权辖境。

三、若单年度州镇长官有不同人出任，记录时以最后担任者为准。遥领者不列入记录。

附录七

吴唐之际江淮文臣表

编号	姓名	籍贯	出身	入仕渠道	时期	宦　途	附注
1	王仁遇	北人	士族	辟署？	1	三院职（888）—检校国子祭酒、充衙前虞侯（893）—检校右散骑常侍（902）—工部尚书、转充通引官（905）—苏州监抚？（907）—检校兵部尚书—检校右仆射、充排衙总管—右排衙使（913）—左排衙使（915）—司宾辖（919）—客省使（922）—检校司空（926）—金陵营屯马步诸军判官（931）—光禄卿（933）	周考99
2	王潜	淮南·庐州	寒素？	辟署？	1	幕府—左司郎中、典选事（杨隆演）	十国10

编号	姓名	籍贯	出身	入仕渠道	时期	宦　途	附注
3	李俨	北人	士族		1	校书郎—左金吾将军—江淮宣谕使（唐）	十国10
4	沈文昌	浙西·湖州	？		1	田頵幕—节度牙推（杨吴）	十国11
5	沈颜	浙西·湖州	小姓（祖沈传师）		1	校书郎—淮南巡官—礼仪使—兵部郎中—知制诰—翰林学士	十国11
6	殷文圭	宣歙·池州	寒素		1	宣谕判官—田頵幕客—淮南节度掌书记—〔翰林学士〔杨吴〕—左千牛卫将军）	十国11
7	陈彦谦	浙西·常州	寒素		1	润州司马—金陵大都督府右司马—镇海军节度判官—楚州团练使	十国10
8	黄讷	浙西·苏州	寒素？		1	镇南节度使幕客（刘威）	十国10
9	杨夔	江西·袁州	寒素		1	田頵幕—陶雅幕	十国11
10	骆知祥	淮南·庐州	寒素？		1	宣州长史—淮南支计官—盐铁判官—中书侍郎（武义1）	十国10
*	严可求	同州	小姓（父唐臣）		1	阳邑吏—徐温客—太祖幕僚—营田副使—门下侍郎—尚书右仆射兼同平章事	十国10
*	翟虔	徐州彭城	军人		1	军佐—子城甲仗诸库院铃辖等使—阁门宫城武备等使—光州刺史—抚州刺史—行军副使	十国10

编号	姓名	籍贯	出身	入仕渠道	时期	宦　　途	附注
*	徐玠	彭城	寒素	来奔	1	军吏（崔洪）—粮料使（杨吴）—吉州刺史、被罢—副使—金陵行军司马—右丞相—宣州节度使—洪州刺史—司徒、右丞相	马书10、陆书7、唐余5、十国21
11	支戬	江西·饶州	寒素		2	金陵观察判官—检校司空	十国12
12	方讷	宣歙·歙州	小姓·著姓	辟署？	2	歙州郡吏（吴）—李璟幕府—宁国军节度馆驿巡官（南唐）—虞部员外郎—皇孙侍读—水部郎中—东都留守判官—主客郎中—浙西营田副使—泰州刺史充本州屯田监院使—歙州团练判官—太子右谕德—少府监（后主）	徐铉15
13	李建勋	淮南·扬州	小姓·武臣二代（父吴臣）	荫任？	2	金陵巡官（杨吴）—金陵副使—中书侍郎平章事、加左仆射、监修国使（南唐）—抚州节度使—司空—司徒（致仕）	马书10、陆书9、唐余5、十国21
14	李戴	北人	士族		2	起居郎	十国9
15	周延禧	淮南·广陵	小姓·父祖唐臣	明经（唐）-辟署（吴）	2	淮南巡官—户部郎中	徐铉15、全宋文30。有《启霸集》

续　表

编号	姓名	籍贯	出身	入仕渠道	时期	宦　途	附注
16	孙鲂	江西·南昌	寒素	射策入仕	2	州郡从事—（累迁）—正郎	马书13、江南7、十国31
17	徐延休	浙东·会稽	寒素？	进士（唐）-辟署（钟）	2	枢密使僚佐—钟传客—义兴县令（杨吴）—光禄卿、江都少尹	十国11
18	徐善	江西·洪州	寒素？		2	歙州从事（杨隆演）—中书舍人（南唐？）	广记277、十国9
19	游恭	福建·建安	寒素？	进士（唐）-辟署（杜）	2	掌书记（杜）—馆驿巡官（杨）—知制诰（杨隆演）	十国11
20	杨迢	北人	士族（祖杨茂孝）		2	驾部员外郎—给事中（杨隆演）	十国9
21	卢枢	京畿·京兆？	士族？		2	御史台主簿（高祖）	十国10
22	卢择	京畿·京兆	士族？		2	中书舍人（杨渥）—吏部侍郎（杨隆演）	十国9
23	卢蘋	都畿·洛阳	士族？		2	司农卿	十国9
24	潘处常	河北·幽州	武将二代	来奔	2	散骑常侍（烈祖）	陆书13

续　表

编号	姓名	籍贯	出身	入仕渠道	时期	宦　途	附注
*	严续	广陵	小姓·文官三代（父严可求）	荫任	2	荫补千牛备身（吴）—秘书郎—兵部侍郎、尚书左丞（南唐）—礼部尚书、中书侍郎（元宗）—池州刺史—中书侍郎兼三司使—江西刺史—中书侍郎—门下侍郎平章事—少傅（割地后）—左仆射—司空、平章事（后主）—润州节度使	马书10、陆书13、唐余7、十国23
*	杨廷式	泉州	寒素？		2	侍御史、知杂事（杨隆演）	十国10
25	公乘镕	河北·相州	小姓·官僚子弟？	？	3	？—初使契丹（保大初）	十国23
26	王仲连	北方人	？	来奔？	3	御史（烈祖）—左散骑常侍（元宗）—少府监	十国23
27	王君（坦？）	淮南·庐江	小姓·三代文官（父吴臣）	荫任	3	黄州司马—洪州都督府别驾（928）—尚书度支员外判吏部兵部事—虞部郎中判吏部兵部事—工部郎中（937）—礼部郎中、寓直中书省	徐铉15
28	王振	？	？		3	史官	十国11
29	包咏	淮南·扬州	小姓·三代唐臣	荫任？	3	历阳主簿—含山县令—虔州雩都令	徐铉16

编号	姓名	籍贯	出身	入仕渠道	时期	宦　　途	附注
30	江文蔚	福建·建安	小姓?·建安大姓	长兴三年（933）来奔	3	河南府巡官（后唐）—宣州观察巡官—水部员外郎—比部员外郎—知制诰—主客郎中（南唐烈祖时）—中书舍人—给事中—元宗判太常卿（元宗时）—御史中丞（保大初）—江州司士参军（保大5）—江州营田副使—卫尉卿（保大6）—右谏议大夫—翰林学士权知贡举	马书13、陆书10、唐余7、十国25、徐铉15
31	江梦孙	江西·江州	寒素	礼聘	3	秘书郎—天长令	马书15、陆书7、江南8、唐余11、十国10
32	宋齐丘	江西·吉州	小姓·文臣二代（父唐臣）	荐举	3	推官（吴天祐9）—殿直军判官—右司员外郎—右谏议大夫—兵部侍郎（太和3退任）—中书侍郎—右仆射兼中书侍郎同平章事—都统判官加司空—司徒—丞相同平章事兼知尚书省事（南唐建国）—镇南军节度使（升元6）—太保、中书令（中主保大1）—镇海军节度使—太傅—中书令—镇南军节度使（保大5）—太傅	马书20、陆书4、江南4、唐余4、十国20

编号	姓名	籍贯	出身	入仕渠道	时期	宦 途	附注
33	李（贻）夷邺	淮南·广陵	士族（父李戴）	？	3	？—翰林学士（升元中）—？	马书10、陆书15、唐余7、十国25
34	李徵古	江西·袁州	寒素？	科举	3	？—枢密副使（保大中）	马书21、陆书9、唐余9、十国26
35	杜（光）业	？	寒素？	？	3	？—兵部尚书兼枢密使	唐余6、十国21
36	汪台符	宣歙·歙州	寒素？	上书	3	陶雅幕客	马书14、陆书15、江南9、十国10
37	汪焕	宣歙·歙州	寒素？	科举（进士）	3	校书郎	唐余11、十国25
38	沈彬	江西·洪州	寒素	献诗	3	校书郎—入东宫—尚书郎（致仕，陆书谓吏部郎中）	马书15、陆书7、江南6、唐余16、十国29

编号	姓名	籍贯	出身	入仕渠道	时期	宦　　途	附注
39	周廷构	淮南·广陵	小姓·三代文官（父吴臣）	荫任	3	弘文馆校书（吴）—池州司户参军—宣州宁国县尉—黄州刺史—通事舍人（南唐）—将作少监判四方馆事（保大7）—台州刺史、寿昌殿视事（后主）—寿昌殿承宣—忠义军监军、泉南等州宣谕使—筠州刺史、本州团练、充客省使	徐铉15、全宋文30
40	周彬	江西·庐陵	寒素·农家子	应幕	3	诸尉巡官—大理司—庐陵令？—尚书郎—武昌节度使书记—江夏令	马书14、江南7、十国31
41	查文徽	宣歙·歙州	寒素·富家	入谒、辟署	3	A马书：元帅府掌书记—秘书郎—中书舍人—征建州将帅—抚州刺史—谏议大夫—建州节度使 B陆书：润州节度使判官（937）—监察御史（南唐）—谏议大夫（中主）—中书舍人—枢密副使—江西安抚使—抚州观察使—工部尚书（致仕）	马书21、陆书5、唐余10、十国26
42	孙晟	河南·密州	寒素？	科举（朱梁）+南奔（927）	3	豆卢革判官—著作佐郎（后唐庄宗）—汴州判官（天成间）—历事南唐烈祖·元宗—右仆射—同平章事（南唐保大4）—司空	马书16、陆书11、江南5、唐余15、十国27

编号	姓名	籍贯	出身	入仕渠道	时期	宦　　途	附注
43	徐游	江淮	小姓（祖徐温）	荫任	3	顾问？	陆书8、唐余6。
44	徐铉	淮南·扬州	小姓·文臣二代（父吴臣）	？	3	校书郎（吴）—知制诰（南唐中主李璟时）—泰州司户掾—旧官—祠部郎中—知制诰—太子右谕德—知制诰—中书舍人—礼部侍郎（后主时）—尚书右丞—兵部侍郎—翰林学士—御史大夫—吏部尚书—太子率更令（宋）—给事中—右散骑常侍（太平兴国8）—左常侍—静难军行军司马（淳化2）	马书23、唐余18、十国28、宋史441
45	徐融	？	寒素？		3	齐幕	十国10
46	殷崇义（汤悦）	宣歙·池州	小姓·文臣二代（父吴臣）	荫任（吴）、科举（南唐）	3	A马书：学士（南唐中主时）—枢密使—右仆射—枢密使（中主迁南都）—礼部侍郎（后主时）—南唐门下侍郎平章事（开宝2）—润州节度使—同平章事—司空—知左右内史事—太子詹事（宋） B唐余：？—翰林学士（中主）—枢密使—右仆射、同平章事（后主）—润州节度使、同平章事（开宝二年）—司空知左右内史事—馆阁（宋）	马书23、唐余18、十国28

续　表

编号	姓名	籍贯	出身	入仕渠道	时期	宦　　途	附注
47	马文义	河南·徐州	小姓·军人世家（父吴臣）	荫任	3	荫补千牛备身、补浙西支使—祖全恩判官（建州之役）—赞善大夫	马书18、十国21
48	高越	河北·幽州	寒素？	936来奔	3	卢文进掌书记—秘书郎（吴）—水部员外郎（南唐烈祖受禅）—祠部—浙西判官—水部郎中—蕲州司士参军（保大4）—军事判官—广陵令—侍御史—起居郎—中书舍人—御史中丞（后主立）—勤政殿学士—左谏议大夫—户部侍郎—修国史	马书13、陆书9、唐余8
49	高远	河北·幽州	小姓·官宦子弟（父唐臣？）	征辟	3	秘书省正字（烈祖）—校书郎兼大常修撰（元宗）—太常博士—典戎府书檄—礼部员外郎—枢密判官—侍御史知杂—史馆修撰—起居郎知馆事—勤政殿学士	陆书9、十国28
50	常梦锡	京畿·京兆	小姓·父祖文官（父祖唐臣）	930来奔、荐举	3	秦陇判官—宝鸡令—大理司直（杨吴）—观察推官—殿中侍御史（南唐）—礼部员外郎—给事中—池州节度判官—户部郎中—谏议大夫—翰林学士—户部尚书—饶州团练副使—吏部侍郎—礼部尚书	马书10、陆书7、唐余7、十国23、徐铉20

编号	姓名	籍贯	出身	入仕渠道	时期	宦　　途	附注
51	张居咏	浙西·金陵？	寒素？	？	3	？—中书侍郎、同平章事（938）—左仆射兼门下侍郎、同平章事—镇海军节度使（元宗）	十国21
52	张延翰	河南·宋州→避难江淮	小姓·官宦子弟（从父唐臣）	应辟？	3	陕州司马（唐）—盐城令（吴）—江州观察巡官（921）—侍御史、判台事（南唐）—礼部侍郎—中书侍郎、同平章事	马书10、陆书6、唐余6、十国21
53	张易	河北·魏州	寒素	938来归	3	校书郎（烈祖）—大理评事—水部员外郎、通判歙州（中主）—刑部郎中、判大理司—宣歙招喻使、判宣州—吴王司马—东宫左庶子—右谏议大夫、判大理寺—勤政殿学士、判御史台	陆书13、唐余7、十国25
54	张翊	京畿·京兆→吉州庐陵	小姓·官僚子弟（父唐臣）	射策中第	3	武骑尉—府中从事—虔州观察判官（南唐）—西昌令	江南9、十国
55	张惟彬	京畿·京兆→吉州庐陵	小姓·官僚子弟（父唐臣）	科举（童子科）	3	蕲州黄梅尉—武昌崇阳簿—庐陵令	江南9、十国31

459

续　表

编号	姓名	籍贯	出身	入仕渠道	时期	宦　　途	附注
56	张义方	？	寒素？	？	3	？—侍御史（南唐）	陆书9、唐余7、十国25
57	陈省躬	江西·南昌	寒素	射策	3	？—庐陵永新令（十国称"鹿邑令"）	江南7
58	陈起	淮南·蕲州	寒素	科举	3	黄梅令—……—监察御史	陆书14、唐余11、十国23
59	陈乔	江西·吉州	小姓·文官三代（父祖吴臣）	荫任	3	A马书：荫受太常寺奉礼郎—太子监国—吏部侍郎—翰林学士承旨—门下侍郎兼枢密使—光政史　B陆书：太常寺奉礼郎—屯田员外郎—中书舍人—太子监国—吏部侍郎（后主）—翰林学士承旨、枢密副使—门下侍郎兼枢密使—右内史侍郎兼光政史	马书17、陆书14、唐余15、十国27
60	陈潩	江西·吉州	小姓·文官二代（父吴臣）		3	中书舍人、翰林学士（杨溥）—尚书	十国11。著有《吴录》。父陈岳，唐南昌观察判官

460

编号	姓名	籍贯	出身	入仕渠道	时期	宦　途	附注
61	陈觉	淮南·扬州	寒素		3	楚王景迁教授—兵部侍郎—宣徽使—福州宣喻使—流蕲州—（复起任事—）监军使—枢密使—兵部尚书（致仕）—国子博士、饶州安置	马书21、陆书9、唐余9、十国26
62	陶敬宣	宣歙·歙州？	小姓·武臣二代（父吴臣）	荫任	3	太子校书（天祐中）—府长史—都官郎中—大理少卿—江都少尹—大理卿—判左右军事—工部尚书（南唐）	徐铉15
63	乔匡舜	淮南·扬州	小姓·文臣二代（父吴臣？）	征辟？	3	秘书省正字—宋齐丘幕（南唐）—大理评事（元宗）—屯田员外郎—洪州、浙西掌书记—驾部郎中、知制诰—祠部郎中、中书舍人—水部员外郎（后主）—司农少卿—殿中兼修国史—给事中兼献纳使、知贡举—刑部侍郎	陆书8、唐余8、十国25、徐铉16
64	游简言	福建·建安	小姓·文臣二代（父吴臣）	荫任？	3	秘书省正字—户曹参军—观察推官—中书舍人（南唐）—翰林学士（元宗）—礼部侍郎—判中书省、兼吏、兵部选事—中书侍郎—吏部尚书、知省事—左仆射兼门下侍郎、同平章事	马书10、陆书6、唐余6、十国21

461

编号	姓名	籍贯	出身	入仕渠道	时期	宦　　途	附注
65	冯延巳	淮南·广陵	小姓·文臣二代（父吴臣）	谒见	3	秘书郎（南唐烈祖时）—驾部郎中、元帅府掌书记—谏议大夫、翰林学士（保大1）—户部侍郎—翰林学士承旨（保大2）—中书侍郎同平章事、集贤殿大学士（保大4）—太子少傅（保大5）—抚州昭武军节度使—冠军大将军（保大9）—太弟太保领潞州节度—左仆射同平章事（保大10）—左仆射—复同平章事—太子少傅（保大15）—太子太傅	马书21、陆书11、唐余9、十国26
66	冯延鲁	淮南·广陵	小姓·文臣二代（父吴臣）	？	3	徐知诰元帅府（吴让帝天祚间）—江都判官—礼部员外郎—中书舍人、勤政殿学士（南唐保大2）—南面监军使—少府监—诸州巡抚使—中书舍人—工部侍郎—东都副留守—太府卿—给事中—刑部侍郎—户部尚书—中书侍郎（后主时）—吏部尚书—常州观察使	马书21、陆书11、唐余9、十国26
67	杨彦伯	江西·吉州	寒素？		3	县邑（彭）—户部侍郎（高宗）—摄门下侍郎行事	十国9

编号	姓名	籍贯	出身	入仕渠道	时期	宦　　途	附注
68	贾潭	都畿·洛阳	士族		3	京兆府参军事（唐）—秘书郎—宣池观察判官（吴）—秘书少监、充仪礼副使（南唐）—中书舍人、崇英翰林学士—兵部侍郎、知制诰、充永陵仪礼副使（保大）—兵部尚书、国史—出使契丹	徐铉15
69	廖居素	福建·建州	寒素？	？	3	校书郎（烈祖、元宗）—大理司直—琼林光庆使、检校太保、判三司（后主）	陆书9、唐余15、十国27
70	赵宣辅	淮南·广陵	小姓·文臣四代（父祖唐臣）	中选？	3	江都府文学，直刑部—信州司法参军—权参元帅府法曹事—大理评事—饶州司士参军（元宗）—判军司事—常州义兴令—江州录事参军—大理司直通判蕲州军州事—检校水部员外郎、充建州观察推官、通判军府事—拜守水部员外郎、判度支—松江转运使—当涂令—主客员外郎、判大理寺—工部员外郎判寺事—朝议大夫、户部员外、宣歙常润等道安抚使（后主）—判兵部事—奉化军节度使判官、判吉州事—主客郎中	徐铉15

编号	姓名	籍贯	出身	入仕渠道	时期	宦　　途	附注
71	刘彦贞	河南·兖州中都	小姓·武臣二代（父吴臣）	荫任	3	大理评事—屯田员外郎（父丧免）—将军—海、楚州刺史—濠州节度使—寿州节度使—北面行营都部属	马书17、陆书9
72	刘鄩	淮南·广陵	小姓·文臣二代（父唐臣）		3	殿前承旨（吴）—检校礼部尚书、充崇贤殿使—常州长史（烈祖）—和州刺史—常州团练判官（元宗）—检校右仆射（后主）〔按：南唐以后官职皆不之任〕	徐铉16
73	樊潜	宣歙·池阳	小姓·父祖文官（父祖唐臣）	射策	3	润州丹阳尉—庐陵尉？—寿州寿春县主簿—光州光山县令加大理评事—池州石埭令—鄂州汉阳令	徐铉27
74	潘承祐	福建·福州	寒素	辟举	3	光州司法参军（吴·弃官）—大理少卿（闽）—建州度支判官—吏部尚书—卫尉少卿（南唐）—鸿胪卿—礼部尚书（致仕）	马书10、唐余11、十国96
75	蒋廷翊	？	？	？	3	？—尚书郎	十国23
76	鲁崇范（范）	江西·吉州	寒素	荐举	3	太子洗马—东宫使	马书18、十国29

编号	姓名	籍贯	出身	入仕渠道	时期	宦　　途	附注
77	萧俨	江西·吉州	寒素	科举（童子）	3	A马书：秘书省正字—大理司直（南唐）—刑部郎中—大理卿兼给事中—南昌令 B陆书：秘书省正字（吴）—大理司直、刑部郎中（烈祖）—枢州副使（元宗）	马书22、陆书15、唐余7、十国25
78	钟蒨	江西·洪州	寒素	辟举？	3	藩府从事—台郎—集贤殿学士—东都少尹（保大9）—抚州观察判官、检校屯田郎中（交泰）—勤政殿学士（后主末）	唐余15、十国27
79	韩熙载	河南·青州北海	小姓·官僚子弟（父后唐臣）	同光四年（926）来奔	3	和、常、滁州从事（吴）—秘书郎、佐东宫（南唐）—虞部员外郎、史馆修撰、太常博士（元宗）—知制诰—和州司马—宣州节度推官—虞部郎中、史馆修撰—中书舍人—户部侍郎充铸钱使—吏部侍郎监修国史（后主）—秘书监—吏部侍郎—兵部侍郎、充勤政殿学士承旨—太子右庶子（未之任）—兵部侍郎—中书侍郎充光政殿学士承旨	马书13、陆书12、唐余8、十国28、徐铉16

编号	姓名	籍贯	出身	入仕渠道	时期	宦　途	附注
80	魏岑	河南·郓州	寒素	荐举	3	A马书：郡从事—校书郎—沿淮巡抚使—屯田使—兵部侍郎—枢密副使 B陆书：校书郎—谏议大夫（元宗）—监军应援使—太子洗马—沿淮巡检使	马书21、陆书15、唐余10、十国26
81	边镐	淮南·金陵	寒素？		3	通事舍人—监军（保大初）—洪州营屯诸军都虞侯—行营招讨、洪抚饶信歙等州诸指挥都虞侯—信州刺史兼湖南安抚使—潭州节度使—大将—右千牛卫上将军（后周）—归于南唐	类苑46、陆书5、唐余13、十国22
*	刘承勋（勋）	？	？	？	3	郡从事—粮料判官—德昌宫使（南唐？）	马书22、陆书15、唐余6、十国30
*	周廷玉	？	？		3	内枢使	通鉴281
*	周宗	广陵	寒素		3	烈组给使—都押衙—池州副使—内枢使、同平章事—侍中—江州节度使（940）—宣州节度使（947）—留守东都—司徒（致仕）	马书11、陆书5、唐余5、十国21

续　表

编号	姓名	籍贯	出身	入仕渠道	时期	宦　　途	附注
*	褚仁规	广陵	寒素		3	军吏—海陵盐监使兼县事—泰州刺史—静江军都虞侯	马书19
*	王令谋	？	寒素？		3	徐知诰客—升州判官—扬州左司马、转内枢使—同平章事—左仆射、兼门下侍郎—司徒—忠武军节度使	十国11

说明：

一、"时期"栏数字说明：

　　1. 杨行密在位时期（882—905）

　　2. 杨吴二主在位时期（905—908）

　　3. 徐温掌政至南唐先主时期（908—943）

二、"史料"栏简称说明：

　　马书：马令《南唐书》　陆书：陆游《南唐书》　唐余：《唐余纪传》　江南：《江南野史》　徐铉：《徐铉集校注》　周考：周阿根《五代墓志汇考》

三、编号打"*"者，表示才性较近"文吏型人物"，不列入统计。

附录八

南唐二主时期新进文臣表

编号	姓名	籍贯	出身	入仕渠道	时期	宦　途	附注
1	段处常	？	？	？	4	兵部郎中（保大中）	陆书17、十国27
2	张泌	？	？	？	4	句容县尉（中主）	十国25
3	钟离君	？	士人？	？	4	钟离县令（保大中）	唐余16、十国29
4	李德明	？	寒素		4	A马书：兵部员外郎—文理院学士 B陆书：尚书郎（保大中）—工部侍郎、文理院学士	马书19、陆书7、唐余10、十国26
5	李平	北人	道士	来奔（947）	4	李守贞从事—卫尉少卿（李唐）—蕲州刺史—建州节度副使—卫尉卿—判司农事	马书19、陆书13、唐余10、十国24

续　表

编号	姓名	籍贯	出身	入仕渠道	时期	宦　　途	附注
6	朱元	北人·颍州		来奔（947）	4	1.陆书：郡从事（李守贞）—驾部员外郎待诏文理院（南唐）—蔡州团练使（后周）—汀州防御使（宋）2.马书：郡从事（李守贞）—尚书郎（南唐）—蔡州刺史（后周）	马书27、陆书12、十国24
7	欧阳彬	江西·吉州	士人？	？	4	武昌令—吉州军事衙推官—检校右散骑常侍兼御史大夫	十国29
8	胡元龟	江西·吉州		荐举、射策	4	文房院副使—临川令	江南9、十国31
9	何溥	江西·袁州	士人	诏举	4	国子祭酒（中主）—休宁令	十国29
10	王克贞	江西·庐陵	文臣二代	科举	4	秘书省正字—中书舍人、枢密副使	徐铉29、舆地31、唐余2、十国16
11	李延邹	宣歙·饶州	士人	？	4	濠州录事参军（中主）	陆书14、唐余15、十国27
12	潘佑	浙西·金陵	文臣之后	荐举	4	秘书省正字（中主）—直崇文馆—虞部员外郎—史馆修撰（后主）—知制诰—中书舍人—内使舍人（退任）	马书19、陆书13、唐余8、十国27

编号	姓名	籍贯	出身	入仕渠道	时期	宦　　　途	附注
13	钟谟	浙西·金陵	寒素	？	4	A马书：吏部郎中（保大）—翰林学士—户部侍郎—耀州司马（北周）—卫尉卿—礼部侍郎—判尚书省—国子司业—著作佐郎　B陆书：尚书郎（保大）—翰林学士、户部侍郎—耀州司马（后周）—卫尉卿—礼部侍郎、判尚书省（南唐）—国子司业—著作佐郎，安置饶州	马书19、陆书7、江南5、唐余10、十国26
14	徐锴	淮南·广陵	寒士	科举？	4	秘书郎（南唐李璟时）—齐王李景达记室—乌江尉—右拾遗—集贤殿直学士—秘书郎分司东都—虞部员外郎—屯田郎中（后主立）—知制诰—集贤殿学士—右内史舍人—兵·吏部选事	马书14、陆书5、唐余8、十国28
15	朱巩	淮南·广陵？	？		4	？—吏部侍郎—礼部侍郎（保大12）	江表中、下
16	伍乔	淮南·庐江	寒士	科举	4	宣州幕府—考工郎	马书14、陆书15、十国31
17	余璀	福建·福州古田	？	？	4	左拾遗（中主）	十国31

续　表

编号	姓名	籍贯	出身	入仕渠道	时期	宦　　途	附注
*	李德柔	鄱阳	寒素		4	小吏—大理卿	马书18、十国30
18	廖凝	江西·虔州虔化	士人	往聘	4（楚）	彭泽令—连州刺史（一说水部员外郎—建昌县令—江州团练副使）	十国29
19	廖偃	江西·虔州虔化	文官二代	转仕（950）	4（楚）	秘书郎—裨将（楚）—左殿直军使、领登州刺史？（南唐）—守道州	陆书11、十国74
20	孟宾于	岭南·涟州	寒素	科举（进士）	4（楚）	A陆书：永州军事判官（楚）—阳山县令—水部员外郎（南唐）—丰城令—淦阳令—水部郎中、分司南都 B江南：零陵从事（楚）—丰城簿—淦阳令—水部员外郎	陆书23、江南8、十国75
21	陈致雍	福建·莆田（一说晋江）	寒素	科举	4（闽）	太常卿（闽）—太常博士（中主）—员外郎—掌制诰—秘书监（致仕，后主时）—掌书记	十国97
22	陆（睦）昭符	浙西·金陵			4-宋	常州刺史（保大）—进奏使—累加任使	马书22、陆书8、唐余11、十国30

472

续　表

编号	姓名	籍贯	出身	入仕渠道	时期	宦　　途	附注
23	张泊	淮南·滁州		科举	4-宋	上元尉—监察御史（显德末）—工部员外郎、试知制诰（后主）—礼部员外郎—中书舍人—清辉殿学士—太子中舍（归宋后）—判刑部（归宋后）—直舍人院（太平兴国初）—户部员外郎—知相州（太平兴国4）—知贝州—知相州—知译经院—兵部员外郎—礼部郎中—户部郎中—同知贡举（雍熙2）—太仆少卿、同知京朝官考课—右谏议大夫、判大理寺—史馆修撰、判集贤院事—中书舍人充翰林学士（淳化中）—修国史、判史馆—给事中—参知政事—刑部侍郎（至道3）	马书23、唐余18、宋史267
24	朱弼	福建·建州		科举（明经）	4-宋	国子助教、知庐山国学（南唐）—衡山县主簿（宋）	马书23、陆书15、十国29
25	唐镐	？	？	？	4？	？—枢密副使	宋史267

编号	姓名	籍贯	出身	入仕渠道	时期	宦　　途	附注
26	汤净	宣歙·池州	文臣二代	科举	4?	？—宣义郎（后主）	江表志3、嘉靖池州府志7
27	张原泌	浙西·常州？	祖父武臣	科举	4?	？—户部侍郎、知制诰	十国5
28	裴长史	新罗	士人？	来奔	4?	建州长史	唐余17、十国32
29	张纬	福建	？		4?	？—中书舍人（中主）	陆书10
30	崔致尧	福建·建安	文臣二代	献书	4?	江州彭泽主簿—滁州清流主簿—建州浦城军判官—建州将乐令—常州录事参军—殿中丞—虞部员外郎—水部郎中	徐铉30
*	褚仁规	广陵	寒素		4?	军吏—海陵盐监使兼县事—泰州刺史—静江军都虞侯	马书19
31	郭昭庆	江西·吉州	文官二代	献书	5	扬子尉（元宗，辞不受）—著作郎（后主）	马书14、陆书15、十国28
32	周惟简	宣歙·饶州	儒生	召用	5	集贤殿侍讲（后主）—虞部郎中—使宋副使—国子周易博士、判监事（宋）—虞部郎中（致仕）—太常博士—水部员外郎	陆书15、唐余18、十国30

编号	姓名	籍贯	出身	入仕渠道	时期	宦　　途	附注
33	龚慎仪	福建·建州		？	5	给事中（后主）—歙州刺史	陆书13、唐余8、十国30
34	康仁杰	福建·泉州	僧人	献诗+荐举	5	鄂州文学—溧阳簿—吉州簿？—汾阳令	马书14、十国31
35	陈元亮	福建·泉州	？	？	5	？	十国31
36	陈大雅	？	儒生	？	5-宋	卫尉卿（后主）—太子洗马（宋）	十国30
37	何蒙	江西·洪州	寒素	献书言事	5-宋	录事参军—泞州推官（宋）	宋史277
38	舒雅	宣歙·宣城	士人	科举	5-宋	？—作监丞—秘阁校理—舒州刺史（宋）—掌灵仙观	马书22、十国31、宋史441
39	魏羽	宣歙·歙州	士人	上书	5-宋	弘文馆校书郎（后主）—雄远军判官—太子中舍（宋）—礼部侍郎	十国31、宋史267
40	查元方	宣歙·歙州	武臣二代	？	5-宋	水部员外郎兼吉王从谦掌书记（后主）—建州太守—殿中侍御史（宋）—泉州太守	陆书5、唐余18、十国26

编号	姓名	籍贯	出身	入仕渠道	时期	宦　途	附注
41	许逖	宣歙·歙州	寒士		5-宋	南唐·监察御史—宋·汲县尉—冠氏主簿—冠氏令—太仆寺丞，知海陵—太常丞知鼎州—知兴元府—司封员外郎知扬州	马书18、十国29、欧阳文忠公集38
42	查陶	宣歙·歙州	寒素？	科举	5-宋	常州录事参军（后主）—大理评事（宋）—本寺丞	宋史296、嘉靖南雄府志
43	吕文仲	宣歙·歙州	文臣二代	科举	5-宋	临川尉—大理评事	宋史296
44	刁衎	浙西·升州	荫任？	5-宋	秘书郎（后主）—集贤校理—直清辉殿—太常寺太祝（宋）—大理寺丞—兵部郎中（真宗）	陆书6、十国21
45	洪庆元	浙西·升州	文臣三代	献书	5-宋	奉礼郎（南唐）—新喻令—宛句令（宋）	十国31、宋史441
46	卢郢	浙西·金陵		科举	5-宋	？—南全太守（宋，陆书谓"知金州"）	马书23、陆书15、唐余8、十国28
47	王□	浙西·金陵	寒素？	？	5-宋	如京使—右班殿直（宋）	《武溪集》19

续 表

编号	姓名	籍贯	出身	入仕渠道	时期	宦 途	附注
48	张佖	浙西·常州		科举	5-宋	考工员外郎（后主）—中书舍人—内史舍人（开宝5）—礼部知贡举—史馆（宋）—郎中	唐余18、十国30
49	杜镐	浙西·常州	文臣二代	科举	5-宋	集贤校理、入直澄心堂	宋史296
50	吴淑	浙西·润州	文臣二代	科举	5-宋	校书郎直内史—大理评事（宋）—职方员外郎	十国31、至顺镇江志18
51	吴（仲）举	湖南·鄂州	士人	科举（五经）	5-宋	彭泽主簿（后主）—零陵令	十国30、欧阳35
52	李寅	福建·建州	寒素？	科举（宋）	5-宋	诸司使—殿前承旨（宋）—衢州司理参军	宋史300
53	潘慎修	福建·莆田	文臣二代	荫任	5-宋	起居舍人（后主）—太子右赞善（宋）—掌书记—太常博士，直秘阁—翰林侍读学士	十国30
54	郑文宝	福建·福州闽人	武臣四代	科举？	5-宋	掌书记（南唐）—校书郎—兵部侍郎（宋）	陆书15、唐余16、十国30
55	孟归唐	岭南？·连州	文臣二代		5-宋	秘书郎（后主）—吉州民椽—大理承（宋）—袁州司户	马书23
56	柳宣	？	？		5？	监察御史（后主）	江表志下

477

续　表

编号	姓名	籍贯	出身	入仕渠道	时期	宦　途	附注
57	洪文用	？	？	？	5？	某主簿	十国29
58	章僚	？	？	？	5？	？—如京使（后主）	十国28
59	廖澄	福建·顺昌	官僚之后	？	5？	大理评事（后主）	唐余15、十国27
60	李中	江西·江州		科举	5？-宋	？—吉水县尉（后主时）—晋陵县令—新喻县令	唐才子传校笺10
61	曾文照	江西·庐陵	寒素	科举	5？-宋	江州东流尉—靖安、句容二尉—吉州太和令—亳州永城令（宋）—蒙城令	徐铉30
62	丘（邱）旭	宣歙·宣州	农家子	科举（南唐）、荐举（宋）	5？-宋	？—镇将（宋）—县令	马书23、十国31

说明：

一、"入仕时间"栏数字说明：

　　4　南唐中主时期（943—961）、5　南唐后主时期（961—975）

二、"史料"栏简称说明：

　　马书：马令《南唐书》　陆书：陆游《南唐书》　唐余：《唐余纪传》　江南：《江　野史》　徐铉：《徐铉集校注》　江表：《江表志》　舆地：《舆地纪胜》

三、编号打"*"者，表示其才性较接近"文吏型人物"，是以不列入统计。

附录九

杨吴后期至南唐时期北上应举的东南士人表

编号	年份	中第者	籍贯	科别	出　处	备　注
1	913梁乾化三年	程大雅*	宣歙·歙州	进士	程氏宗谱2	宗谱："淮南杨太傅荐之梁朝，后仕南唐。"
2	916梁贞明二年	程逊*	宣歙·歙州	进士	程氏宗谱2	仕北朝
3	918梁贞明四年	陈逖	福建·泉州	进士	稽神录	？
4	梁贞明四年	黄仁颖	福建·泉州	明经	稽神录	南返？
5	925唐同光三年	胡昌翼*	浙东·婺州	明经	弘治徽州府志	南返？

编号	年份	中第者	籍贯	科别	出　处	备　注
6	926唐同光四年	张文伏*	浙东·台州	进士	光绪仙居志	南返？
7	927唐天成二年	黄仁颖	福建·泉州	进士	稽神录	
8	928唐天成三年	陈保极	福建·福州	进士	三山志	仕北朝
9	932唐长兴三年	江文蔚	福建·建安	进士	马书13、陆书10、徐铉15	后仕南唐
10	934唐清泰元年	张纬	福建·闽中	进士	陆书10	后仕南唐
11	935唐清泰二年	熊皦（皎）	江南？	进士	书录、郡斋18、才子10	仕北朝
12	936唐清泰二年	程峻*	宣歙·歙州	进士	程氏宗谱2	仕北朝
13	955周显德二年	杨徽之	福建·建州	进士	册府元龟42、642、651	
14	956周显德三年	张霭	福建·建州	进士	闽书97	

续　表

编号	年份	中第者	籍贯	科别	出　处	备　注
15	960宋建隆元年	翁处易*	福建·泉州	进士	道光福建通志147	
16	宋建隆元年	翁处厚*	福建·泉州	进士	道光福建通志147	
17	961宋建隆二年	杨徽	福建·建州	进士	宋史296、嘉靖建宁府志15	仕宋
18	962宋建隆三年	马适	江西·江州	进士	宋会要选举1∶1、嘉靖九江府志11	
19	宋建隆三年	章诚*	江西·饶州	进士	同治饶州府志	
20	965宋乾德三年	陈洪轸*	福建·福州	进士	民国福建通志33	
21	宋乾德三年	黄澜*	浙东·婺州	进士	光绪浙江通志123	
22	967宋乾德五年	周导	福建·福州	明经	嘉靖宁德县志3	
23	970宋开宝三年	阮环	福建·福州	进士	嘉靖福宁州志8	仕宋

续　表

编号	年份	中第者	籍贯	科别	出　处	备　注
24	宋开宝三年	张确	福建·剑州	进士	嘉靖延平府志14、八闽通志52	一作"开宝八年"
25	宋开宝三年	樊若水	宣歙·池州	赐进士	宋会要选举9：3、宋史276	
26	971宋开宝四年	陈矜*	浙东·明州	进士	四明走马塘陈氏行五房谱	
27	972宋开宝五年	何昼*	江西·吉州	进士	光绪吉州府志21	
28	宋开宝五年	翁处廉*	福建·泉州	进士	民国福建通志33	
29	宋开宝五年	翁处朴*	福建·泉州	进士	民国福建通志33	
30	宋开宝五年	郑罕	福建·福州	进士	嘉靖福宁州志8	
31	宋开宝五年	刘鹗*	江西·吉州	进士	光绪吉安府志21	
32	宋开宝五年	谢膳	福建·泉州	进士	闽书81	

续　表

编号	年份	中第者	籍贯	科别	出　处	备　注
33	宋开宝八年	何朝宗	江西·袁州	进士	古今图书集成 87	
34	宋开宝八年	林松	？	赐三传	长编16、宋会要选举7：1	南唐进士
35	宋开宝八年	雷说	？	赐三传	长编16、宋会要选举7：1	南唐进士

说明：

一、本表系据孟二冬《登科记考补正》、傅璇琮与龚延明编《宋登科记考》(2009)，以及吴修安《唐五代时期福建科举登第人物表》整理而成。

二、"史料"栏简称说明：

马书：马令《南唐书》 陆书：陆游《南唐书》 才子：《唐才子传》 徐铉：《徐铉集校注》 舆地：《舆地纪胜》 三山志：《淳熙三山志》 直斋：《直斋书录解题》 郡斋：《郡斋读书志》

三、姓名旁边加上"*"者，表示其资料乃清代以后的史料。

南唐进士登第人物表

编号	年份	姓名	籍贯	出身	官宦	出处	备注
1	升元年间	汪焕[1]	宣歙·歙州		校书郎（后主）	唐余11、十国25	
2	升元中	陈起	淮南·蕲州		黄梅令—?—监察御史	陆书14、唐余11	
3	943升元末	李徵古	江西·袁州		?—枢密副使（保大中）	马书21、十国26	
4	943保大初	郭鹏	江西·庐陵		?—大理司直（保大中）	马书14、永新县志2、续唐书55	

---

1 孟文将汪焕系于升元元年（937），然查其史源，一为明代的《唐余纪传》，文称"有国时第进士"，并未明言是国初，要至清代《十国春秋》中，才变为"开国时第进士"。所以汪焕是否真如孟文所言为升元元年进士，或有讨论余地。

续　表

编号	年份	姓名	籍贯	出身	官宦	出处	备注
5	952保大十	王克贞（正）	江西·庐陵	文臣二代	秘书省正字—中书舍人、枢密副使	徐铉29、舆地31、唐余2	入宋任户部兵部员外郎、户礼部郎中
6	953保大十一	朱观	？	？	？	李昉《徐公行状》	笔者补
7	保大十一	郭贲[2]	？		？	李昉《徐公行状》	笔者补
8	保大十一	印葵[3]	？		？	李昉《徐公行状》	笔者补
9	954保大十二	印（崇）粲	浙西·升州	文臣四代	？	徐铉16、通志3	父为杨吴明经
10	保大十二	张佖（泌）	浙西·常州		考工员外郎（后主）—中书舍人—内史舍人（开宝5）—礼部知贡举	江表志3	入宋后任史馆、郎中
11	955保大十三	伍乔	淮南·庐州	寒素	宣州幕府—考功员外郎	马书14、陆书15、十国31	

2　孟文置于登科无确年可考者，然据《骑省行状》，可知为保大十一年。
3　孟文置于登科无确年可考者，然据《骑省行状》，可知为保大十一年。

续　表

编号	年份	姓名	籍贯	出身	官宦	出处	备注
12	保大十三	张洎	淮南·滁州		上元尉—监察御史（显德末）—工部员外郎、试知制诰（后主）—礼部员外郎—中书舍人—清辉殿学士	马书23、宋太宗实录80、宋史267	入宋累任至礼户二部郎中，并于北宋雍熙二年知贡举
13	保大十三	宋贞观	？		？	马书14、陆书15	
14	保大十三	汤悦（殷崇义）	宣歙·池州	文臣二代	学士（中主）—枢密使—右仆射—枢密使（中主迁南都）—礼部侍郎（后主）	嘉靖池州府志7	父殷文圭
15	保大十三	汤净	宣歙·池州	文臣二代	？—宣义郎（后主）	嘉靖池州府志7	父殷文圭
16	保大十三	杨文郁	？	？	？	嘉靖池州府志7	
17	保大中	张原泌	浙西·常州？	祖父武臣	？—户部侍郎、知制诰	十国5	祖张训。归宋历大理寺卿
18	964乾德二	舒雅	宣歙·宣州	寒素？	？	马书22、新安名族志下	入宋任秘阁教理

编号	年份	姓名	籍贯	出身	官宦	出处	备注
19	乾德二	王崇古	？		？	马书22	
20	乾德二	冯僎	淮南·扬州	文臣三代	？	南唐近事、唐余	登第后被黜，与弟侃、仪、价、伉入宋继取名第
21	966乾德四	任光	？		将侍郎、县尉	全唐文872小传	
22	乾德中	卢郢	浙西·升州		？	马书23、陆书15	姊夫徐铉
23	968开宝元	齐愈	？		？	江南余载上	
24	969开宝二	姚端	？	寒素？	？	江南余载上	岳父游简言
25	972开宝五	杨遂	江左		？	陆书3、小畜集5、续唐书17、唐余18	
26	开宝五	张观	浙西·常州		？	唐余18、宋史276	入宋复第进士
27	开宝五	曾颛	江西·吉州？		？	唐余18、江南上	
28	973开宝六	王伦（纶）	？		？	唐余18	

续　表

编号	年份	姓名	籍贯	出身	官宦	出处	备注
29	开宝六	程员	？		？	唐余18、近事	
30	开宝六	廖衢	？		？	近事	
31	开宝六	陈度	？		？	近事	
32	开宝六	魏清	？		？	近事	
33	974 开宝七	刘鹗	江西·庐陵	文臣二代	？	徐铉30	入宋复举进士
34	975 开宝八	张确[4]	？		？	长编16	
35	开宝中	罗颖	江西·洪州		？	马书23	守选时国亡，入宋应举下第
36	开宝中	邓及	？		？	马书23	
37	后主朝	丘（邱）旭	宣歙·宣州	寒素	？	马书23、舆地63	农家子
38	后主朝	乐史	江西·抚州	寒素	？	侯鲭录8、唐余8	入宋复登甲科
39	后主朝	王则	？		？	侯鲭录8	笔者补

---

4 《唐余》载为"孙确"。又，孟文将此事系于开宝五年，当误。

续　表

编号	年份	姓名	籍贯	出身	官宦	出处	备注
40	后主朝	程渥	？		？	侯鲭录8	笔者补
41	后主朝	陈皋	？		？	侯鲭录8	笔者补
42	后主朝	赵绮	？		？	江南上	
43	不详	欧阳仪	江西·庐陵		？	吴充《欧阳公行状》	欧阳修族祖
44	不详	孟煆	岭南·连州		？	增修诗话总龟46	
45	不详	朱观	？		？	徐铉《庐陵别朱观先辈》、李昉《徐公行状》	
46	不详	王子邳	江西·洪州		御史中丞	嘉靖丰城县志2、万历新修南昌府志17	
47	不详	李中	江西·江州		？—吉水县尉（后主）—晋陵县令—新喻县令	唐才子传校笺10	

490

编号	年份	姓名	籍贯	出身	官宦	出处	备注
48	不详	刘昌言	福建·泉州		泉州工曹	舆地130	入宋为枢密副使
49	不详	印崇礼	浙西·升州	文臣四代	?	徐铉16	兄印崇礼
50	不详	吕文仲	宣歙·歙州	文臣二代	临川尉—大理评事	宋史296	入宋为少府监丞
51	不详	吴淑	浙西·润州	文臣二代	校书郎、直内史	至顺镇江志18、十国31	入宋充史馆编修
52	不详	章谷	?			徐铉《陈氏书唐记》	
53	不详	李羽	淮南·庐州		?	近事、全唐诗757小传	
54	不详	崔宪	福建·建安	文臣三代	?	徐铉30	入宋复举进士
55	不详	阮思道	福建·建阳		?	嘉靖建宁府志15、嘉靖建阳府志9、万姓81	入宋为史馆检讨，历守韶、衢、永三州
56	不详	成彦雄	?		?	郡斋·诗8、徐铉18、唐音统签767	

续　表

编号	年份	姓名	籍贯	出身	官宦	出处	备注
57	不详	柯叔和	宣歙·池州		鄱阳令	嘉靖池州府志7	据王文补
58	不详	叶芝	宣歙·池州		？	嘉靖池州府志7	据王文补

说明：

本表与下据孟二冬《南唐登科考》[5]，佐以赵荣蔚《南唐登科记考》（2003）、王斌《南唐中第士人的地域分布及其特点》（2009）二文整理而成。

5　孟文中的胡元龟、丁咸序、徐锴、樊潜等人未入此表。因为胡元龟、樊潜二人皆为"射策"入官，似难证明他们为科举入仕。与丁咸序同榜者有龙起，《通志·氏族略》载其为宋朝进士，可知丁咸序亦当于入宋后登第，孟文亦怀疑此条为附会。徐锴登第说乃据马氏《南唐书》，然对其生平仕宦有较详细记载的陆氏《南唐书》却未言及，笔者从陆说。

附录十一

南唐诸科登第人物表

编号	年份	姓名	籍贯	科别	出身	官宦	出处	备注
1	中主朝	陈致雍	福建·泉州	通礼及第	寒素	太常博士（中主）—员外郎—掌制诰—秘书监（致仕，后主时）—掌书记	马书19、陆书16、万姓18、闽书105	
2	后主朝	刘式	江西·袁州	三传中第		？	宋史267、十国31	
3	后主朝	吴（仲）举	湖南·鄂州	五经	寒素？	彭泽主簿	欧阳35、十国30、	
4	后主朝？	杜镐	浙西·常州	明经	文臣二代	集贤校理、入直澄心堂	宋史296	父杜昌业（南唐虞部员外郎）

编号	年份	姓名	籍贯	科别	出身	官宦	出处	备注
5	后主朝？	王仲华	江西·袁州	明经、五经	文臣三代	宜春县尉	文庄集28、29	与杜镐同榜中第
6	开宝中	朱弼	福建·建安	明经	？	国子助教	马书23、陆书15、十国29	
7	不详	印崇简	浙西·升州	明法	文臣四代	？	徐铉16	
8	不详	曾文照	江西·庐陵	神童擢第	寒素	江州东流尉—靖安、句容二尉—吉州太和令	徐铉30	入宋任县令
9	不详	查陶	宣歙·歙州	明经		常州录事参军	宋史296、嘉靖南雄府志	
10	不详	邓佑	江西	童子科	寒素	？	隆庆临江府志12	
11	不详	邓佶	江西	三礼科	寒素	？	隆庆临江府志12	

征引书目

一、传统史料

1. 史著

（后晋）刘昫：《旧唐书》，北京：中华书局，1997。

（宋）欧阳修、宋祁：《新唐书》，北京：中华书局，2006。

（宋）薛居正等：《旧五代史》，北京：中华书局，1997。

（宋）欧阳修：《新五代史》，北京：中华书局，1997。

（宋）司马光：《资治通鉴》，北京：中华书局，2004。

（宋）李焘：《续资治通鉴长编》，北京：中华书局，2004。

（元）脱脱：《宋史》，台北：鼎文书局，1980。

（清）吴任臣：《十国春秋》，北京：中华书局，2010，〔1983〕。

（清）陈鳣：《续唐书》，收入《二十四史订补》册九，北京：书目文献出版社，1996影印道光四年刻本。

2. 政书

（唐）杜佑：《通典》，北京：中华书局，1988。

（宋）王溥：《五代会要》，上海：上海古籍出版社，2012。

（宋）王溥：《唐会要》，上海：上海古籍出版社，2012，〔2006〕。

3. 总集、类书

（宋）王钦若等编：《册府元龟》，北京：中华书局，1994。

（宋）江少虞：《新雕皇朝事实类苑》，收入《和刻本中国古逸书丛刊》，第26—29号，南京：凤凰出版社，2012影印日本国立国会图书馆所藏和七年古活字本。

（宋）李昉等编：《文苑英华》，北京：中华书局，1966。

（清）董诰等编：《全唐文》，北京：中华书局，1987。

（清）陆心源辑：《唐文拾遗》，北京：中华书局，1987。

（清）清圣祖汇编：《全唐诗》，台北：明伦出版社，1971。

陈尚君辑校：《全唐文补编》，北京：中华书局，2005。

周绍良、赵超编：《唐代墓志汇编》，上海：上海古籍出版社，1992。

周绍良、赵超主编：《唐代墓志汇编续集》，上海：上海古籍出版社，2001。

周阿根：《五代墓志汇考》，合肥：黄山书社，2012。

4. 别集

（唐）杜牧著，冯集梧注：《樊川诗集注》，上海：上海古籍出版社，1998。

（唐）白居易著，谢思炜校注：《白居易文集校注》，北京：中华书局，2011。

（唐）崔致远：《桂苑笔耕集校注》，北京：中华书局，2007。

（唐）权德舆著，郭广伟点校：《权德舆诗文集》，上海：上海古籍出版社，2008。

（唐）吴融：《唐英歌诗》，收入《景印文渊阁四库全书·集部》39，台北：台湾商务印书馆，1986。

（唐）黄滔：《黄御史集》，收入《景印文渊阁四库全书·集部》39，台北：台湾商务印书馆，1986。

（唐）郑谷著，严寿澂、黄明、赵昌平笺注：《郑谷诗集笺注》，上海：上海古籍出版社，2009。

（唐）韦庄著，李谊校注：《韦庄集校注》，成都：四川省社会科学院出版社，1986。

（唐）韩愈：《韩昌黎集》，台北：河洛图书出版社，1975。

（宋）王安石：《临川集》，收入《景印摛藻堂四库全书荟要·集部·别集类》，第376—377号，台北：世界书局，1986。

（宋）朱熹：《朱子文集》，台北：德富文教基金会，2000。

（宋）夏竦：《文庄集》，收入《四库全书珍本》初集，第246—247号，台北：商务出版社，1969—1970影印台北故宫博物院所藏文渊阁本。

（宋）徐铉著，李振中校注：《徐铉集校注》，北京：中华书局，2018。

（宋）陆游：《渭南文集》，收入《四部丛刊初编·集部》，第258—259号，台北：台湾商务印书馆，1965影印上海商务印书馆缩印江南图书馆藏明华氏活字印本。

（宋）黄庭坚著，刘琳、李勇先、王蓉贵校点：《黄庭坚全集》，成都：四川大学出版社，2001。

（宋）杨亿：《武夷新集》，收入《四库全书珍本》八集，第361—370号，台北：台湾商务印书馆，1978。

（宋）欧阳修：《欧阳修全集》，台北：世界书局，1963。

5. 史料笔记

（五代）王定保：《唐摭言》，台北：世界书局，1975。

（南唐）刘崇远：《金华子杂编》，收入上海古籍出版社编：《唐五代笔记小说大观》，上海：上海古籍出版社，2012，〔2000〕。

（宋）王谠：《唐语林》，台北：世界书局，1975。

（宋）司马光：《涑水记闻》，北京：中华书局，1989。

（宋）朱弁：《曲洧旧闻》，北京：中华书局，2002。

（宋）李昉编：《太平广记》，北京：中华书局，2006，〔1961〕。

（宋）阮阅：《诗话总龟》，北京：人民文学出版社，1987。

（宋）岳珂：《桯史》，北京：中华书局，1981。

（宋）洪迈：《容斋随笔》，北京：中华书局，2007。

（宋）计有功，王仲镛校笺：《唐诗纪事》，台北：台湾中华书局，1981。

（宋）孙光宪：《北梦琐言》，北京：中华书局，2002。

（宋）陈长方：《步里客谈》，收入《丛书集成初编》，北京：中华书局，1991。

（宋）陶穀：《清异录》，北京：中华书局，1991。

（宋）陆游：《入蜀记》，兰州：兰州大学出版社，2003。

（宋）蔡絛：《铁围山丛谈》，北京：中华书局，1983。

（宋）钱易：《南部新书》，北京：中华书局，2002。

（宋）释文莹：《玉壶清话》，北京：中华书局，1991。

（宋）释文莹：《湘山野录》，北京：中华书局，1991。

（宋）马永卿：《懒真子》，台北：台湾商务印书馆，1965—1966。

（清）王士禛编：《五代诗话》，北京：中华书局，1985。

6. 五代史书汇编

（宋）陶岳：《五代史补》，收入傅璇琮主编：《五代史书汇编》伍，杭州：杭州出版社，2004。

（宋）路振：《九国志》，收入《五代史书汇编》陆，杭州：杭州出版社，2004。

（宋）马令：《南唐书》，收入《五代史书汇编》玖，杭州：杭州出版社，2004。

（宋）陆游：《南唐书》，收入《五代史书汇编》玖。

（宋）郑文宝：《南唐近事》，收入《五代史书汇编》玖。

（宋）史温：《钓矶立谈》，收入《五代史书汇编》玖。

（宋）陈彭年：《江南别录》，收入《五代史书汇编》玖。

（宋）龙衮：《江南野史》，收入《五代史书汇编》玖。

（宋）郑文宝：《江表志》，收入《五代史书汇编》玖。

（明）陈霆：《唐余纪传》，收入《五代史书汇编》玖。

（宋）范坰、林禹：《吴越备史》，收入《五代史书汇编》拾，杭州：杭州出版社，2004。

7. 地方志

（宋）陈舜俞：《庐山记》，北京：中华书局，1985。

（宋）范成大：《吴郡志》，收入中华书局编辑部编：《宋元方志丛刊》1，北京：中华书局，1990。

（宋）赵不悔修，罗愿纂：《新安志》，收入中华书局编辑部编：《宋元方志丛刊》8，北京：中华书局，1990。

（元）马泽修，袁桷纂：《延祐四明志》，收入中华书局编辑部编：《宋元方志丛刊》6，北京：中华书局，1990。

（明）《弘治徽州府志》，收入《天一阁藏明代方志选刊》21—22，上海：古籍书店，1972。

（明）《正德袁州府志》，收入《天一阁藏明代方志选刊》37，上海：古籍书店，1972。

（明）范涞修，章潢纂：《新修南昌府志》，收入《日本藏中国罕见地方志丛刊》12，北京：书目文献出版社，1992影印明万历十六年刻本。

（明）《嘉靖惟扬志》，收入《天一阁藏明代方志选刊》12，上海：古籍书店，1972。

（清）吕懋先、帅方蔚编：《奉新县志》，收入《中国方志丛书·华中地方》，第785号，台北：成文，1989影印清同治十年刊本。

8. 目录

（宋）晁公武著，孙猛校证：《郡斋读书志校证》，上海：上海古籍出版社，1990。

（宋）陈振孙著，徐小蛮、顾美华点校：《直斋书录解题》，上海：上海古籍出版社，1987。

（清）永瑢等：《四库全书总目提要》，收入《万有文库》，第一二集简编五百种，第004—043号，长沙：长沙商务印书馆，1939。

二、近人著作

1. 专著

王勋成：《唐代铨选与文学》，北京：中华书局，2001。

王德权：《为士之道——中唐士人的自省风气》，台北：政大出版社，2012。

方震华：《权力结构与文化认同：唐宋之际的文武关系（875—1063）》，北京：社会科学文献出版社，2019。甘怀真：《唐代家庙礼制研究》，台北：台湾商务印书馆，1991。

石云涛：《唐代幕府制度研究》，北京：中国社会科学出版社，2003。任爽，《南唐史》，长春：东北师范大学出版社，1995。

任爽主编：《十国典制考》，北京：中华书局，2004。

任爽主编：《五代典制考》，北京：中华书局，2007。

池泽滋子：《吴越钱氏文人群体研究》，上海：上海人民出版社，2006。

何勇强：《钱氏吴越国史论稿》，浙江：浙江大学出版社，2002。

何灿浩：《唐末政治变化研究》，北京：中国文联出版社，2001。

吴宗国：《唐代科举制度研究》，北京：北京大学出版社，2010，〔1997〕。

吴修安：《福建早期发展之研究：沿海与内陆的地域差异》，台北：稻乡出版社，2009。

李才栋：《白鹿洞书院史略》，北京：教育科学出版社，1989。

李才栋：《江西古代书院研究》，南昌：江西教育出版社，1993。

李全德：《唐宋变革期枢密院研究》，北京：国家图书馆出版社，2009。

李最欣：《钱氏吴越国文献和文学考论》，北京：中国社会科学出版社，2007。

杜文玉：《夜宴图：浮华背后的五代十国》，台北：联经出版公司，2007。

杜文玉：《南唐史略》，西安：陕西人民教育出版社，2001。

杜瑜：《中国经济重心南移：唐宋间经济发展的地区差异》，台北：五南出版社，2005。

周祖谟主编：《中国文学家大辞典·唐五代卷》，北京：中华书局，1992。

周道济：《汉唐宰相制度》，台北：嘉欣水泥，1964。

金滢坤：《中晚唐五代科举与社会变迁》，北京：人民出版社，2009。

范金民：《江南社会经济史研究入门》，上海：复旦大学出版社，2012。

冻国栋：《唐代人口问题研究》，武汉：武汉大学出版社，1993。

夏炎：《唐代州府级官府与地域社会》，天津：天津古籍出版社，2010。

夏承焘：《南唐二主年谱》，台北：世界书局，1965。

夏承焘：《五代南唐冯延巳先生正中年谱》，台北：台湾商务印书馆，1980。

徐红：《北宋初期进士研究》，北京：人民出版社，2009。

高明士：《中国教育制度史论》，台北：联经出版公司，1999。

张达志：《唐代后期藩镇与州之关系研究》，北京：中国社会科学出版社，2011。

张兴武：《五代艺文考》，成都：巴蜀书社，2003。

陈弱水：《唐代文士与中国思想的转型（增订本）》，台北：台大出版中心，2016。

陈葆真：《李后主和他的时代——南唐艺术与历史》，北京：北京大学出版社，2009。

陆扬：《清流文化与唐帝国》，北京：北京大学出版社，2016。

傅璇琮：《唐代科举与文学》，西安：陕西人民出版社，2003，〔1986〕。

彭信威：《中国货币史》，上海：上海人民，2007。

景遐东：《江南文化与唐代文学研究》，北京：人民文学出版社，2005。

程民生：《宋代地域经济》，开封：河南大学出版社，1992。

黄玫茵：《唐代江西地区开发研究》，台北：台湾大学出版委员会，1996。

杨远：《西汉至北宋中国经济文化之向南发展》，台北：商务印书馆，1991。

叶炜：《南北朝隋唐官吏分途研究》，北京：北京大学出版社，2009。

贾志扬：《宋代科举》，台北：东大出版社，1995。

邹劲风：《南唐文化》，南京：南京出版社，2005。

赵立新：《西晋末年至东晋时期的"分陕"政治——分权化现象下的朝廷与州镇》，台北：花木兰文化出版社，2009。

蒋寅：《大历诗人研究》，北京：中华书局，1995。

诸葛计：《南唐先主李昪年谱》，南京：江苏古籍出版社，1987。

邓小南：《祖宗之法——北宋前期政治述略》，北京：生活·读书，新知三联书店，2006。

郑学檬：《中国古代经济重心南移和唐宋江南经济研究》，长沙：岳麓书社，2003。

萧公权：《中国政治思想史》，台北：中国文化大学出版部，1988。

赖瑞和：《唐代中层文官》，北京：中华书局，2011。

赖瑞和:《唐代基层文官》，北京：中华书局，2008。

钱穆:《国史大纲》，台北：台湾商务印书馆，1995。

戴仁柱、马佳著:《伶人·武士·猎手：后唐庄宗李存勖传》，北京：中华书局，2009。

戴伟华:《唐代使府与文学研究》，桂林：广西师范大学出版社，1998。

顾立诚:《走向南方——唐宋之际自北向南的移民与其影响》，台北：台湾大学出版委员会，2004。

［日］加藤繁:《中国货币史研究》，东京：东洋文库，1991。

［日］日野开三郎:《唐末混乱史考》，东京都：三一书房，1996。

［日］佐竹靖彦:《唐宋變革の地域的研究》，京都：同朋舍，1990。

［日］高木重俊:《唐代科擧の文學世界》，东京：研文出版，2009。

［日］筑山治三郎:《唐代政治制度の研究》，大阪：創元社，1967。

Beetham, David, *Bureaucracy*, Milton Keynes: Open University Press, 1987.

Keats-Rohan, K.S.B ed., *Prosopography Approaches and Applications: A Handbook.* Oxford: University of Oxford Linacre College Unit for Prosopographical Research, 2007.

Kurz, Johannes L., *China's Southern Tang Dynasty (937–976)*, London: Routledge, 2011.

Owen, Stephen, *The Great Age of Chinese Poetry: the High T'ang*, New Haven: Yale University Press, 1981.

Tackett, Nicolas, *The Destruction of the Medieval Chinese Aristocracy.* Cambridge: Harvard University Asia Center, 2014.

Wechsler, Howard J., *Offerings of Jade and Silk-Ritual and Symbol in the Legitimation of the T'ang Dynasty*, New Haven: Yale University Press, 1985.

2. 中文单篇论文

丁俊屏:《北宋时期"南人"与"北人"地位的转化》，《江西行政院学报》3：3，南昌，2001。

方震华:《才兼文武的追求——唐代后期士人的军事参与》，《台大历史学报》

50，台北，2012。

毛汉光：《中国中古贤能观念之研究》，《"中央研究院"历史语言研究所集刊》48：3，台北，1977。

毛汉光：《隋唐政权中南朝旧族之仕进凭借与途径》，《第一届国际唐代学术会议论文集》，台北，1989。

王宏杰：《十国史研究的史料——兼评杜文玉〈五代十国制度研究〉》，《中国唐史学会会刊》29，陕西，2010。

王德权：《中晚唐使府僚佐升迁之研究》，《中正大学学报》5：1，嘉义，1994。

史念海：《两唐书列传人物本贯的地理分布》，收入氏著《河山集》第五辑，山西：山西人民出版社，1991。

任爽：《南唐党争试探》，哈尔滨：《求是学刊》1985年第5期。

伍伯常：《北宋选任陪臣的原则——论猜防政策下的南唐陪臣》，《中国文化研究所学报》10，香港，2001。

伍伯常：《南唐进士科考述》，《汉学研究》15：1，台北，1997。

何永成：《杨行密传位研究》，《第三届中国唐代文化学术研讨会论文集》，台北，1997。

何佑森：《两宋学风的地理分布》，《新亚学报》1：1，香港，1955。

何剑明：《南唐国党争与唐宋之交的社会转型》，《苏州大学学报（哲学社会科学版）》2005年第6期，苏州。

吴松弟：《唐后期五代江南地区的北方移民》，《中国历史地理论丛》1996年第3期，西安。

岑仲勉：《补僖昭哀三朝翰林学士记》，收入氏著《郎官石柱题名新考订（外三种）》，北京：中华书局，2004。

李弘祺：《公正、平等与开放——略谈考试制度与传统中国的社会结构》，收入氏著《宋代教育散论》，台北：东升，1980。

李全德：《庐山国学师生考》，《文献》2003年第2期，北京。李祥俊：《潘佑变法及其对李觏、王安石学术思想的影响》，《赣南师范学院学报》2006年第1期，赣州。

杜文玉：《南唐党争评述——与任爽同志商榷》，《渭南师专学报（综合版）》

1：2，渭南，1991。

周腊生：《南唐贡举考略》，《文献》2001年第2期。

孟二冬：《南唐登科考——附考：吴、蜀、南汉、吴越、北汉、契丹》，《国学研究》19，北京，2007。

林煌达：《宋初政权与南方诸国降臣的互动关系》，《东吴历史学报》12，台北，2004。

林瑞翰：《南唐之经济文化》，《大陆杂志》29：6，台北，1964。

南玉泉：《周朝教育制度管窥》，《中国史研究》69，广域，2010。

柳立言：《唐宋变革与第一个中产之家的政权》，《中国社会科学报》182：5，北京，2011。

胡山林：《唐代隐逸士人の類型と分析："逍遥自適"の理念を中心として》，《九州中国学会报》37，福冈，1999。

胡云薇：《千里宦游成底事，每年风景是他乡——试论唐代的宦游与家庭》，《台湾大学历史学系学报》41，台北，2008。

胡耀飞：《"谁当立者？"——十世纪初杨吴政权延续危机》，《扬州文化研究论丛》第5辑，扬州：广陵书社，2010。

苗书梅：《宋代通判及其主要职能》，《河北学刊》1990年第2期，石家庄。

孙国栋：《晚唐中央政府组织的变迁》，收入氏著《唐宋史论丛》，香港：商务印书馆，2000。

高明士：《唐代私学的发展》，《台湾大学文史哲学报》20，台北，1971。

张伟然：《唐人心目中的文化区域与地理意象》，收入李孝聪主编：《唐代地域结构与运作空间》，上海：上海辞书出版社，2003。

张国刚：《唐代监军制度考论》，《中国史研究》1981年第2期，北京。

张维玲：《宋初南北文士的互动与南方文士的崛起——聚焦于徐铉及其后学的考察》，《台大文史哲学报》85，台北，2016。

张广达：《论唐代的吏》，《北京大学学报（哲学社会科学版）》1989年第2期，北京。

张兴武：《南唐党争：唐宋党争史发展的中介》，《漳州师范学院学报（哲学社会科学版）》42，漳州，2002。

梁庚尧:《宋代南北的经济地位——评程民生著〈宋代地域经济〉》,《新史学》
　　4：1,台北,1993。

许怀林:《"江州义门"与陈氏家法》,邓广铭、漆侠编:《宋史研究论文集》,
　　石家庄:河北教育出版社,1989。

陈正祥:《中国文化中心的迁移》,收入氏著《中国文化地理》,北京:生
　　活·读书·新知三联书店,1983。

陈飞:《唐代"射策"与"对策"辨略》,《清华大学学报(哲学社会科学版)》
　　23：1,北京,2008。

陈弱水:《中国历史上"公"的观念及其现代变形——一个类型的与整体的考
　　察》,收于氏著《公共意识与中国文化》,台北:联经出版公司,2005。

程民生:《关于我国古代经济重心南移的研究与思考》,《殷都学刊》2004年第
　　1期,河南。

费省:《唐代艺术家籍贯的地理分布》,《唐史论丛》第4辑,西安,1988。

黄庭硕:《唐代后期东南士人的举业与仕宦关系初探》,《史原》复刊6期,台
　　北,2015。

黄清连:《高骈纵巢渡淮——唐代藩镇对黄巢叛乱的态度研究之一》,《大陆杂
　　志》80：1,台北,1990。

宁欣:《论唐代荐举》,《历史研究》1995年第4期,北京。

赵昌平:《"吴中诗派"与中唐诗歌》,《中国社会科学》1984年第4期,北京。

赵昌平:《从郑谷及其周围诗人看唐末至宋初诗风动向》,《文学遗产》1987年
　　第3期,南京。

刘诗平:《唐代前后期内外官地位的变化——以刺史迁转途径为中心》,《唐研
　　究》2,北京,1996。

郑学檬:《唐代江南文士群体初探(上)》,朱雷编:《唐代的历史与社会:中国
　　唐史学会第六届年会暨国际唐史学会研讨会论文选集》,武汉:武汉大学,
　　1997。

郑学檬:《唐代江南文士群体初探(下)——兼评文士对专制主义中央集权的
　　依附与叛逆》,收入武汉大学中国三至九世纪研究所编:《中国前近代史理
　　论国际学术研讨会论文集》,武汉:湖北人民出版社,1997。

卢建荣：《中晚唐藩镇文职幕僚职位的探讨——以徐州节度区为例》，《第二届国际唐代学术会议论文集》下，台北：文津出版社，1993。

赖瑞和：《论唐代的州县"摄"官》，《唐史论丛》9，西安，2007。

阎守诚、赵和平：《唐代士族、庶族问题讨论会综述》，《历史研究》1984年第4期，北京。

严耕望：《唐人习业山林寺院之风尚》，收入氏著《严耕望史学论文选集》上册，北京：中华书局，2006。

严耕望：《唐代人文地理》，收入氏著《严耕望史学论文集》下册，上海：上海古籍出版社，2009。

严耕望：《唐代行政制度论略》《论唐代尚书省之职权与地位》，收入氏著《严耕望史学论文选集》下册，北京：中华书局，2006。

龚鹏程：《文学崇拜的社会》，收入氏著《唐代思潮》，北京：商务印书馆，2007。

赵荣蔚：《南唐登科记考》，《盐城师范学院学报（人文社会科学版）》23：2，盐城，2003。

王斌：《南唐中第士人的地域分布及其特点》，《今日南国（理论创新版）》2009年第9期，南宁。

3. 日文单篇论文

丸橋充拓：「唐宋變革期の軍禮と秩序」，《東洋史研究》64：3，京都，2005。

大澤正昭：「唐末・五代『土豪』論」，《上智史学》37，東京，1992。

大澤正昭：「唐末・五代の在地有力者について」，收入柳田節子先生古稀記念論集編輯委員会編《中国の伝統社会と家族：柳田節子先生古稀記念》，東京：汲古書院，1993。

中砂明德：「後期唐代の江淮支配——元和時代の一側面」，《東洋史研究》47：1，京都，1988。

矢野主税：「唐代監軍使制の確立について」，《西日本史學》4，福岡，1953。

伊藤宏明：「吳・南唐政権の諸問題」，《名古屋大學文學部研究論集（史學）》34，名古屋，1988。

伊藤宏明：「吳・南唐政権の性格——その地域支配を中心として—」，《人文学科論集》40，鹿児島，1994。

伊藤宏明：「唐末五代期における江西地域の在地勢力について」，收入川勝
　　　義雄、礪波護編《中國貴族制社會の研究》，京都：京都大學人文科學研
　　　究所，1987。

伊藤宏明：「淮南藩鎮の成立過程——呉・南唐政權の前提—」，《名古屋大學
　　　東洋史研究報告》4，名古屋，1976。

吉岡真：「八世紀前半における唐朝官僚機構の人的構成」，《史學研究》153，
　　　廣島，1982。

吉岡真：「隋・唐前期における支配階層」，《史學研究》155，廣島，1982。

吉岡義信：「北宋初期における南人官僚の進出」，《鈴峰女子短大研究集報》
　　　2，廣島，1955。

西川正夫：「呉・南唐兩王朝の國家權力の性格——宋代國制史研究序説のた
　　　めに、其の一」，《法制史研究》9，東京，1959。

金子修一：「皇帝祭祀の展開」，收入妹尾達彦等編《岩波講座・世界歴史》
　　　9，東京：岩波書店，1998。

青山定雄：「五代宋に於ける江西の新興官僚」，收入《（和田博士還暦記念）
　　　東洋史論叢》，東京：大日本雄弁会講談社，1951。

青山定雄：「宋代における華南官僚の系譜について——特に揚子江下流域を
　　　中心として」，《中央大學文学部紀要》72，東京，1974。

桑原隲藏：「歴史上より觀たる南北支那」，收于《白鳥博士還暦紀念東洋史論
　　　叢》，東京：立教大學史學會，1925。（中译版：黄约瑟译：《历史上所见的
　　　南北中国》，收入刘俊文编《日本学者研究中国史论著选第一卷：通论》，
　　　北京：中华书局，1992）

副島一郎：「宋初的古文和士風」，收入氏著《氣與士風：唐宋古文的進程與背
　　　景》，上海：上海古籍出版社，2005。

清木場東：「呉・南唐の地方行政の変遷と特徴」，《東洋學報》56。1975，
　　　東京。

清木場東：「唐末・五代の土豪集団の解体——呉の土豪集団の場合」，《鹿大
　　　史學》28，鹿児島，1980。

清木場東：「唐末の初期楊行密集團について——集團成員集團規範を迴っ
　　て」,《純真女子短期大學紀要》19，埼玉，1978。

清木場東：「唐末の初期楊行密勢力の社会体系」,《鹿大史學》26，鹿兒島，
　　1978。

鳥谷弘昭：「吳王朝の文人官僚について——幕僚を中心に—」,《史正》13，
　　東京，1984。

渡邊孝：「中晚唐期における官人の幕職官入仕とその背景」,收入松本肇、川
　　合康三編《中唐文學の視角》，東京：創文社，1998。

渡邊孝：「唐後半期の藩鎮辟召制についての再檢討——淮南・浙西藩鎮にお
　　ける幕職官の人的構成などを手がかりに」,《東洋史研究》60：1，京
　　都，2001。

塚本俊孝：「五代南唐の王室と仏教」,《佛教文化研究》3，東京，1953。

愛宕元：「唐代後半における社會變質の一考察」,《東方學報》42，京都，
　　1971。

愛宕元：「唐代の鄉貢進士と鄉貢明經——『唐代後半期における社会変質の
　　一考察』補遺」,《東方學報》45，京都，1973。

礪波護：「中世貴族制の崩壞と辟召制」,《東洋史研究》21：3，京都，1962。

4. 英文单篇论文

Didier, John C., "Messrs. T'an, Chancellor Sung, and the Book of Transformation
　　(Hua shu): Texts and the Transformations of Traditions," *Asia Major* 11, 1998.

Didier, John C., "Way Transformation: Universal Unity in Warring States through
　　Sung China. The "Book of Transformation" ("Hua Shu") and the Rrenewal of
　　Metaphysics in the Tenth Century," PhD dissertation, Princeton University,
　　1998.

Fang Cheng-Hua (方震华), "The Price of Orthodoxy: Issues of Legitimacy in the Later
　　Liang and Later Tang." *Taida Lishi Xuebao* (台大历史学报) 35, 2005.

Hartwell, Robert M., "Demographic, Political, and Social Transformations of
　　China, 750-1550." *Harvard Journal of Asiatic Studies* 42: 2, 1982.

Kurz，Johannes L.，"Han Xizai（902–970）: An Eccentric Life in Exiciting Times." In Peter Lorge ed.，*The Five Dynasties and Ten Kingdoms*. Hong Kong: Chinese University Press，2011.

Kurz，Johannes L.，"The Invention of a Faction in Song Historical Writings on the Southern Tang." *Journal of Sung Yuan Studies* 28，1998.

Stone，Lawrence，"Prosopography." *Historical Studies Today* 100 : 1，1971.

Twitchett，Denis，"The Composition of the Tang Ruling Class: New Evidence from Tun-huang." In Arthur F. Wright，and Denis Twitchett eds. *Perspectives on the Tang*，New Haven: Yale University Press，1973.

5. 学位论文

毛汉光:《唐代统治阶层社会变动——从官吏家庭背景看社会流动》。政治大学政治学研究所博士论文，1968。

江玮平:《唐末五代初长江流域下游的在地政治——淮、浙、江西区域的比较研究》。台湾大学历史学系硕士论文，2007。

何永成:《十国创业君主个案研究——杨行密》。中国文化大学博士论文，1992。

吴书萍:《七八世纪唐代江南地域的士人研究：特论其政治和社会背景》。台湾大学历史学硕士论文，2009。

吴德明:《吴、南唐文职幕府研究》。安徽大学硕士论文，2011。

张辉:《略论唐代荐举》。首都师范大学硕士论文，2009。

张智玮:《北宋通判制度之研究》。中正大学历史研究所硕士论文，2004。

刘翔飞:《唐人隐逸风气及其影响》。台湾大学中国文学研究所硕士论文，1978。

Ng，Pak Sheung（伍伯常），"The Continuity of Chinese Cultural Heritage in the T'ang-Sung Era: the Sociopolitical Significance and Cultural Impact of the Civil Administration of the Southern T'ang（937–975）." PhD dissertation，the University of Arizona，1997.

Tackett，Nicolas，"The Transformation of Medieval Chinese Elites（850–1000 C.E.）." PhD dissertation，Columbia University.，2006.

三、工具书

丁传靖辑：《宋人轶事汇编》，北京：中华书局，1981。

朱玉龙编：《五代十国方镇年表》，北京：中华书局，1997。

孟二冬补正：《登科记考补正》，北京：北京燕山出版社，2003。

胡戟主编：《二十世纪唐研究》，北京：中国社会科学出版社，2002。

郁贤浩：《唐刺史考全编》，合肥：安徽大学出版社，2000。

陶易：《唐代进士录》，合肥：安徽大学出版社，2010。

傅璇琮、龚延明编：《宋登科记考》，南京：江苏教育，2009。

傅璇琮主编：《唐才子传校笺》，北京：中华书局，2004。

傅璇琮主编：《唐五代文学编年史》，沈阳：辽海出版社，1998。

万斯同：《南唐将相大臣年表》，收于二十五史补编编委会编：《隋唐五代五史补编》叁，北京：北京图书馆，2005。

戴伟华：《唐方镇文职僚佐考》，桂林：广西师范大学出版社，2007。

严耕望：《唐仆尚丞郎表》，台北："中央研究院"历史语言研究所，1956。

四、资料库

"中国基本古籍库"，北京：爱如生数字化技术研究中心，2011。

"中国方志库"，北京：爱如生数字化技术研究中心，2010。

"中国历代人物传记资料库"（CBDB）：http://isites.harvard.edu/icb/icb.do?keyword=k35201。

日本京都大学人文科学研究所，"唐代人物知识ベース"线上资料库：http://tkb.zinbun.kyoto-u.ac.jp/pers-db/。